회사에서 바로 써먹는
실무 보고서 작성법

강현주 저

회사에서 바로 써먹는
실무 보고서 작성법

인쇄 : 2021년 4월 22일 초판 1쇄 인쇄
발행 : 2021년 4월 30일 초판 1쇄 발행

저자 : 강현주

발행인 : 송준
발행처 : 도서출판 홍릉

주 소 : 서울시 강북구 인수봉로 50길 10
전 화 : 02-999-2274~5 **팩 스** : 02-905-6729
e-mail : hongpub@hongpub.co.kr
홈페이지 : www.hongpub.co.kr

편집 진행 : 앤미디어(master@nmediabook.com) | **전산 편집** : 앤미디어 | **표지** : 앤미디어

Copyright©도서출판 홍릉, 2021, Printed in Korea
ISBN : 979-11-5600-859-0(13000)
정 가 : 23,000원

파본이나 잘못된 책은 교환하여 드립니다.

※ 이 책은 도서출판 홍릉에서 독점계약 발행한 것으로 내용, 사진, 그림 등의 전부나 일부의 무단 복제 및 무단 전사를 금합니다.

● **예제 파일 다운로드**

이 책의 학습을 위한 예제 파일은 도서출판 홍릉 홈페이지(www.hongpub.co.kr)에서 내려받을 수 있습니다.
홈페이지에서 도서명 검색 후 보조자료를 다운로드하시기 바랍니다. (Chrome 웹브라우저 사용 권장)

Preface _머리말

 바쁜 실무자의 시간을 아껴주는 빠른 보고서 작성법

책을 정리하면서 다시 한 번 생각해 보게 되었던 것이 '디자인'과 '내용'에 관한 선택이었습니다. 파워포인트에 관련된 책을 쓰거나 강의를 할 때 항상 디자인에 너무 치중하지 말 것을 이야기합니다. 누구나 의사결정권자라면 보고서의 '내용'보다 '디자인'이 좋아 채택할 일은 없기 때문입니다. 역시 가장 중요한 것은 '내용'입니다.

- 실무자의 어려움

정보의 시각화는 필요합니다. 왜냐하면 많은 양의 텍스트보다는 단순한 이미지가 유통되기 좋은 매체 환경이라는 것, 빠른 시간 안에 파악할 수 있고 오래 기억된다는 것 등 장점이 많기 때문입니다. 이런 이유로 전문 디자이너가 아니더라도 각자 능력에 맞는 범위에서 필요한 이미지 작업은 할 수 있어야 하는 상황입니다.

- 실무자의 장점

보고서를 잘 표현할 수 있는 사람은 단편적으로 자료를 전달받은 외부 업체의 디자이너가 아니라 전체적인 내용을 파악하고 있는 실무자입니다. 단지 아는 내용을 표현하는 방법이 디자이너보다 떨어지는 것입니다. 디자이너는 디자인에 익숙하지만 업무 내용은 모르기 때문에 실무자 설명이나 지시 없이는 좋은 결과물을 만들기 어렵습니다. 이 부분에서 일반 실무자는 보고서 작성의 우위를 선점할 수 있습니다.

결국 독자 여러분이나 제가 하고 싶은 일은 자료를 적절한 목적에 맞게 정리하는 것이고, 그 일을 하는 데 필요 이상의 시간을 소비하지 않는 것입니다.

- 실무자의 디자인 해결책

이 책에서는 보고서 작성 도구를 파워포인트로 작업합니다. 이유는 파워포인트가 다른 이미지 편집 프로그램보다 다루기 쉽고, 일반 문서 작성 프로그램보다 이미지 관련 기능이 강력해서 좋은 결과물을 만들어 낼 수 있기 때문입니다.

실무자가 사무실에서 작성해야 하는 보고서 제작 도구로 파워포인트를 소개합니다. 파워포인트라는 쉬운 도구를 활용해서 '적시'에 '적합한 도해화'를 '쉽게'하는 것을 목적으로 하고 있습니다. 디자인에 시간을 투자하느라 발표 시기를 놓치고, 내용을 명확하게 알리지 못하는 엉뚱한 도해화를 하게 되는 문제를 극복하고자 합니다. 이런 목적을 가진 분들께 이 책이 작은 도움이 되었으면 좋겠습니다.

강현주

Preview_미리보기

이론편
보고서 제작을 위한 꼭 알아두어야 할 핵심 기본 이론을 제시합니다. 이론을 학습하여 실무에서 응용이 가능하도록 익히세요.

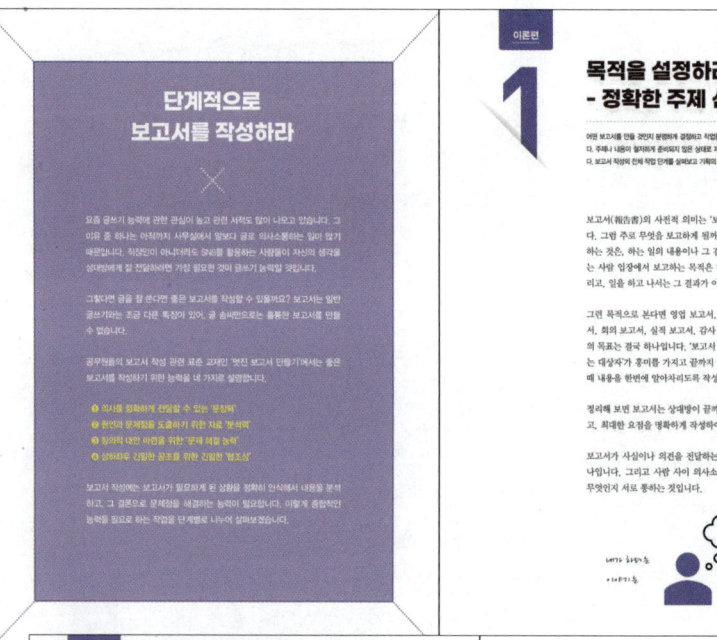

기능편

보고서 제작을 위한 기본 스킬을 위한 방법을 소개합니다. 작업 환경부터 파워포인트의 파워 기능까지 학습해 보세요.

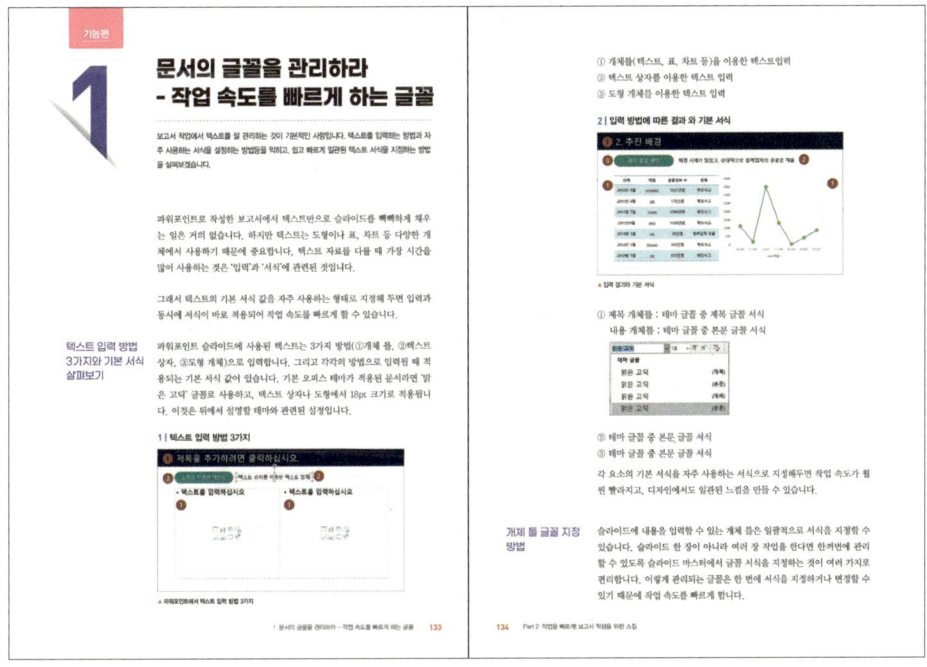

활용편

실무에서 사용 가능한 예제를 담았습니다. 사용자가 따라할 수 있도록 예제 구성이 되어 있으므로, 직접 보고서를 제작해 보세요.

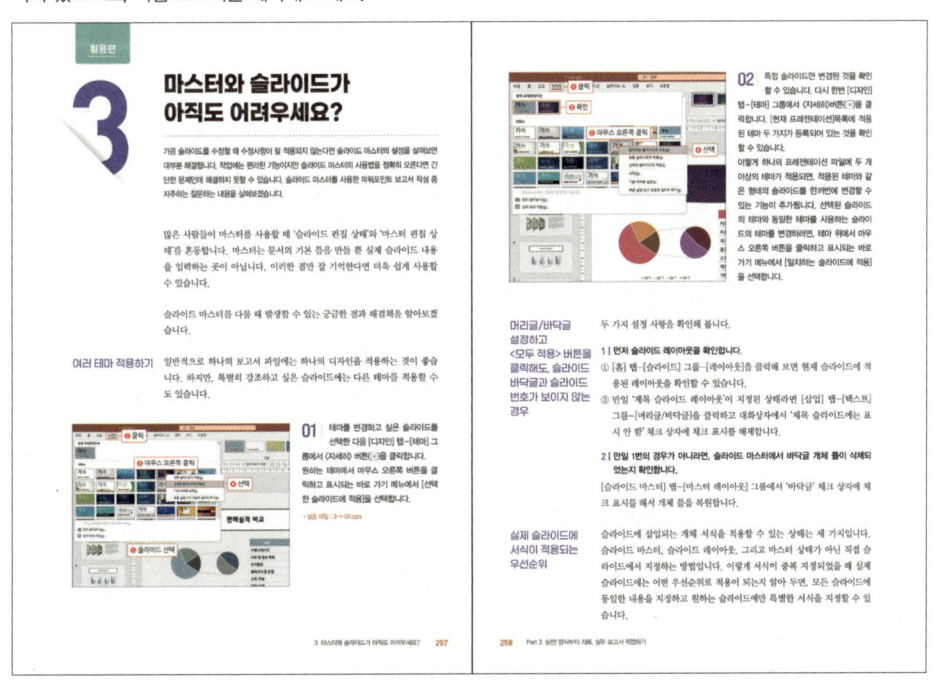

Contents _목차

머리말   3
미리보기   4

PART 01
보고서 작성 패턴과 정보 시각화하기

단계적으로 보고서를 작성하라   16

1 목적을 설정하라 – 정확한 주제 선정으로 시작   17
    글을 잘 쓰는 힘을 기르는 방법   18
    많은 시간을 배정해야 하는 기획 단계   19
    무엇을 이야기 하려고 하는가? 가장 간단하게 설명해 봐   20

2 자료를 수집하라 – 자료 수집 생활화   22
    크롬 웹 브라우저 설치   23
    일단 수집 : Pocket   25
    체계적인 자료 수집과 관리 : Evernote   28
    디자인 영감 얻기 : Pinterest   32
    똑똑한 인터넷 검색 - 구글 고급 검색 활용   36
    관심 분야에 새로운 자료가 생겼는지 신속히 알아야 할 때 - 구글 알리미   41

3 자료를 정보화하라 – 선택과 집중   44
    쓰레기를 넣으면 쓰레기가 나온다(Garbage in Garbage out)   44
    똑똑한 버리기 - 가지고 있는 것을 다 보여 줄 필요는 없다   45
    어디까지 적절한가? 필수 요소와 선택 요소 구분하기   46
    중복되지 않게 그러나 누락되는 것은 없게   46

4 제작을 위한 준비, 자료에서 핵심 메시지를 추출하라   49
    뼈대(목차) 만들기   49
    내용 줄이기   50

쉬운 말로 자연스럽게 작성	51
뉴스를 통한 자료 요약 연습	53
형태 변형	54

5 자료 특징에 따라 보고서를 제작하라 — 57
- 무엇으로 만들까? 도구를 선택하자 — 57
- 어떻게 만들까? — 58
- 멋진 표현이 아니라 쉽고 정확한 표현으로 작성하기 — 60

6 최종 확인을 거쳐라 – 작은 차이가 명품을 만든다 — 63
- 맞춤법 검사 — 63
- 정확한 어휘를 위한 참조 사이트 — 65
- 문서 검사 — 66
- 파워포인트 보고서를 인쇄할 때 주의할 점 1 - 용지 — 67
- 파워포인트 보고서를 인쇄할 때 주의할 점 2 - 보는 그대로 인쇄하기 — 71

정보를 시각화하여 표현하라 — 73

1 인포그래픽을 활용하라 — 74
- 인포그래픽의 장점 — 74

2 시각화 표현에 적합한 자료 형태를 찾아라 — 79
- 통계 자료 — 79
- 스토리가 있는 디자인 — 83

3 내용을 쉽게 표현하는 방법을 고민하라 — 86
- 결국 내용을 이해하는 것이 중요하다 — 86

시각화 기본 작업이 중요하다 — 91

1 배치(정렬)하라 — 92
- 근접성, 유사성 — 92
- 여백 사용 — 94
- 정렬 기준 — 95

2 다양한 대비를 이용하라 — 97
- 크기 대비 — 98
- 색 대비 — 99
- 텍스트 대비 — 102

웹 사이트를 통해 자료를 얻어라 　　　　　　　　　　　　　108

1 이미지와 폰트를 찾아라 　　　　　　　　　　　　　　　　　**109**
　　이미지 　　　　　　　　　　　　　　　　　　　　　　　　109
　　폰트 　　　　　　　　　　　　　　　　　　　　　　　　　111
2 통계 자료와 업무 관련 정보를 찾아라 　　　　　　　　　　**112**
3 자동으로 인포그래픽을 만들어라 　　　　　　　　　　　　**114**
4 잘 만들어진 인포그래픽을 참고하라 　　　　　　　　　　　**115**

PART 02
작업을 빠르게!
보고서 작성을 위한 스킬

작업을 빠르게 만드는 기능을 익혀라 　　　　　　　　　　　　118

1 가장 처음 할 일 – 나만의 작업 공간으로 만들어라 　　　　**119**
　　편리한 작업을 위한 환경설정을 하라 　　　　　　　　　　119
　　자주 사용하는 명령을 관리하라 　　　　　　　　　　　　　122
　　빠른실행 도구모음에 등록해 두면 편리한 명령들 　　　　　125
　　내가 만든 단축키로 한번에 실행하기 　　　　　　　　　　126
2 다른 파일의 슬라이드를 활용하라 　　　　　　　　　　　　**127**
　　슬라이드 재활용 방법 1 - 복사/붙여넣기 　　　　　　　　127
　　슬라이드 재활용 방법 2 - 슬라이드 다시 사용하기(가져오기) 　　128
　　색이 변하는 도형과 변하지 않는 도형 　　　　　　　　　　130

텍스트 관련 명령을 익혀라 　　　　　　　　　　　　　　　　132

1 문서의 글꼴을 관리하라 – 작업 속도를 빠르게 하는 글꼴 사용 　**133**
　　텍스트 입력 방법 3가지와 기본 서식 살펴보기 　　　　　　133
　　개체 틀 글꼴 지정 방법 　　　　　　　　　　　　　　　　134
　　기본 텍스트 상자 글꼴 지정 방법 　　　　　　　　　　　　136
　　기본 도형 글꼴 지정 방법 　　　　　　　　　　　　　　　137
2 파워포인트 문서에 입력된 텍스트를 관리하라 　　　　　　**138**

프레젠테이션에 글꼴 포함하기	138
문서에 포함된 특정 단어나 글꼴을 한 번에 바꾸기	139
영문 내용을 입력할 때 대/ 소문자를 편하게 변경하는 방법	140
한꺼번에 복사된 텍스트를 여러 슬라이드로 나누기 - 자동 맞춤 옵션을 이용한 작업	140

3 텍스트 관련 기능으로 가독성을 높여라 — 142

문자 간격 조정	142
단락 간격과 줄 간격 조절하기	143

4 글머리 기호를 활용하라 — 146

글머리 기호로 단락을 구분하는 것이 좋다.	146
단락 나누기와 줄 바꿈	149
글머리 기호와 본문의 간격 조절	149
내가 만든 글머리 기호를 사용하기	150

의도를 가지고 색을 선정하라 — 154

1 정확한 의도를 가지고 색을 사용하라 — 155

파워포인트에서 색 이용 법	156
색의 의미	158
전달하려는 메시지에 맞는 색상 결정	159
디자인의 분위기와 품질을 결정하는 색	159
보고서의 기본색과 보조색 - 색상 정보 사이트 활용	160

2 기업이 지정한 기본색을 고려하라 — 163

준비된 이미지에서 전체적인 문서에 사용할 색을 추출하는 방법	164

3 슬라이드에서 색상을 사용하는 방법을 익혀라 — 167

빠르게 색상을 지정하는 방법 1 - 파워포인트 테마 색 활용	167
빠르게 색상을 지정하는 방법 2 - 나만의 색상 패널 준비	169
빠르게 색상을 지정하는 방법 3 - 서식 복사	170
색상의 톤은 유지하면서 색을 변경하는 방법	171

도형 관련 명령을 익혀라 — 173

1 도형 모양을 변경하라 — 174

도형을 삽입할 때 알아 둘 팁	174
모양이 다른, 같은 크기 도형 그리기	175
도형 조절 핸들 종류	177

선 그리기에서 알아 둘 점 177

2 그룹 설정 후 해야 하는 작업을 익혀라 179
여러 도형의 크기를 조절하면서 각 개체 모양을 유지하기 179
여러 도형에 이어진 그림 채우기 180
도형 모양과 같은 그림자를 만들 때 180
두 개 이상의 개체로 이루어진 세트를 정렬할 때 181

3 정렬로 편리하게 작업하라 182
맞춤, 배분 작업에서 알고 있어야 하는 상식 182
눈금 및 안내선 사용하기 183
스마트 가이드 기능으로 편리한 정렬 187

4 도형 팁을 통해 도형을 자유롭게 사용하라 190
슬라이드 외부 영역은 애니메이션만을 위한 공간이 아니다 190
도형에 텍스트를 입력하고 생기는 문제점 해결 방법 192
회전하면 뒤집어지는 글자 194

이미지 관련 명령을 익혀라 195

1 조정 기능을 활용하라 196
노출이 안 맞아 너무 밝거나 어두운 사진 조정하기 196
컬러 사진을 흑백으로 만들기 197
연필로 스케치한 느낌 표현하기 199

2 사진에서 불필요한 배경을 제거하라 200
인터넷에서 수집한 로고 배경 지우기 200
복잡한 색상 배경 제거하기 201

3 자르면 더욱 힘이 생긴다 204
자르기의 강력한 힘 204
다양한 자르기 204
그림의 원하는 부분이 보이도록 도형에 넣기 209

4 그림 용량을 관리하라 213
그림의 해상도 변경(그림 압축 방법) 213
문서에 있는 모든 그림의 기본 해상도 설정 213
잘려진 그림 영역 삭제 214

파워포인트의 파워 기능을 익혀라 215

1 그라데이션을 이해하라 216

그라데이션 채우기란?	216
그라데이션의 핵심 '중지점'	217
사용자 지정 그라데이션으로 도형 채우기	218
그라데이션으로 텍스트를 잘 보이게 하기	221
그라데이션을 이용해 한쪽 방향만 부드러운 가장자리 효과 지정하기	223

2 그림자와 그라데이션 설정으로 정보 전달 효과를 높여라   **226**

그림자 명령	226
그림자를 대신하는 그라데이션	227
텍스트 상자와 그림자 도형으로 내용 구분하기	228

3 점 편집으로 도형을 변형시켜라   **231**

점 편집 상태의 '편집 점'과 '마우스 포인터 모양'	231
점 편집 상태에서 사용하는 바로 가기 키	232
점 편집으로 도형 모양 바꾸기	233

4 도형 목록에 없는 도형도 만들어 사용하라   **235**

[도형 병합]의 종류	235
[도형 병합]을 할 때 주의 사항	235
병합 기능으로 새로운 도형 만들기	236
[점 편집]이나 [도형 병합] 등으로 자신만의 도형을 만들었을 때 저장하는 방법	238

PART 03
실전! 양식부터 차트, 실무 보고서 작업하기

보고서 양식을 만들어 빠르게 작업하라   **242**

1 반복되는 입력 형태가 있다면, 마스터를 사용하라   **243**

보고서에 사용할 유형 결정하기	243
슬라이드 마스터와 슬라이드 레이아웃	246
보고서에서 마스터로 지정해야 하는 필수 항목	247
슬라이드 레이아웃에서 '개체'와 '개체 틀'의 차이점	248

2 그림 설명이 계속되는 보고서 쉽게 만들기   **249**

슬라이드 마스터 편집 작업 순서	249

1단계 - 불필요한 슬라이드 레이아웃 삭제하기	249
2단계 - 슬라이드 마스터에서 지정할 내용 설정하기	251
3단계 - 슬라이드 레이아웃을 수정하거나 추가하기	253

3 마스터와 슬라이드가 아직도 어려우세요?   257

여러 테마 적용하기	257
머리글/바닥글 설정하고 <모두 적용> 버튼을 클릭해도, 슬라이드 바닥글과 슬라이드 번호가 보이지 않는 경우	258
실제 슬라이드에 서식이 적용되는 우선순위	258
특정 슬라이드 레이아웃에서 슬라이드 마스터 내용 지우기	259
작성한 보고서의 슬라이드 레이아웃 형태와 색, 글꼴 등의 디자인을 테마로 저장하기	260
슬라이드 마스터에서 삭제한 슬라이드 번호 개체 틀 살리기	261
슬라이드 마스터에서 지정한 슬라이드 번호 모양이 슬라이드 레이아웃에 반영이 안 되는 경우	261
슬라이드 마스터 설정 내용이 슬라이드에 반영되지 않는 경우	261

아이콘을 직접 만들어 표현하라   262

1 도형을 더하고 빼서 다른 도형을 만들어라   263

2 직접 그리고 점 편집을 하라   267

포토샵처럼 활용하라   274

1 이미지를 원하는 형태로 다양하게 잘라라   275

지그재그로 자른 느낌	276
가위로 자른 효과	278

2 패턴을 활용해 배경을 만들어라   281

3 그라데이션 채우기로 이미지 배경을 연장하라   286

4 그림 효과를 이용하라   292

사진에 Spotlight 효과 주기	292
그림 투명도 조절하기	297
'곡선' 도형을 이용한 점 편집	301
'배경 채우기'를 활용한 배경 만들기	305

복잡한 수치 정보, 차트를 활용하라   309

1 차트, 쉽고 보기 좋게 만들어라   310

차트 작성 기본1 - 데이터를 왜곡하지 않는다	310

차트 작성 기본2 - 그래프의 요소를 최소화한다	311
차트 작성 기본3 - 색을 단순화한다	311
차트 작성 기본4 - '차트 개체'를 다루는 기본을 익혀라	312

2 자주 사용하는 스타일을 저장하라 — 315

3 정확한 수치의 도형 차트 쉽게 만들어라 — 321

4 차트를 도형처럼 사용해라 — 328

5 인포그래픽에서 사용되는 차트, 쉽게 만들어라 — 332

표와 텍스트 개체를 활용하라 — 336

1 표를 그림으로 사용하라 — 337

2 표를 레이아웃으로 활용하라 — 343

3 도형과 함께 텍스트를 꾸며라 — 348

SmartArt 그래픽을 활용하라 — 356

1 SmartArt 그래픽 어렵지 않다 — 357

2 도형을 변경하고 더하여 새로운 SmartArt 그래픽을 만들어라 — 366

파워포인트의 개별 기능과 다양한 프로그램을 활용하라 — 379

1 한글, 엑셀과 연동하라 – 메일 머지 — 380

한글 메일 머지 기능	381
1단계 : 엑셀 자료 정리 - '데이터 파일' 만들기	381
2단계 : 파워포인트 - 배경 만들기	384
3단계 : 한글 - 이름표로 사용할 '서식 파일' 만들기	389
4단계 : 한글 - 메일 머지 (인쇄)	394

찾아보기 — 396

○ **예제 파일 다운로드**

이 책의 학습을 위한 예제 파일은 도서출판 홍릉 홈페이지(www.hongpub.co.kr)에서 내려받을 수 있습니다. 홈페이지에서 도서명 검색 후 예제 파일을 다운로드하시기 바랍니다. (Chrome 웹브라우저 사용 권장)

PART
01

보고서 작성 패턴과 정보 시각화하기

보고서 작성이 재미있어지는 방법

꼭 해야 하는 일이 재미있으면 얼마나 좋을까요? 일 재미있으려면 여러 가지 것들이 충족되어야 하지만 그중 한 가지 사실은 '잘하면' 재미있을 수 있다는 것입니다. 이제부터 보고서를 만드는 것이 재미있는 작업이 되도록 자료 정리법과 보고서를 만드는 방법을 살펴보고 보고서 작성을 '잘하는 것'으로 만들어 보겠습니다.

단계적으로
보고서를 작성하라

요즘 글쓰기 능력에 관한 관심이 높고 관련 서적도 많이 나오고 있습니다. 그 이유 중 하나는 아직까지 사무실에서 말보다 글로 의사소통하는 일이 많기 때문입니다. 직장인이 아니더라도 SNS를 활용하는 사람들이 자신의 생각을 상대방에게 잘 전달하려면 가장 필요한 것이 글쓰기 능력일 것입니다.

그렇다면 글을 잘 쓴다면 좋은 보고서를 작성할 수 있을까요? 보고서는 일반 글쓰기와는 조금 다른 특징이 있어, 글 솜씨만으로는 훌륭한 보고서를 만들 수 없습니다.

공무원들의 보고서 작성 관련 표준 교재인 '멋진 보고서 만들기'에서는 좋은 보고서를 작성하기 위한 능력을 네 가지로 설명합니다.

❶ 의사를 정확하게 전달할 수 있는 '문장력'
❷ 원인과 문제점을 도출하기 위한 자료 '분석력'
❸ 창의적 대안 마련을 위한 '문제 해결 능력'
❹ 상하좌우 긴밀한 공조를 위한 긴밀한 '협조성'

보고서 작성에는 보고서가 필요하게 된 상황을 정확히 인식해서 내용을 분석하고, 그 결론으로 문제점을 해결하는 능력이 필요합니다. 이렇게 종합적인 능력을 필요로 하는 작업을 단계별로 나누어 살펴보겠습니다.

이론편

목적을 설정하라
- 정확한 주제 선정으로 시작

어떤 보고서를 만들 것인지 분명하게 결정하고 작업을 시작하는 것이 가장 빠르게 보고서를 만드는 방법입니다. 주제나 내용이 철저하게 준비되지 않은 상태로 제작하면서 이것저것 결정하는 것은 작업능률이 떨어집니다. 보고서 작성의 전체 작업 단계를 살펴보고 기획의 중요성을 살펴보겠습니다.

보고서(報告書)의 사전적 의미는 '보고하는 내용을 적은 글이나 문서'입니다. 그럼 주로 무엇을 보고하게 될까요? 지시자(의사결정자)에게 알려줘야 하는 것은, 하는 일의 내용이나 그 결과일 것입니다. 결국 보고서를 작성하는 사람 입장에서 보고하는 목적은 내가 이런 일을 하고 있다는 내용을 알리고, 일을 하고 나서는 그 결과가 이렇다는 것을 알리는 것입니다.

그런 목적으로 본다면 영업 보고서, 출장 보고서, 결산 보고서, 업무 보고서, 회의 보고서, 실적 보고서, 감사 보고서, 평가 보고서 등 다양한 보고서의 목표는 결국 하나입니다. '보고서 작성자'가 알려야 하는 내용을 '보고 받는 대상자'가 흥미를 가지고 끝까지 읽도록 하는 것 말입니다. 물론 읽었을 때 내용을 한번에 알아차리도록 작성하는 것은 기본일 것이고요.

정리해 보면 보고서는 상대방이 끝까지 집중할 수 있도록 시선을 끌어야 하고, 최대한 요점을 명확하게 작성하여야 합니다.

보고서가 사실이나 의견을 전달하는 수단이라면 결국 의사소통 방식의 하나입니다. 그리고 사람 사이 의사소통에서 가장 중요한 것은 하려는 말이 무엇인지 서로 통하는 것입니다.

보고서 작성의 시작은, 스스로에게 '무슨 이야기를 하려는 거야?'라는 질문을 해 보는 것입니다. 그렇게 하면 내가 작성하려는 보고서 주제가 분명해지고, 어디서부터 시작할지 방향이 보일 것입니다.

글을 잘 쓰는 힘을 기르는 방법

중국 송나라 구양수(歐陽脩)는 글을 잘 쓰기 위해 해야 하는 세 가지를 제시했는데, '많이 보고, 많이 쓰고, 많이 생각해야 한다(文有三多 看多 做多 商量多也)'는 것입니다. 인기 있는 글쓰기 방법 책 광고에도 다독, 다작, 다상량을 권하고 있습니다. 즉 좋은 글을 쓰고 싶다면 많이 읽고, 많이 써 보아야 하고, 더 많이 생각해야 합니다.

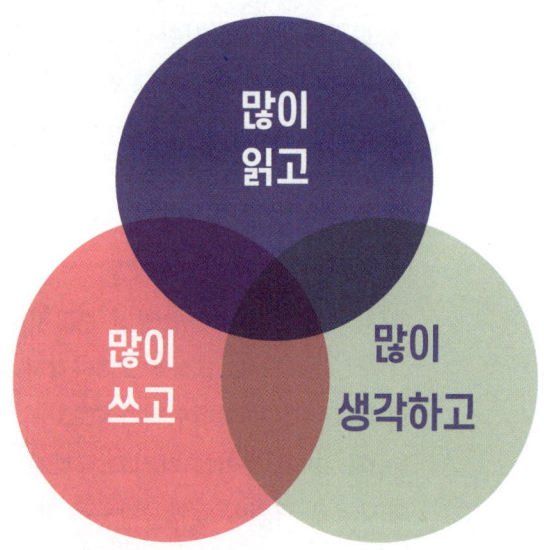

많이 읽어 시야와 생각의 폭을 넓히고, 논리적으로 생각하며 깊이를 깊게 한다면 글을 쓸 때 내용을 핵심적으로 함축해 표현하기도 수월할 것입니다.

이런 것은 짧은 기간에 몇 권의 책을 읽어 늘어나는 힘이 아니니, 꾸준히 읽고, 쓰고, 생각하는 습관을 길러야 할 것입니다. 내가 읽고 적어 둔 모든 글들이 나중에 중요한 자료가 될 것이라 생각하고 정리해 두는 것도 잊지 말아야 합니다.

많은 시간을 배정해야 하는 기획 단계

일반적으로 발표용 보고서 제작 단계는 크게 기획(작성 전) 단계, 표현(작성) 단계, 발표(작성 후) 단계로 나눌 수 있습니다.

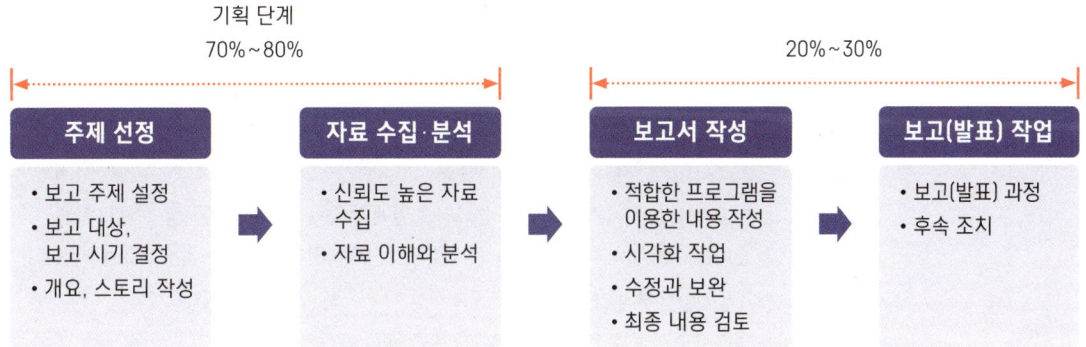

기획 단계에서는 업무나 자신의 상황을 판단하고, 주제와 그 내용을 작성할 재료를 찾고, 개요를 구성해서 뼈대를 만들고 어떻게 전개해 나갈 것인지 스토리를 구성하게 됩니다.

표현 단계에서는 기획 단계에서 준비한 것을 가지고 적절한 표현 기술을 사용하여, 주제를 분명하게 나타내도록 다양한 방법으로 작성합니다. 이 단계에서 파워포인트나 워드 등의 프로그램을 활용하게 됩니다.

마지막 발표 단계에서는 성공적인 발표를 위한 리허설을 하게 됩니다. 만일 발표용이 아닌 문서용 보고서라면 이 단계에서 다시 한번 내용의 오류나 오타 등 잘못된 곳을 확인하는 것이 좋습니다.

많은 사람들이 보고서를 작성할 때 시간이 흐르면 불안해서 무작정 뭐라도 만들려고 하게 됩니다. '보고서를 작성해야 하는데 아직 시작도 못 했어.'하는 말에서 '아직 시작도'는 대부분 마지막 단계인 워드나 파워포인트로 내용을 표현하는 단계를 말하는 경우일 것입니다. 사람들은 이 단계를 걱정하지만, 사실 내가 말하려는 것만 정확히 알고 있다면 이 단계는 생각보다 빠르게 진행됩니다. 오히려 어떤 보고서를 작성할까 결정하고 어떤 내용을 넣을까 생각하는 단계에 시간이 많이 소비됩니다. 그러니 결과가 없다고 불안해 하지 말고 목적이나 주제 선정 시간에 좀 더 많은 시간을 투자하세요. 구조가 튼튼하면 나머지는 의외로 빠르게 만들 수 있습니다.

만일 결과물이 없다고 파워포인트부터 실행하고 멋진 템플릿만 인터넷에서 찾고 있다면, 화려한 템플릿 몇 개 다운로드하는 것으로 내 보고서에 결과물이 있는 것처럼 느껴질 수 있습니다. 하지만 이것이 아무것도 하지 않고 시간만 허비한 정말 걱정스러운 상태입니다.

> **보고서 작성 시간을 줄이려면**
>
> 1. 시작이 파워포인트 실행은 아닙니다.
>   - 보고서 작성 지시를 받고 바로 컴퓨터를 앞에 앉아서 파워포인트를 실행하지 마세요.
>   - 준비된 내용 없이 파워포인트에서 이것저것 생각하면서 작성하는 것은 비효율적입니다.
> 2. 기획 시간을 충분히 가지세요.
>   - 보고서를 만들기 전에 주제와 일정, 배경 등을 생각하세요.
>   - 이 시간을 충분히 투자하세요. 목표가 잘 세워지면 전체적으로 작업속도가 빨라집니다.
> 3. 내가 이해한 내용이 맞는지 확인하세요.
>   - 지시 받은 내용과 내가 이해한 내용이 동일한지, 분명한 업무 파악이 중요합니다.
>   - 충분한 의사소통을 통해 정확한 내용을 이해한다면 수정 작업으로 시간을 낭비하는 일은 없습니다.

무엇을 이야기하려고 하는가? 가장 간단하게 설명해 봐

너무나 당연한 이야기지만 글을 쓰기 전 주제에 관한 정확한 질문을 하는 것이 중요합니다. 그것은 특별한 것이 아닙니다. 우리는 보고서를 만들 때 '보고서에 뭐라고 쓰지?' 정도의 질문을 늘 하고 있습니다. 그 질문을 좀 더 구체적으로 해 본다고 생각하면 될 것입니다.

주제에 맞는 보고서를 잘 만들기 위해서는 '목적이 뭐지?', '언제까지 해야 하지?', '누구에게 보여줄 내용이지?' 같은 다양한 질문을 하게 됩니다.

그중 가장 중요하면서 첫 번째 해야 할 질문은 '무슨 이야기야?', '주장하는 것이 뭐야?'라는 질문입니다. 그리고 그 질문에 상대방이 쉽고 명확하게 알 수 있도록 자신의 방법으로 답을 해야 합니다. 그러려면 우선 자신의 목소리로 말을 해야 합니다. 자신의 목소리라고 해서 오해할 수도 있는데 실제 소리 개념이 아니라 주제를 파악하고 자신만의 방법으로 이해한 내용을 뜻합니다. 서예를 하는 사람들이 '글씨를 그리지 말고 쓰라'는 것이나, 노래하는 사람들이 '말하듯이 노래하라'는 것도 비슷한 의미라 생각됩니다. 보고서 내용을 스스로의 방식으로 이야기할 수 있어야 전달력이 생기는 것은 너무나 기본적인 사항입니다.

말하려는 사람이 생각이 없으면 말을 읽게 되고 그런 말은 허공을 떠돌다 흩어지게 됩니다. '어떻게 생각 없이 말해?'라고 하겠지만 의외로 그런 경우가 많습니다. 제가 아는 기획 실장님께 직원들 보고서 작성 능력에 깜짝 놀랐다는 이야기를 들었습니다. 그분의 말로는 항상 반복적으로 일어나는 업무에 관한 서류 작성은 문제가 없는데, 예외적인 상황에 관한 문서 작성은 엄두를 내지 못한다는 것입니다. 예를 들어 '경영 혁신 차원에서 사업 분야 다각화 필요성에 관한 보고서'를 작성하라는 식의 판에 박히지 않은 사안에 관해 보고서를 작성할 때 작성된 문서들은 열 장이든 스무 장이든 짜깁기한 문서 각각의 목소리가 있을 뿐, 정작 담당자의 목소리가 없다, 즉 작성자의 판단이나 이해가 없다는 것입니다. 어떻게 하는 것이 좋겠다는 정도의 생각은 있어야 말이 되는데, 그것 없이 나열된 글들을 보면 '그래서 어쩌자고'라는 생각이 듭니다.

결국 보고서나 문서를 작성할 때 첫 단계는 '무슨 이야기야?'에 관한 답을 자신만의 목소리로 만드는 것입니다.

자료를 수집하라
- 자료 수집 생활화

보고서를 만들 때 다양한 자료들을 참고하게 됩니다. 그런데 갑자기 자료를 수집해야 한다거나 또는 수집해둔 자료에서 필요한 것을 빠르게 찾지 못한다면 일정에 맞추지 못하는 경우가 생길 수 있습니다. 틈틈이 자료를 수집하고 효율적으로 관리하는 것이 중요합니다.

발등에 불이 떨어져서 자료를 찾고 수집한다면 시간 제약으로 좀 더 많은 자료를 검토할 시간이 없을 것입니다. 준비된 소스가 많다면 보고서를 작성할 때 자료를 찾는 일이 훨씬 수월해집니다. 관심 있는 분야나, 업무 관련 내용이 있다면 일단 저장해 두고 필요할 때 찾아서 볼 수 있습니다. 꼭 보고서를 위한 준비가 아니더라도 참고할 가치가 있는 자료들은 모아서 관리하는 것이 좋습니다.

> **자료 수집은 평소에 꾸준히 생활화**
> ① 좋은 소스를 발견하면 수집하고,
> ② 목적이나 내용에 맞게 폴더 별로 보관,
> ③ 어떤 자료를 어디에서 수집했는지 자료의 출처도 보관합니다.

예) 이미지 사이트별 폴더 관리

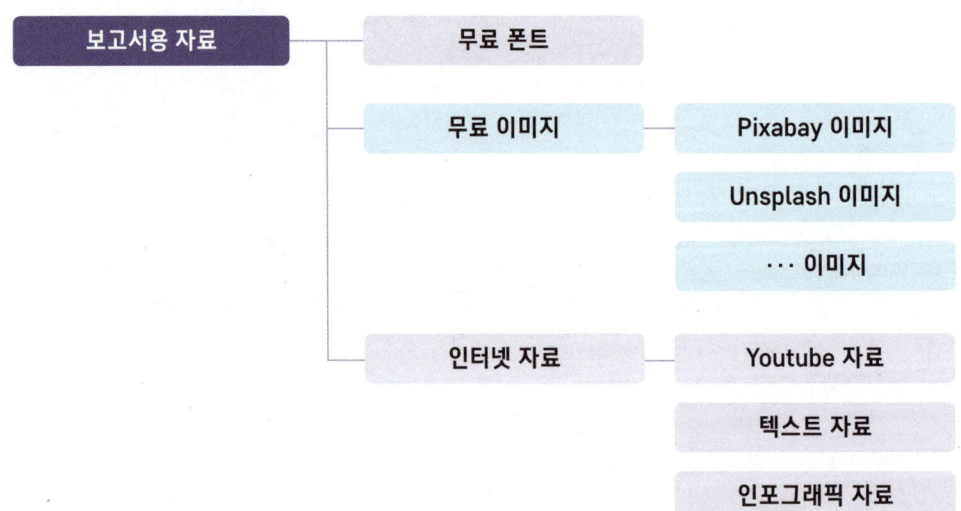

한 번 본 내용을 모두 기억할 수 있으면 좋겠지만 사람의 기억은 한계가 있습니다. 그것을 보완하려고 노트와 메모지를 활용하는 것입니다. 다양한 노트와 메모 애플리케이션이 있으니 자신에게 알맞은 것을 선택해서 사용하면 됩니다. 고려할 점은 항상 컴퓨터와 스마트폰 등의 여러 기기를 사용하기 편리하도록 기기 사이 동기화가 가능한 프로그램을 사용하는 것이 좋습니다. 다음에 소개할 애플리케이션은 그런 면에서 많은 사용자가 인정한 애플리케이션입니다.

크롬 웹 브라우저 설치

요즘은 브라우저가 다양한데, 그중에도 크롬을 사용하면 여러 가지 확장 프로그램을 설치해서 편리하게 사용할 수 있습니다. 자료 검색이나 수집을 위해 인터넷을 많이 사용한다면 크롬 브라우저를 사용하는 것을 추천합니다.

▲ 크롬 다운로드 : www.google.com/intl/ko/chrome/

01 크롬 브라우저가 설치되면, 몇 가지 환경설정을 지정하면 편리합니다. 화면 오른쪽 위의 [chrome 맞춤 설정 및 제어](⋮) 버튼을 클릭하고 [설정]을 선택합니다.

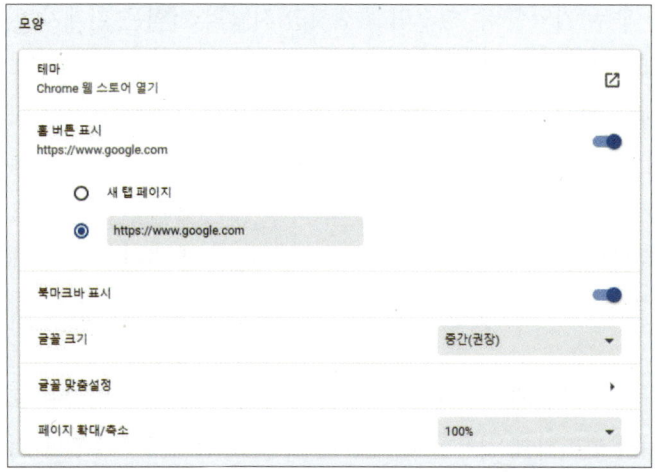

02 | 모양 항목 설정

- 홈 버튼 표시 : 활성화
- 맞춤 웹 주소 입력
  : https://www.google.com
- 북마크바 표시 : 활성화

03 | 검색엔진 항목 설정

주소 표시줄에 사용되는 검색엔진 : 네이버, Daum등 자주 사용하는 검색엔진 선택

04 | 고급 – 다운로드 항목 설정

다운로드 전에 각 파일의 저장 위치 확인 : 활성화

Tip 업무 능률 높이는 기본 단축키

- 브라우저 단축키
  - Ctrl + T : 새 탭 열기
  - Ctrl + Shift + T : 최근에 닫은 탭 열기
  - Ctrl + D : 즐겨찾기, 북마크 추가
  - Ctrl + Shift + Delete : 인터넷 사용 기록 삭제

- 일반적인 작업에 사용되는 단축키
  - Ctrl + A : 텍스트, 파일 폴더 등을 전체 선택
  - Ctrl + C : 텍스트, 파일 등을 복사
  - Ctrl + X : 텍스트, 파일 등을 잘라내기
  - Ctrl + V : 복사한 것을 붙여넣기
  - Ctrl + Z : 작업 실행 취소
  - Ctrl + 마우스 휠 위 / 아래 : 화면을 확대 / 축소하기

일단 수집 : Pocket

인터넷에서 서핑을 하다 끝까지 읽지는 못하지만 나중에 읽어 보고 싶을 때 매번 북마크를 설정한다면 생각보다 불편합니다. 이런 경우 Pocket에 저장해 두면 언제, 어디서든 다시 쉽게 찾아볼 수 있습니다.

Pocket 사이트(getpocket.com)에 접속해서 계정을 만들고 로그인을 하면, 인터넷 기사, 동영상 또는 그 외 콘텐츠를 저장할 수 있습니다. 그리고 웹 브라우저나 모바일용 애플리케이션(앱) 등에서 다시 볼 수 있습니다. 사무실이나 집의 PC에서 찾은 글을 출퇴근하며 스마트폰에서 읽을 수 있어 편리합니다.

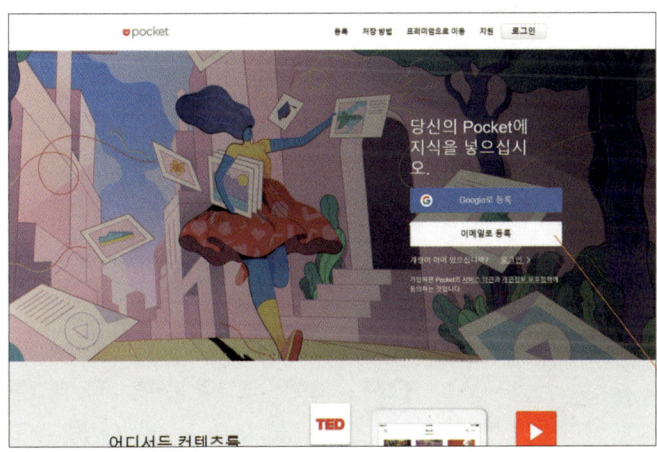

01 pocket 웹 사이트(getpocket.com)에 접속한 다음, 회원 가입합니다. 이름, 이메일 주소, 암호만 입력하면 되니 부담 없이 가입할 수 있습니다. 구글 계정이 있다면 그것을 사용해도 됩니다.

> Tip 웹 사이트 정책상 형태 및 지원 기능이 바뀔 수 있습니다.

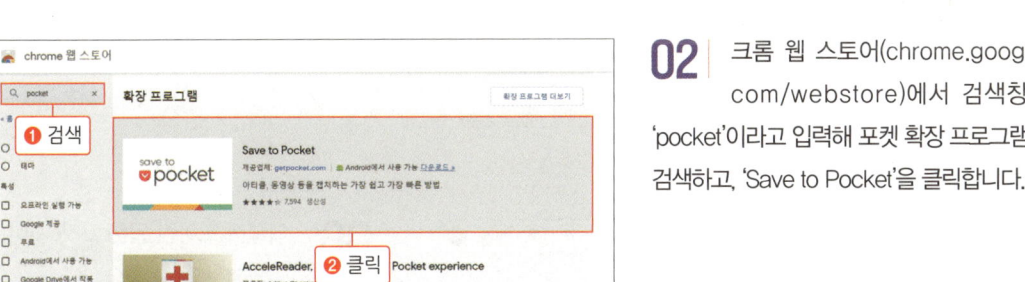

02 크롬 웹 스토어(chrome.google.com/webstore)에서 검색창에 'pocket'이라고 입력해 포켓 확장 프로그램을 검색하고, 'Save to Pocket'을 클릭합니다.

03 추가할지 묻는 창이 표시되면 〈Chrome에 추가〉 버튼을 클릭하여 설치합니다.

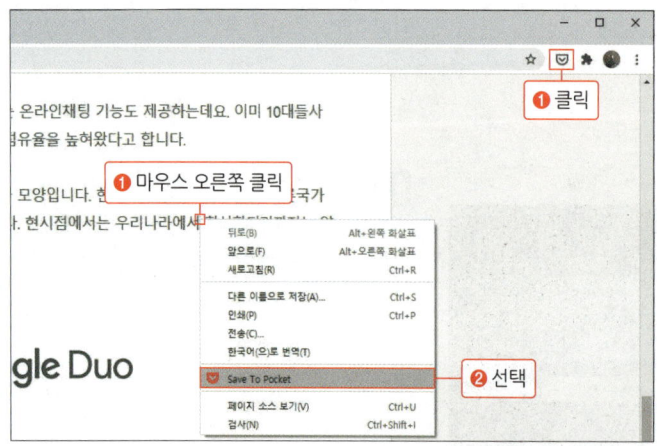

04 확장 프로그램이 설치되면 브라우저 오른쪽 위에 아이콘이 표시됩니다. 이제부터 인터넷 검색을 하다 이 글을 나중에 읽어 보기 위해 포켓에 담아 두고 싶다면 브라우저 오른쪽 위에 있는 '포켓' 아이콘을 클릭하면 됩니다.
또는 포켓에 담고 싶은 페이지 어느 곳에서나 마우스 오른쪽 버튼을 클릭하고 표시되는 바로 가기 메뉴에서 [Save To Pocket]을 선택하면 됩니다.

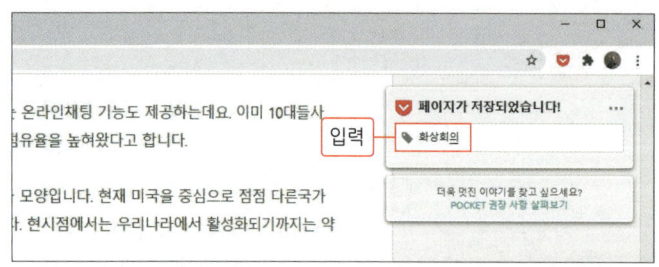

05 포켓은 태그로 분류합니다. 태그를 입력해 분류 기준을 지정할 수도 있고, 태그 없이 일단 저장부터 할 수도 있습니다.

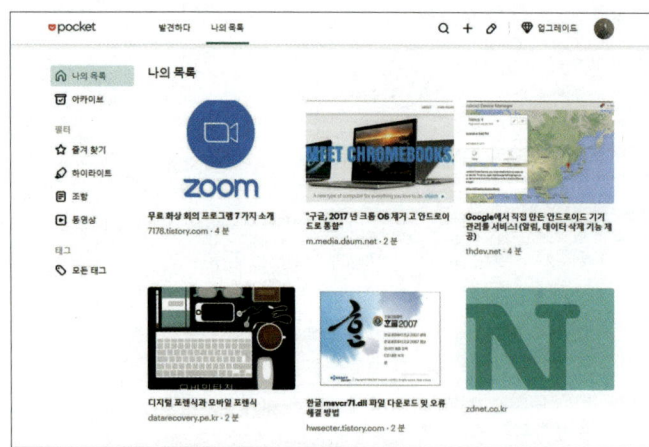

06 이렇게 모아진 글은 포켓 사이트에 접속해서 볼 수 있습니다.

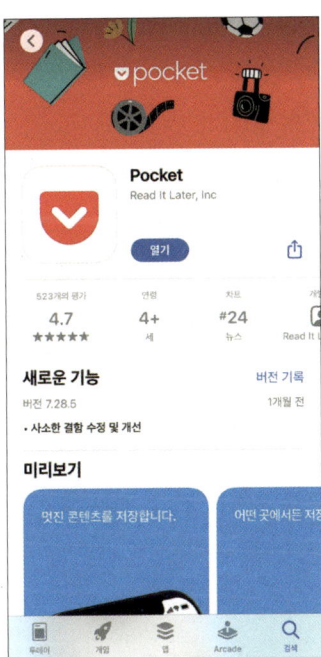

07 스마트폰에서 사용하기 위해서 스마트폰에 앱을 설치합니다. Pocket 앱을 다운로드하고 실행한 다음 과정 **01**에서 만든 계정으로 로그인합니다.

- iOS(아이폰/아이패드) : App store
- 안드로이드 : Play 스토어

08 Pocket 앱을 실행하면 언제든 저장해 둔 기사를 읽을 수 있습니다.

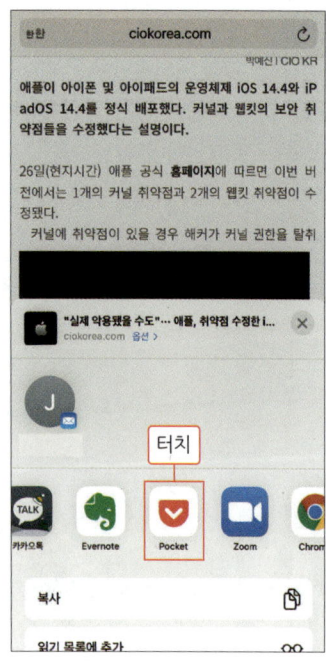

09 Pocket 앱이 설치되었다면, 스마트폰에서도 언제든 기사를 저장하고 공유할 수 있습니다.

체계적인 자료 수집과 관리 : Evernote

자료를 모으는 것은 포켓으로 어느 정도 해결이 되지만, 좀 더 자세하게 자료를 관리하고 싶다면 부족한 면이 있습니다. 자료를 분류하고 다양하게 관리하려면 에버노트(Evernote)를 사용하는 것이 좋습니다. 포켓에서 일단 모아 놓고 나중에 천천히 읽어 보고, 그중 보관하고 싶은 것은 에버노트로 보내는 방법을 사용하면 효과적입니다.

에버노트는 '모든 것을 기억하세요(Remember Everything)'라는 슬로건을 내세울 만큼 메모, 사진, 오디오 등 다양한 형태의 정보들을 스마트폰, PC 등 모든 기기를 통해 언제든지 보관하고 찾아볼 수 있습니다.

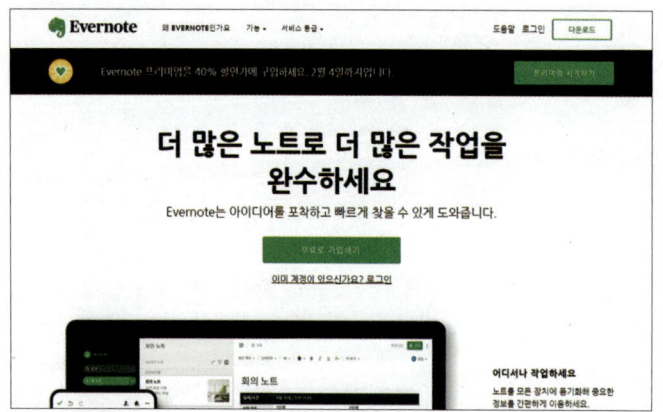

01 에버노트 웹 사이트(evernote.com)에 접속한 다음 회원가입합니다.

02 에버노트(Evernote)에서는 정보의 단위인 노트를 작성하고 관리할 수 있습니다. 노트에 거의 모든 종류의 콘텐츠를 보관할 수 있습니다.

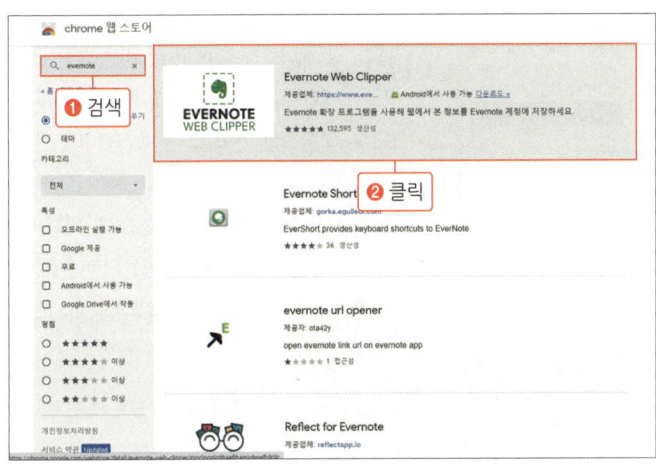

03 크롬 웹 스토어(chrome.google.com/webstore)에서 검색창에 'evernote'를 입력해 확장 프로그램을 검색하고, 'Evernote Web Clipper'를 클릭합니다.

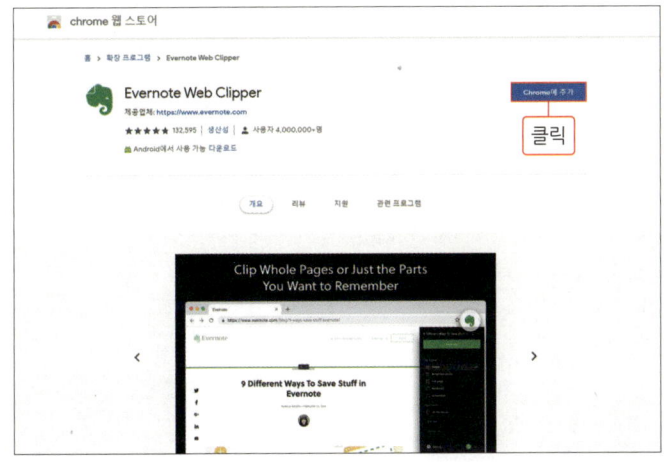

04 추가할지 묻는 창이 표시되면 〈Chrome에 추가〉 버튼을 클릭하여 설치합니다.

05 설치되면 브라우저 오른쪽 위에 아이콘이 생깁니다. 이제부터 인터넷 검색을 하다 이 글을 에버노트로 보내고 싶다면 브라우저 오른쪽 위에 있는 'Clip to Evernote' 아이콘을 누르기만 하면 됩니다.

또는 에버노트에 담아 두고 싶은 페이지 어느 곳에서나 마우스 오른쪽 버튼을 클릭하고 표시되는 바로 가기 메뉴에서 [Evernote Web Clipper]를 선택해도 됩니다.

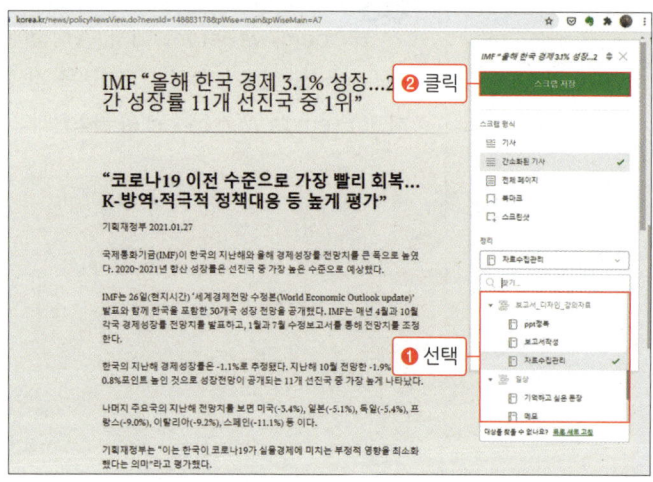

06 Clip to Evernote를 사용하면 블로그 게시물, 기사, 웹 페이지를 읽기 쉽도록 깔끔하게 정리할 수 있습니다. 광고가 제거된 깨끗한 내용이 보이는 상태에서, 저장할 노트북을 선택하고 〈스크랩 저장〉 버튼을 아이콘을 클릭하면 해당 콘텐츠를 노트로 저장하여 어디서나 읽을 수 있습니다.

07 스마트폰에서 사용하기 위해서 스마트폰에 앱을 설치합니다. 에버노트(Evernote) 앱을 다운로드하고 실행한 다음 과정 **01**에서 만들어 둔 계정으로 로그인합니다.

- iOS(아이폰/아이패드) : App store
- 안드로이드 : Play 스토어

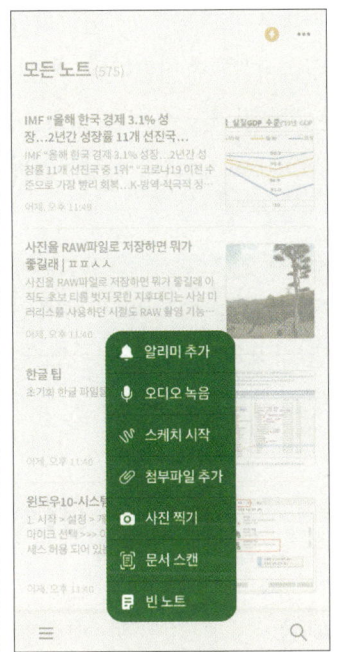

08 에버노트 앱을 실행하면 언제든 저장해 둔 기사를 읽을 수 있고, 텍스트, 사진, 손글씨 등 다양한 자료를 노트로 만들 수 있습니다. 특히 메모 중에도 음성 메모를 추가할 수 있어, 회의나 상담 중에 음성 녹음도 편리하게 할 수 있습니다.

09 에버노트 앱이 설치되었다면, 스마트폰에서도 언제든 기사를 저장하고 공유할 수 있습니다.

디자인 영감 얻기
: Pinterest

보고서를 작성할 때 사용되는 여러 이미지들에 대한 아이디어를 얻으려면, 핀터레스트(Pinterest)를 추천합니다. 핀터레스트(Pinterest)는 이미지를 포스팅하고 다른 이용자와 공유하는 소셜 네트워크 서비스이며, 명칭은 핀(Pin)과 인터레스트(Interest)의 합성어입니다.

이미지 보드에 핀으로 사진을 꽂는 것처럼 간단하게 이미지 파일을 모으고 관리할 수 있습니다. 특정 주제의 이미지(인포그래픽, 레이아웃, 컬러 등)를 모으려 한다면 각각의 주제에 맞는 보드를 생성하고, 다른 사람들이 올린 사진들을 핀으로 꽂으면 됩니다.

01 핀터레스트 웹 사이트(pinterest.co.kr)에 접속한 다음 회원가입합니다.

02 핀터레스트에서는 각각의 미디어(사진, 동영상 등) 항목 하나하나를 '핀(pin)'이라고 부릅니다. 비슷한 카테고리의 핀들을 '보드(boards)'를 만들어 보관할 수 있습니다.

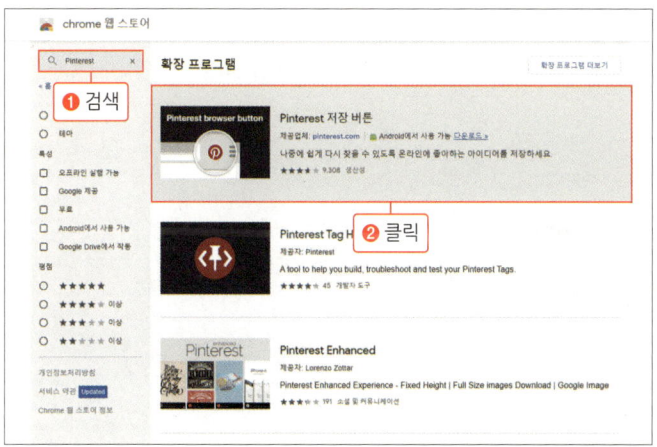

03 크롬 웹 스토어(chrome.google.com/webstore)에서 검색창에 'Pinterest'를 입력해 확장 프로그램을 검색하고, 'Pinterest 저장 버튼'을 클릭합니다.

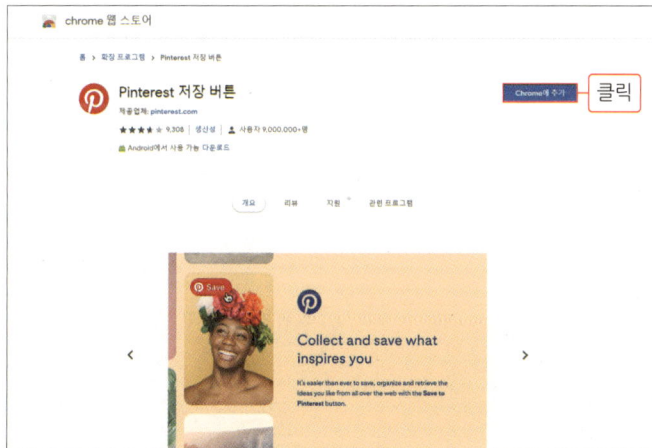

04 추가할지 묻는 창이 표시되면 〈Chrome에 추가〉 버튼을 클릭하여 설치합니다.

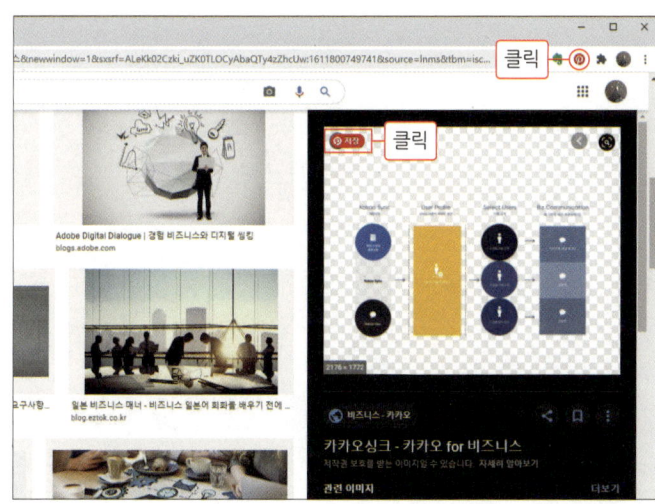

05 설치되면 브라우저 오른쪽 위에 아이콘이 표시됩니다. 이제부터 인터넷 검색을 하다 이 글을 핀터레스트로 보내고 싶다면 브라우저 오른쪽 위에 있는 'Pinterest 저장 버튼' 아이콘을 클릭하면 됩니다.

또는 핀터레스트에 담아 두고 싶은 이미지 위에 마우스 포인터를 가져가면 표시되는 'Pinterest 저장' 버튼을 클릭해도 됩니다.

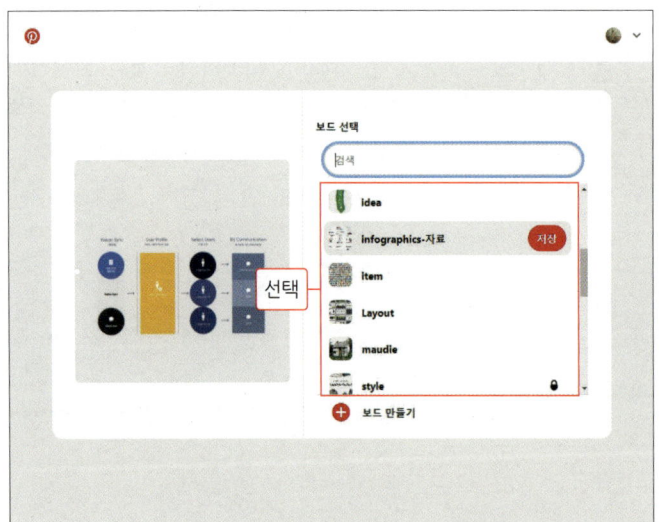

06 보드를 선택해서 관리가 편하도록 저장합니다.

07 스마트폰에서 사용하기 위해서 스마트폰에 앱을 설치합니다. Pinterest 앱을 다운로드하고 실행한 다음 과정 **01**에서 만들어 둔 계정으로 로그인합니다.

- iOS(아이폰/아이패드) : App store
- 안드로이드 : Play 스토어

08 Pinterest 앱을 실행하면 언제든 저장해 둔 이미지를 볼 수 있고 관리할 수 있습니다.

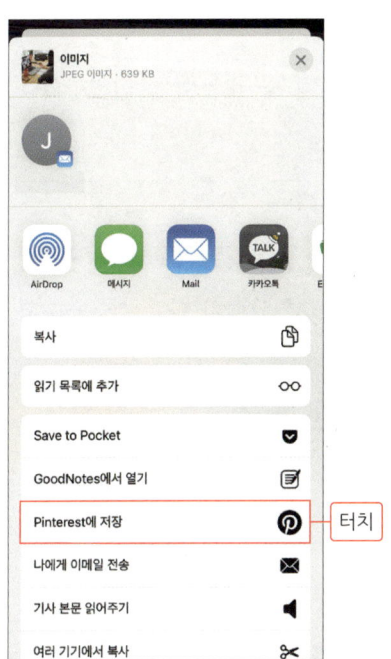

09 Pinterest 앱이 설치되었다면, 스마트폰에서도 언제든 웹 페이지에 있는 이미지를 저장하고 공유할 수 있습니다.

똑똑한 인터넷 검색 - 구글 고급 검색 활용

자료를 찾아 수집하는 단계에서는 보고서 목적에 적합한 자료를 찾아야 합니다. 인터넷의 많은 정보 중에서 범위를 좁혀 내게 꼭 필요한 정보를 검색하는 방법으로, 구글 검색 엔진의 다양한 사용법을 살펴보겠습니다.

1 | 정확한 순서의 단어가 포함된 것 찾기

찾으려는 문장에 직접 인용 부호(" ")를 붙이면 됩니다.

예) '겨울철 비상구 안전관리'라는 전체 문장이 포함된 것을 검색하고 싶다면

2 | 연산자로 검색하기

① 모두 포함된 검색 : 검색어 사이에 공백 또는 'and(주로 공백)'를 입력합니다.

예) '스마트폰' 중 '삼성'과 관련된 것을 검색하고 싶다면

② 검색어 중 하나만 있어도 검색 : 검색어 사이에 'or' 또는 '|'를 입력합니다.

예) '스마트폰'이나 '보안'에 관련된 것을 검색하고 싶다면

> **Tip** 수직선 '|' 은 키보드의 파이프 키 입니다. 입력은 Shift + W 입니다.

③ 특정 검색어를 배제하고 검색 : 검색할 단어를 입력한 다음 한 칸 떼고, 배제하고 검색할 단어 앞에 마이너스 표시(-)를 붙이면 됩니다.

예) '쓰레기' 관련 기사 중 '해양' 쓰레기는 빼고 검색하고 싶다면

3 | 특정 범위 안에서 찾기

검색어를 입력하고 최소와 최대 범위 사이에 마침표를 두 개(..) 찍습니다. 날짜나 가격 등 범위를 설정해 검색할 때 이 방법이 적용됩니다. 특정 기간에 발행된 기사를 찾을 때 유용합니다.

예) 노트북을 구매하려고 100만 원~150만 원의 특정 가격대만 검색하고 싶다면

예) 청소년 흡연 통계 자료 중 2019년~2020년의 특정 기간 자료만 검색하고 싶다면

4 | 특정 웹 사이트 내용만 검색하거나 빼고 싶을 때

'site:' 뒤에 찾고자 하는 웹 사이트 주소를 넣은 다음 검색어를 입력합니다. 'site:' 명령어를 사용하면 해당 홈페이지에서만 검색어를 찾아 줍니다. 특정 사이트의 내용은 검색하고 싶지 않다면 '-site:' 명령어를 사용합니다.

예) 만일 서울시 홈페이지에서 아름다운 간판에 관한 글을 읽었는데 기억이 안 난다면

예) 특정 웹 사이트 내용을 검색에서 제외하고 싶다면

5 | 모르는 글자를 포함한 검색하기

모르는 부분에 빈칸 대신 별표(*)를 넣어 줍니다.

예) 노래 중 no ? no cry 가사가 있는 노래가 정확히 기억이 안 난다면

6 | 특정 파일 형태 찾기

검색어 뒤에 'filetype:확장자'를 붙입니다(pptx, hwp, txt, doc 등).

예) 만일 식품과 방사능에 관련된 보고서를 작성해야 하는데 PDF 파일 자료를 찾고 싶다면

7 | 이미지로 검색하는 방법

'images.google.com'에서 검색하면 텍스트가 아니라 이미지로 검색할 수 있습니다. 저장해 둔 이미지를 사용하려는데 출처가 기억나지 않을 경우, 또는 가지고 있는 이미지의 품질이 좋지 않아 같은 이미지로 해상도가 높은 이미지를 검색하고 싶은 경우 등 검색을 이미지로 하고 싶을 때 사용할 수 있습니다.

01 'images.google.com'에 접속하거나, 'google.com'에 접속한 다음 화면 오른쪽 위의 '이미지'를 클릭합니다.

02 검색창의 '카메라' 아이콘을 클릭합니다.

03 이미지로 검색 중 [이미지 업로드] 탭을 선택하고 〈파일 선택〉 버튼을 클릭한 다음 검색에 사용할 이미지를 선택합니다.

04 구글 검색창에 이미지로 검색된 것과 검색 결과를 확인할 수 있습니다.

8 | 특정 유형이나 색상의 이미지를 검색하기

특정 유형이나 색상의 이미지를 검색하고 싶다면 검색 도구를 사용합니다.

예) 만일 이미지 중 움직이는 GIF 파일만 찾고 싶다면

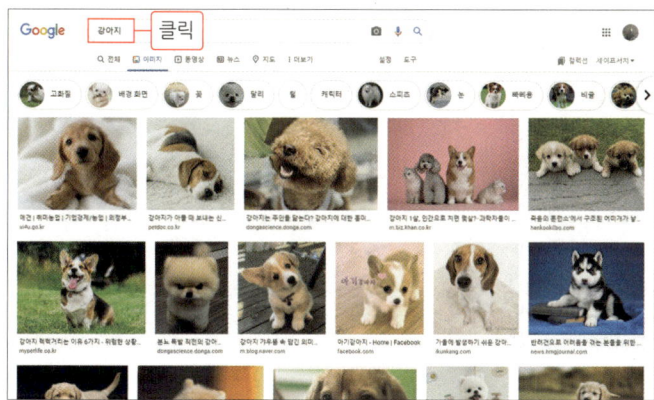

01 구글 이미지에서 검색어를 입력합니다.

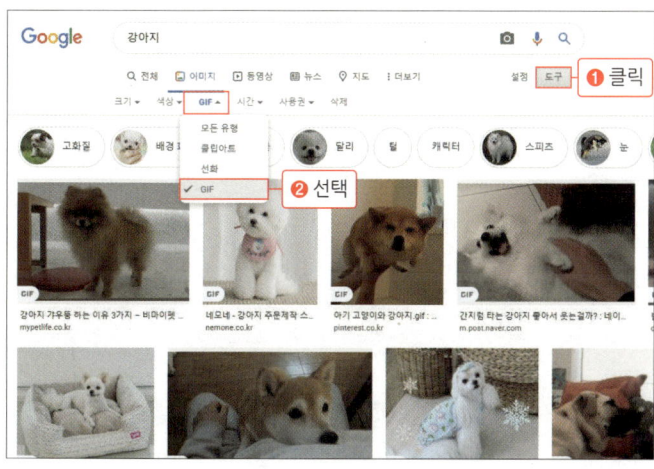

02 '도구'를 클릭하고 [유형]-[GIF]를 선택합니다. 움직이는 GIF 파일만 검색된 것을 확인할 수 있습니다.

예) 만일 '한강' 이미지 중 노을 색의 파일만 찾고 싶다면

03 구글 이미지에서 검색어를 입력하고, '도구'를 클릭한 다음 [색상]–[분홍색]을 선택합니다.

9 | 고급 검색 이용하기

만일 위의 내용들을 외우는 것이 번거롭다면 고급 검색(www.google.com/advanced_search)을 이용하면 옵션을 외우지 않고 화면에서 검색 조건을 지정해서 사용할 수 있습니다.

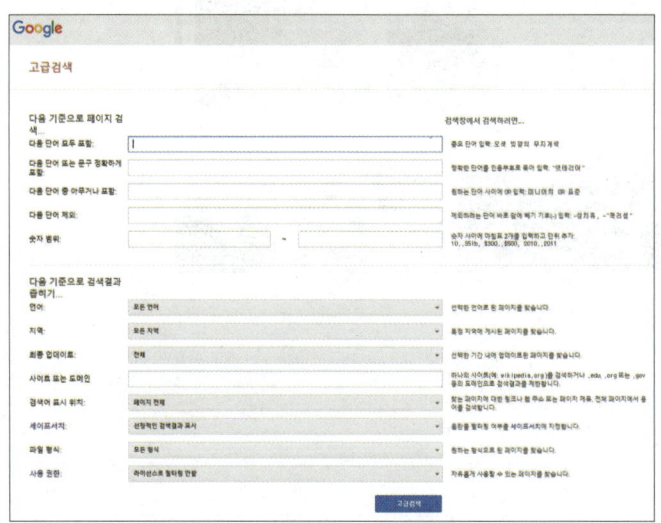

**관심 분야에
새로운 자료가
생겼는지
신속히 알아야 할 때
- 구글 알리미**

정보를 쉽고 정확하게 찾기 위한 다양한 검색 방법이 있지만, 매일 같은 검색어로 검색하는 것은 번거로운 일입니다. 만일 자신이 회사에 관련된 기사가 나오면 즉각 반응해야 하는 홍보팀 담당 직원이라면, 인터넷에서 회사명이나 사장 이름으로 검색하는 등 회사에 관련된 새로운 기사가 있는지 수시로 검색을 해야 할 것입니다. 이와 같이 관심 사항에 관한 최신 정보를 받아 보고 싶다면 구글 알리미를 사용하면 편리합니다.

01 구글 알리미(www.google.co.kr/alerts)에 접속합니다.

02 만일 회사에 대한 최신 정보를 받아 보고 싶다면 검색창에 회사명이나 사장 이름 등 필요한 검색어를 입력하면 됩니다.

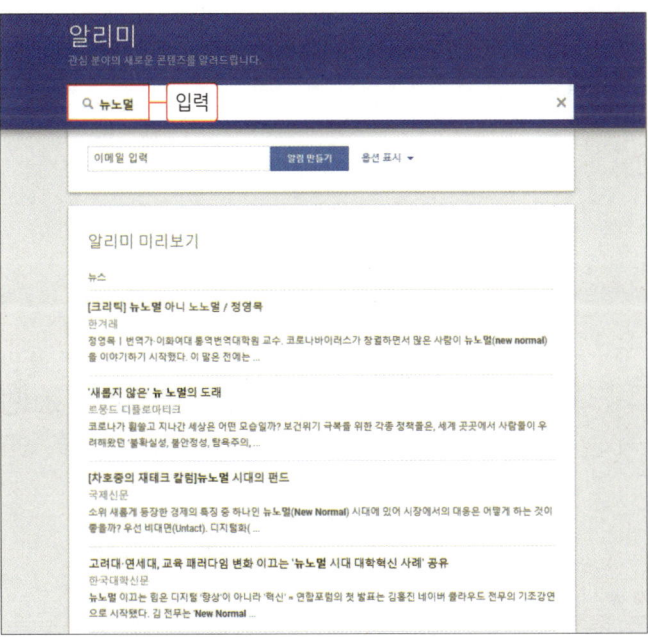

03 검색어를 입력하면 이메일 입력 상자가 표시됩니다. 이메일 입력 상자 옆에 '옵션 표시'를 클릭합니다.

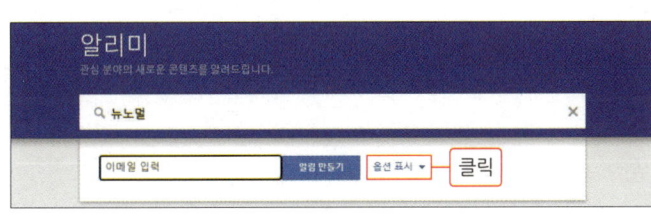

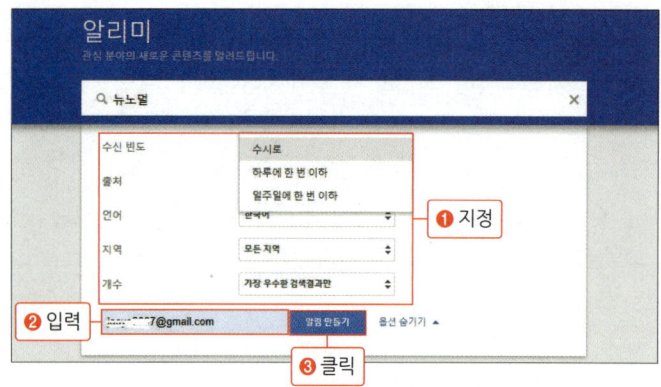

04 설정 화면이 표시되면 수신 빈도나 출처 등 원하는 검색 설정 사항을 지정하고, 검색 내용을 받을 이메일을 입력한 다음 〈알림 만들기〉 버튼을 클릭합니다. 이메일은 구글 Gmail 계정이나, 네이버 또는 다음 메일로도 전송이 가능합니다.

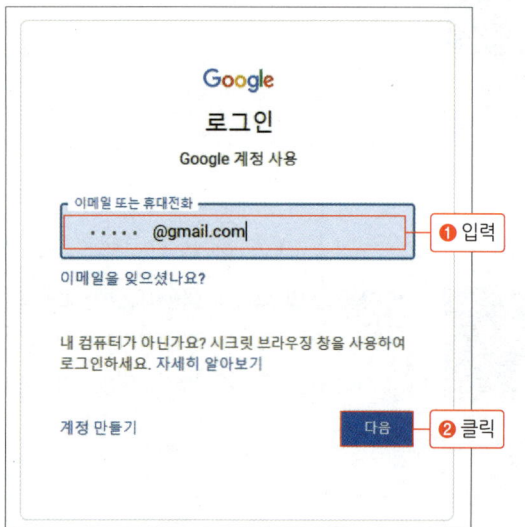

05 구글 계정은 당연히 있어야 합니다. 이메일을 입력한 다음 〈다음〉 버튼을 클릭합니다.
구글 계정이 없다면 '계정 만들기'를 클릭하고 계정부터 만들어야 합니다.

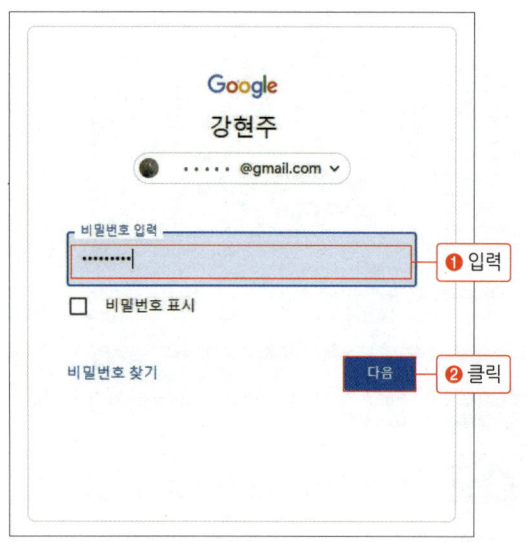

06 미리 구글에 로그인하고 알림을 만들어도 되고, 이 단계에서 로그인해도 됩니다. 비밀번호를 입력하고 〈로그인〉 버튼을 클릭합니다.

07 로그인하면 내 알림을 관리할 수 있고, 만들어 놓은 알리미를 수정하거나 삭제할 수 있습니다.

08 이렇게 설정해 놓은 알리미 메일로 검색된 자료를 받아 볼 수 있습니다. 구글 알리미는 신속하고 지속적으로 검색할 시간이 없어 놓칠 수 있는 정보를 얻고자 하는 경우에 유용하게 사용할 수 있습니다.

이론편

자료를 정보화하라
- 선택과 집중

요즘은 엄청난 양의 데이터에 관한 고민을 하는 시대인 것 같습니다. 데이터 리터러시(Data Literacy), 인포데믹스(Infodemics), 빅 데이터(Big Data)등 데이터에 관련된 직업이나 용어들도 많이 생겨나고 있습니다. 열심히 수집한 데이터를 목적에 맞게 활용하는 데이터 해석 능력을 갖춰야 정확한 보고서를 작성할 수 있습니다.

평상시 모아 둔 자료를 보고서 작성 단계에서 사용해야 합니다. 이때 가치 있는 것들을 정확하게 선택해야 좋은 보고서를 작성할 수 있습니다. 보고서의 목적이 세워졌다면 그것에 필요한 자료를 정리해야 합니다. 기존에 작성된 문서, 사진이나 이미지, 엑셀 수치 자료 등 주제와 연관된 것들을 차근차근 챙겨 보는 것입니다. 자료를 모으면서 자연스럽게 이것을 어떻게 활용할지 생각해 본다면 더욱 방향성 있게 준비할 수 있을 것입니다.

쓰레기를 넣으면 쓰레기가 나온다 (Garbage in Garbage out)

자료 처리에 관련된 일을 할 때 자주 인용되는 이야기 중 하나가 '쓰레기를 넣으면 쓰레기가 나온다Garbage in Garbage out)'입니다.

열심히 수집한 자료가 주제와 무관하다면 아무리 많더라도 결과물이 작성자 의도를 정확하게 반영할 수 없습니다. 주제에 맞는 자료를 수집하는 것은 좋은 보고서를 만들기 위한 필요 조건입니다.

단지 멋진 어휘나 이미지를 버리지 못해서 주제와 관련 없는 것을 넣는다면 분량이 늘어나는 것에서 끝나는 것이 아니라 전체 문서의 내용을 모호하게 만들 것입니다.

제작 단계에 들어가기 전에 자료를 잘 수집하고 정리하면서 '주제에 적합한가?',

'꼭 필요한 자료인가?', '신뢰할 수 있는 자료인가?'와 같은 질문을 계속 던져야 합니다.

똑똑한 버리기
- 가지고 있는 것을 다 보여 줄 필요는 없다

열심히 자료를 수집하다 보면 중복되거나 불필요한 것들이 포함될 수 있습니다. 청소는 우선 불필요한 물건을 분류하고 버리는 것에서 시작합니다. 보고서 작성에서도 준비된 자료를 정리하기 위한 첫 단계는 필요한 것과 불필요한 것을 구분하는 것입니다. '이 자료가 꼭 필요한가?'를 생각해 보고 추려 내는 과정이 필요합니다. 이렇게 분류가 되었다면 불필요한 것은 버리고 필요한 것으로만 보고서를 작성하는 것이 다음 단계일 것입니다.

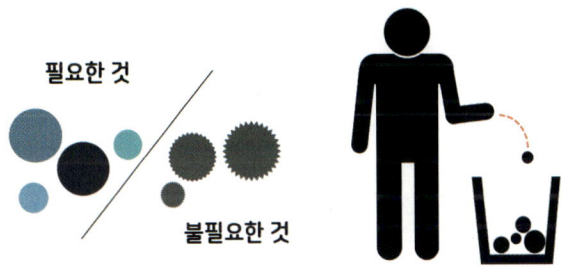

예전에 거대한 빙산이 나오는 다큐멘터리를 보면서 신기하다고 생각했었는데, 그렇게 수면 위로 보이는 것이 전체 덩어리의 10% 정도라는 사실에 놀랐습니다. 그저 물리적인 규모의 압도가 아니라 뭔가 신비스럽고 아름답기까지 했습니다.

빙산은 10%만 보여 줘도 그 존재감을 나타내기엔 충분합니다. 게다가 표현되지 않은 것들에 관한 상상까지 불러일으킵니다. 이와 같이 가진 것을 다 보여 줄 필요는 없습니다. 보고서를 작성할 때 준비된 자료들을 정리하지 않고 하나하나 모두 보여 주려 하면 산만해지고 오히려 중요한 내용까지 눈에 들어오지 않을 수 있습니다.

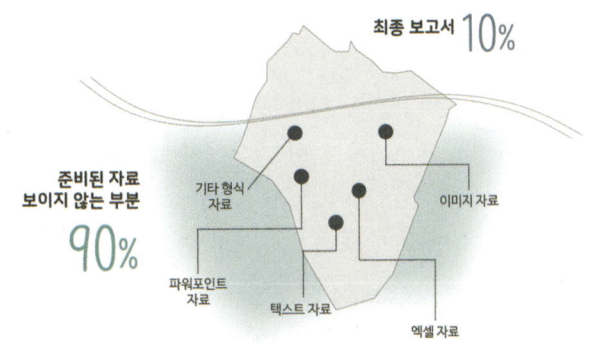

어디까지 적절한가?
필수 요소와 선택 요소 구분하기

모든 것을 말할 수도 없고 그럴 필요도 없다는 것은, 많은 자료 중에서 보고서에 필요한 것만 정확하게 골라내는 것이 중요하다는 것을 의미합니다. 꼭 필요한 것을 선택해서 주제에 집중하는 것은 자료를 정리하는 능력 중 제일 먼저 필요합니다.

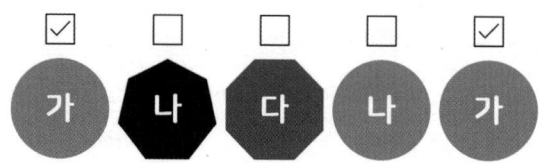

'아는 것이 100이라도 가르치는 것은 10만 해야 한다'는 말이 있습니다. 내가 백을 알고 있다고 자랑하는 자리가 아니라면, 교육 대상자 입장에서 필요한 것과 내가 떠드는 것이 다를 수 있다는 것을 인식해야 합니다. 어렵지만 되도록 교육 대상자의 환경 즉, 연령대, 직급, 주요 업무 정도는 미리 파악해서 백 가지 중 교육 대상자가 필요로 하는 열 가지를 추리는 노력을 해야 합니다. 그러나 열을 가르쳐도 꼭 백은 알고 있어야 하겠죠?

백 가지 중 열 가지를 선택하기는 어렵습니다. '이것도 알면 나중에 저것과 이렇게 연결되어 사용할 수 있고, 이걸 알아야 저걸 잘 쓸 수 있는데……', 항상 이런 유혹에 빠지게 됩니다. 하지만 시간은 한정되어 있고 교육생 대상자는 모든 걸 알고 싶어 하지 않는 사람이라는 생각을 해야 합니다. 만일 교육 대상자들이 아래한글 문서 작업을 주로 하고 지금 배우는 파워포인트 기능도 아래한글 보고서에 도움이 되었으면 하는 사람들이라면, 파워포인트 기능이라고 해서 동영상이나 애니메이션 관련 기능을 설명할 필요는 없습니다.

보고서 작성도 마찬가지입니다. 경영 평가 자료에 매출 실적은 필수 요소입니다. 그러나, 사장의 인사말은 필수 요소가 아닙니다.

중복되지 않게 그러나 누락되는 것은 없게

세계적인 컨설팅 회사인 맥킨지의 글쓰기 방식으로 유명한 MECE('미씨'라고 발음함)라는 말이 보고서 작성에서 자주 인용되는 것은 주제에 맞는 글쓰기를 위한 기본이기 때문입니다.

MECE는 'Mutually Exclusive, Collectively Exhaustive'의 약자로, 'Mutually Exclusive', 서로 중복되지 않는 상호 배타적인 것을 찾아내고,

'Collectively Exhaustive', 찾아낸 것들을 다 합치면 완전한 집합체가 된다는 뜻으로, 문제점을 중복되지 않게 추려내고, 추려낸 것들을 모아 보면 빠지는 것 없이 모든 문제를 포함할 수 있다는 것입니다.

이것을 따르면 최대의 명확성과 최고의 완결성을 갖고 사고할 수 있다는 것이 맥킨지식 사고 방식의 핵심 중 하나입니다.

보고서 작성에 필요한 내용을 정리할 때도 이렇게 만드는 것이 최상의 상태일 것입니다. 글쓰기도 이와 같이 트리 구조를 활용해서 카테고리에 따라 내용을 정리하도록 권장하고 있습니다.

무질서한 나열로 표시된 내용은 눈에 들어오지 않습니다. 카테고리에 따라 분류를 해서 작성하는 것이 한눈에 들어오는 보고서를 작성하는 방법 중 하나입니다.

예를 들어 파워포인트에서 '슬라이드 마스터 편집 작업 순서'를 설명하는 글을 두 가지 방식으로 표현해 보겠습니다.

1 | 구분 없이 내용을 나열하는 글쓰기

슬라이드 마스터 편집 작업 순서

- 불필요한 슬라이드 레이아웃 삭제하기
- 이미 사용 중인 슬라이드 레이아웃은 삭제할 수 없음
- 필요한 슬라이드 레이아웃 삽입
- 슬라이드 마스터에서 지정할 내용 설정하기
- 글꼴 서식(테마 글꼴 지정) 지정
- 내용이 들어가는 위치를 안내선으로 구분
- 머리글/바닥글 역할을 하는 내용(로고나 슬라이드 번호) 지정
- 슬라이드 레이아웃을 수정하거나 추가하기
- 슬라이드 마스터에서 설정한 내용을 이어받아 레이아웃을 작성

전체적인 내용이 한눈에 들어오지 않고 어떤 순서로 작업해야 하는지 파악하기 어렵습니다. 그리고 이 설명에 따라 작업하면 슬라이드 마스터나 슬라

이드 레이아웃을 선택하는 동작이 중복되는 것이 많아 동선이 겹치는 경우가 많아질 것입니다.

2 | 카테고리로 내용을 분류한 글쓰기

> **슬라이드 마스터 편집 작업 순서**
>
> **1단계 : 불필요한 슬라이드 레이아웃 삭제하기**
> - 이미 사용 중인 슬라이드 레이아웃은 삭제할 수 없음
>
> **2단계 : 슬라이드 마스터에서 지정할 내용 설정하기**
> - 글꼴 서식(테마 글꼴 지정) 지정
> - 내용이 들어가는 위치를 안내선으로 구분
> - 머리글/바닥글 역할을 하는 내용(로고나 슬라이드 번호) 지정
>
> **3단계 : 사용자 지정 슬라이드 레이아웃을 수정하거나 추가하기**
> - 필요한 슬라이드 레이아웃 삽입
> - 슬라이드 마스터에서 설정한 내용을 이어받아 레이아웃을 작성

일단 '새로운 레이아웃을 만들려면 3단계로 작업할 수 있구나'하고 받아들이게 됩니다. 즉 필요 없는 것은 지우고 → 공통사항을 지정하고 → 필요한 레이아웃을 만드는 작업이 한눈에 들어옵니다.

이렇게 작업한다면 슬라이드 레이아웃을 만드는 동안 슬라이드 마스터와 레이아웃을 번갈아 선택하는 동작이 적어 작업 동선도 단순하게 됩니다. 이렇게 구조화한다면 내용 중복도 정리되고 누락되는 것도 없게 작업할 수 있습니다.

제작을 위한 준비, 자료에서 핵심 메시지를 추출하라

보고서를 만드는 사람들은 정리된 내용을 이해하기 쉬운 문장으로 만드는 것이 목표일 것입니다. 문장에서 군더더기를 제거하고 핵심 내용 중 누락된 것이 없도록 만드는 것이 중요합니다. 보고서는 스스로 완결성을 가져 형식이나 내용에서 다른 보조 문건 없이 이해하도록 작성해야 한다고 합니다.

독일의 대표적인 산업 디자이너 디터 람스(Dieter Rams)는 자신의 디자인을 'Less but better'이라고 이야기했습니다. 생각해 보면 '더 적지만 더 좋게' 만든다는 것은 말처럼 쉽지 않습니다. 대부분은 내용을 복잡하게 만들면서 더 안전하다는 느낌을 가지기 때문입니다. '나는 다 넣었어. 보지 않은 사람이 문제야'라고 책임을 회피합니다. 하지만, 약관에 불리한 내용을 빠르게 읽으며 넘어가는 보험 광고가 그 정보를 진심으로 알리려고 하지 않는 것처럼 모든 내용을 구겨 넣은 보고서는 진심으로 상대방에게 전달하려는 것이 아닙니다. 보고서는 상대방이 쉽게 내용을 이해하도록 만드는 것이 핵심입니다.

> **Tip** 디터 람스의 디자인 10계명 '10 Principles of Good Design'
> - Good design is innovative(좋은 디자인은 혁신적이다).
> - Good design makes a product useful(좋은 디자인은 제품을 유용하게 한다).
> - Good design is aesthetic(좋은 디자인은 아름답다).
> - Good design makes a product understandable(좋은 디자인은 제품을 이해하기 쉽도록 한다).
> - Good design is honest(좋은 디자인은 정직하다).
> - Good design is unobtrusive(좋은 디자인은 불필요한 관심을 끌지 않는다).
> - Good design is long-lasting(좋은 디자인은 오래 지속된다).
> - Good design is thorough down to the last detail(좋은 디자인은 마지막 디테일까지 철저하다).
> - Good design is environmentally friendly(좋은 디자인은 환경 친화적이다).
> - Good design is as little design as possible(좋은 디자인은 할 수 있는 한 최소한으로 디자인한다).

뼈대(목차) 만들기

목차를 만든다는 것은 보고서 전체 흐름을 논리적으로 구성하는 것입니다. 골조가 튼튼하면 오랫동안 잘 살 수 있는 좋은 집을 만들 수 있는 것처럼, 목차가 잘 만들어지면 내용을 꾸며 살을 붙이는 동작을 체계적으로 할 수 있습니다.

잘 만들어진 목차는 보고서의 소제목으로 사용되고, 보고 받는 사람이 내용을 한눈에 볼 수 있도록 도와줍니다. 그리고 이렇게 카테고리를 지어 글을 쓰면 중복되지 않으면서 꼭 들어가야 하는 중요한 부분이 누락되는 것을 방지할 수 있습니다.

목차는 내용을 분류해서 구조적으로 작성하게 되는데, 작성할 때 일정한 규칙을 가지고 연결하는 것도 좋은 방법 중 하나입니다.

보고서를 읽는 사람들은 어떤 규칙이나 흐름이 있다면 자연스럽게 따라가면서 인지하게 됩니다. 예를 들어 큰 부분에서 작은 부분으로 정리하거나 반대로 작은 부분에서 큰 부분으로 내용을 확장해 나가거나, 시간적인 흐름으로 진행해도 내용을 인지하는 것에 도움이 됩니다.

예) 영역이 큰 범위에서 작은 범위로 내용을 정리해 보거나, 날짜가 많은 일주일 전체에서 요일별로 내용을 정리하는 방법
- 전체 유동인구 → 자치구별
- 일주일 → 요일별

OO시 유동인구 조사 결과

유동인구 TOP 10
 ① 1주일 평균 유동인구 TOP 10
 ② 평일 평균 유동인구 TOP 10
 ③ 주말 평균 유동인구 TOP 10

시간대별 유동인구
 ① 1주일 평균 유동인구
 ② 요일별 평균 유동인구

지역별 유동인구
 ① 전국 유동인구 변화
 ② 지자체별 유동인구 변화

내용 줄이기

수집한 자료 중 버릴 것과 취할 것이 정리되었다면 이제 만들 준비를 하게 됩니다. 가지고 있는 자료를 모두 보고서에 서술할 것이 아니라 핵심 내용을 요약해야 하는 것입니다. 이때도 기본은 '쉽게 만들기'입니다. 보고서는 무엇보다 읽기 쉽고 내용을 알기 쉬워야 합니다.

내용을 각 사안별로 나누어 일목요연하게 분류하고, 정리할 때는 전체적인 의미가 변경되지 않을 만큼 불필요한 내용을 최대한 제거해야 합니다. 가장 쉬운 방법은 동사, 조사, 부사, 형용사 등 군더더기를 지우는 것입니다.

유료 회원 가입 절차 웹 사이트(www.oo.com)에 접속해서 회원가입을 하고, 회원가입 신청서와 건강보험 또는 국민연금 납부고지서 중 택1 하여 가입 서류를 온라인상으로 제출합니다. 제출 후 화면상에 표시되는 납부 계좌로 회비를 납부합니다. 이후 언제든 오프라인 매장에서 신분증을 제시하고 카드를 발급받으시면 됩니다.	웹 사이트에서 유료 회원으로 가입하는 방법을 설명하고 있습니다.
유료 회원 가입 절차 웹 사이트(www.oo.com)에 접속해서 회원가입을 하고, 회원가입 신청서와 건강보험 또는 국민연금 납부고지서 중 택1 하여 가입 서류를 온라인상으로 제출합니다. 제출 후 화면상에 표시되는 납부 계좌로 회비를 납부합니다. 이후 언제든 오프라인 매장에서 신분증을 제시하고 카드를 발급받으시면 됩니다.	내용을 꾸며 주는 군더더기를 제거하고 핵심 키워드만 추려 보면 1. 웹 사이트 회원가입 2. 가입 서류 제출 3. 회비 납부 4. 오프라인 카드 발급 이 중요 내용인 것을 알 수 있습니다.

유료 회원 가입 절차

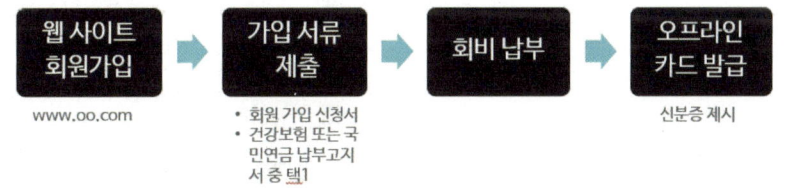

요약된 내용을 표, 차트, 도형 등을 이용해 간단하게 표현할 수 있습니다.

결국 내용을 요약할 때는 문장을 구성하는 공통 단어를 뽑고, 의미 없는 단어들은 제거한 다음 제거한 내용이 자연스럽게 연결되도록 표현하는 것이 기본입니다.

쉬운 말로 자연스럽게 작성

국립국어원(www.korean.go.kr)에서 만든 '한눈에 알아보는 공문서 바로 쓰기'의 사례를 참고해서, 보고서의 내용을 줄일 때 유의할 점을 생각해 볼 수 있습니다.

1 | 목적과 대상에 따른 어휘 선택

누가 읽을 것인지는 내용을 어떻게 표현하는가를 결정할 때 중요한 고려 사항입니다. 보고서는 읽기 쉬워야 하는데 쉽게 읽히려면 읽는 사람과 작성자가 공감하며 알고 있는 공통 용어를 사용해야 합니다. 특히 영문 약자나 자신만 아는 전문 용어는 풀어서 사용합니다. 무조건 줄이는 것이 목적은 아닙니다. 줄이더라도 항상 상대방 입장에서 알기 쉽게 표현해야 합니다.

예) 교원 능력 제고를 위한 인프라 구축
→ 교원 능력을 높이기 위한 기반 구축

   운영하고 있는
→ 운영하는

2 | 뜻은 명확하게, 형태는 통일되게 작성

문서를 작성할 때는 명확하고 통일감 있게 작성해야 합니다. 대비되는 용어 형태를 동일하게 맞추는 것도 필요합니다.

예) 근로 능력 없는 장애율 80% 이상자
→ 근로 능력이 없는 장애율 80% 이상인 사람

   ① 참석자는 명찰을 패용함
   ② 행사장 주변이 복잡하오니 대중교통을 이용하기 바랍니다.
→ ① 참석자는 명찰을 달기 바랍니다.
   ② 행사장 주변이 복잡하니 대중교통을 이용하면 편리합니다.

3 | 내용을 이해할 수 있도록 생략

내용 요약에 집중하다 보면 너무 많은 생략을 하는 경우도 생깁니다. 충분히 뜻을 이해하도록 분명하게 표현하면서 줄여야 합니다.

예) 합리적 조정해
→ 합리적으로 조정해

4 | 반복되는 용어를 대체

보고서에 등장하는 단어들은 대부분 패턴이 비슷한 경우가 많아 반복되기 쉽습니다. 맞는 용어라도 같은 단어가 반복되면 단순해서 세련된 느낌을 주지 못합니다. 되도록 여러 가지 표현으로 바꾸는 것이 좋습니다.

예) ① 재료 선정 방식의 합리성 부족
    ② 평가 후 실무 활용 부족
→ ① 재료 선정 방식의 합리성 부족
    ② 평가 후 실무 활용 미흡

5 | 정확한 짝짓기

기본적인 사항이지만 주어와 술어, 목적어와 술어의 짝이 맞지 않으면 내용을 한번에 파악하기 어렵습니다.

주어, 목적어, 술어를 찾기 쉽도록 너무 긴 문장은 짧은 문장으로 정리하는 것도 좋은 방법입니다.

예) 자율화 방안<u>이</u> 차질 없이 <u>추진 중</u>
→ 자율화 방안<u>을</u> 차질 없이 <u>추진하는 중</u>

뉴스를 통한 자료 요약 연습

인터넷에서 뉴스를 검색하면 뉴스 내용 아래쪽에 원고가 있는 경우가 많습니다. 이 원고를 보고 내용을 요약하는 연습을 하는 것도 좋습니다.

▲ 기사 출처 : KBS 뉴스(goo.gl/blAJMy)

뉴스에서는 원고를 화면에서 빠르게 보여 주기 위해 요약된 형태의 화면용 자료도 확인할 수 있으니, 요약되지 않은 원고와 비교하면서 자료 요약 방법을 연습하기 좋습니다.

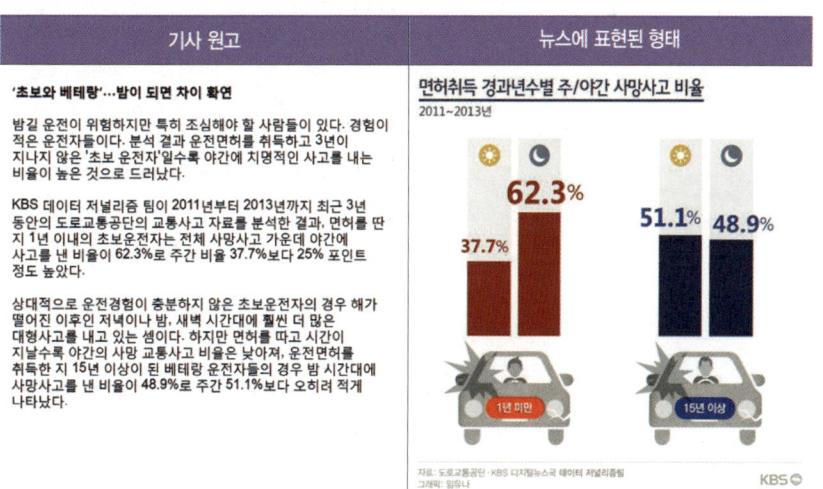

기사 원고를 보면서 어떻게 표현했는지를 확인해 보고, 그렇게 표현하려면 원고를 어떻게 요약해야 하는지 거꾸로 유추해 보는 방법을 사용해 보세요.

뉴스에 표현된 형태를 보고 기사 원고에 사용된 내용만 체크하는 방법으로, 내용 요약을 연습할 수 있습니다.

'초보와 베테랑'…밤이 되면 차이 확연

밤길 운전이 위험하지만 특히 조심해야 할 사람들이 있다. 경험이 적은 운전자들이다. 분석 결과 운전면허를 취득하고 3년이 지나지 않은 '초보 운전자'일수록 야간에 치명적인 사고를 내는 비율이 높은 것으로 드러났다.

KBS 데이터 저널리즘 팀이 2011년부터 2013년까지 최근 3년 동안의 도로교통공단의 교통사고 자료를 분석한 결과, 면허를 딴 지 1년 이내의 초보운전자는 전체 사망사고 가운데 야간에 사고를 낸 비율이 62.3%로 주간 비율 37.7%보다 25% 포인트 정도 높았다.

상대적으로 운전경험이 충분하지 않은 초보운전자의 경우 해가 떨어진 이후인 저녁이나 밤, 새벽 시간대에 훨씬 더 많은 대형사고를 내고 있는 셈이다. 하지만 면허를 따고 시간이 지날수록 야간의 사망 교통사고 비율은 낮아져, 운전면허를 취득한 지 15년 이상이 된 베테랑 운전자들의 경우 밤 시간대에 사망사고를 낸 비율이 48.9%로 주간 51.1%보다 오히려 적게 나타났다.

형태 변형

한 문장의 길이를 짧게 만드는 동안, 그 내용을 대신할 수 있는 다른 형태가 있는지 생각해 보는 것도 필요합니다. 물론 보고서는 그림책도 아니고 모두가 다른 형태를 필요로 하는 것은 아닙니다. 하지만 나열된 많은 숫자를 차트나 표 형태로 정리한다면 내용을 간단히 전달할 수 있기 때문에 변형하는 것이 좋습니다.

예) 다음 1번 자료는 연도별 전력 수급 현황을 살펴보는 자료입니다. 3년 동안의 통계 자료를 나열해서 표현했기 때문에 내용을 파악하기 어렵습니다.

2번 자료는 에너지원별 점유 현황을 표로 표현한 자료입니다. 표에서는 계, 석탄, 유류, 가스의 상위 항목인 화력을 셀 병합으로 표현했습니다.

1 우리나라 전력 수급 현황[1]은 전력통계를 근거로 최근 3년간의 자료를 살펴보면 2006년도 설비용량은 64,778MW, 공급능력은 65,183MW, 평균전력은 43,514MW, 최대전력은 58,994MW, 부하율[2]은 73.8%이었으며, 2007년도 설비용량은 67,196MW, 공급능력은 66,778MW, 평균전력은 46,019MW, 최대전력은 62,285MW, 부하율은 73.9%이었고 2008. 8월말 기준현황은 설비용량은 70,353MW, 공급능력은 68,519MW, 평균전력은 48,365MW, 최대전력은 62,794MW, 부하율은 77.0%로서 설비용량과 공급능력은 해마다 조금씩 증가해 가고 있는 추세이나 평균전력과 부하율 등은 증설 대비 수요에서 더 높은 증가율을 보이고 있다.

2 [표 2] 에너지원별 점유 현황(2008.7월 기준)

구분	수력	화력				원자력	대체에너지[3]
		계	석탄	유류	가스		
100%	7.8%	66.3%	31.0%	9.0%	26.3%	25.2%	0.7%

변형 1) 자료 1의 텍스트 형식 자료를 표 형식으로

전력 수급 현황					
	설비용량	공급능력	평균전력	최대전력	부하율
2006년	64,778	65,183	43,514	58,994	73.8%
2007년	67,196	66,778	46,019	62,285	73.9%
2008년	70,353	68,519	48,365	62,794	77.0%

연도별로 각 항목을 표로 정리하니 숫자를 알아보기 쉽습니다. 각 연도나 항목에 해당하는 숫자를 찾아보기는 쉽지만, 숫자끼리 크기나 상대적인 차이를 한눈에 파악하기는 여전히 어렵습니다.

변형 2) 자료 1의 텍스트 형식 자료를 차트 형식으로

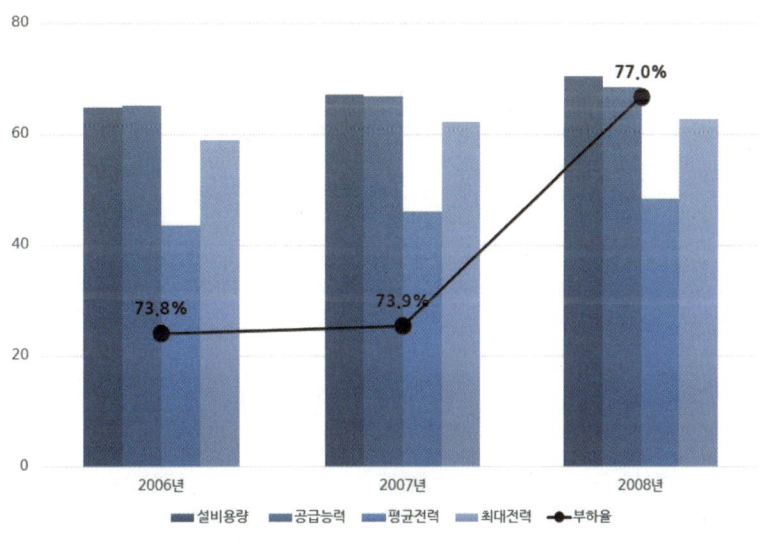

숫자를 텍스트로 읽게 되면 그 숫자의 크기나 항목끼리의 상대적인 비교를 직관적으로 하기 어렵습니다. 차트로 표현된 숫자는 서로의 차이나 크기를 한눈에 알아보기 쉽습니다.

변형 3) 자료 2의 표 형식 자료를 차트 형식으로

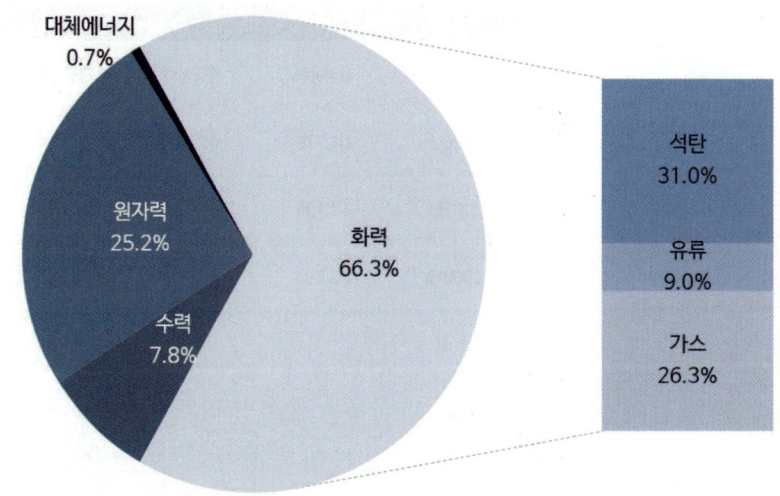

표에서 화력은 석탄, 유류, 가스의 세부 항목이 있으며 셀 병합으로 표현하였습니다. 이를 '원형 대 가로 막대형' 차트를 이용해 전체에서 차지하는 비율을 표현했습니다. 원형 차트를 이용해서 전체 에너지원에서 화력의 점유 현황을 나타냈고, 가로 막대형 차트로는 화력을 구성하는 세부 항목의 비율이 한눈에 보이도록 만들었습니다.

자료 특징에 따라 보고서를 제작하라

신뢰할 수 있는 자료를 수집한 다음 내용을 정리해서 표현할 때 어떤 도구를 사용하는가에 따라 작업 능률이 달라집니다. 많은 수치자료를 워드 프로그램으로 표현하는 것 보다는 엑셀 프로그램에서 간단하게 차트로 표현하면 전달력을 높일 수 있기 때문입니다. 자료의 특징에 따라 적절한 도구를 선택해서 보고서를 제작하도록 합니다.

주제에 따른 자료가 준비되었다면, 보고서를 제작하는 단계입니다. 제작이라고 해서 바로 파워포인트를 실행하라는 뜻은 아닙니다. 먼저 무엇으로, 어떻게 만들지를 결정해야 합니다.

무엇으로 만들까? 도구를 선택하자

보고서는 각 회사마다 이미 사용하는 기본 틀을 유지하고 있는 경우가 많습니다. 이럴 경우 문서의 여백, 글꼴이나 크기 등이 지정된 양식을 가지고 내용만 바꿔 가며 사용합니다. 이미 워드 프로그램으로 잘 사용하고 있는 보고서가 있다면 굳이 혼자만 다른 프로그램을 사용해서 작성할 필요는 없을 것입니다. 그래서 '무엇으로 만들까?'를 결정할 때는 '이 자료를 어디에서 작성하는 것이 쉽지?' 또는 '최종 사용처는 어디지?'를 생각해 봐야 합니다. 각 프로그램의 장단점을 이해하고 자신이 잘 다룰 수 있는 프로그램을 선택하는 것이 필요합니다.

종류	장/단점
아래한글	• 장점 대표적인 문서 작성 프로그램 대부분의 관공서나 기업에서 사용하기 때문에 다른 기관과 공유가 수월함 상용구나 개요 번호 등 편리한 문서 편집 기능이 있어 텍스트 자료를 다루기에 적합함 • 단점 개체들을 자유롭게 활용하기 불편함 차트 표현이나 도해 작업, 이미지 작업에서 전문성이 떨어지고 불편함
엑셀	• 장점 많은 수치 자료 처리에 적합함 수치 자료를 차트로 표현하는 데 탁월한 기능 제공함 • 단점 텍스트 자료를 다루기 불편함

파워포인트	• 장점 프레젠테이션 전문 프로그램으로 사용법이 쉬움 도해, 이미지 처리에 뛰어난 편집 기능을 제공함 전체 슬라이드 영역 개체들을 자유롭게 활용하기 편리함 다양한 차트 작성이 편리함 인쇄물, 프레젠테이션, PDF, 동영상 등 다양한 결과로 저장해서 활용 가능 • 단점 많은 텍스트를 다루기 부적합함

이 책에서 보고서 작성 도구로 파워포인트를 선택한 이유는 파워포인트를 사용하면 다른 도구보다 '적시'에 '적합한 도해화'를 '쉽게' 할 수 있기 때문입니다.

어떻게 만들까?

파워포인트를 사용하기로 결정했다면 '어떻게 만들까?'를 결정해야 합니다. 파워포인트의 기본 작성법을 이야기할 때, 주로 한 장의 슬라이드에 하나의 메시지를 표현하라는 것을 강조합니다. 하지만 실무에서는 많은 내용을 하나의 슬라이드에 담아야 하는 일이 생길 때가 많습니다. 가장 흔하게 사용하는 보고서 형태는 워드형 보고서보다는 내용이 적고, 하나의 슬라이드에 하나의 내용을 담는 것보다는 많은, 중간 형태의 보고서입니다.

작성하기를 원하는 보고서 형태에 따라 파워포인트에서 사용하는 기능이 달라지며 사용할 수 있는 기능에 따라서 보고서 형태도 달라집니다. 다음 내용을 고려해 보고 자신의 능력과 필요에 맞는 보고서 형태를 결정하세요.

1 | 분량에 관한 선택하기

Q 참고하는 수치 자료나 세부 설명이 모두 보고서에서 명확히 알려야 하는 기본 데이터인가?

A 모두 알려야 하는 데이터라면 많은 양을 보고서에 담아야 하기 때문에, 내용이 파워포인트 슬라이드 한 장에 밀집되는 형태를 띠게 됩니다. 그러므로 표나 차트 등으로 많은 데이터를 정리하는 것이 좋습니다. 물론 내용을 잘 설명할 수 있는 도해화 방법도 함께 사용합니다. 하지만, 커다란 이미지나 도해가 슬라이드의 많은 부분을 차지하는 형태는 될 수 없습니다.

Q 세부 사항은 넣지 않아도 되는가?

A 세부 사항을 넣지 않아도 된다면 자료를 요약해서 핵심 사항만 보고서에 담을 수 있습니다. 충분히 내용을 간추리고 표, 차트, 도형, 이미지 등을 활용해서 정보를 시각적으로 표현하여 한 번에 내용을 파악하도록 작성하는 것이 좋습니다.

2 | 요약해서 도해화할 보고서인 경우, 도해화 방법 선택하기

Q 도형 개체를 잘 다룰 수 있나?

A 도형 개체를 잘 다룰 수 있다면 직접 그림이나 도형으로 내용을 이해하기 쉽도록 시각화합니다. 만일 그렇지 못하다면 좀 더 편리한 SmartArt 그래픽을 활용하여 시각화합니다. SmartArt 그래픽은 사용 방법이 편리하고 변형도 가능하기 때문에, 도형 개체를 다루는 것에 익숙하지 않은 사용자도 쉽게 도해화 작업을 할 수 있습니다.

Q 저작권 문제없는 이미지를 사용할 수 있나? 혹은 구매 가능한가?

A 회사에서 필요한 이미지를 구매할 수 있거나, 직접 촬영해서 사용 가능한 상황이라면 보고서 내용을 보강해 줄 이미지를 충분히 활용하는 것이 좋습니다. 하지만 만일 저작권에서 자유롭지 못하다면 사용하시 않는 것이 좋습니다. 이미지가 없다면 대신 파워포인트의 도해를 이용해서 직접 필요한 아이콘 등을 만들어 사용합니다. 도형을 잘 다룰 수 없다면 차트나 SmartArt 그래픽을 활용해서 작업합니다.

Q 이미지 편집 프로그램을 능숙하게 다룰 수 있나?

A 포토샵처럼 전문적인 이미지 편집 프로그램을 잘 이용할 수 있다면, 배경이나 준비한 사진 등을 편집하여 보고서에 활용합니다. 만일 이미지 편집 프로그램을 다룰 수 없다면, 파워포인트의 이미지 조정 기능을 활용하거나 도형을 이용해서 비슷한 효과를 만들 수 있습니다. 파워포인트에도 강력한 이미지 관련 기능이 있으며, 이후 파트에서 안내합니다.

결국 보고서는 내용이 중요합니다. 텍스트만으로 만들어진 보고서라도 일목요연하게 정리된 좋은 내용이라면 내용 없이 디자인만 신경 쓴 보고서보다 훨씬 좋은 결과를 얻을 수 있습니다.

자료를 적절한 목적에 맞게 정리하고, 그 일을 하는 데 필요 이상의 시간을 소비하지 않는 것이 중요합니다. 보고서를 작성할 때는 디자인에 시간을 투자하느라 발표 시기를 놓치거나, 내용을 명확하게 알려주지 못하는 엉뚱한 도해화를 하지 않도록 주의해야 합니다. 보고서 제작 과정에서 가장 중요한 것은 '하고자 하는 말'입니다. 표현력이 좋다면 더할 나위 없지만 조금 부족하더라도 충분히 내용으로 채울 수 있습니다. 자신만의 스토리를 능력에 맞게 표현하면 됩니다.

멋진 표현이 아니라 쉽고 정확한 표현으로 작성하기

구체적인 말 없이 사랑한다는 뜻을 내포한 행동만을 보고 상대방의 사랑을 조금도 의심 없이 신뢰하는 일이 가능할까요? 사회적인 업무, 특히 보고서를 작성할 때라면 정확하게 표현하지 않고 '여러 상황을 미루어 보아 추측하세요.'라고는 할 수 없습니다.

자신이 작성한 보고서나 문서를 만든 의도가 모든 사람들에게 동일하게 받아들여질 것이라는 착각은 버려야 합니다. 언제나 사람들은 각자의 방법으로 정보를 받아들이게 됩니다. 똑같은 내용이라도 자신이 가진 경험치나 사전 지식 정도, 처해 있는 입장에 따라 다르게 이해하고 받아들이는 것은 너무나 당연한 일입니다.

예전에 열풍을 일으킨 남도 여행안내서에서도 '아는 만큼 보인다'라는 말을 했습니다. 같은 문화재와 풍경이라도 보는 사람의 상태, 지식 정도에 따라 다르게 보인다는 말입니다. 우리가 만드는 것이 결과물을 보는 사람의 사전 지식 정도와 맞는 것은 거의 불가능합니다. 그러므로 최대한 다른 의미가 연상되지 않도록 내용을 왜곡하지 않는 방법으로 표현해야 합니다.

두루뭉술하게 넘어 가는 것이 아니라 정확하게 표현해야 보고하는 사람과 보고 받는 사람이 같은 내용으로 의사소통하게 됩니다.

예) 의미를 전달하지 못하는 차트

자영업자들이 직원을 채용할 때 최종 학력은 전체 항목에 비해 그다지 큰 비중이 아니니, 학벌 때문에 취업을 포기하려는 사람들은 희망을 가지라는 보고서를 작성하려고 합니다.

같은 수치라도 '꺾은선형' 차트로 작성하면 숫자가 주는 의미를 파악하기 어렵습니다. 이런 경우 전체 항목에서 특정 항목의 비율을 잘 표시할 수 있는 '원형' 차트를 사용하는 것이 적합합니다.

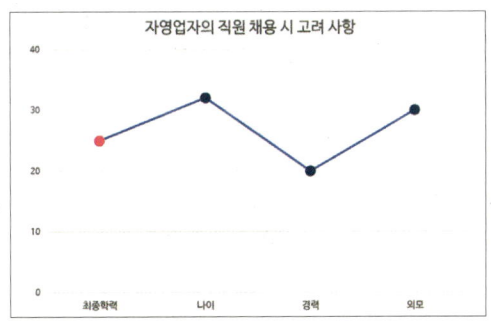 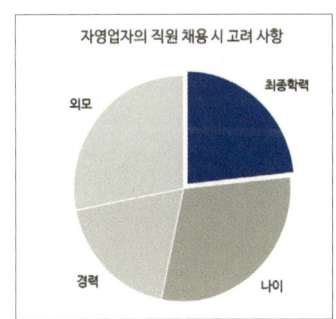

숫자를 나열하는 것보다는 차트로 표현하면 내용을 파악하기 쉽지만, 보고서 흐름과 다른 차트를 사용하면 오히려 내용 파악을 어렵게 만들 수도 있습니다. 작성하려는 내용에 적합한 차트 형태를 사용해서 전하고자 하는 바를 분명하게 표현하도록 합니다.

• 차트 종류에 따른 특징

종류	특징과 적합한 데이터 형태	예
막대형	• 항목의 순서가 중요하지 않은 데이터를 비교하면서 표현합니다.	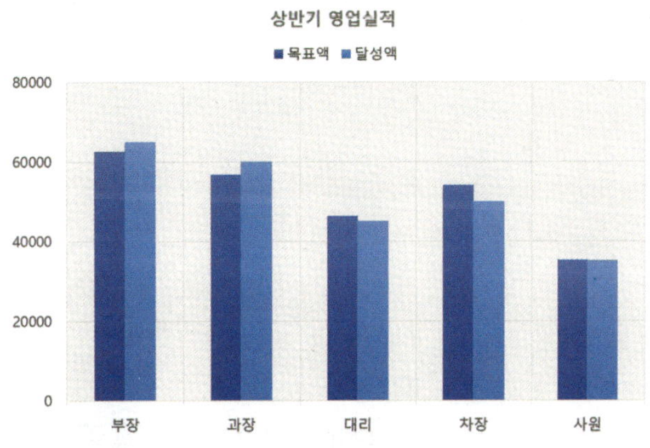 상반기 영업실적 (부장, 과장, 대리, 차장, 사원 / 목표액, 달성액)
누적 막대형	• 데이터 계열이 여러 개 있고 합계를 강조하려는 경우에 적합합니다.	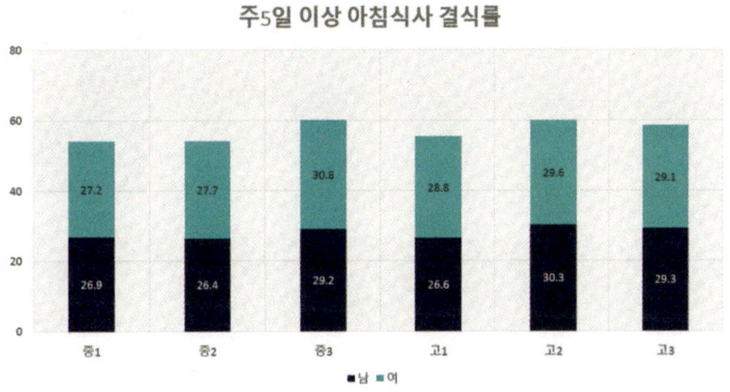 주5일 이상 아침식사 결식률 (중1, 중2, 중3, 고1, 고2, 고3 / 남, 여)

5 자료 특징에 따라 보고서를 제작하라

원형	• 각 값이 전체에서 차지하는 부분을 표시합니다. • 데이터 계열이 하나만 있는 경우에 적합합니다.	
꺾은선형	• 시간 흐름이나 일정 간격의 항목에 따른 추세를 표시할 때 유용합니다. • 데이터 요소가 많고 데이터 요소를 표시하는 순서가 중요한 경우에 적합합니다.	
혼합형	• 데이터를 쉽게 이해할 수 있도록 만들기 위해 보조 축과 두 종류 이상의 차트를 사용합니다. • 데이터 범위가 광범위한 경우에 적합합니다.	

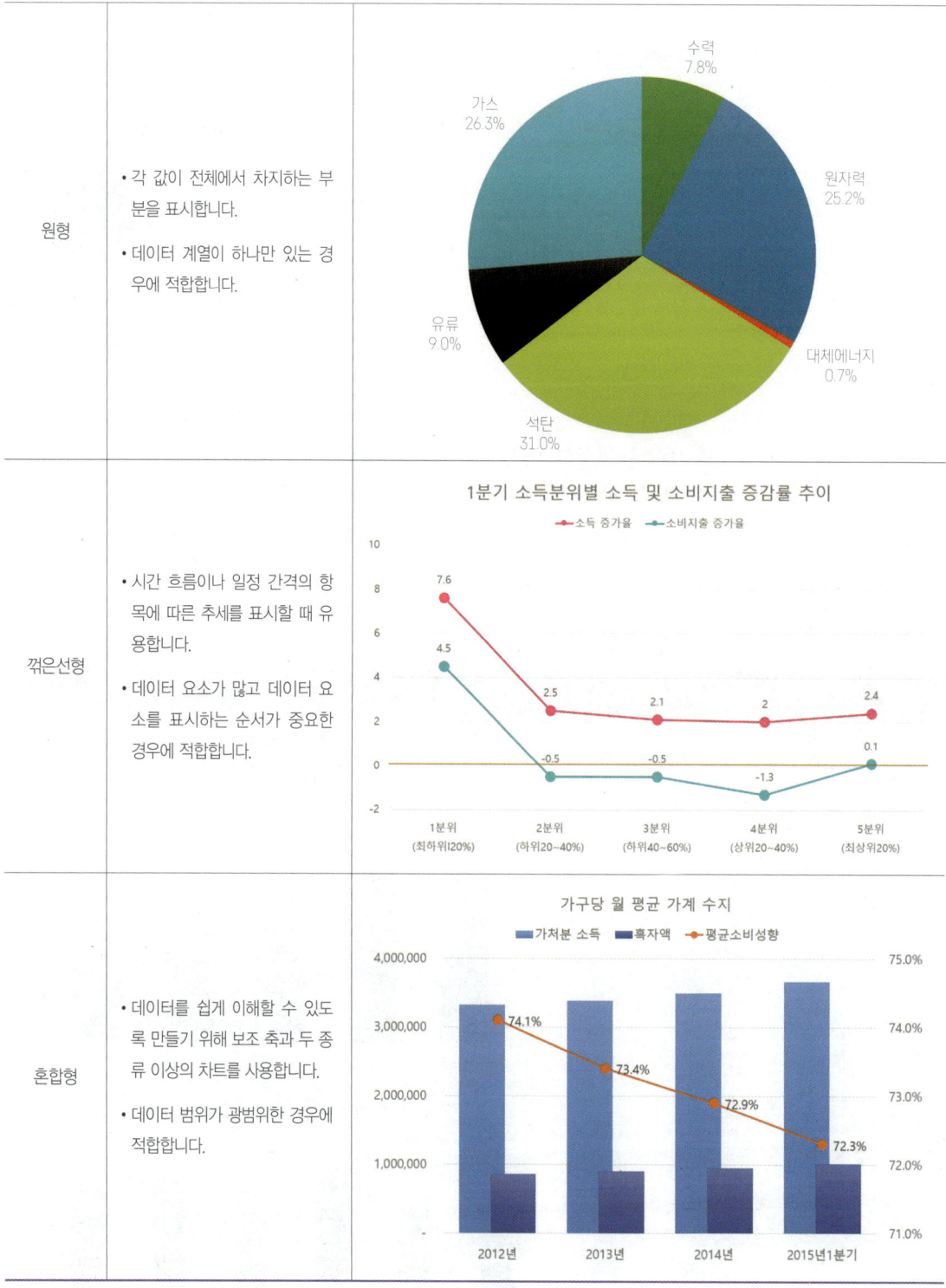

이론편

최종 확인을 거쳐라
- 작은 차이가 명품을 만든다

사소해 보이는 실수로 전체 보고서의 신뢰도가 떨어지지 않도록 맞춤법이나 수치자료 등의 오류를 확인해야 합니다. 여기에는 유인물의 인쇄 상태나 프레젠테이션을 최종 목적으로 하고 있다면 발표 현장에서의 글꼴 깨짐, 동영상, 오디오 등의 실행 체크까지도 포함됩니다.

일을 할 때는 항상 꼼꼼하게 마무리하는 습관이 필요합니다. 이 단계에서는 작성자 입장에서 벗어나 보고 받는 사람 입장으로 보고서를 바라보는 것이 필요합니다. 맞춤법 검토는 기본이고, 특히 사용된 수치나 명칭이 오류가 없는지 배포 전에 다시 한번 확인합니다. 마지막 단계인 인쇄를 할 때는 슬라이드 내용 중 빠지는 것이 없는지 체크합니다.

맞춤법 검사

멋지게 디자인하여 만든 보고서에서 맞춤법이나 띄어쓰기가 틀리거나, 오타 등이 보인다면 보고서 전체 신뢰도가 떨어질 수 있습니다. 항상 문서가 작성되고 나서 배포 전에는 맞춤법을 검사하는 것이 좋습니다. 짧은 시간을 투자하여 훨씬 정성들여 작성된 문서라는 느낌을 줄 수 있습니다.

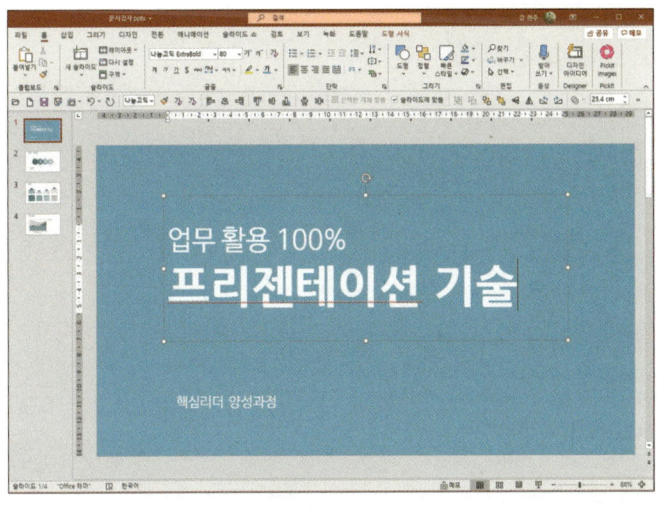

01 보고서 문서에 철자나 띄어쓰기 등 맞춤법에 오류가 있다면 텍스트 아래에 빨간색 밑줄이 표시됩니다.

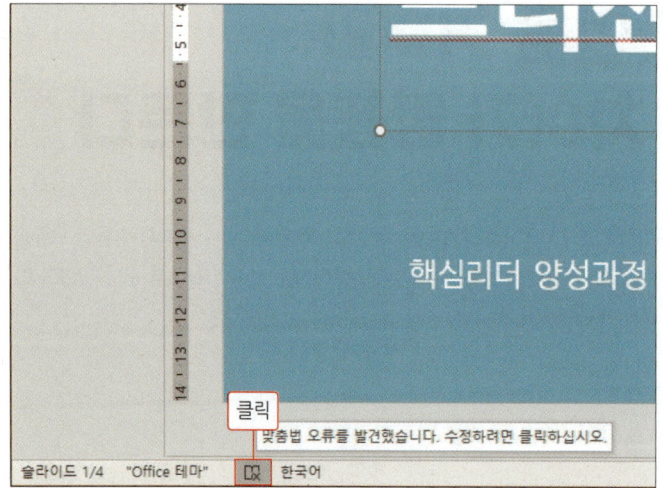

02 상태 표시줄에 있는 '맞춤법 검사' 아이콘 위에 마우스 포인터를 위치시키면 '맞춤법 오류를 발견했습니다. 수정하려면 클릭하십시오.'라는 도움말이 표시됩니다. '맞춤법 검사' 아이콘을 클릭합니다.

> **Tip** 직접 명령을 실행하려면 [검토] 탭-[언어 교정] 그룹-[맞춤법 검사]를 클릭합니다.
>
>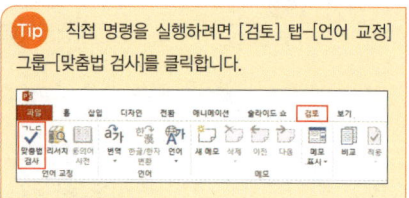

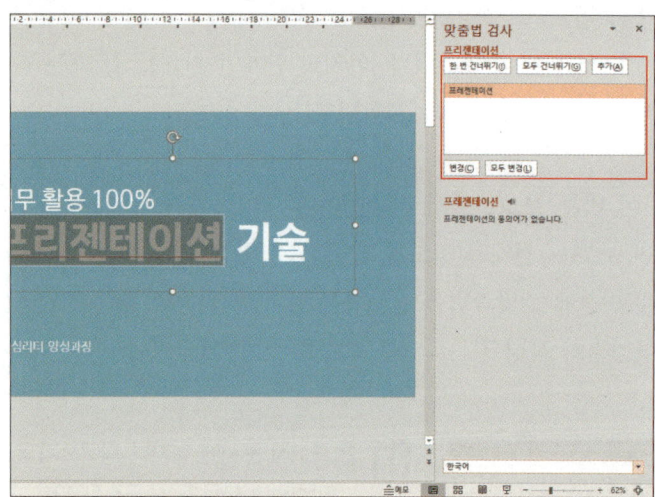

03 맞춤법이 틀린 단어가 오른쪽 작업 창 화면에 표시됩니다. 발견된 오류를 수정하는 다양한 방법이 제시되는데, 추천 단어로 변경하거나 〈한 번 건너뛰기〉 버튼을 클릭하여 다음 단어로 진행하면서 교정하면 됩니다.

> **Tip 맞춤법 검사 기능**
>
>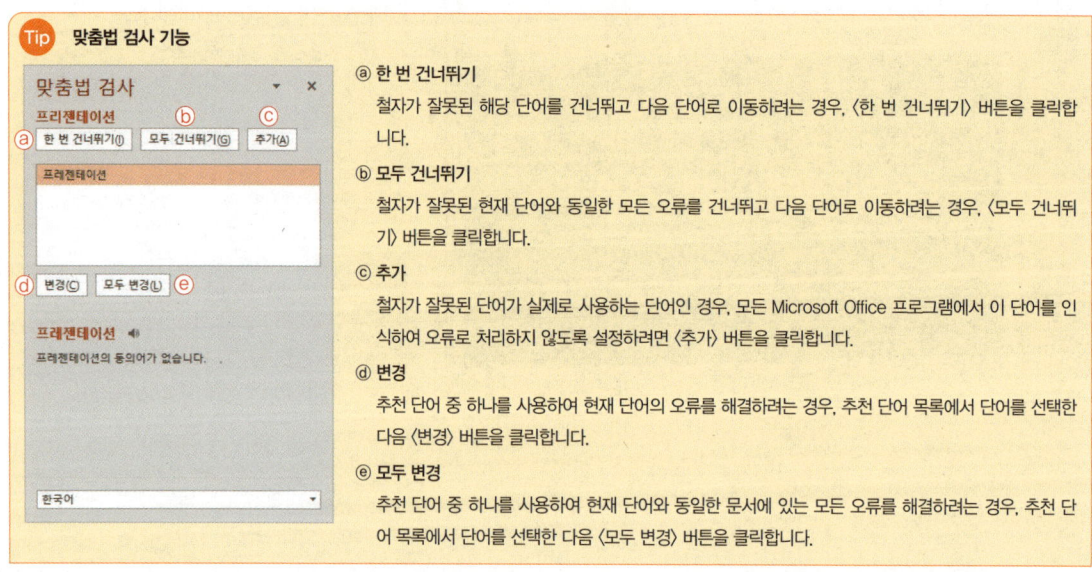
>
> ⓐ **한 번 건너뛰기**
> 철자가 잘못된 해당 단어를 건너뛰고 다음 단어로 이동하려는 경우, 〈한 번 건너뛰기〉 버튼을 클릭합니다.
>
> ⓑ **모두 건너뛰기**
> 철자가 잘못된 현재 단어와 동일한 모든 오류를 건너뛰고 다음 단어로 이동하려는 경우, 〈모두 건너뛰기〉 버튼을 클릭합니다.
>
> ⓒ **추가**
> 철자가 잘못된 단어가 실제로 사용하는 단어인 경우, 모든 Microsoft Office 프로그램에서 이 단어를 인식하여 오류로 처리하지 않도록 설정하려면 〈추가〉 버튼을 클릭합니다.
>
> ⓓ **변경**
> 추천 단어 중 하나를 사용하여 현재 단어의 오류를 해결하려는 경우, 추천 단어 목록에서 단어를 선택한 다음 〈변경〉 버튼을 클릭합니다.
>
> ⓔ **모두 변경**
> 추천 단어 중 하나를 사용하여 현재 단어와 동일한 문서에 있는 모든 오류를 해결하려는 경우, 추천 단어 목록에서 단어를 선택한 다음 〈모두 변경〉 버튼을 클릭합니다.

> **Tip 빨간색 밑줄을 화면에 표시하지 않으려면**
>
> [PowerPoint 옵션]-[언어 교정] 항목의 '맞춤법 및 문법 오류 숨기기' 체크 상자에 체크 표시를 하면, 오류가 있더라도 빨간색 밑줄이 표시되지 않습니다.
>
> 빨간색 밑줄은 인쇄물이나 슬라이드 쇼에서는 보이지 않습니다. 단지 편집 시점에 오류를 점검해 주는 기능이니, 옵션에서 오류를 표시하는 것으로 설정하는 것이 좋습니다.

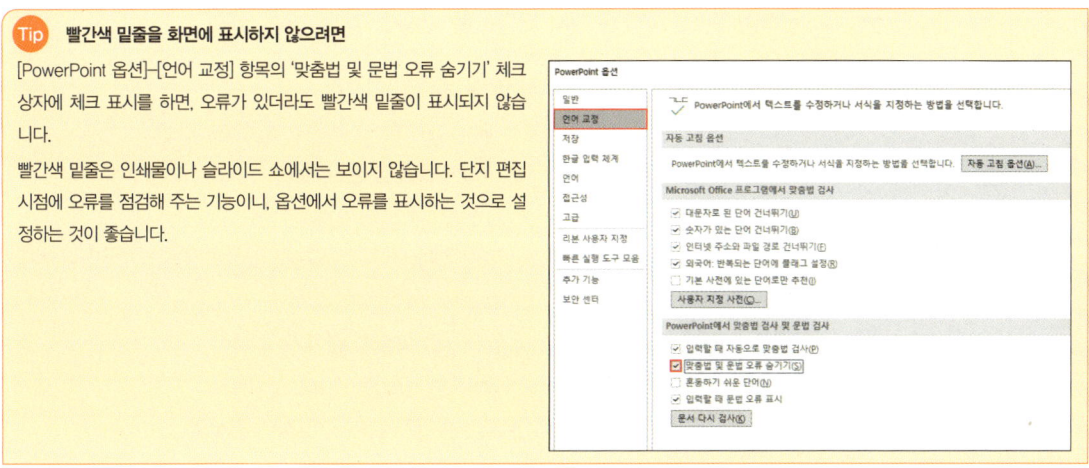

정확한 어휘를 위한 참조 사이트

맞춤법이나 표준어에 대해 새롭게 추가되거나 변경된 내용을 참조하면서, 바른 사용법을 익혀 두는 것이 필요합니다. 이런 것은 보고서를 작성하면서 급하게 공부하는 것보다는 틈틈이 관심을 가지고 좋은 단어와 표현법을 익히는 것이 좋습니다.

1 | 국립국어원(www.korean.go.kr)

어문 규정, 표준 언어 예절, 국어대사전, 문헌 검색, 정기 간행물 자료를 참고할 수 있습니다.

2 | 카카오톡(@우리말365)

이전에 트위터에서 해 주던 실시간 국어 상담을 카카오톡에서 하고 있습니다.

3 | 각종 포털, 기업 등에서 제공하는 맞춤법 검사 기능 활용

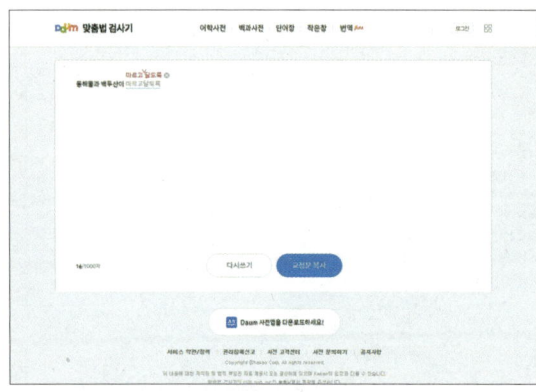

- 다음 맞춤법 검사기
  alldic.daum.net/grammar_checker.do
- 네이버 맞춤법 검사기
  tinyurl.com/y8u6u6z2
- 부산대학교에서 제공하는 한국어 맞춤법/문법 검사기
  speller.cs.pusan.ac.kr
- 인크루트 맞춤법 검사기
  www.incruit.com/tools/spell
- 사람인 글자수 세기/맞춤법 검사기
  tinyurl.com/yxnaglak

문서 검사

문서에 포함된 메모나 주석, 속성 및 개인 정보, 숨김으로 지정된 슬라이드 정보, 슬라이드 노트 내용들을 삭제할 수 있습니다.

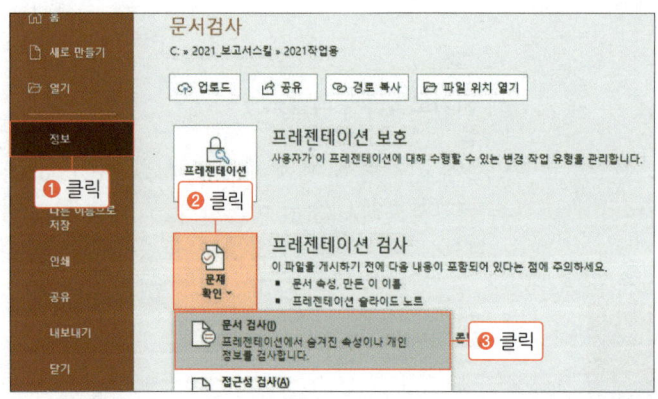

01 [파일] 탭-[정보]-[문제 확인]-[문서 검사]를 클릭합니다.

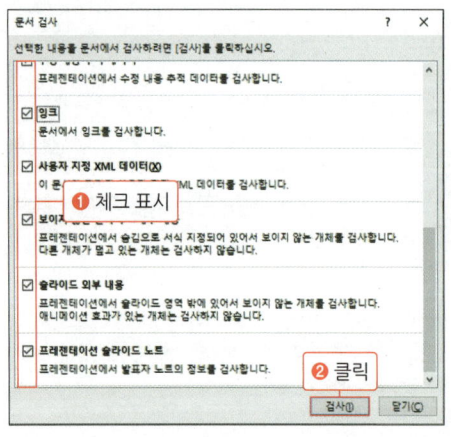

02 [문서 검사] 대화상자가 표시되면, 삭제하려는 항목의 체크 상자에 체크 표시를 하고 〈검사〉 버튼을 클릭합니다.

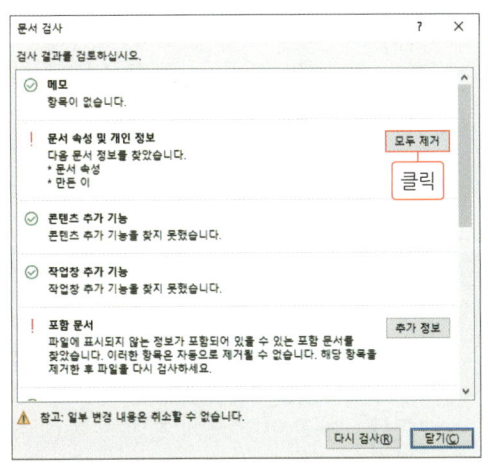

03 제거할 정보가 검사되면 〈모두 제거〉 버튼이 표시됩니다. 〈모두 제거〉 버튼을 클릭하면 해당 정보가 지워집니다.

파워포인트 보고서를 인쇄할 때 주의할 점 1 - 용지

아래한글과 같이 전문 워드 프로그램의 문서 기본 설정 크기는 일반적으로 A4입니다. 그러나 파워포인트는 기본적으로 4:3이나 16:9 화면을 고려한 프레젠테이션 프로그램이기 때문에 종이에 인쇄할 때 고려할 사항이 있습니다. 작성한 보고서가 용지에 맞춰 잘 인쇄되도록 인쇄 전에 꼼꼼하게 몇 가지 항목을 설정해야 합니다.

> **파워포인트 결과물의 목적에 따른 슬라이드 크기부터 지정하고 작업하기**
>
> 인쇄를 목적으로 보고서를 작성한다면, 먼저 슬라이드 크기를 'A4 용지'로 지정하고 작업하는 것이 좋습니다. 물론 슬라이드 크기는 언제든 변경 가능하지만 슬라이드 크기를 변경하면 슬라이드 안의 개체 위치를 다시 한번 수정해야 하기 때문입니다.
>
> 예) 슬라이드 쇼 : 4:3, 16:9 화면 비율
>   인쇄물 : A4 용지 보고서, A3 홍보 포스터 등
>   웹, 모바일 : 홈페이지, SNS 카드 뉴스 등
>   방향 : 가로, 세로

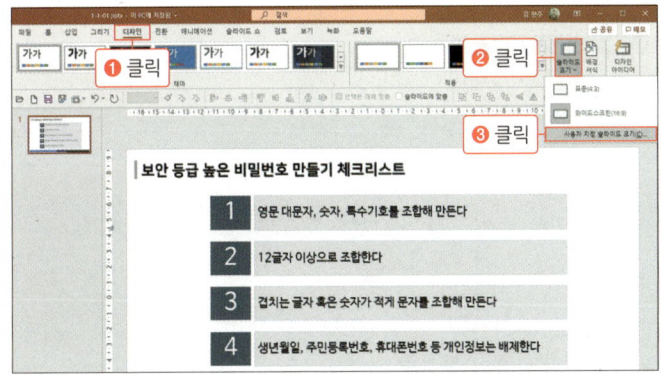

01 [디자인] 탭-[사용자 지정] 그룹-[슬라이드 크기]-[사용자 지정 슬라이드 크기]를 클릭합니다.

• 실습 파일 : 1-1-01.pptx

Tip 파워포인트 2010버전 : [디자인] 탭-[페이지 설정] 그룹-[페이지 설정]

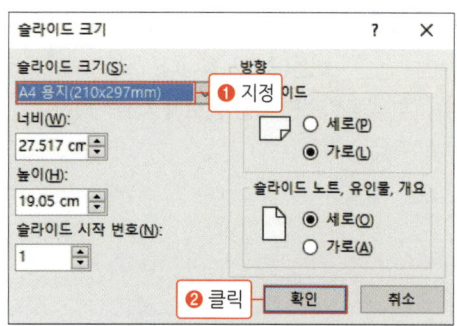

02 [슬라이드 크기] 대화상자가 나타나면, 슬라이드 크기를 'A4 용지'로 지정하고 〈확인〉 버튼을 클릭합니다.

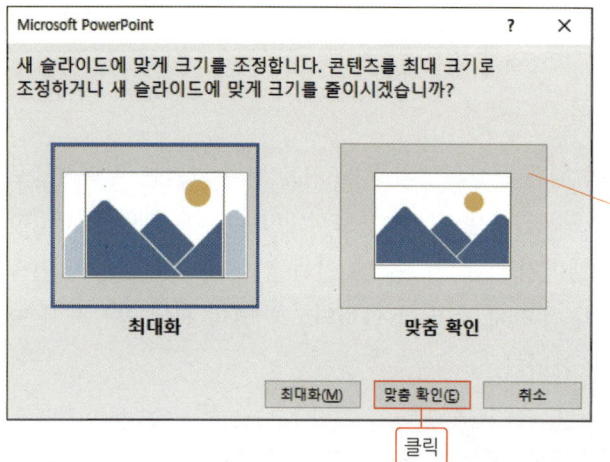

03 슬라이드에 맞게 조정되도록 〈맞춤 확인〉 버튼을 클릭합니다. 조정된 슬라이드 크기에 맞게 개체 위치를 수정합니다.

> **Tip** 파워포인트가 콘텐츠 크기를 자동으로 조절하지 못하면 두 가지 옵션이 있는 메시지가 표시됩니다.
> - 최대화 : 큰 슬라이드 크기에 맞게 배율을 조절할 때 이 옵션을 선택하여 슬라이드 콘텐츠 크기를 확대합니다. 이 옵션을 선택하면 콘텐츠가 슬라이드에 맞지 않을 수 있습니다.
> - 맞춤 확인 : 작은 슬라이드 크기에 맞게 배율을 조절할 때 이 옵션을 선택하여 콘텐츠 크기를 축소합니다. 콘텐츠가 작게 표시되지만 모든 슬라이드 콘텐츠를 볼 수 있습니다.

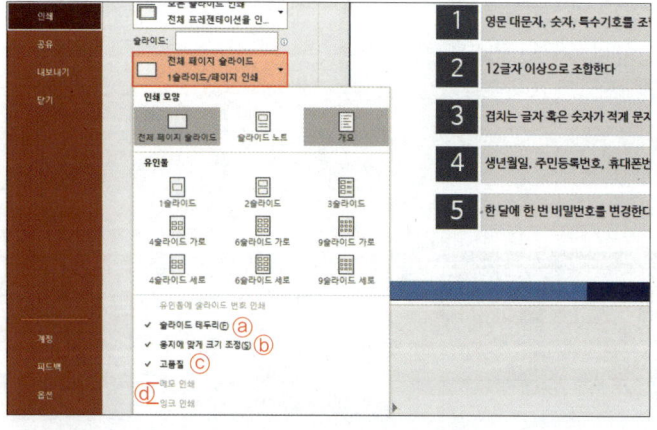

04 [파일] 탭 – [인쇄]에서 출력하려는 슬라이드와 인쇄 모양을 지정합니다. [전체 페이지 슬라이드]를 클릭하고 [슬라이드 테두리]와 [용지에 맞게 크기 조정], [고품질] 등 원하는 인쇄 옵션을 선택합니다.

ⓐ **슬라이드 테두리** : 슬라이드 테두리를 지정합니다. 슬라이드 배경이 흰색이거나 연한 색이라서 슬라이드와 용지가 구분되지 않는 경우 사용하면 슬라이드를 알아보기 쉽습니다.
ⓑ **용지에 맞게 크기 조정** : 인쇄 용지의 빈 여백을 최소화합니다.
ⓒ **고품질** : 텍스트나 개체에 적용된 그림자 효과까지 인쇄합니다.
ⓓ **메모 및 잉크 표시 인쇄** : 메모가 삽입되어 있거나 잉크가 저장되어 있는 경우 사용할 수 있고, 메모와 잉크까지 인쇄합니다.

05 | 슬라이드 크기에 따른 A4 용지 [용지에 맞게 크기 조정] 설정 옵션별 결과

- 화면 슬라이드 쇼(4:3)

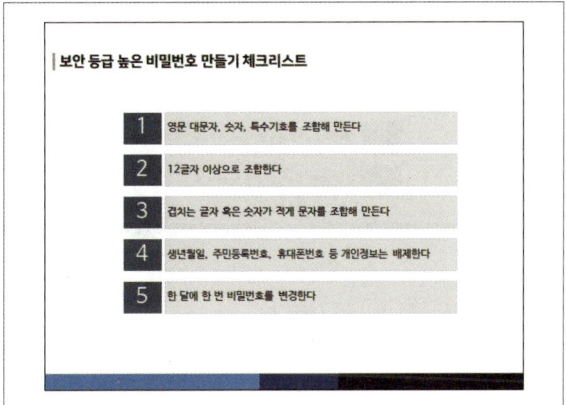

▲ [용지에 맞게 크기 조정] 설정 안 함

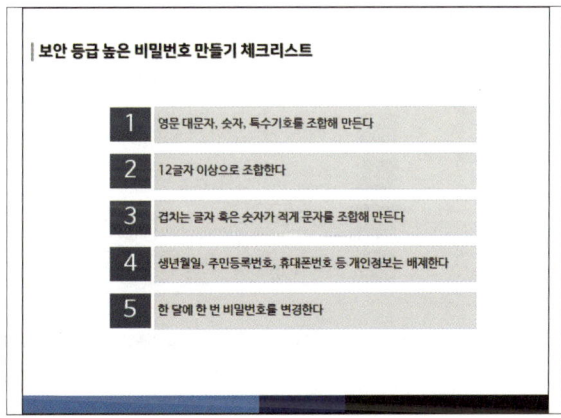

▲ [용지에 맞게 크기 조정] 설정함

- 화면 슬라이드 쇼(16:9)

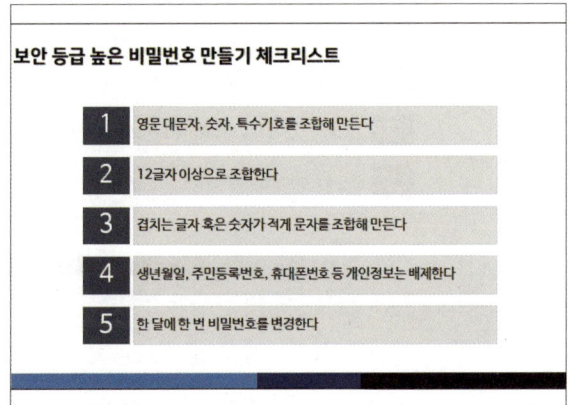

▲ [용지에 맞게 크기 조정] 설정 안 함

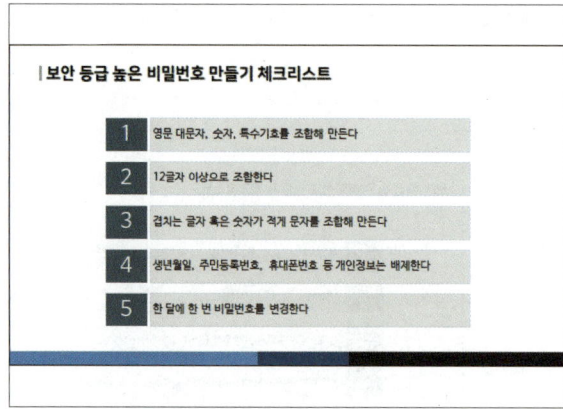

▲ [용지에 맞게 크기 조정] 설정함

- A4 용지

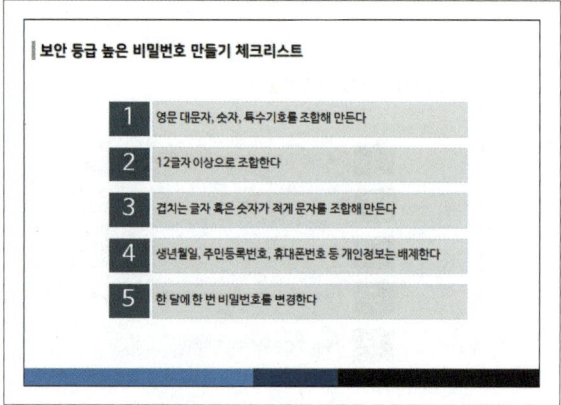

▲ [용지에 맞게 크기 조정] 설정 안 함

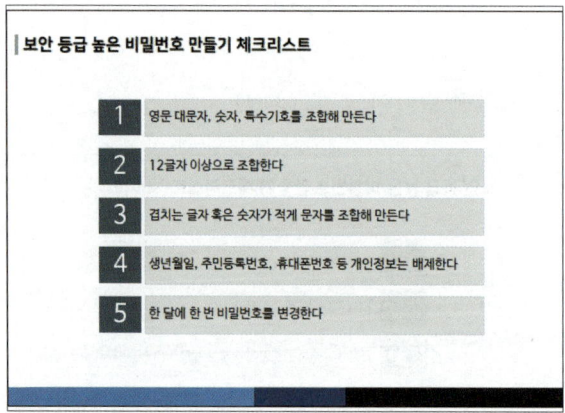

▲ [용지에 맞게 크기 조정] 설정함

파워포인트 보고서를 인쇄할 때 주의할 점 2
- 보는 그대로 인쇄하기

작성한 보고서가 빠진 부분 없이 잘 인쇄되는지 실제 인쇄하기 전에 미리보기로 꼭 확인해 보기를 추천합니다.

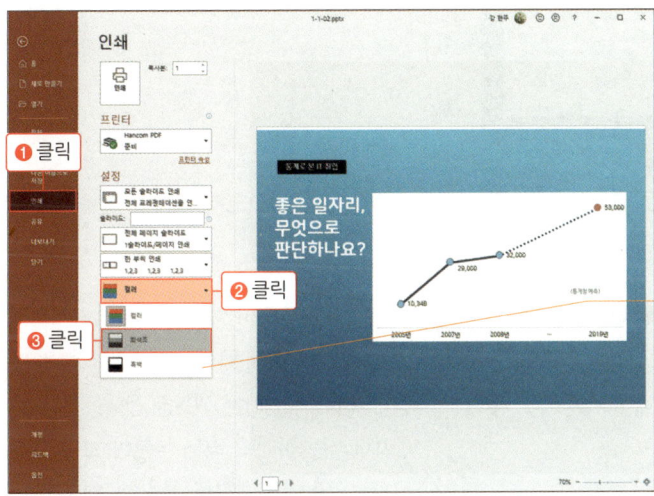

01 컬러로 인쇄하지 않는 경우라면 [파일] 탭-[인쇄]-[설정] 항목에서 [회색조]를 선택합니다.

• 실습 파일 : 1-1-02.pptx

> **Tip** [흑백]은 회색 채우기 없이 검은색과 흰색으로만 인쇄합니다.
>
> [회색조]는 검은색과 흰색, 여러 단계의 회색으로 인쇄하는 것을 말합니다. 텍스트를 보다 쉽게 읽을 수 있도록 배경색은 흰색으로 인쇄됩니다. 회색조가 흑백과 똑같아 보이는 경우도 있습니다.

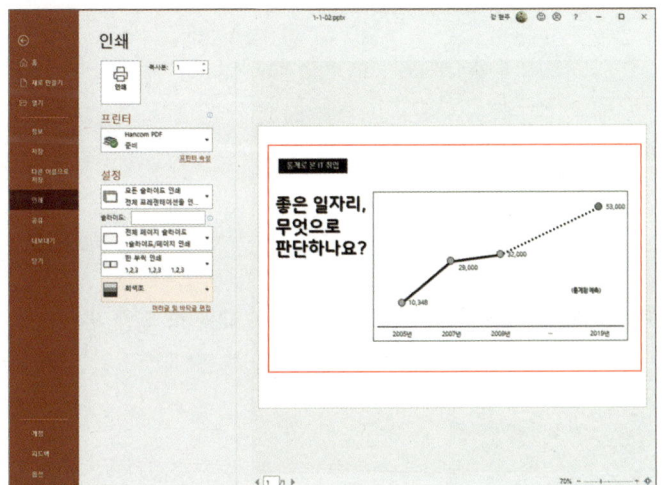

02 이때 배경이나 그라데이션 효과가 제대로 표현되지 않는 개체가 있는지 확인합니다.

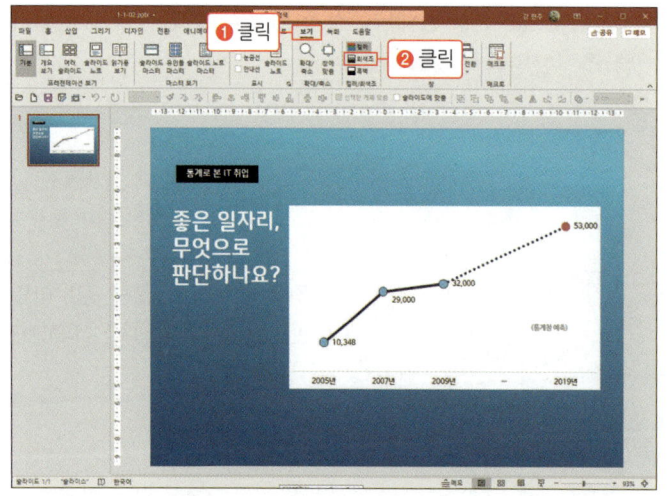

03 만일 회색조 인쇄 상태에서 안 보이는 배경을 표시하거나, 특정 개체만 세밀하게 색조를 조절하려면, [보기] 탭–[컬러/회색조] 그룹–[회색조]를 클릭합니다.

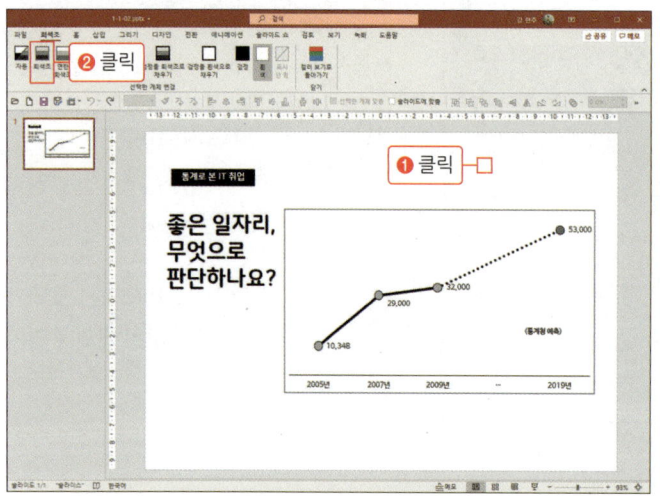

04 색조를 변경하려는 개체를 선택하고, [회색조] 탭의 [선택한 개체 변경] 그룹에서 원하는 색조를 선택합니다. 이 예제에서는 아래쪽 배경 부분이 보이지 않으므로, 아래쪽 배경을 클릭하고 [회색조] 탭–[선택한 개체 변경] 그룹–[회색조]를 클릭합니다.

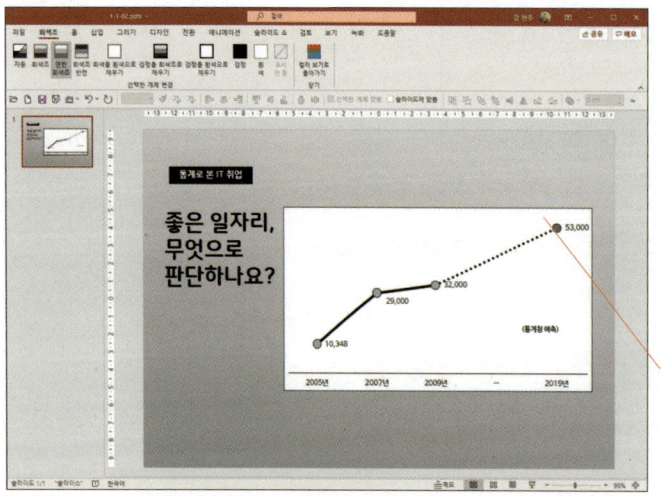

05 슬라이드 내용 중 빠진 부분이 없는지 확인해 봅니다.

> **Tip** 회색조나 흑백 형식으로 인쇄할 때 배경 그림이 인쇄되는 경우는 배경 그림을 슬라이드에 삽입하고 배경처럼 뒤쪽에 배치했기 때문입니다. 이런 경우는 배경이 아니라 그림이 삽입된 것입니다.

정보를
시각화하여 표현하라

데이터 시각화(Data Visualization)라고 하면 '시각화? 이미 눈으로 보고 있는 데이터를 또 눈으로 보라는 것인가?'라는 생각이 들 것입니다.

여기서 통상 시각화라고 하는 것은 데이터를 쉽게 이해할 수 있도록 시각적으로 표현하고 전달하는 과정을 의미합니다. 그래서 대부분 시각화는 한눈에 쉽게 파악되도록 하는 목적을 가지고 있습니다.

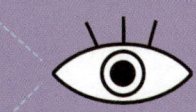

데이터 양이 많으면 그것을 잘 가공했을 때 가치 있는 정보를 얻을 확률이 높습니다. 열 개의 표본 중 10%와 몇 천만 건 중 10%는 정보 가치로서의 무게가 확연히 다르기 때문입니다. 요즈음은 다양한 방법으로 많은 자료를 생산하고 그 자료를 빠르게 분석할 수 있는 하드웨어를 보유하고 있고, 전문적으로 빅 데이터를 분석해 주는 업체나 전문가들이 있어, 질 좋은 정보를 얻는 것에 관해서는 이전보다 고민이 덜합니다. 오히려 많은 정보에 어떻게 관심을 끌고, 더 많은 사람들에게 정보를 전달하는가가 중요해졌습니다.

> 이론편

인포그래픽을 활용하라

정보를 쉽고 빠르게 전달하고 복잡한 데이터를 시각적으로 변형시키는 방법으로 인포그래픽을 활용하고 있습니다. 기억에 남지 않는 무수한 정보와 오래 지속되는 정보의 형태를 고민하고 있다면 인포그래픽에 관심을 가져야할 것입니다.

인포그래픽(Infographic)이란 인포메이션(Information)과 그래픽(Graphic)의 합성어로, 많은 양의 정보를 차트, 지도, 다이어그램, 로고, 일러스트레이션 등을 활용하여 한눈에 파악할 수 있도록 하는 디자인을 말합니다.

information + graphic = infographic

인포그래픽의 장점 인포그래픽의 가장 큰 장점은 한눈에 관심을 끌고, 전달하려는 내용을 보는 이가 파악하는 시간을 줄이고, 그렇게 습득된 정보를 오랫동안 기억할 수 있으며, 빠르게 확산되기 쉬운 형태라는 것입니다. 이런 특징으로 인해 인포그래픽은 SNS 시대에 적합한 정보 전달 방법이라고 합니다.

정보를 가공할 때는 작업자가 누구든지 간에 비슷한 목적이 있을 것입니다. 일반적으로 많은 정보 중 사람들이 더 보고 싶도록 눈에 띄게 하고, 짧은 시간에 쉽고 빠르게 내용을 전달하고, 그 내용이 오랫동안 기억되기를 바라며 정보를 가공합니다.

그런 목적이 있다 보니 텍스트보다는 내용을 이해되기 쉽고, 기억되기 쉽고, 눈에 잘 띄는 시각화된 형태로 변경하는 것은 당연한 결과인 것 같습니다.

시각화는 단지 예쁘고 보기 좋게 만드는 것이 아닙니다. 예쁘고 멋지긴 한데 '이게 뭐지?'하는 순간 그 자료는 의미 없는 자료가 됩니다.

이미지로 정보를 전달하는 것을 몇 가지 살펴보겠습니다.

데이터 시각화 결과를 보고서 작업의 일부분으로 활용할 때는 대부분 다음과 같은 차트 형식의 수치자료일 것입니다. 디자이너처럼 직접 드로잉해서 그래픽 작업을 하기는 어렵지만 이렇게 차트를 활용하는 것만으로도 충분히 정보 전달력을 높일 수 있습니다.

차트와 관련된 기능을 조금만 익힌다면 파워포인트에서 차트를 기본차트보다 시각적으로 세련되게 만들 수 있습니다. 보고서에서 활용할 수 있도록 다양한 아이디어를 모아두면 표현법에서 영감을 얻을 수 있습니다.

1851년부터 측정한 지구의 월간 평균 표면 온도가 심각하게 상승하고 있는 것을 시각적으로 바로 알 수 있습니다. 이 자료를 년도 별 온도를 숫자로 나열해서 표시했다면 같은 정보라도 한 번에 알아보기 어려웠을 것입니다.

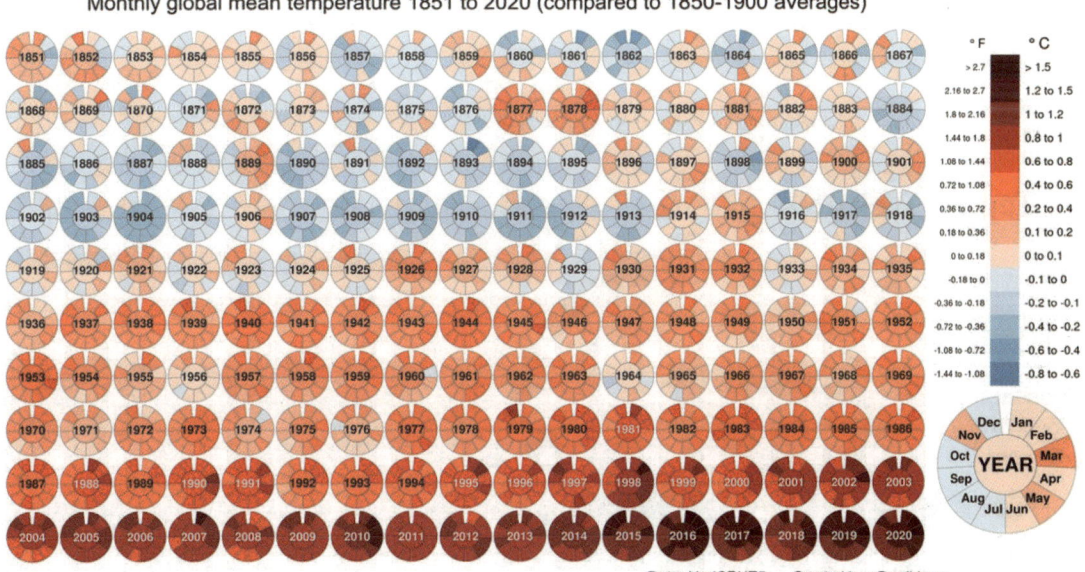

▲ 출처 : 전 세계 월간 표면 온도의 추세 (1851-2020)
(www.visualcapitalist.com/global-temperature-graph-1851-2020)

한 도시의 인구수를 표현한 자료입니다. 지역별 색과 파이의 크기로 한눈에 세계에서 가장 인구가 많은 도시와 지역을 파악할 수 있습니다. 인포그래픽에서 자주 보게 되는 나이팅게일 다이어그램으로 유명한 형태이지만 사실

로즈 다이어그램은 다루기 쉽지 않습니다. 색으로 잘 구분하고 크기도 왜곡 시키지 않도록 주의해야 합니다.

▲ 출처 : 세계에서 가장 인구가 많은 도시
(www.visualcapitalist.com/most-populous-cities-in-the-world)

세계에서 가장 많이 방문한 웹 사이트 이미지는 우리가 온라인에서 시간을 보내면 주로 어디에 방문하는지를 직관적으로 알도록 합니다. 버블의 크기를 보면 상위 3개의 웹사이트가 압도적으로 우위에 있는 것을 보여줍니다.

▲ 세계에서 가장 많이 방문한 50개의 웹 사이트
(www.visualcapitalist.com/the-50-most-visited-websites-in-the-world)

버블 차트를 사용하는 것은 각 항목간의 위계나 순차적 관계를 중점으로 두지 않고 주로 전체의 각 개념이나 부분 간의 연관을 나열하기 위해서입니다. 버블 차트역시 버블의 크기를 왜곡시키지 않도록 주의해야합니다. 데이터 2배를 버블 지름의 2배로 사용하면 실제 버블은 4배가 되기 때문입니다.

지구 표면의 70%는 바다 형태의 물이고 30% 정도만이 육지라는 것과 그 육지를 점유한 국가의 비율을 한눈에 알아볼 수 있도록 시각화한 자료입니다. 차트의 조각을 실제 이미지로 채우는 효과 등으로 좀 더 쉽게 전체 비중을 파악할 수 있도록 만들었습니다.

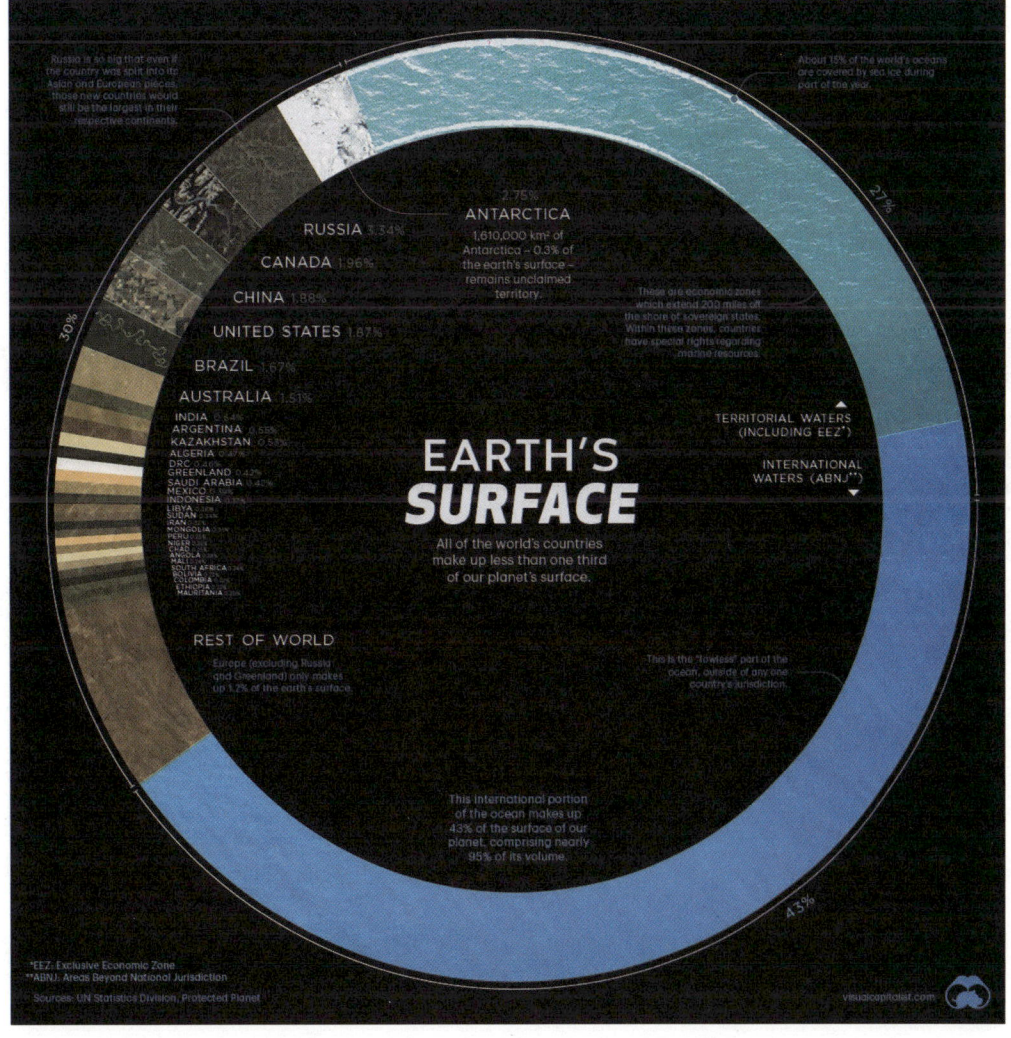

▲ 출처 : 지구 표면 점유율로 국가 시각화
(www.visualcapitalist.com/countries-by-share-of-earths-surface)

투표 결과를 하나씩 찾아보지 않아도 어느 주에서 어느 당을 지속적으로 지지했는지, 어느 주가 어느 당의 거점인지를 한 번에 알 수 있습니다. 이런 지도 차트는 지리적 위치에 관련 데이터를 보다 명확하고 직관적으로 보여줍니다.

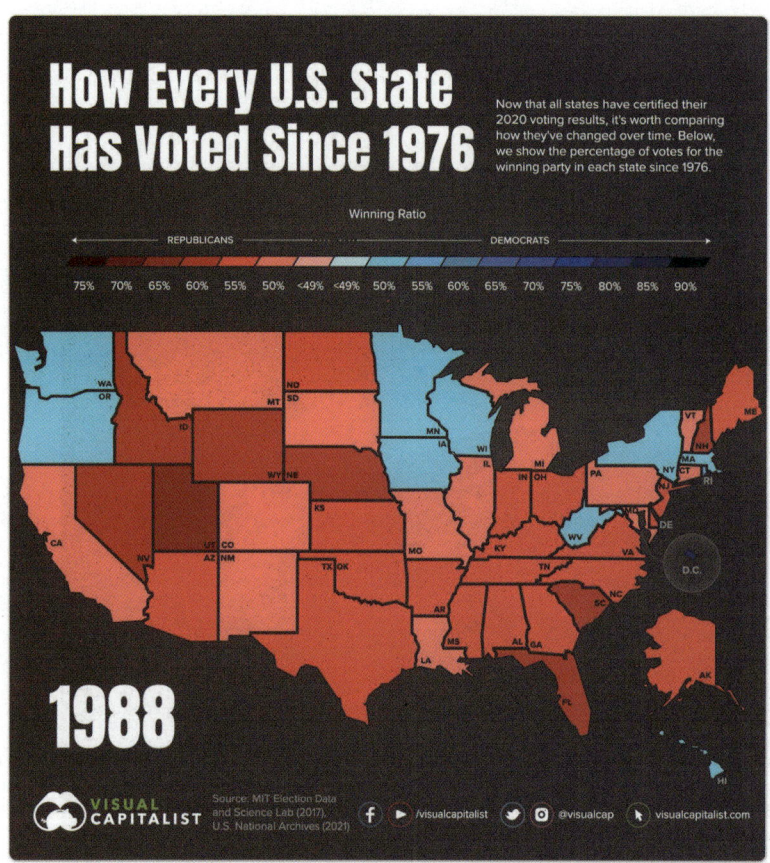
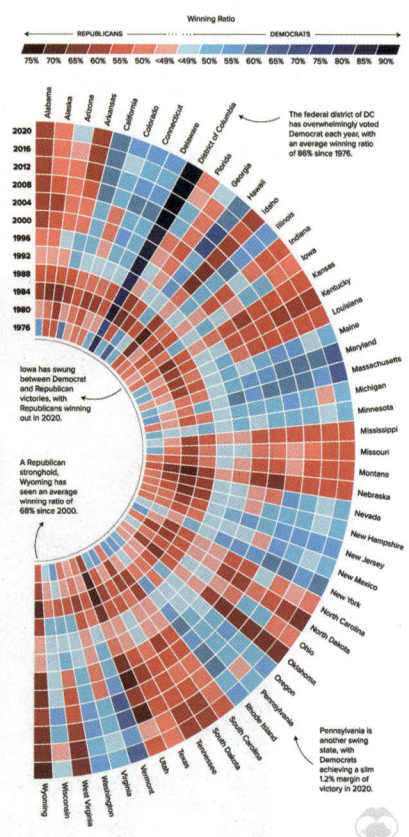

▲ 출처 : 주별 미국 대통령 투표 기록
(www.visualcapitalist.com/u-s-presidential-voting-history-by-state)

시각화 표현에 적합한 자료 형태를 찾아라

데이터의 형태만 차트로 바꾸거나 도해화시키는 것은 의미가 없습니다. 그리고 보고서의 모든 자료가 시각화 형태에 적합하지는 않습니다. 그런 자료들은 내용을 좀 더 정리해서 간결하게 표현하는 방법을 찾는 것이 필요합니다.

실제로 사무실에서 통용되는 보고서 형식은 아직까지 텍스트 위주의 것이 많습니다. 그 내용을 모두 인포그래픽으로 작성한다는 것은 무의미할 뿐만 아니라 모든 자료가 인포그래픽으로 표현될 수 있는 것은 아닙니다. 단지 가지고 있는 멋진 이미지가 있어서 보고서에 맥락 없이 사용한다면 겉보기만 화려할 뿐 오히려 그것이 내용을 모호하게 만들 것입니다.

보고서 내용 중 시각화하려는 것이 어느 부분인지를 결정하고 그것을 의미 있게 표현하는 것이 중요합니다.

통계 자료

통계 차트나 표 형식의 자료들은 인포그래픽으로 처리하기에 적합한 형태입니다. 대부분의 수치 자료들은 차트화가 가능하고 그것을 기반으로 의미를 쉽게 표현할 수 있습니다.

예) 반값이라 더 안 팔리는… 아이스크림 값의 역설

▲ 출처 : dongA.com, 기사 원문 : goo.gl/GuvFWJ

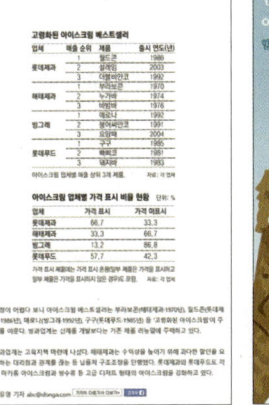
▲ 인포그래픽 : goo.gl/X7yV8W

예를 들어 앞에서 살펴본 기사 자료에는 차트나 표, 통계 자료가 많습니다. 이런 것들을 그대로 보여 주어도 되지만 내용을 조금 더 알기 쉽도록 시각화하는 작업을 추가했습니다. 변형된 부분 위주로 살펴보겠습니다.

1 | 제목

제목을 전체 기사 내용과 일치하도록 하는 것은 기본이고, 화살표로 수익성과 소비자 신뢰가 떨어지고 있다는 것을 직관적으로 알 수 있도록 조절하였습니다.

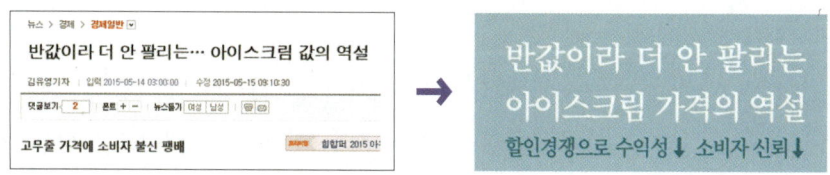

2 | 차트

아이스크림 시장 규모에 관한 선형 차트로 점점 규모가 작아지는 것을 표시하고, 그 차트를 아이스크림 이미지 위에 배치하여 무엇에 관한 수치인지를 알기 쉽게 표현했습니다.

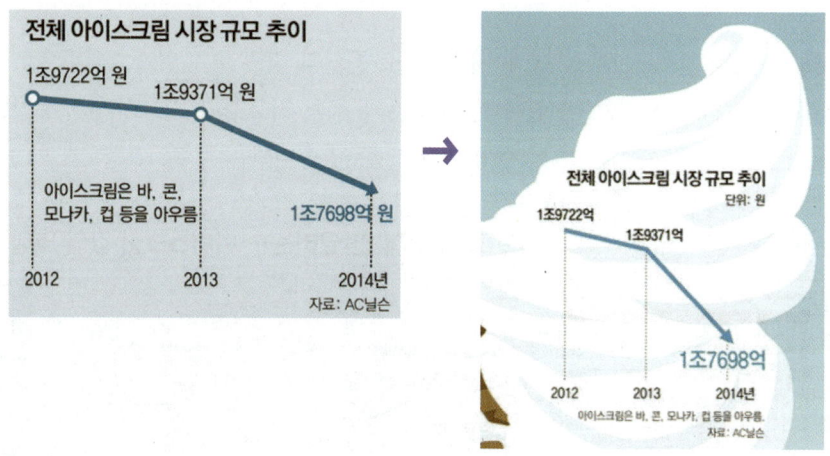

3 | 통계표 1

아이스크림 업체별 매출 상위 세 개 제품을 표시할 때, 업체마다 1, 2, 3등을 표시하던 방식을, 업체를 열 방향에 배치하고, 등수를 공통으로 사용하는 방식으로 표로 정리했습니다. 한눈에 각 업체별 1등 제품을 확인하기 쉽고 보기도 쉽습니다. 중요도가 좀 떨어지는 출시 연도는 조금 작은 크기로 제품명과 함께 표시하면서 좀 더 단순한 레이아웃을 만들었습니다.

업체	매출 순위	제품	출시 연도(년)
롯데제과	1	월드콘	1986
	2	설레임	2003
	3	더블비얀코	1992
해태제과	1	부라보콘	1970
	2	누가바	1974
	3	바밤바	1976
빙그레	1	메로나	1992
	2	붕어싸만코	1991
	3	요맘때	2004
롯데푸드	1	구구	1985
	2	빠삐코	1981
	3	돼지바	1983

아이스크림 업체별 매출 상위 3개 제품. 자료: 각 업체

4 | 통계표 2

아이스크림 업체별 가격 표시와 미표시 비율을 알아보기 쉽도록, '100% 기준 누적 가로 막대형' 차트로 표시했습니다. 그리고 그 막대 모양을 아이스크림 모양으로 시각화하니 재미있고, 한눈에 정보를 파악하기 쉬워졌습니다.

아이스크림 업체별 가격 표시 비율 현황 단위: %

업체	가격 표시	가격 미표시
롯데제과	66.7	33.3
해태제과	33.3	66.7
빙그레	13.2	86.8
롯데푸드	57.7	42.3

가격 표시 제품에는 가격 표시 혼용(일부 제품은 가격을 표시하고 일부 제품은 가격을 표시하지 않은 경우)도 포함. 자료: 각 업체

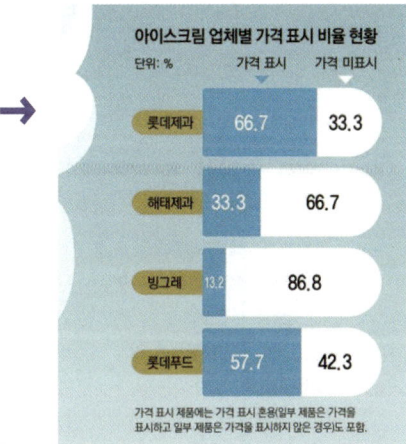

예) 한눈에 보는 예산안

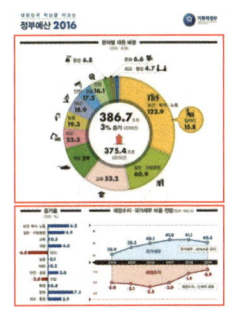    

▲ 출처 : 정책 브리핑(goo.gl/QW08mm), 기획재정부

1 | 차트 1

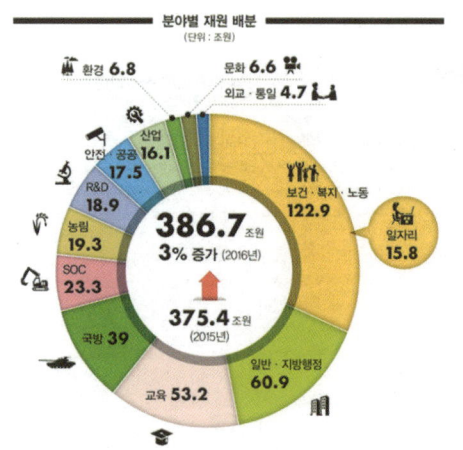

분야별로 재원을 어떻게 배분했는지를 '도넛형 원형' 차트를 활용해서 한눈에 알아보기 쉽게 구성했습니다. 그리고 각 분야를 아이콘과 함께 표시해서 그림으로도 내용을 이해하도록 했습니다. 도넛 가운데에는 전체 증가 금액을 입력해서 확인할 수 있도록 배치했습니다.

2 | 차트 2

분야별 재원 증가율을 '가로 막대형' 차트를 이용해 항목 길이로 값을 비교할 수 있게 하고, 음수 표시를 분명히 하여 내용이 한눈에 파악되도록 하였습니다. 재정수지·국가채무 비율 전망은 '영역형' 차트를 이용해서 시간에 따른 변화 정도를 강조했습니다.

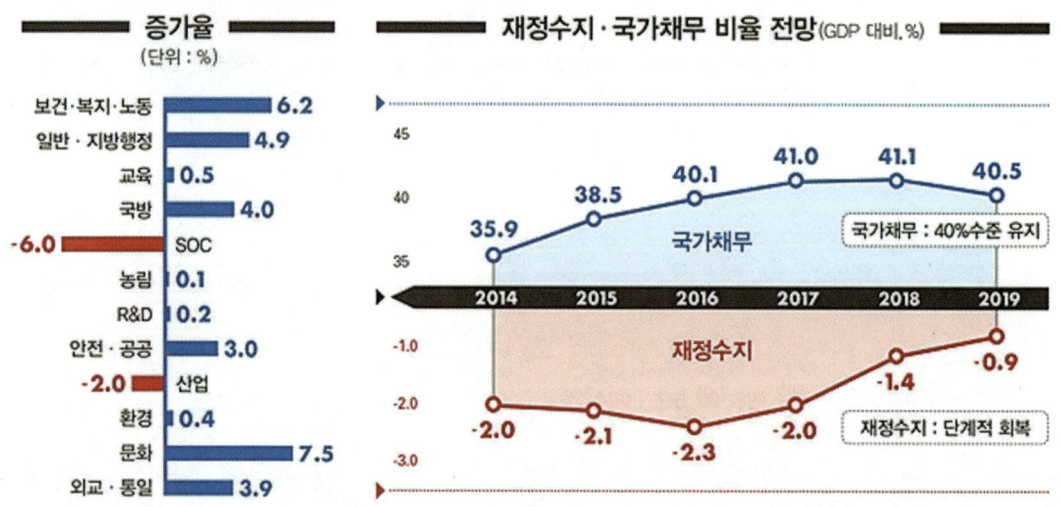

3 | 아이콘 활용

분야별 정부 예산에 관한 설명을, 해당 내용을 보강해 주는 이미지와 함께 배치하여 이해에 도움이 됩니다.

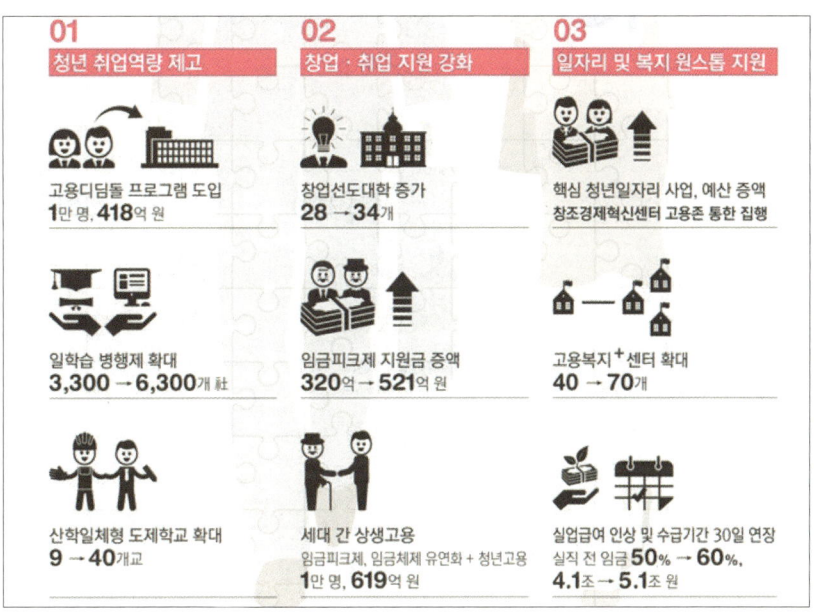

스토리가 있는 디자인

수치 자료는 아니지만 스토리가 있는 자료들은 또 다른 형태의 시각화가 가능합니다. 예를 들어 업무 공정 순서 같이 사건별 시간의 흐름이 있거나, 매뉴얼 형식의 안내서, 관광 안내도처럼 나름의 이야기를 담을 수 있는 형식의 자료라면 시각화하여 설명할 수 있습니다.

예) 문화재 안전 골든타임을 지킵니다!

▲ 출처 : 정책 플러스 (goo.gl/QAR2Ec)

문화재를 지키는 방법에 대해서 하나씩 설명하면서, 내용을 요약하는 이미지를 삽입하여 쉽게 이해할 수 있도록 했습니다.

예) '아몬드'의 효능을 높이는 최고의 궁합 레시피

아몬드의 영양 성분이나 구입 방법, 보관 방법 등의 정보를 이해가 쉽도록 이미지를 활용해서 정리했습니다. 아몬드를 활용한 요리 방법은 직접 만들기 쉽도록 요리 순서에 따라 이미지와 함께 설명했습니다.

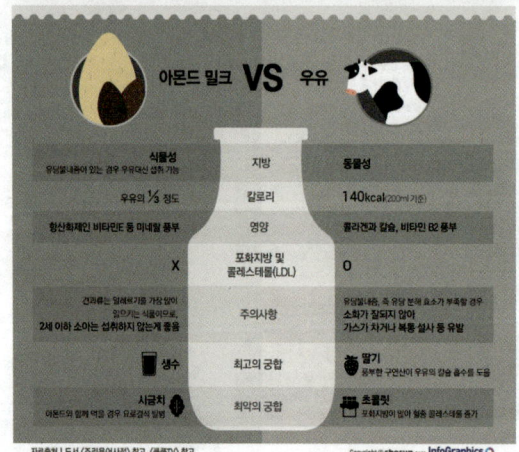

◀ 출처 : 조선닷컴(goo.gl/kxyc7D)

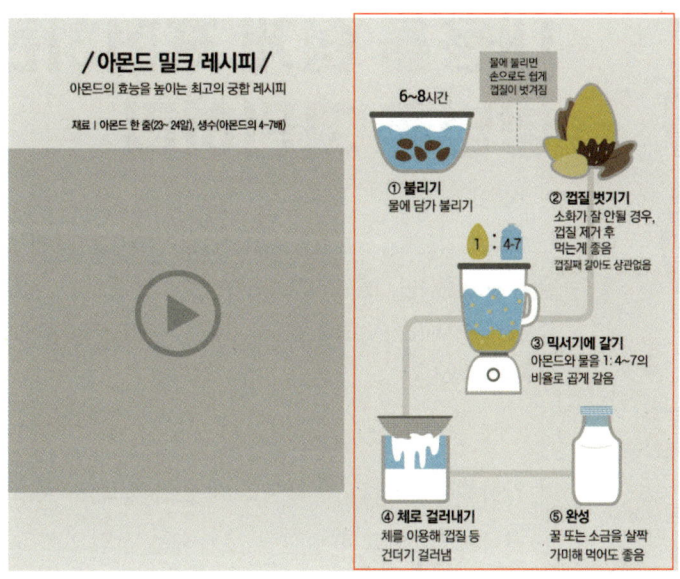

예) 똑 소리 나는 냉장고 음식 보관 노하우

음식을 종류에 따라 냉장고의 적당한 보관 위치에 배치하고 그 이미지를 활용해서 냉장고에 음식을 보관하는 방법을 설명합니다. 백 마디 글보다 위치를 쉽게 알 수 있도록 이미지로 보여 주는 것이 빠르고 쉽게 정보를 전달할 수 있습니다.

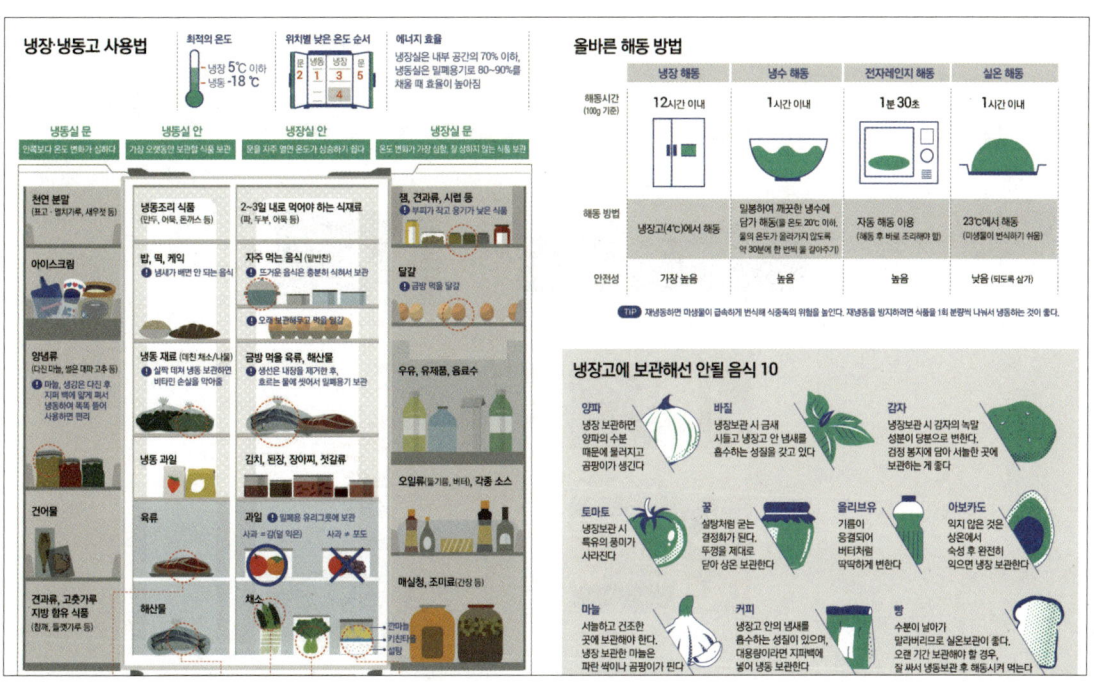

▲ 출처 : 조선닷컴(goo.gl/Rf1hdA)

이론편

3 내용을 쉽게 표현하는 방법을 고민하라

보고서를 시각화해서 쉽고 효율적으로 내용을 전달하고 싶지만, 그 과정에 너무 많은 노력과 시간을 투자해야한다면 다른 표현 방법을 고민해야 할 것입니다. 자신의 직책이 디자이너가 아니라면 디자인에 투자하는 시간보다 내용을 구성하고 핵심 키워드를 정하는 것에 시간을 사용하는 것이 효율적일 것입니다.

시각화해야 한다는 생각으로 자료의 형태를 변경하거나 도해화 작업에 치중하다보면, 보고서에 그림 추가하는 작업으로 보고서를 보기 좋게 만들었다고 생각하게 됩니다. 내용을 적절히 표현하지 못하는 상태로 도해화 작업에만 너무 집중하고 있다면, 다시 한 번 보고서의 기본 목적을 생각해야합니다.

만약 보고서를 적시에 사용할 수 없는데도 작업을 하고 있다면, 디자인을 고민하지 말고 내용을 잘 이해하고 있는지 다시 한 번 생각해봐야합니다. 내용 정리가 모호한 상태에서 디자인을 고민하는 것은 작업 속도를 늦어지게 합니다. 간결한 구성과 메시지를 만들기 위해서는 내용의 완벽한 이해가 필요합니다.

결국 내용을 이해하는 것이 중요하다

예) 디자인보다는 내용을 요구에 맞게 전달한 홍보팀 – 충주시

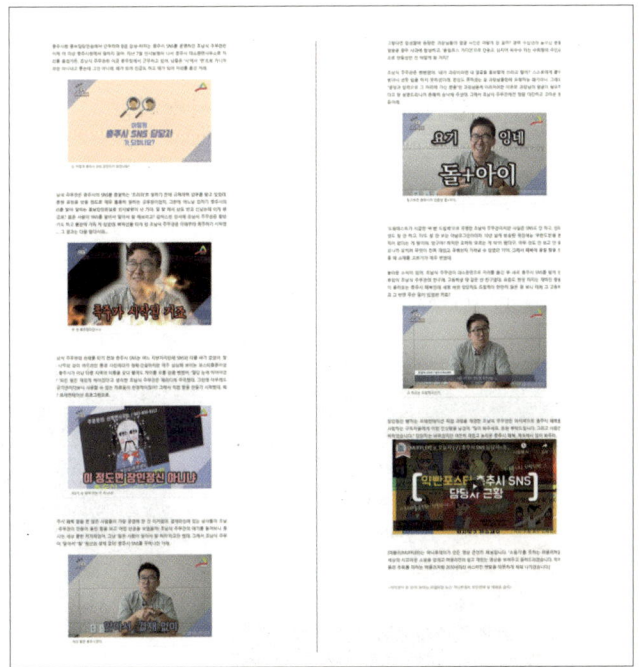

▲ 출처 : www.chosun.com(tinyurl.com/y5al66e6), 머니투데이(tinyurl.com/y36w69rh)

몇 년 전 인터넷상에서 화제가 된 포스터들이 있었습니다. 사전 정보 없이 보면 도저히 공공 기관의 홍보물로는 생각할 수 없는 완성도인데 지자체 홍보의 트렌드를 바꾼 선두 주자입니다.

3 내용을 쉽게 표현하는 방법을 고민하라 **87**

페이스북, 인스타그램 등 SNS를 통해 쉽게 홍보하는 시대라지만, 관공서 지방 자치 단체의 콘텐츠로 대중의 관심을 끌기는 어려웠을 것입니다. 그래서 소셜 미디어 홍보 담당자로서 틀에 박히고 올드한 느낌을 재미있는 것으로 생각하게 만들고 많은 사람들에게 알리고 싶었을 것입니다.

그런데 담당자는 디자이너가 아니고 사무실에 이미지 편집 프로그램도 없는 상태라면 어떻게 해야 할까요? 이 담당자는 디자인의 완성도보다 영리한 구성과 쉬운 내용 선정을 통해 해결책을 찾았습니다.

이 포스터를 작성한 담당자(조남식 주무관)의 이야기를 정리하면 보고서를 작성하는 사람들이 가져야 할 기본 원칙을 알 수 있습니다.

> 핵심만 전달하려고 노력
>
> 파워포인트 기본 도형을 이용해서 작성
>
> 사진을 쓰려고 해도 저작권이나 초상권이 문제 될까 봐 쓰지 않음
>
> 철저히 보는 사람 입장에서 생각함

다음 이미지를 보면 파워포인트 기본 도형만으로 작성한 포스터라는 것을 알 수 있습니다.

이 책을 보는 분들의 파워포인트 실력은 분명 이 담당자보다는 좋을 것입니다. 그렇다고 '내가 만든 보고서나 홍보 자료가 이것보다 효과적일까?'라는 질문에 쉽게 답할 수 없을 것입니다. 반복적으로 이야기하고 있는 시각화한

다는 것은 '예쁘게'가 아니라 '어려운 정보를 이해하기 쉽게'의 의미가 더 큽니다.

예) 많은 양의 데이터를 단순화, 축소해서 정보로 만들기 - 보험 상품 설명

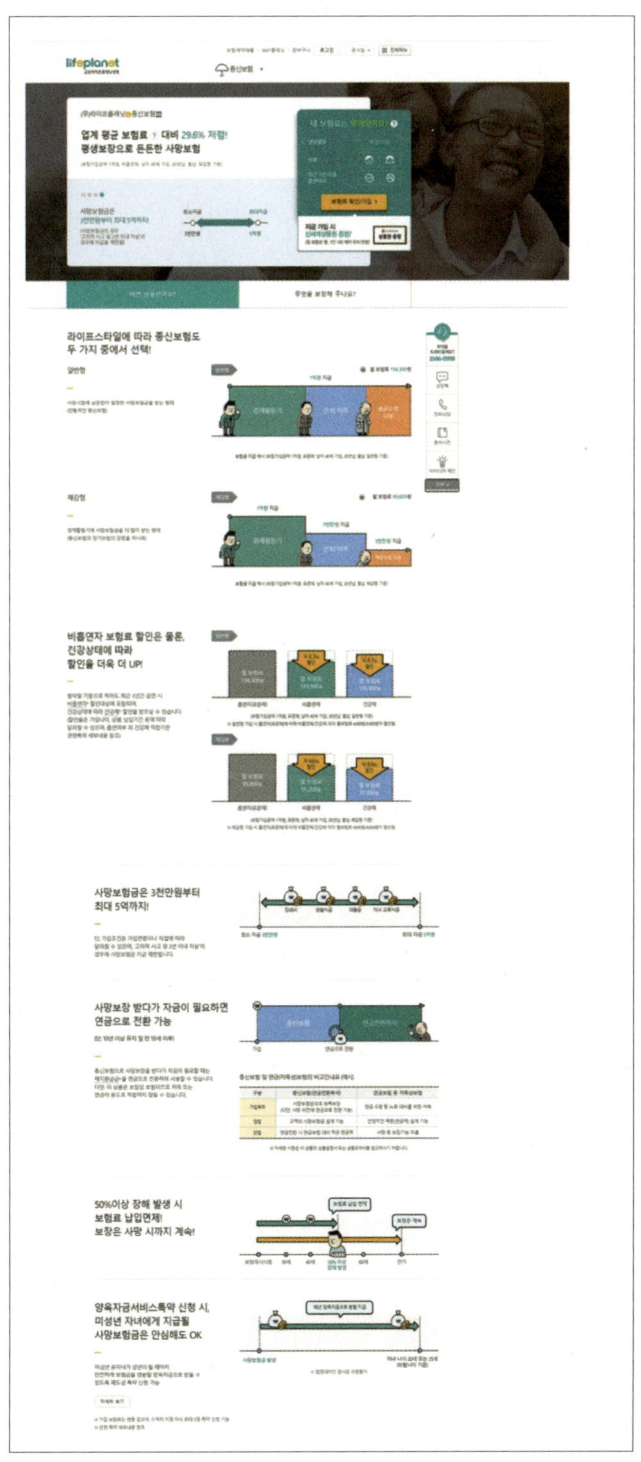

▶ 출처 : 교보라이프플래닛생명
(tinyurl.com/yxga2hrs)

아무리 설명을 자세히 하거나 상품 설명서를 제공한다고 해도, 복잡하고 많은 내용을 직관적으로 전달하는 일은 어렵습니다.

대체로 수치 자료들은 표나 차트 형태로 정리하기 좋은 형태의 자료입니다. 그런데, 단순히 숫자를 차트나 표로 표현 형태만 바꾸는 것은 전달력을 높이는 것과는 다른 이야기입니다.

내용을 가장 잘 전할 수 있는 형태를 선택하고, 분량을 조절해야 효과적으로 사용할 수 있습니다. 기간이나 납입금액에 따라 달라지는 다양한 보험 정보를 시각적으로 쉽게 정리해서 기본 자료를 만들면, 이 자료를 첨부해서 상품을 쉽게 설명할 것입니다.

시각화
기본 작업이 중요하다

대부분 디자인 작업을 할 때 가장 많은 영향을 미치는 요소를 4가지로 정리하고 있습니다.

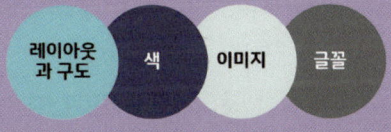

그리고 그 요소의 기본 사항을 간단히 정리하면 다음과 같습니다.

- 레이아웃과 구도 : 내용간의 관계를 적절한 영역에 배치해서 알려주고,
- 색 : 세련된 색 조합을 일관되게 사용하고,
- 이미지 : 내용과 관련 있는 고품질의 이미지를 사용하고, 자른다면 왜곡되지 않도록 하고,
- 글꼴 : 내용을 돋보일 수 있는 폰트를 가독성을 높여 정돈해서 사용합니다.

이중에서 레이아웃을 구성하는 것 중 정렬하고 대비시키는 것에 관한 것과 글꼴의 사용에 관한 내용을 살펴보도록 하겠습니다. 색 적용과 이미지 사용에 관한 것들은 파워포인트 기능을 설명하면서 함께 알아보겠습니다.

슬라이드를 구성할 때 내용을 어떻게 배치하고, 분류하고, 여백을 만들고, 동일한 패턴을 반복하는지에 관심을 가지는 것은 중요합니다. 그것은 정보의 전달력을 높이는 방법이기 때문입니다. 문단의 형태나 도형의 여백 등을 일관되게 관리하는 것으로도 보고서의 내용을 보강하고 쉽게 읽히도록 구성할 수 있습니다.

배치(정렬)하라

자료를 분류하고 정리할 때 항목들을 정렬하고 서로 대비하여 내용을 설명합니다. 일반적인 문서 작업에서 하위 항목은 상위 항목보다 오른쪽으로 들여서 정렬하거나, 찬/반 내용은 표 형태로 좌우에 대비되도록 작성합니다. 이렇듯 대부분 은연중에 분류하고 정리하고 있는 것을 좀 더 의도적으로 하는 것이 정렬 작업의 기본입니다.

레이아웃을 어떻게 할 것인가는 정답이 없습니다. 보고서 내용이나 사용할 자료에 맞게 작성하는 것이 자연스럽기 때문입니다. 그러나 각 슬라이드가 다른 형태로 자신의 이야기만 하고 있다면 전체적인 내용을 파악하는 데 방해가 될 것입니다. 정답은 없지만 색, 모양, 선, 글꼴 등이 어울려 구성하는 공간을 어떻게 배치할 것인가를 고민할 때 가장 중요하고 잊지 말아야 할 것은 편안한 느낌을 주면서 일관된 통일감을 유지하는 것입니다.

근접성, 유사성

보고서나 자료를 볼 때 자료들이 가까이 있거나 비슷한 형태이면 유사한 하나의 내용을 포함한 단위로 인식하거나 같은 단위로 인식하는 경향이 있습니다. 이와 같이 어떻게 배치하느냐에 따라 내용에 의미를 부여하게 되기 때문에 자료들을 무작위로 흩어 놓으면 안 됩니다.

자료를 정렬하는 이유는 의미 있는 것들의 관계를 만들어 연결하고, 묶어 줌으로 더욱 명확하게 내용을 전달할 수 있기 때문입니다.

1 | 자료 사이의 의미를 파악할 수 없는 배치

자료 사이의 관계를 설정할 근거를 제시하지 않고 나열한 상태라면 그 자료에서 각각의 정보는 취할 수 있지만, 자료끼리의 의미나 좀 더 명확한 정보를 얻을 수는 없습니다. 연도와 연도에 해당하는 상세 내용이 무의미하게 배치되면, 슬라이드에 모든 내용은 있더라도 그것들끼리의 연관을 지을 수 없어 의미하는 것을 파악할 수 없게 됩니다.

스마트워크 추진전략

시간과 장소에 얽매이지
않고 언제·어디서나
일할 수 있는 체제

2010년　　　　2011년　　　　2012년

- 스마트워크센터 행정안전부 시범구축(2개소)
- 법령/제도 정비
- 스마트워크센터 전 중앙부처 확산(12개소)
- 부처별 담당관 도입
- 스마트워크센터 공공50개, 민간 450개 구축
- 실적 분석 및 성과 평가

2 | 근처에 있는 것끼리 하나의 단위로 인식할 수 있는 배치

공통사항이 있는 자료들을 옆에 배치하면, 각 자료가 가진 정보 이외에 이렇게 그룹 지어진 단위가 주는 정보를 더해 좀 더 명확한 내용을 전달할 수 있습니다. 그러니 엉뚱한 내용이 근처에 배치되지 않도록 해야 내용 전달이 왜곡되지 않습니다. 다음의 예처럼 각 연도 아래에 내용이 배치되면 당연히 그 해에 관련된 내용으로 파악하게 됩니다.

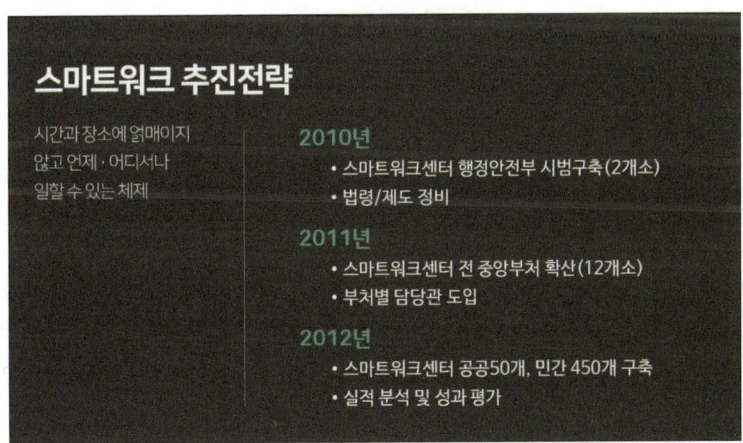

3 | 유사한 형태도 하나의 단위로 인식할 수 있는 배치

예를 들어 모양 혹은 색으로 공통점을 찾아 그룹 지을 수 있는 자료라면 같은 내용을 설명하고 있는 하위 항목으로 인지할 수 있게 됩니다. 그러니 어떤 것을 유사한 형태로 지정할 것인지를 설정하고 정확하게 적용한다면, 유사한 형태만으로 충분히 정보의 범주를 인지하게 만들거나 내용의 방향을 설명할 수 있습니다.

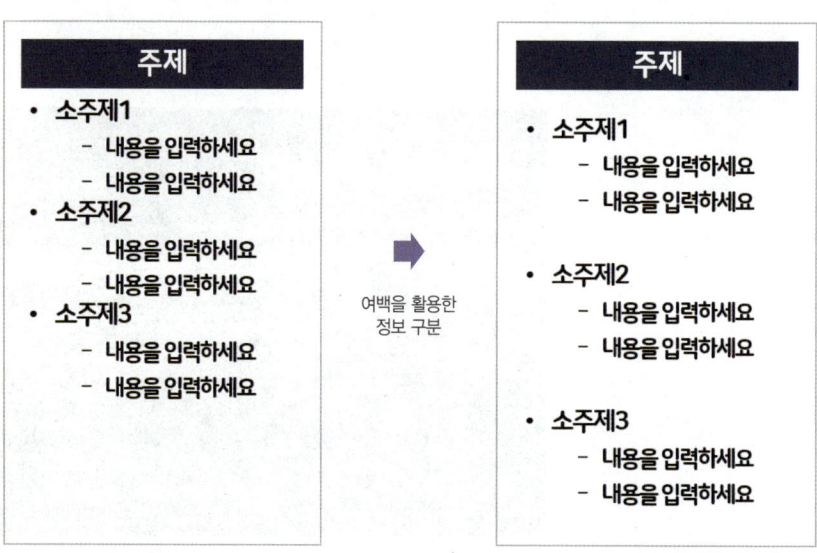

여백 사용

문서가 빈 공간 없이 내용으로 꽉 채워진다면 오히려 그 내용을 파악하기 어렵게 됩니다. 이런 경우 적절한 여백을 사용하면 선명한 레이아웃을 만들 수 있고 편안하게 볼 수 있는 형태가 됩니다. 여백을 의도적으로 다르게 지정할 수는 있지만 대부분 동일한 크기로 지정하는 것이 좋습니다.

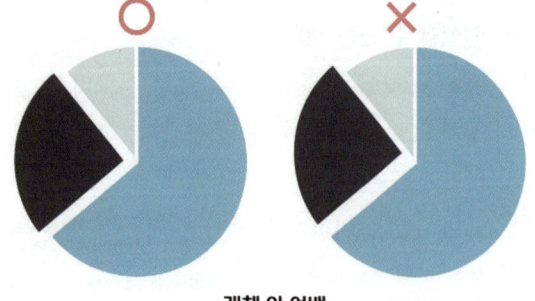

차트 안 조각 간격이나 본문 오른쪽과 왼쪽 여백들을 동일하게 지정하면 문서가 훨씬 안정적이고 정돈되어 보입니다. 이것은 슬라이드 안의 개체나 슬라이드 전체에 같은 원리로 적용됩니다. 전체적인 여백이 일정하게 정돈되면 좀 더 체계적이고 전문적으로 보여 신뢰감을 줄 수 있습니다.

각 페이지의 내용을 구성하는 표나 개체 사이의 너비나 높이가 달라지면 여백이 제각각이 되기 쉬우며, 페이지를 넘기며 내용을 볼 때 형태의 변화가 많이 느껴져 피로감이 생기게 됩니다.

내용은 각 슬라이드마다 변하지만, 여백은 동일하게 유지된다면 안정된 느낌으로 보고서를 읽을 수 있습니다.

여러 장의 슬라이드에 내용을 배치할 공간을 안내선으로 표시해 둔다면 편리합니다. 특히 안내선 설정을 슬라이드 마스터에서 지정해 준다면, 슬라이드 작업 중에 안내선이 움직이지 않아서 좋습니다.

대부분의 보고서에서 제목을 왼쪽 정렬하는 것도 같은 이유입니다. 제목을 가운데 정렬하게 되면 각 슬라이드 제목 옆 여백이 달라집니다. 그래서 제목 왼쪽 여백은 항상 동일하도록 왼쪽 정렬을 주로 사용하는 것입니다.

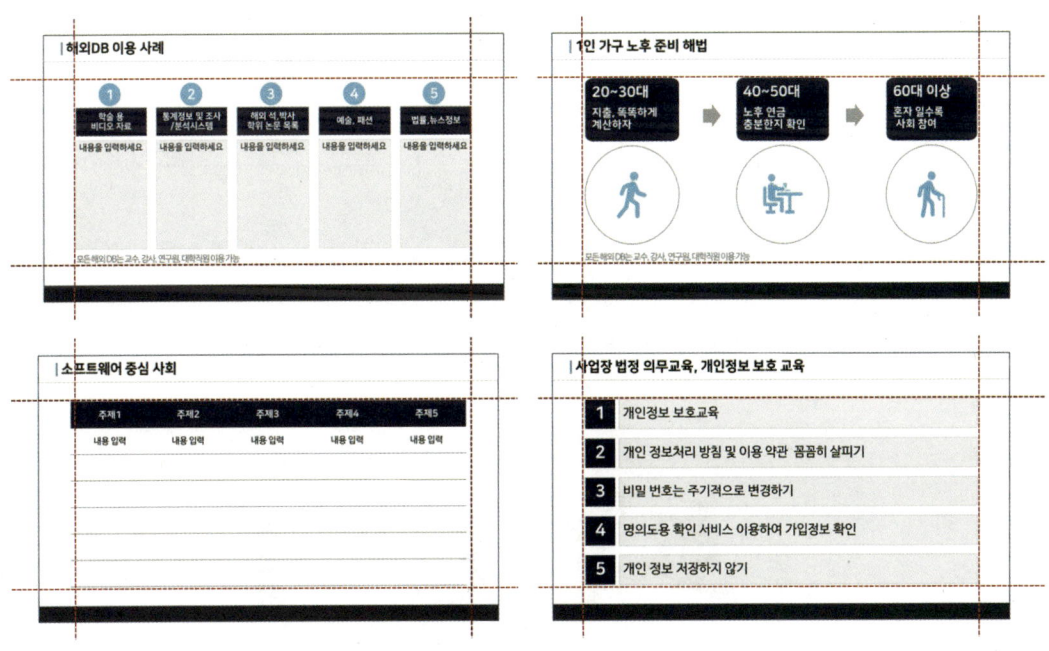

슬라이드마다 동일한 여백

정렬 기준   파워포인트에서 사용하는 정렬 명령은 개체 외곽선을 기준으로 적용됩니다. 그렇기 때문에 사용하려는 이미지가 실제 내용 이외에 여백을 많이 포함하고 있다면, 파워포인트 명령에만 의존하지 말고 내용을 보고 직접 수동으로 정렬하는 방법을 선택하도록 합니다.

만일 개체를 위쪽 맞춤하려는 경우, 파워포인트 명령만으로 정렬했을 때 각 개체가 가진 여백의 양에 따라 원하는 결과가 되지 않을 수도 있습니다. 예를 들어 아래 그림에서는 개체 외곽으로 기준으로 보면 분명 가운데 맞춤이 되었지만, 문서 전체 형태로 봤을 때는 무엇을 기준으로 정렬한 것인지 알기 어렵습니다.

이런 경우는 실제 개체의 내용을 보고 직접 가운데 기준에 맞도록 위치를 조절해야 합니다. 상황에 따라 꼭 명령에 있는 기능만 사용하지 말고 수동으로 직접 정렬하는 방법도 사용하는 것이 좋습니다.

이론편

다양한 대비를 이용하라

대비(Contrast)는 요소들 간의 차이를 말합니다. 사진에서 콘트라스트의 강약으로 강한 느낌, 딱딱한 느낌등 변화를 만들 수 있습니다. 대비가 클수록 특정 요소를 돋보이게 할 수 있습니다. 이렇게 색, 크기, 형태등 물체의 시각적 차이를 조정해서 내용의 의미를 부각시키며 강조하는 것을 대비라고 합니다.

요즘 간판으로 벽면이 가득 채워져 있던 건물을 디자인적으로 보기 좋게 만들려는 시도가 많아지고 있습니다. 원색을 사용한 커다란 간판이 무조건 눈에 잘 띄는 것은 아니라는 것을 알게 되었기 때문입니다. 그러나 업주 입장에서는 간판 크기가 작아지면 눈에 띄지 않아 매출이 줄어들 것을 걱정합니다.

거부감을 일으키는지 알면서도 사용하는 강한 색으로 장식한 큰 간판이 정말 사람들의 시선을 끌까요? 서울시에서 진행한 서울시 좋은 간판 공모전에서 수상한 작품들을 보면 난립한 광고판 속에서 과도한 색감이나 크기를 사용하지 않고, 단순하고 튀지 않는 디자인인데도 눈에 띄는 간판들이 있는 것을 확인할 수 있습니다.

▲ 창작 간판 부분 우수상 – 오르락내리락
상가 건물의 일반적인 연립 간판의 형태를 탈피해 계단을 형상화한 아이디어가 돋보이는 작품
출처 : 2015 서울시 간판 공모전 (goo.gl/ldVXbk)

전체적인 크기가 아니라 간판을 구성하는 크기, 굵기, 색상 등 다양한 것을 서로 대비하게 하여 알리고자 하는 것을 좀 더 명확하게 만들 수 있습니다.

크기 대비

대비는 두 요소의 차이로 생겨나기 때문에 비슷한 것들이 다른 형태로 있는 양립과 다르려면 그 차이가 커야합니다. 사이즈가 비슷한 크기의 텍스트로는 대비효과를 높일 수는 없을 것입니다. 강조하려는 내용의 크기를 차이가 많이 나도록 조절하는 것이 필요합니다.

ABCDEFGHIJ

▲ 차이가 느껴지지 않는 폰트 크기

ABCDEFGHIJ

▲ 차이가 큰 폰트 크기

크기의 대비 효과를 얻으려면 '색'이나 '모양', '레이아웃'등의 차이를 함께 사용하는 경우가 많습니다. 크기와 함께 다양한 요소들의 대비 차이를 크게 만들어 관심을 가져야하는 요소로 시선이 가도록 합니다.

▲ 크기 대비

▲ 크기 + 색 대비

대부분 중요한 내용을 크고 강하게 표시하기 때문에 대비는 요소들 간의 위계(Hierarchy)와도 밀접한 관계가 있습니다. 상위 수준에 있거나 중요한 요소는 더 크고 선명하게 표시합니다.

색 대비

보고서 작업을 할 때 하나의 색으로 작업을 끝내는 워드프로그램이 아니라면 몇 가지 색을 함께 사용하게 됩니다. 이렇게 여러 색을 사용할 때 어떤 색과 함께 배치하느냐에 따라 본래의 색보다 과소평가되거나 과대평가될 수 있습니다. 서로 다른 두 색이 서로 영향을 주어 실제의 색과 다르게 보이는 현상을 색의 대비라고 합니다. 다양한 방식으로 색을 대비시키면 좀 더 선명하게 하거나 내용을 분명하게 표시할 수 있습니다.

1 | 동시 대비

두 가지 색을 동시에 볼 때 색상 차이나 명도 차이로 일어나는 현상입니다.

① 색상 대비 : 같은 색이라도 동시에 보는 색의 색상 차이가 크면 대비가 강하게 느껴집니다.

② 명도 대비 : 명도가 다른 두 색이 있을 때 밝은 색은 더 밝게, 어두운 색은 더 어둡게 보입니다. 같은 회색이라도 흰색과 함께 있는 회색이 검은 색과 함께 있는 회색보다 더 어둡게 보입니다.

③ 채도 대비 : 같은 색이라도 채도가 높은 색과 함께 보면 낮게, 낮은 색과 함께 보면 높게 보입니다.

④ 보색 대비 : 보색 관계에 있는 두 가지 색이 함께 있을 때 대비가 가장 크게 보입니다.

2 | 연변 대비

경계면, 즉 색과 색이 접촉하는 부분에서 일어나는 현상입니다. 인접 색이 저명도인 경계 부분은 더 밝아 보이고, 고명도인 경계 부분은 더 어두워 보입니다.

3 | 한난 대비

한색(차가운 색)과 난색(따뜻한 색)을 함께 볼 때, 서로에게 영향을 주어 한색은 좀 더 차갑게, 난색은 좀 더 따뜻하게 느껴집니다.

4 | 면적 대비

동일한 색이라도 면적이 큰 경우 더욱 밝고 선명하게 보입니다.

텍스트 대비

문서용인지 프레젠테이션용인지 구분 지어 처음부터 다른 목적으로 작성하는 것이 바람직하지만, 현실적으로는 하나를 만들어서 인쇄도 하고, 프레젠테이션도 진행하게 됩니다. 그렇다면 어떤 글자 형태가 모든 목적에 가장 잘 어울릴까요?

> **여러 용도(문서 보고 + 프레젠테이션 + 인쇄)로 사용할 경우 필요한 보고서 형태**
> - 슬라이드에 세부 사항도 함께 입력되어야 함
> - 표나 차트, 도형 등이 많이 사용됨

일단 일반적으로 보고서가 가진 형태는 슬라이드에 표나 차트, 도형, 텍스트 등 많은 내용이 들어갑니다. 표현 매체는 빔 프로젝트가 될 수도 있고, 화면이나 인쇄를 통해서도 잘 보여야 합니다.

1 | 글꼴

디자인에서 가장 많은 영향을 주는 것이 글꼴입니다. 글꼴만 잘 선택해도 보고서의 완성도가 올라갑니다. 파워포인트 작업을 할 때 기본으로 설정된 맑은 고딕 글꼴(왼쪽 그림)은 자간이 넓고 개체의 밀도가 떨어져 디자인적으로 다양하게 사용하기 적합하지 않습니다.

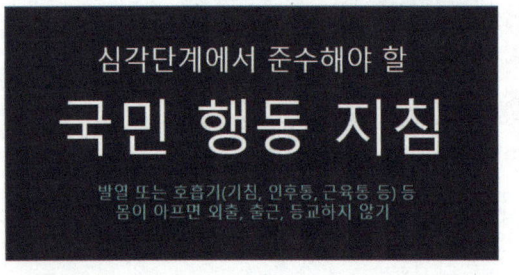

▲ 맑은 고딕　　　　　　　　　　　▲ 나눔 고딕, 검은 고딕(Black Han Sans)

① 세리프(Serif) / 산세리프(Sans-serif)의 비교

글자의 끝에 돌기가 있는 서체
세리프(Serif)

글자의 끝에 돌기가 없는 서체
산세리프(Sans-serif)

세리프(Serif)체는 문자 획 끝부분이 돌출되어 있는 형태입니다. 주로 인쇄용으로 사용할 때 가독성이 좋아 많이 사용합니다. 한글에서는 명조체 계열이 세리프체입니다.

산세리프(Sans-serif)체는 Serif에 Sans 접두어가 붙은 그리스어로, 'Sans-'는 '없음'을 의미합니다. 돌출된 부분이 없는 글씨체로, 획 굵기가 일정한 것이 특징입니다. 현대적이고, 모니터나 스마트폰 등 화면용으로 작업할 때 가독성이 높습니다. 한글에서는 고딕체 계열이 산세리프체입니다.

텍스트를 모니터나 스마트폰등 화면으로 볼 때 명조체(세리프체)보다는 고딕체(산세리프체)를 추천하지만 이것 역시 반드시 하나를 선택하는 것보다는 필요에 따라 적절하게 사용하는 것이 좋습니다.

Serif 글꼴은 고전적이고 진지하거나 신뢰할 수 있는 느낌을 줍니다. 그런 느낌이 필요한 부분에서 사용하거나, 제목이나 부제목 등을 지정할 때 디자인적으로 활용하기도 합니다.

② 글꼴을 사용할 때 확인 사항

마음에 드는 글꼴이 있을 때 사용해도 되는지 용도에 따른 제한을 반드시 확인해야 합니다. 요즘 이미지나 동영상의 저작권은 조심하는 분들이 많지만 글꼴 사용에 관해서는 주의를 덜 하는 경향이 있습니다.
이미지나 동영상만큼 저작권 단속이 심하니 꼭 주의하여 사용해야 합니다.

예를 들어 정품으로 구매한 한컴오피스 프로그램을 설치하면 지원되는 폰트를 한컴오피스가 아닌 다른 프로그램에서 이용하는 것은 저작권에 위반될 수 있습니다.

- 참고 : '글꼴 저작권관련 문광부 및 저작권위원회 회신글'
  https://tinyurl.com/yaouuhd8

- 다음 사이트에 한글 글꼴에 관한 저작권 설명이 잘 정리되어 있으니 참고하기 바랍니다.
  문화체육관광부 – 폰트 파일에 대한 저작권 바로 알기 https://tinyurl.com/y9ycgjlm

③ 무료 글꼴 활용

무료 글꼴도 용도에 따른 제한이 있습니다. 반드시 어디까지 무료인지 사용 범위를 꼼꼼히 확인하는 것이 필요합니다. 대부분 사이트의 글꼴을 다운 받는 상세 페이지에 표시되어 있습니다.

- 네이버 소프트웨어 [글꼴] 카테고리
  https://software.naver.com

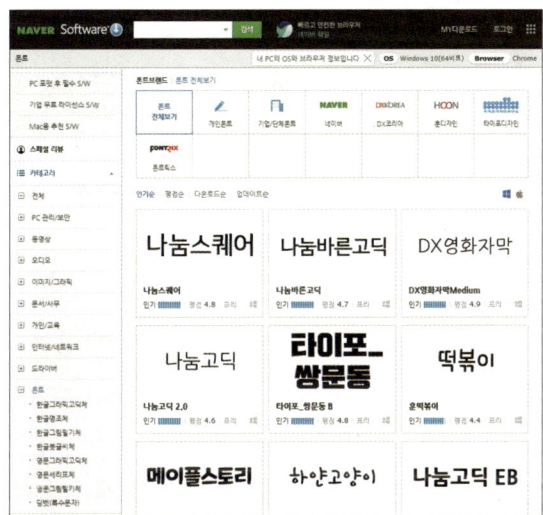 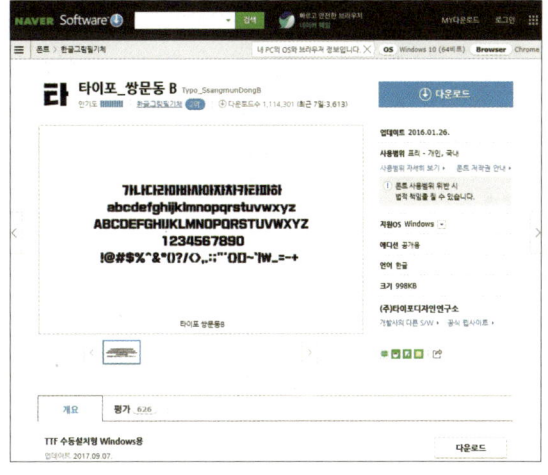

- 눈누
  https://noonnu.cc/

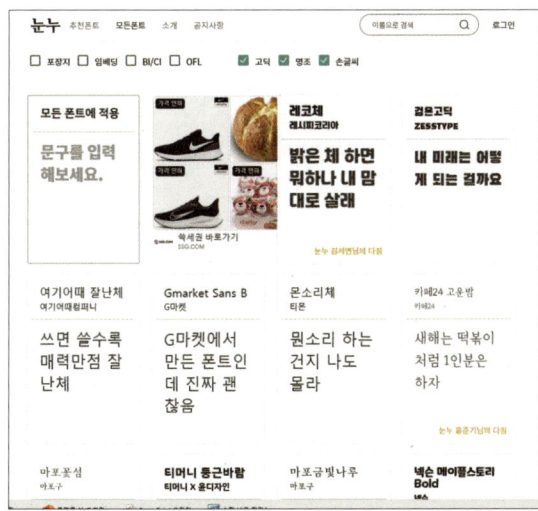 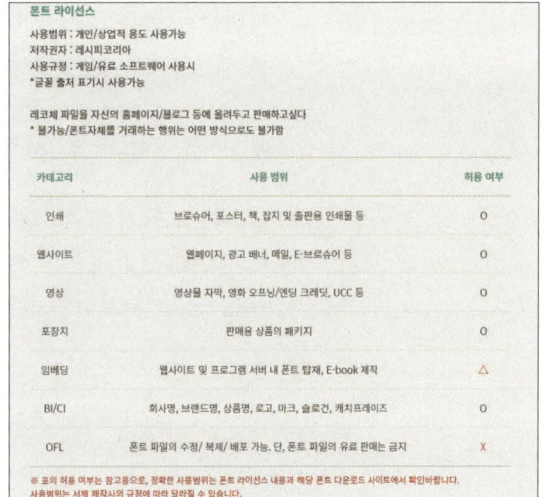

- 문화체육관광부-안심글꼴 서비스
  https://tinyurl.com/ybusuwzf

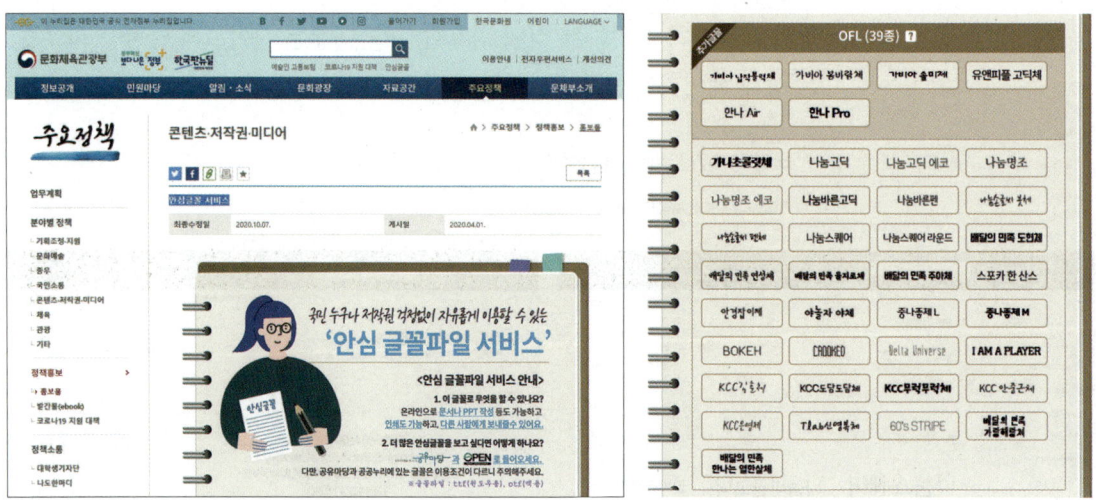

2 | 크기

폰트를 고딕체 계열로 선택했다면 폰트 크기를 지정해야 하는데, 잘 보이기 위해 크게 하거나 내용이 많다고 해서 아래한글처럼 바탕글 기본 폰트 크기인 10pt로 지정할 수도 없습니다. 보고서에서 사용하려면 어느 정도 내용이 들어갈 수 있도록 폰트가 작아야 하고, 프레젠테이션을 위해서는 빔 프로젝트나 화면에서 읽을 수 있을 정도는 되어야 합니다.

인쇄나 프레젠테이션등 결과물 목적에 맞는 용지 사이즈를 지정하고, 사용하려는 글꼴의 크기를 테스트용으로 작성해서, 인쇄를 하거나 슬라이드 쇼를 해 보는 방법을 추천합니다.

예) A4 용지 세로형 보고서 작성용 글꼴 크기 테스트 파일

슬라이드 크기를 A4 용지로 지정한 다음 원하는 글꼴을 사이즈 별로 작성해 봅니다. 그 내용을 인쇄해서 보고서에 사용할 적당한 사이즈(제목용, 본문용 등)를 확인하고, 이후 보고서 작업에 활용하면 됩니다.

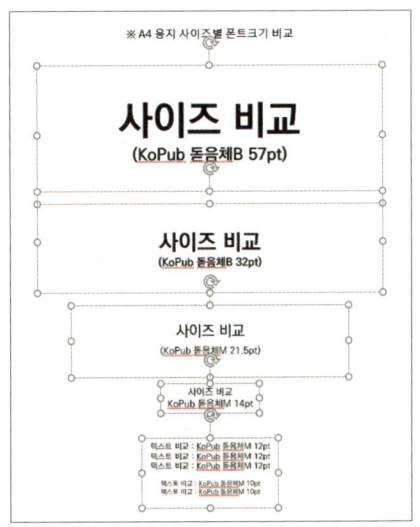
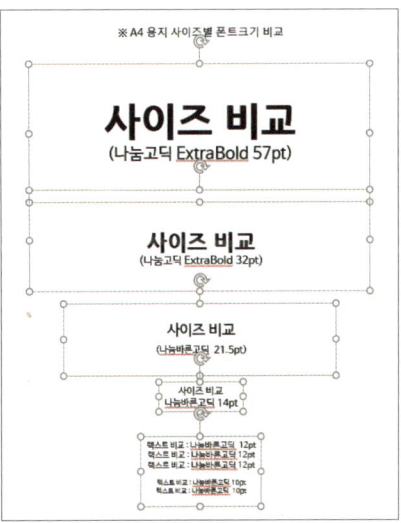

3 | 스타일

또 하나 주의할 점은 강조하려고 과하게 두껍게 하거나, 기울여 쓰거나, 3차원 회전 효과 등을 사용하는 것이 오히려 가독성을 떨어지게 한다는 것입니다.

앞에서 언급한 기본적인 사용법을 고려하면서, 명확한 의미 전달에 도움이 되도록, 강조할 부분이나 분위기를 환기할 부분에 스타일을 사용합니다. 폰트에 적용할 수 있는 스타일은 형식(일반/이탤릭, 산세리프/세리프), 두께(가는/굵은), 크기(큰/작은) 등이 있으며, 여러 가지 스타일을 함께 적용할 수도 있습니다.

어느 것이 더 좋다 나쁘다의 문제가 아니라 필요에 따라 적절하게 사용하면 됩니다.

웹 사이트를 통해
자료를 얻어라

백지 상태에서 뭔가를 시작하는 것은 너무 막막할 수 있습니다. 그래서 앞에서 자료를 수집하는 방법을 안내드렸습니다. 물론 내가 해야 하는 업무가 고유한 내용이더라도 그것을 표현하는 아이디어는 여러 곳에서 영감을 얻을 수 있습니다.

이렇게 만들어야할 내용이 결정되었을 때 제작에 필요한 사진이나 아이콘이 준비되어있지 않다면 직접 사진을 촬영하거나 도형작업으로 만들어야 할 것입니다. 직접 촬영할 수 있다면 가장 안전하고 적합한 이미지를 사용할 수 있겠지만 대부분 그렇게 준비하지 못할 것입니다.

그렇다면 필요한 이미지의 검색어를 정하고 무료 이미지 사이트에서 검색해서 사용하면 됩니다. 단 무료라고 해도 언제든 저작권이 변경될 수도 있고 사용에 제한이 있기도 하니 사용 전에는 반드시 다시 한 번 확인하기 바랍니다.

CC 라이선스에 대해서 알아보려면 cckorea.org 사이트를 활용하세요.

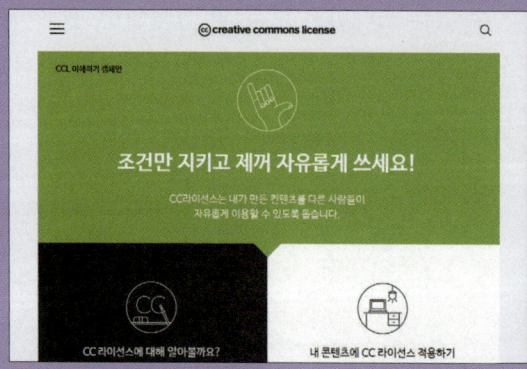

- 소개되는 사이트는 웹 사이트 정책상 형태 및 지원 기능이 바뀔 수 있습니다.

이론편

이미지와 폰트를 찾아라

요즘은 디자인 관련 소스(이미지, 동영상, 벡터 이미지, 폰트 등)를 무료로 제공하고 있는 곳이 많습니다. 아래에 있는 사이트뿐만이 아니라 '무료 이미지' 등으로 검색해서 계속 좋은 정보를 찾아 활용하기 바랍니다.

이미지 자료나 폰트는 사용하려면 정확히 구매를 해서 사용하는 것이 안전합니다. 무료라고 하더라도 여러 가지 제한 사항이 있는 경우가 있으니 사용 범위를 꼭 확인하고 이용해야 합니다.

이미지

1 | 이미지 구매 사이트

▲ Fotolia(kr.fotolia.com)

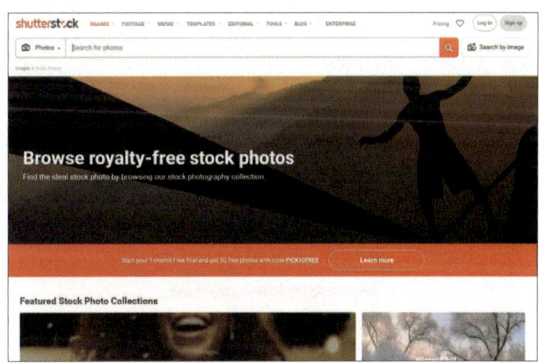

▲ Shutterstock(www.shutterstock.com)

2 | 무료 이미지 사이트

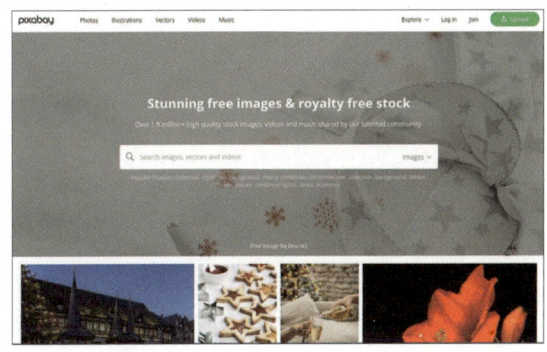

▲ Pixabay(pixabay.com)

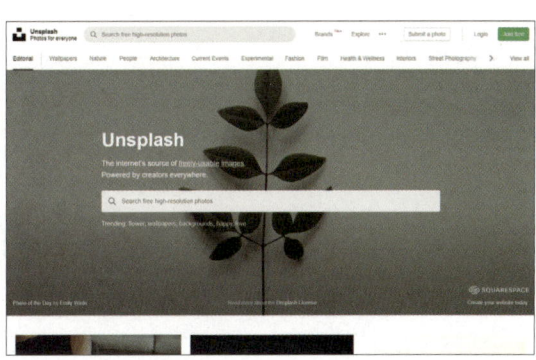

▲ Unsplash(unsplash.com)

▲ imagebase(imagebase.net)

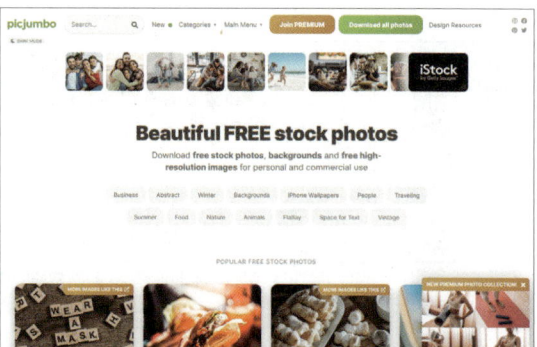
▲ Picjumbo (picjumbo.com)

3 | 픽토그램

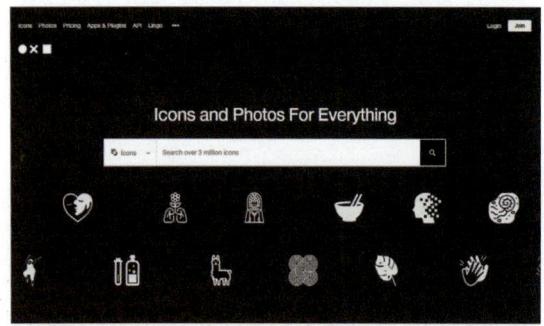
▲ The Noun Project(thenounproject.com)

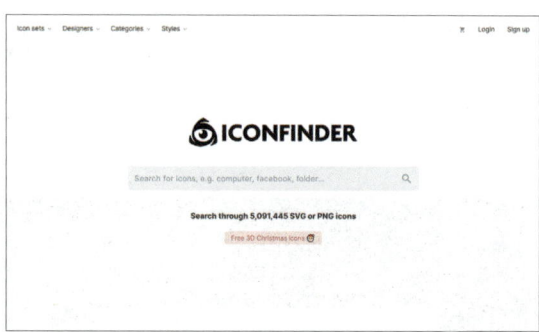
▲ Iconfinder(www.iconfinder.com)

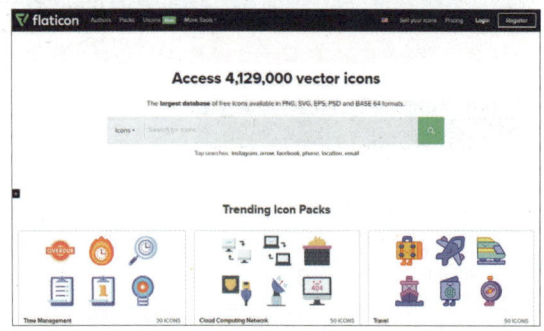
▲ flaticon (www.flaticon.com)

> **Tip** 픽토그램이란, 픽토(picto)와 전보를 뜻하는 텔레그램(telegram)의 합성어입니다. 비상구 모양처럼 언어에 상관없이 누구나 같은 의미로 소통할 수 있는 그림 문자입니다.
> 인터넷에서 제공하는 아이콘은 무료라 하더라도 거의 대부분 출처를 밝혀야 하는 경우가 많습니다. 사용범위를 확인하고 사용하세요.

폰트

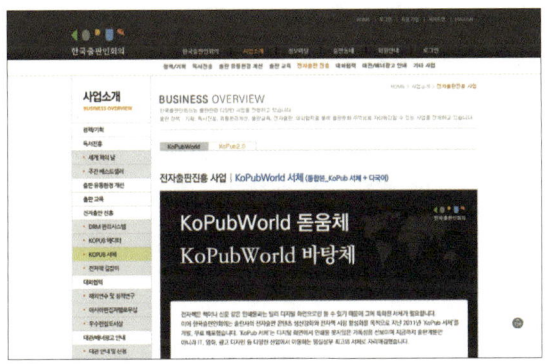
▲ KoPub서체 – 한국출판인회의(goo.gl/ZuhEfZ)

▲ 나눔체 – 네이버(hangeul.naver.com/2017/nanum)

▲ 서울남산체, 서울한강체 – 서울특별시(goo.gl/Vl1Nb)

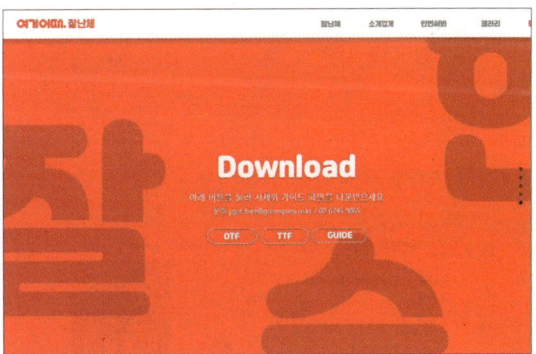
▲ 배달의 민족체(www.woowahan.com/#/fonts)

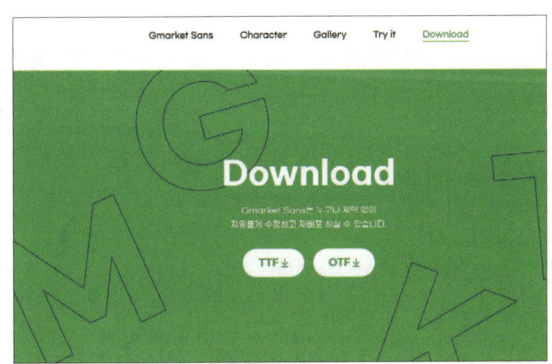
▲ G마켓 산스체(tinyurl.com/y44hhooa)

▲ 여기어때 잘난체(www.goodchoice.kr/font#is-fifth)

이론편

2 통계 자료와 업무 관련 정보를 찾아라

보고서를 작성할 때 객관적이고 정확한 근거 자료를 활용하면 신뢰도를 높일 수 있습니다. 각종 통계 사이트와 설문 사이트를 활용하면 보고서에 필요한 출처 명확한 자료를 사용할 수 있습니다.

보고서에 사용하는 자료들은 명확한 출처가 있는 것을 사용해야 합니다. 물론 준비된 자료가 있다면 그것을 사용하겠지만, 검색해서 자료를 준비하려면 정부나 공공 기관처럼 신뢰할 수 있는 사이트를 이용하는 것이 좋습니다. 근거 자체가 불안정하면 아무리 잘 꾸며진 보고서라도 가치가 떨어지는 것은 당연합니다.

▲ e-나라지표(www.index.go.kr)

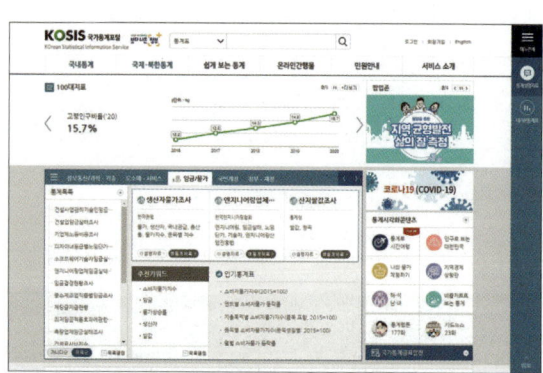

▲ 국가통계포털(www.kosis.kr)

▲ 대외경제정책연구원(세계 경제, 환경 통계) (www.kiep.go.kr)

▲ 한국과학기술정보연구원(www.kisti.re.kr)

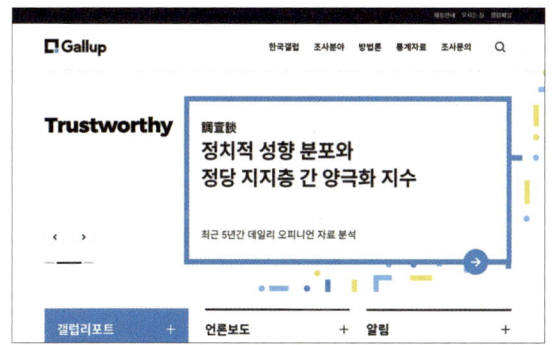
▲ 한국갤럽조사연구소 (www.gallup.co.kr)

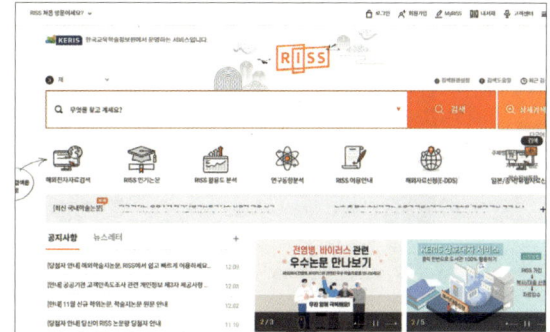
▲ 한국교육학술정보원(riss.kr)

▲ 대한민국 정책브리핑(www.korea.kr)

대한민국 정책브리핑 사이트의 [정책DB]-[전문자료] 카테고리에는 기관별 '대통령 업무보고' 자료들을 다운로드 받을 수 있어 관공서 보고서 트렌드나 패턴등도 업무에 참고할 수 있습니다.

자동으로 인포그래픽을 만들어라

디자인이 아직 익숙하지 않다면 인포그래픽 제작 사이트를 활용합니다. 템플릿, 차트, 이미지, 폰트, 색체 등 주제에 따른 개체들을 선택하는 동작으로 간편하게 인포그래픽을 제작할 수 있습니다. 단 무료로 사용하는 부분은 대부분 결과물이 비슷할 수 있고, 일정 비용을 지불하면 좀 더 다양하게 활용할 수 있도록 구성되어 있습니다.

사이트에 데이터를 입력하면 자동으로 인포그래픽을 만들어 주는 사이트가 많습니다. 사용법도 어렵지 않으니 필요하다면 이런 웹 사이트를 활용하여 빠르게 인포그래픽을 만들 수 있습니다.

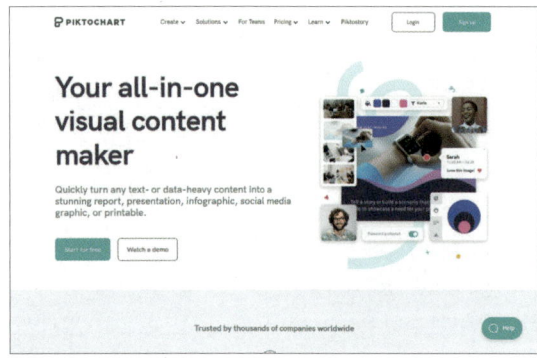

▲ 픽토차트(piktochart.com)

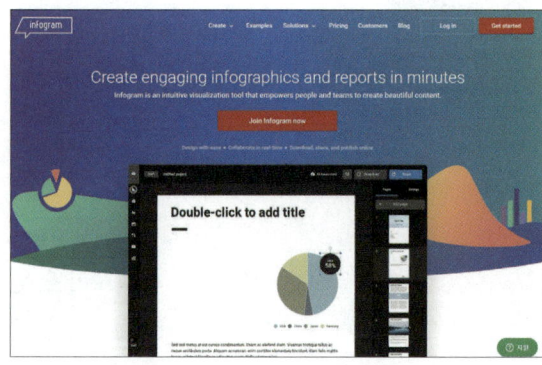

▲ 인포그램(infogr.am)

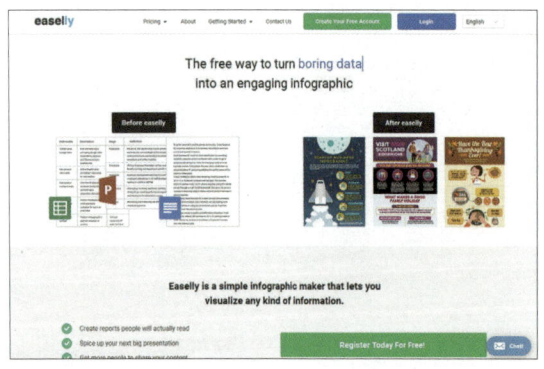

▲ 이즐리(www.easel.ly)

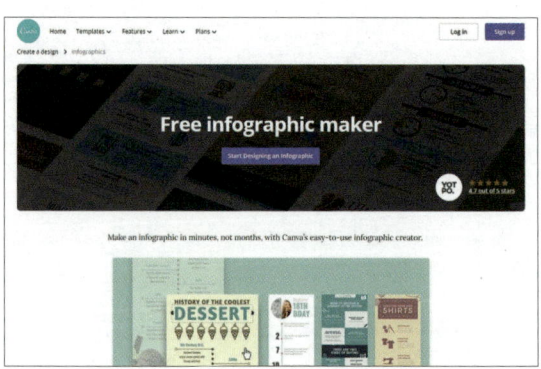

▲ Canva Infographic Maker(www.canva.com/create/infographics)

이론편

잘 만들어진 인포그래픽을 참고하라

이미 만들어진 것들에서 레이아웃이나 색상, 도해화에 관한 아이디어를 얻으면서 작업한다면 훨씬 빠르고 세련된 결과물을 만들 수 있습니다. 아래의 사이트들도 참고하고, Pinterest나 구글에서 'infographic' 검색어를 활용해서 찾아보는 방법도 도움이 될 것입니다. 이런 사이트의 내용에서 요즘 트렌드나 아이디어를 얻을 수 있습니다.

연합뉴스, 동아일보, 중앙일보, 조선일보, 전자신문 등 언론사나, GS칼텍스, 삼성전자, 현대카드, LG, 통일부, 안전행정부 등 기업 및 정부 기관에서도 인포그래픽으로 정보를 제공하고 있으니 참고하면 도움이 될 것입니다.

▲ 조선닷컴 더스토리(thestory.chosun.com)

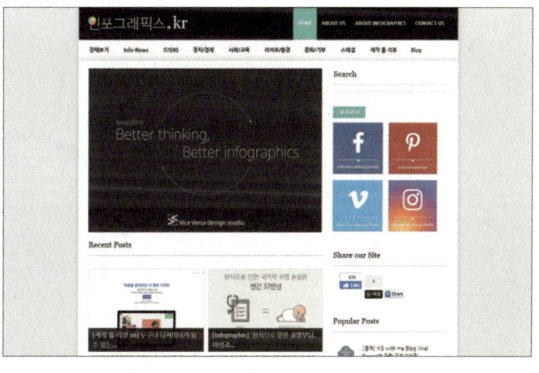

▲ 인포그래픽스.kr(info-graphics.kr)

▲ 서울연구원 인포그래픽스(www.si.re.kr/infographic)

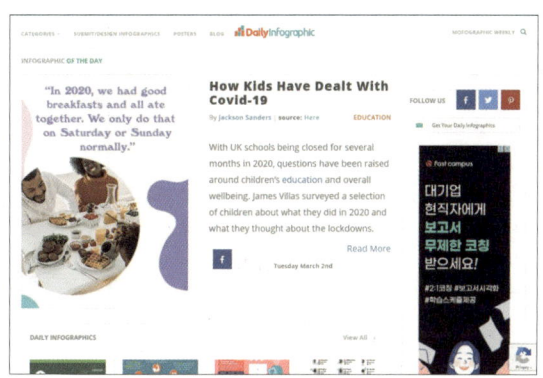

▲ Dailyinfographic(www.dailyinfographic.com)

PART
02

작업을 빠르게!
보고서 작성을 위한 스킬

어느 분야든 기본이 탄탄해야 프리 스타일 작업이 가능합니다.
이번 파트에서는 파워포인트로 보고서 작성 작업을 할 때 사용하게 되는 필수적인 기능을 살펴보겠습니다. 파워포인트에 대한 이해를 하고 숙련이 되어 있어야, 보고서 내용을 위한 아이디어에만 신경 쓸 수 있습니다. 슬라이드는 만들 수 있는데 아이디어를 고민하는 것과 슬라이드를 만들 기본 능력부터 없어서 고민하는 것은 차이가 있습니다. 도해 작업에 필요한 기능은 손에 익도록 시간을 투자해야 합니다. 최소한의 시간 투자와 노력 없이 도구에 익숙해질 수는 없습니다. 파워포인트를 사용하면서도 편리한 기능을 잘 사용하지 않고 있었다면 이번 기회에 체크해 보고 활용해 보세요.

작업을 빠르게 만드는
기능을 익혀라

작업 속도는 내용의 난이도에 따라 차이가 있지만, 그 작업에 사용하는 도구를 다루는 능숙함에도 달려 있습니다. 얼마나 능숙하게 도구를 다루느냐는 결국 도구를 얼마나 잘 이해하고 사용해 봤느냐에 따라 달라질 것입니다. 다른 사람이 만들어 놓은 파일에 텍스트만 바꾸며 사용한 1년과 한번이라도 자신이 직접 만들어 보며 사용한 1년은 차이가 클 것입니다.

도구를 잘 사용하기 위해서는 머리뿐만이 아니라 몸으로 익숙해지도록 물리적 시간을 투자해야합니다. 다른 사람이 만든 것을 보고 몇 장의 슬라이드라도 내 손으로 직접 작업해 보는 시간을 가져보시길 추천 드립니다.

내가 직접 만들며 쉽게, 그리고 빠르게 작업하는 방법을 찾아야 합니다. 프로그램의 환경을 편리하게 설정하고, 필요한 도구를 빠르게 찾을 수 있도록 배치하면 작업 속도를 높일 수 있습니다.

기능편

가장 처음 할 일
- 나만의 작업 공간으로 만들어라

아주 간단한 동작이라도 자주 사용해야 한다면 미리 설정해두는 것이 편리합니다. 어떤 프로그램이든지 처음 사용할 때는 자주 사용하는 환경을 설정하는 것이 좋습니다. 이런 사소한 차이가 결정적 작업 속도의 차이를 만듭니다.

편리한 작업을 위한 환경설정을 하라

자동 저장이나 텍스트 입력에 관한 몇 가지 사항을 지정해두면 편리합니다. 이 작업은 한번만 설정해두면 됩니다. 소개해드리는 설정 말고도 본인의 작업에 필요한 설정이 있다면 [옵션]을 살펴보고 설정하도록 합니다.

1 | 자동 고침 옵션

자동 고치기 기능을 사용하여 대문자 표시 오류 및 오타를 수정하고 기호등을 자동으로 삽입할 수 있습니다.

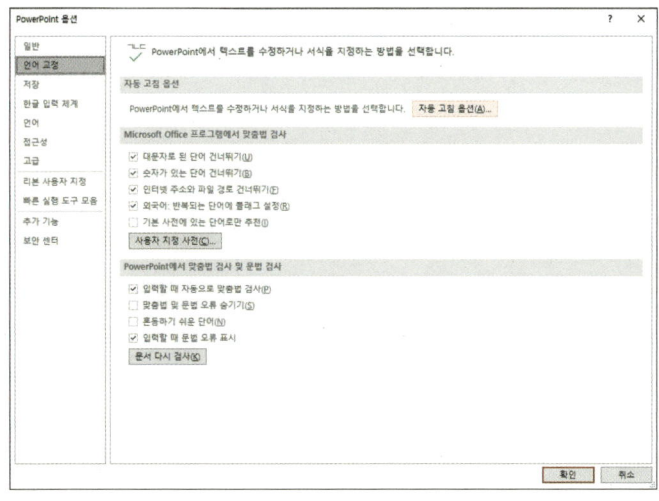

01 [파일] 탭을 클릭하고 [옵션]을 선택합니다. [PowerPoint 옵션] 대화상자가 표시되면 [언어 교정] 탭의 [자동 고침 옵션]을 클릭합니다.

1 가장 처음 할 일 – 나만의 작업 공간으로 만들어라 **119**

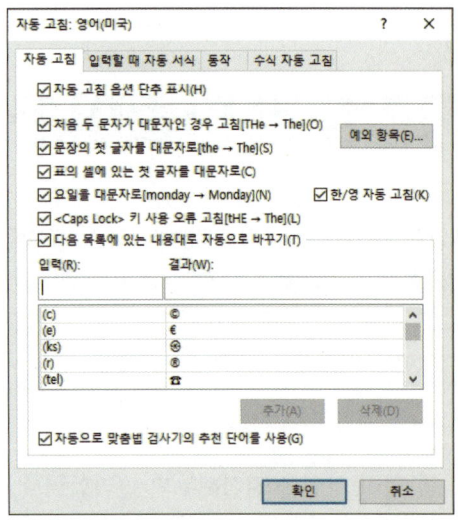

02 [자동 고침] 대화 상자 [자동 고침] 탭의 '한/영 자동 고침' 항목을 선택 해제합니다.

한글 자판 상태에서 영어를 입력하면 자동으로 바뀌는데 이 옵션 때문에 입력 작업에 불편한 경우가 있습니다.

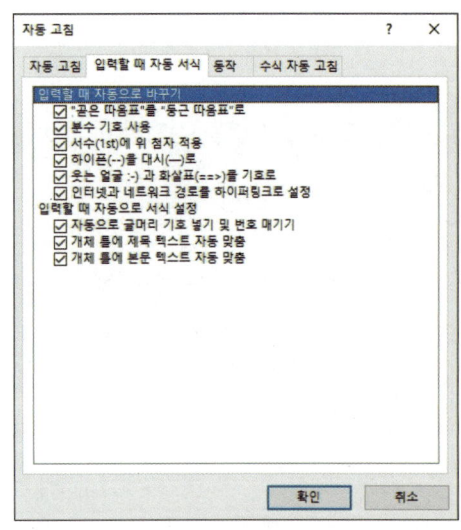

03 [자동 고침] 대화 상자 [입력할 때 자동 서식] 탭의 '개체 틀에 제목 텍스트 자동 맞춤', '개체 틀에 본문 텍스트 자동 맞춤' 항목을 선택 해제합니다.

이 옵션을 사용하면 개체 틀 보다 텍스트의 양이 많다면 자동으로 텍스트의 크기가 조정되어 슬라이드마다 제목이나 본문의 텍스트 크기가 달라질 수 있습니다.

> **Tip** '입력할 때 자동으로 바꾸기' 기능 예 : 텍스트 입력에서 자주 사용되는 화살표는 '-->'를 입력하면 자동으로 '→'로 변경됩니다.

2 | 파일 자동 저장 간격 옵션

[PowerPoint 옵션] 대화상자 [저장]탭 [자동 복구 정보 저장 간격] 항목을 적당히 지정합니다.

이 옵션은 파워포인트가 정전이나 예기치 않은 이유로 갑자기 작동을 중지하는 경우 작업이 손실되지 않도록 자동으로 저장하는 것입니다.

5분 ~ 10분 정도 지정하면 그 간격으로 작업을 저장하게 됩니다. 너무 자주 저장하면 작업 중 속도가 느려질 수 있으니 컴퓨터 성능에 따라 조정합니다.

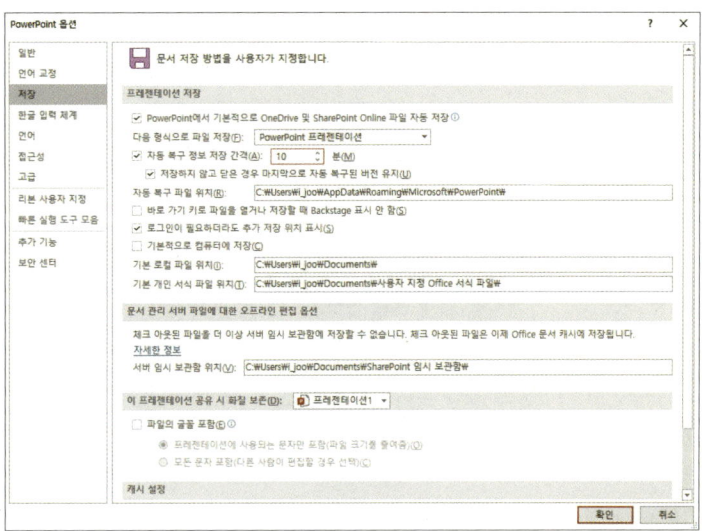

3 | 실행 취소 최대 횟수 옵션

[PowerPoint 옵션] 대화상자 [고급]탭 [실행 취소 최대 횟수] 항목을 최대 150회까지 적당히 지정합니다. 프레젠테이션에 대한 최근 변경 내용을 하나 이상 취소할 수 있습니다.

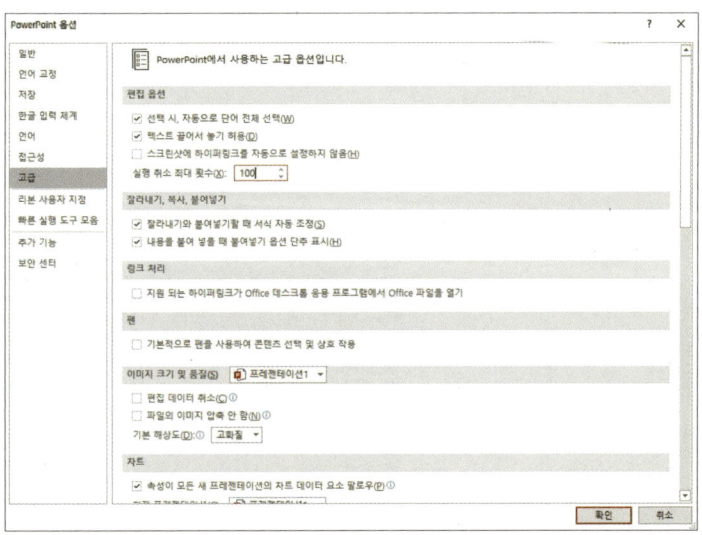

> **Tip**
> - 작업 취소 단축키 : Ctrl+Z, 재실행 단축키: Ctrl+Y
> - 여러 작업 단계를 한 번에 취소하기 : [빠른 실행 도구 모음]의 [실행 취소] 명령을 사용하여 취소하려는 작업 단계를 여러 개 선택하면 됩니다.

자주 사용하는 명령을 관리하라

파워포인트 2007 버전부터 리본 방식으로 메뉴가 바뀌고 나서, 필요한 상황에 탭이 나타나는 방식은 편리하지만 너무 깊숙이 들어 있는 명령들을 실행하려면 클릭이 많이 필요합니다. 자주 사용하는 명령을 빠르게 사용할 수 있다면 작업 시간을 줄일 수 있습니다. 빠른 실행 도구 모음을 사용해서 자신만의 편리한 작업 환경을 만들어 보세요.

> **동선을 짧게, 빠른 실행 도구 모음이란?**
> 파워포인트 화면 위쪽에 위치한 [빠른 실행 도구 모음]은 탭과는 독립적으로 항상 명령을 보여줍니다. 이곳에 본인의 업무 패턴에 따라 자주 사용하는 명령을 등록해둔다면 명령 선택을 위해 탭을 이동하고 여러 번 클릭하는 번거로움을 줄일 수 있습니다.

1 | [파일] 탭-[옵션]-[빠른 실행 도구 모음]에서 등록하기

[파일] 탭-[옵션]-[빠른 실행 도구 모음]을 클릭해서 자주 사용하는 명령을 등록합니다. 명령 선택 범주를 변경하면서 필요한 명령을 찾고 〈추가〉 버튼을 클릭하면 됩니다.

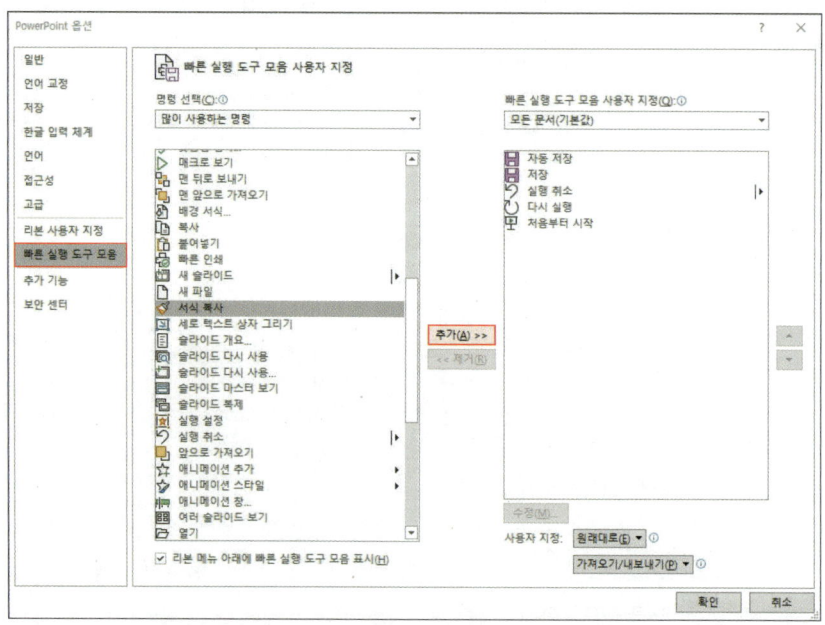

2 | 리본 명령에서 바로 등록하기

슬라이드 작성 중에 사용하는 명령을 바로 등록할 수 있습니다. 빠른 실행 모음에 등록하려는 명령을 마우스 오른쪽 버튼으로 클릭한 다음 표시되는 바로 가기 메뉴에서 [빠른 실행 도구 모음에 추가]를 선택합니다.

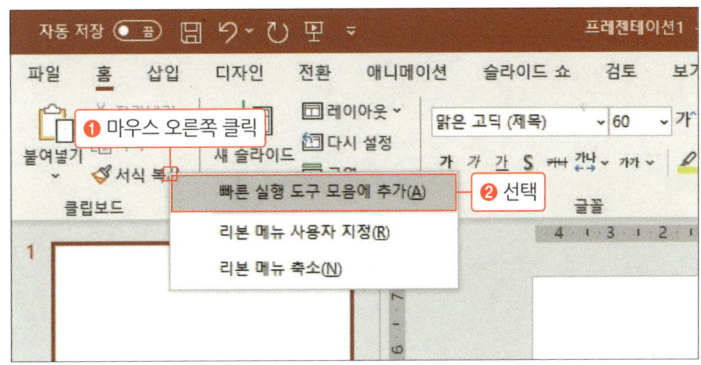

3 | 내가 만든 빠른 실행 도구 모음을 다른 PC에서도 사용하기

파워포인트 2010 버전부터는 빠른 실행 도구 모음을 다른 PC에서 사용할 수 있도록 저장하고, 불러올 수 있습니다. 실습 예제 폴더에 있는 파일을 불러서 실습해 보겠습니다.

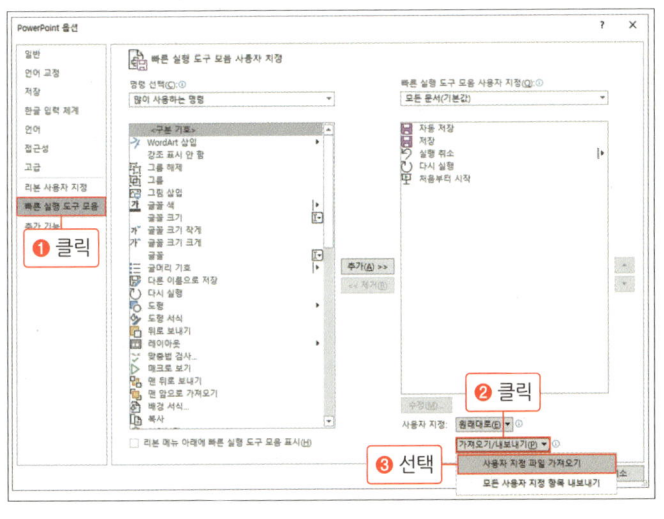

01 [파일] 탭-[옵션]-[빠른 실행 도구 모음]을 클릭합니다. 〈가져오기/내보내기〉 버튼을 클릭하고 [사용자 지정 파일 가져오기]를 선택합니다.

• 실습 파일 : my_빠른 실행도구모음.exportedUI

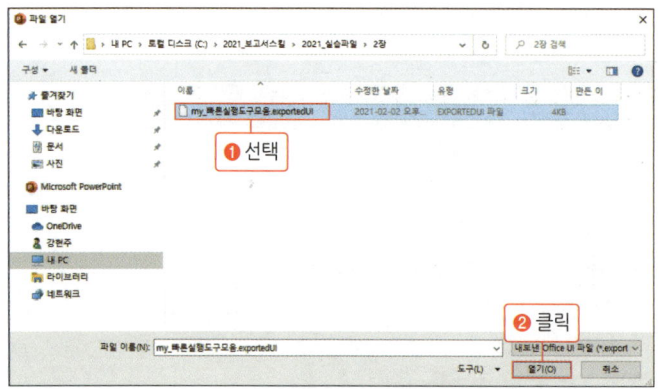

02 'my_빠른 실행도구모음.exportedUI' 파일을 선택하고 〈열기〉 버튼을 클릭합니다.

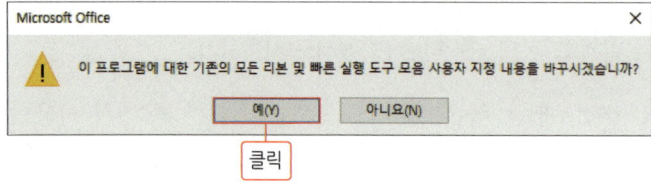

03 빠른 실행 도구 모음을 변경하기 위해 〈예〉 버튼을 클릭합니다.

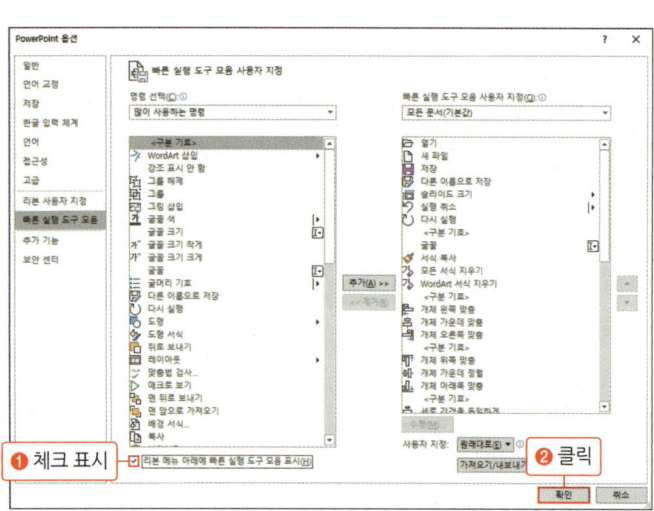

04 등록된 명령의 개수가 많아지면 리본 메뉴 위쪽 공간이 좁아서 불편합니다. '리본 메뉴 아래에 빠른 실행 도구 모음 표시'에 체크 표시하면, 빠른 실행 도구 모음을 리본 메뉴 아래쪽 넓은 공간에서 사용할 수 있습니다. '리본 메뉴 아래에 빠른 실행 도구 모음 표시'에 체크 표시하고 〈확인〉 버튼을 클릭합니다.

05 리본 메뉴 아래쪽으로 빠른 실행 도구 모음과 추가한 명령이 표시되는 것을 확인할 수 있습니다.

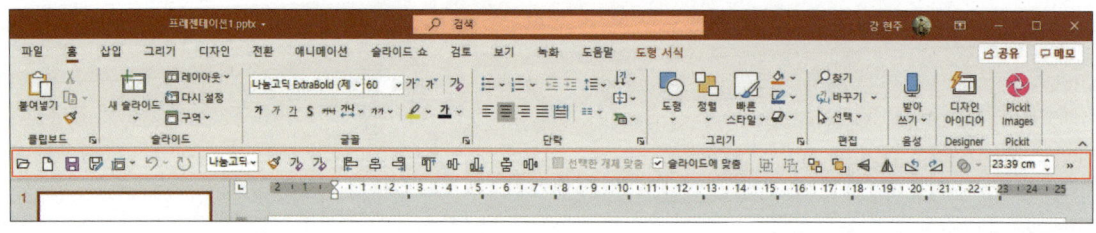

빠른실행 도구모음에 등록해 두면 편리한 명령들

자주 사용하는 명령이라는 것이 하는 업무에 따라 다르겠지만, 대체로 빠른 실행 도구 모음에는 접근이 어려운 명령을 등록합니다. 예를 들어 정렬 그룹의 맞춤 관련 기능은 자주 사용하는 명령인데, 의외로 깊숙이 위치해 클릭 한 번으로 실행되지 않습니다. 이런 경우라면 빠른 실행 도구 모음을 활용하는 것을 추천합니다.

1 | 업무에 관련된 자주 사용하는 명령

서식 복사나 텍스트 관련 명령처럼 업무 패턴에 따라 자주 사용하게 되는 명령이 있다면 빠른 실행 도구 모음에 등록합니다.

2 | 정렬 관련 명령

[도형 서식] 탭-[정렬] 그룹에 있는 맞춤에 관한 명령이나 그룹, 개체의 순서 조정 등의 명령을 이곳에 등록하면 도해 작업에서 시간을 많이 단축할 수 있습니다.

3 | 도형 병합에 관련된 명령

도해 작업이 많다면 도형을 병합하거나 교차해 새로운 도형으로 만들어 사용하는 기능을 빠른 실행 도구 모음에 등록해 두면 편리합니다.

파워포인트 2010 버전 사용자는 도형 병합 기능을 리본 메뉴에서 사용할 수 없기 때문에 반드시 빠른 실행 도구 모음에 등록해서 사용해야 합니다.

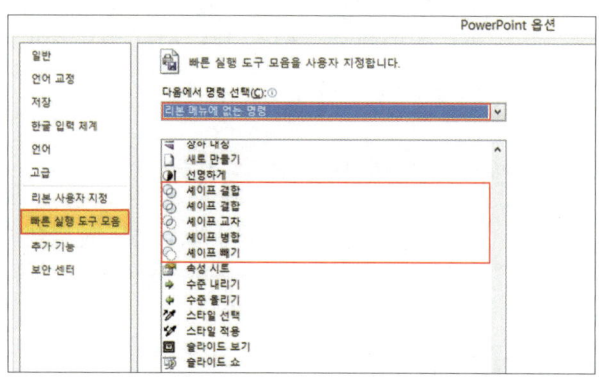

내가 만든 단축키로 한번에 실행하기

파워포인트에서 명령을 마우스로 선택하지 않고, 키보드를 이용해서 선택하고 싶다면 Alt 키를 누르면 사용할 수 있는 키가 안내됩니다. 이 기능을 활용하면 Alt 키를 눌렀을 때 나타나는 숫자와 조합해서 빠른 실행 도구 모음에 등록된 명령을 단축키처럼 사용할 수 있습니다. 빠른 실행 도구 모음에 등록된 명령 순서를 조정하면 단축키 번호를 원하는 것으로 지정할 수 있습니다.

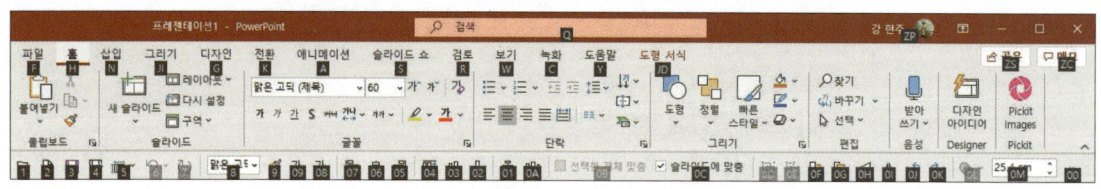

다른 파일의 슬라이드를 활용하라

보고서 작업을 하다보면 다른 파일의 내용을 사용하게 되는 경우가 있습니다. 여러 곳에 있는 슬라이드를 복사, 붙여넣기로 사용할 때는 항상 일관된 디자인을 유지한다는 것을 기억하고 작업해야 합니다. 다른 파일에 있는 슬라이드를 가져와서 사용하는 방법과 그때 확인해야할 내용을 살펴보겠습니다.

보고서에서 작성하려는 내용과 유사한 슬라이드를 복사하면 작업 시간과 노력을 절약할 수 있습니다. 그러나, 다른 파일에서 만들어진 슬라이드를 사용하다 보면 예기치 않은 상황이 나타납니다. 원인은 서로 다른 파일에 적용된 디자인의 차이 때문입니다. 디자인을 동일하게 하거나 고유하게 하는 방법을 살펴보겠습니다.

슬라이드 재활용 방법 1 - 복사/붙여넣기

1. 장점
- 가장 일반적인 방법입니다. 간단하고 편하게 슬라이드 안의 일부 개체를 복사해서 사용하기도 하고, 슬라이드 전체를 복사해서 사용하기도 합니다.

2. 단점
- 복사하려는 내용이 있는 파일을 먼저 열어야 합니다.
- 슬라이드를 복사해서 원본 서식 유지 옵션으로 붙여 넣으면 마스터가 통째로 복사되어 사용하지 않는 레이아웃까지 모두 등록됩니다.

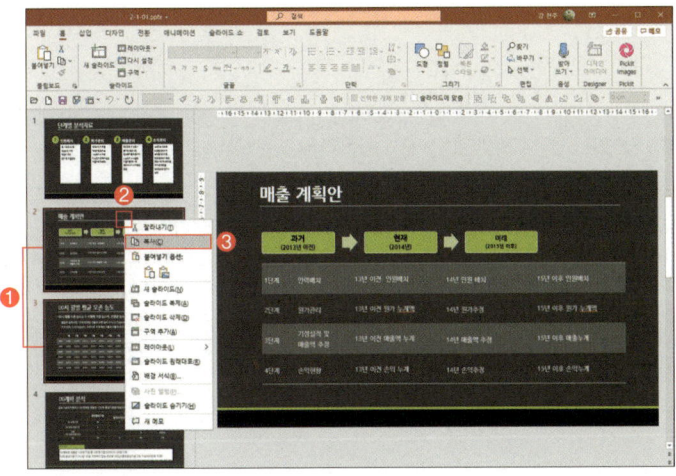

01 '2-1-01.pptx' 실습 파일을 불러옵니다. 왼쪽 슬라이드 축소판 그림에서 복사할 슬라이드를 한 장이나 여러 장 선택하고, 마우스 오른쪽 버튼을 클릭한 다음 표시되는 바로 가기 메뉴에서 [복사]를 선택합니다(단축키 : Ctrl + C).

- 실습 파일 : 2-1-01.pptx, 2-1-02.pptx

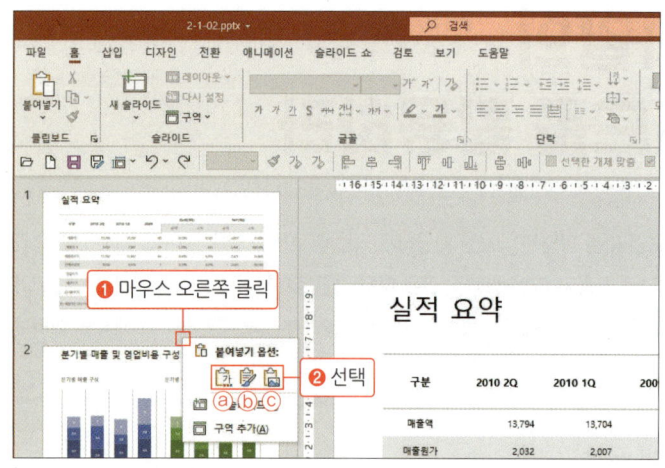

02 '2-1-02.pptx' 실습 파일을 불러옵니다. 붙여 넣을 위치를 마우스 오른쪽 버튼으로 클릭합니다. 바로 가기 메뉴가 표시되면 [붙여넣기 옵션] 중 하나를 선택합니다. (단축키 : Ctrl + V)

> ⓐ **대상 테마 사용** : 대상 프레젠테이션 테마를 그대로 사용
> ⓑ **원본 서식 유지** : 복사하려는 프레젠테이션 테마를 유지
> ⓒ **그림** : 그림으로 복사(수정 불가)

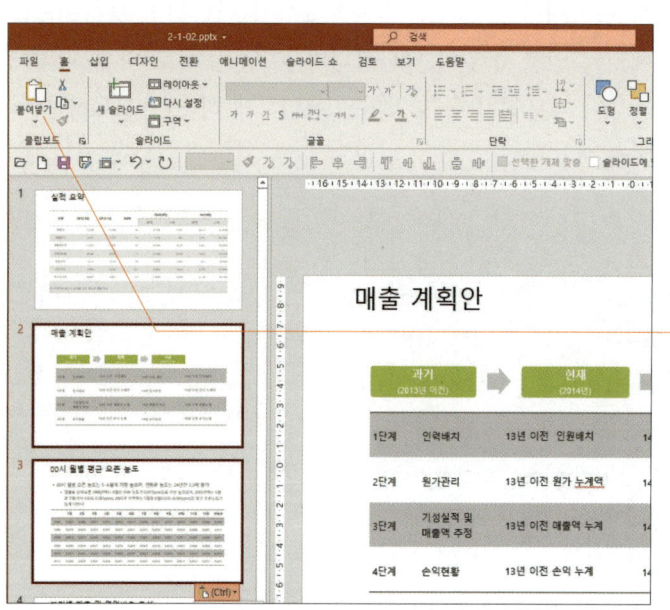

03 '붙여넣기 옵션' 아이콘이 다른 동작을 하기 전까지 붙여 넣은 슬라이드 주위에 자동으로 나타납니다. 아이콘을 클릭하면 다시 다른 옵션으로 변경할 수 있습니다.

> **Tip** [홈] 탭-[클립보드] 그룹-[붙여넣기▼]를 클릭하면 [붙여넣기 옵션]으로 이동할 수도 있습니다.
>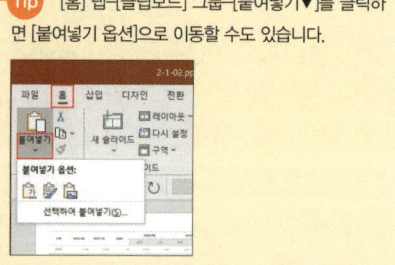

슬라이드 재활용 방법 2 - 슬라이드 다시 사용하기(가져오기)

1. 장점
- 다른 파일을 열지 않고도 다른 프레젠테이션에서 사용자 프레젠테이션으로 하나 이상의 슬라이드를 추가할 수 있습니다.
- 슬라이드를 복사해서 원본 서식 유지 옵션으로 붙여 넣으면 해당 레이아웃만 복사됩니다.

2. 단점
- 명령을 실행해야 하는 번거로움이 있습니다.

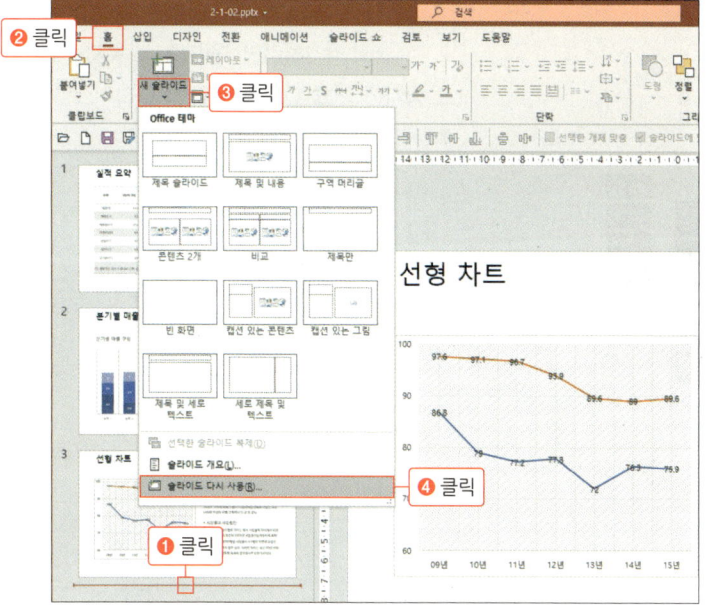

01 슬라이드를 추가할 '2-1-02.pptx' 파일을 엽니다. 왼쪽 슬라이드 축소판 그림에서 슬라이드를 추가할 위치를 클릭합니다. [홈] 탭-[슬라이드] 그룹-[새 슬라이드▼]-[슬라이드 다시 사용]을 클릭합니다.

• 실습 파일 : 2-1-01.pptx, 2-1-02.pptx

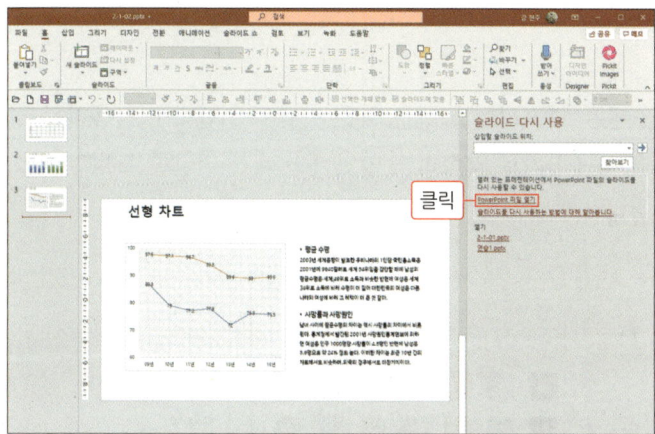

02 [슬라이드 다시 사용] 작업 창에서 'PowerPoint 파일 열기'를 클릭합니다.
[찾아보기] 대화상자에서 사용하려는 슬라이드가 있는 '2-1-01.pptx' 파일을 찾아서 클릭한 다음 〈열기〉 버튼을 클릭합니다.

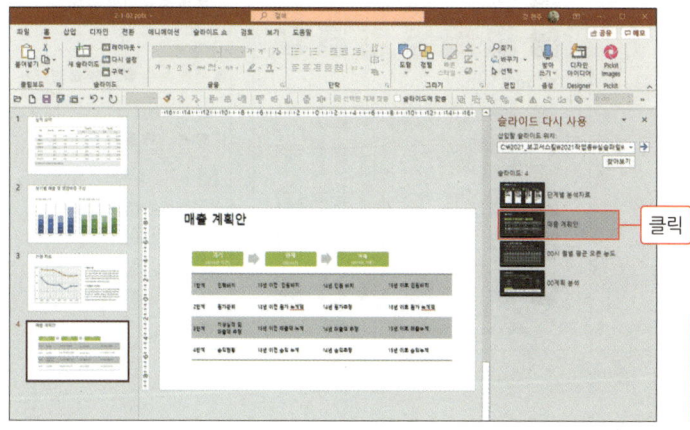

03 [슬라이드 다시 사용] 작업 창에서 추가하려는 슬라이드를 클릭합니다.

> **Tip** 모든 슬라이드를 추가하려면 임의의 슬라이드에서 마우스 오른쪽 버튼을 클릭하고 표시되는 바로 가기 메뉴에서 [모든 슬라이드 삽입]을 선택합니다.

2 다른 파일의 슬라이드를 활용하라

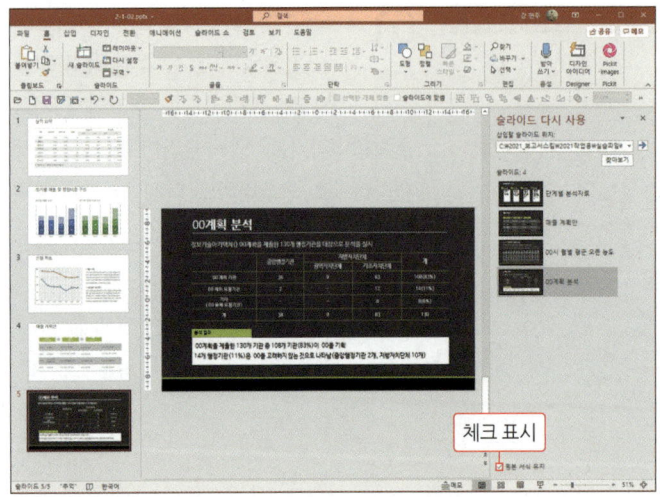

04 원본의 슬라이드 서식을 유지하면서 추가하려면, '원본 서식 유지' 체크 상자에 체크 표시를 한 다음 슬라이드를 추가합니다.

색이 변하는 도형과 변하지 않는 도형

파워포인트에서는 테마 색을 변경하면 문서 전체 색조가 변경됩니다. 그런데 혹시 변경되지 않는 개체가 있다면, 그 개체는 색상을 테마 색으로 지정하지 않은 경우입니다.

같은 의미로 내가 만든 보고서의 도형을 다른 사람이 취합하여 사용하는 경우 서로 테마 색을 사용하기로 약속하지 않았다면 내가 전달한 도형만 따로 겉돌게 될 수 있습니다.

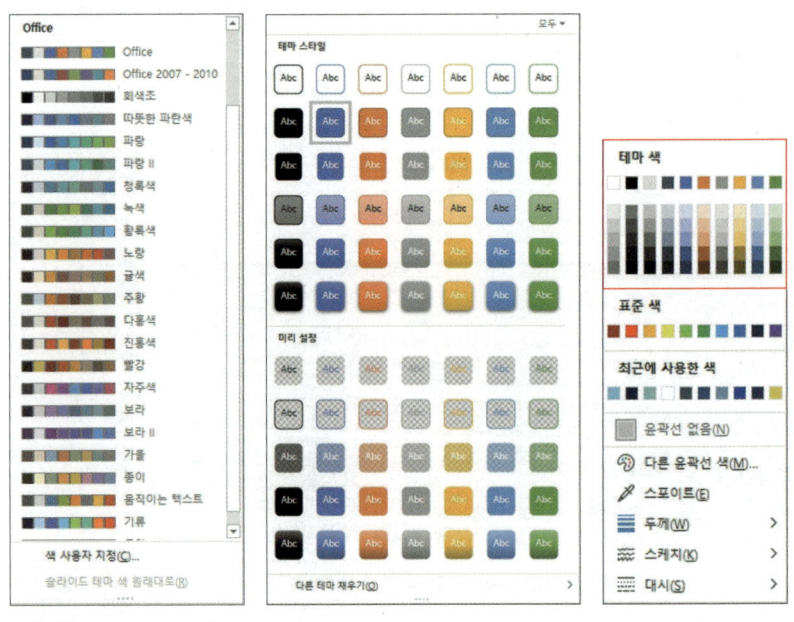

▲ 테마색

기억할 것은 개체의 색 작업을 할 때 다음 두 가지 방법 중 하나로 작업하게 된다는 것입니다.

① 테마 색 사용
다른 문서에 포함할 경우 해당 문서 디자인에 따라 색이 변하게 하고 싶은 경우
② 테마 색 사용 안함
어떤 문서에 포함되더라도 개체에 지정한 색을 변함없이 유지하고 싶은 경우

두 가지 방법에 장단점이 있으니 사용자가 필요에 따라 결정을 하면 됩니다.

테마 변경

텍스트 관련
명령을 익혀라

문서에서 글꼴은 사람 표정과 목소리로 비유됩니다. 그래서 너무 많은 서체를 사용하는 것은 여러 정리되지 않은 목소리가 함께 떠드는 것과 같습니다. 보고서 성격과 분위기를 가장 잘 표현하기 위해 기본 글꼴 두 가지 정도를 사용하고 포인트로 한두 가지 글꼴을 사용하는 것을 권장합니다. 적은 폰트 사용은 일관된 방식으로 정보를 전달하는 데 도움을 줍니다. 요즘은 다양하고 개성 있는 폰트가 많지만, 무조건 예쁘다고 사용하기보다는 내용을 잘 표현할 수 있는 폰트를 선택하는 것이 중요합니다.

그리고, 무료로 제공되는 폰트라도 로고 제작이나 BI(Brand Identity)에는 사용을 제한하는 경우가 있으니 사용 범위를 꼭 확인하고 사용해야 합니다.

기능편

문서의 글꼴을 관리하라
- 작업 속도를 빠르게 하는 글꼴

보고서 작업에서 텍스트를 잘 관리하는 것이 기본적인 사항입니다. 텍스트를 입력하는 방법과 자주 사용하는 서식을 설정하는 방법 등을 익히고, 쉽고 빠르게 일관된 텍스트 서식을 지정하는 방법을 살펴보겠습니다.

파워포인트로 작성한 보고서에서 텍스트만으로 슬라이드를 빽빽하게 채우는 일은 거의 없습니다. 하지만 텍스트는 도형이나 표, 차트 등 다양한 개체에서 사용하기 때문에 중요합니다. 텍스트 자료를 다룰 때 가장 시간을 많이 사용하는 것은 '입력'과 '서식'에 관련된 것입니다.

그래서 텍스트의 기본 서식 값을 자주 사용하는 형태로 지정해 두면 입력과 동시에 서식이 바로 적용되어 작업 속도를 빠르게 할 수 있습니다.

텍스트 입력 방법 3가지와 기본 서식 살펴보기

파워포인트 슬라이드에 사용된 텍스트는 3가지 방법(①개체 틀, ②텍스트 상자, ③도형 개체)으로 입력합니다. 그리고 각각의 방법으로 입력될 때 적용되는 기본 서식 값이 있습니다. 기본 오피스 테마가 적용된 문서라면 '맑은 고딕' 글꼴로 사용하고, 텍스트 상자나 도형에서 18pt 크기로 적용됩니다. 이것은 뒤에서 설명할 테마와 관련된 설정입니다.

1 | 텍스트 입력 방법 3가지

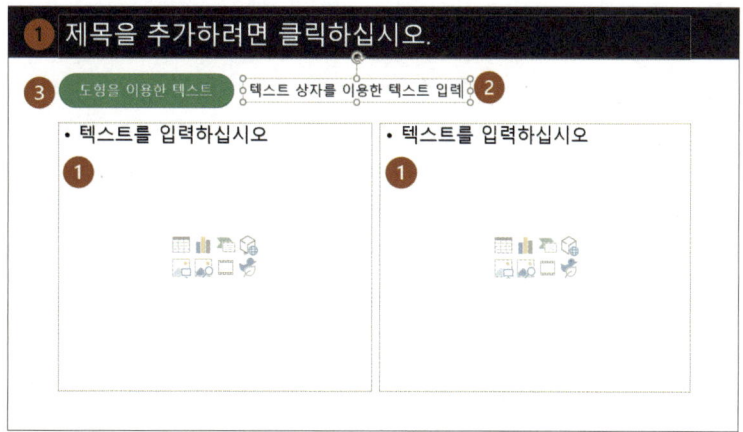

▲ 파워포인트에서 텍스트 입력 방법 3가지

① 개체틀(텍스트, 표, 차트 등)을 이용한 텍스트입력
② 텍스트 상자를 이용한 텍스트 입력
③ 도형 개체를 이용한 텍스트 입력

2 | 입력 방법에 따른 결과 와 기본 서식

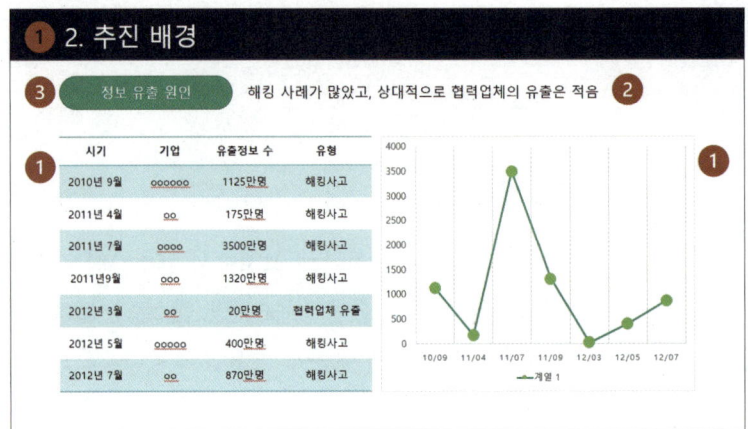

▲ 입력 결과와 기본 서식

① 제목 개체틀 : 테마 글꼴 중 제목 글꼴 서식
　내용 개체틀 : 테마 글꼴 중 본문 글꼴 서식

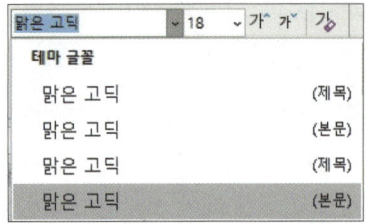

② 테마 글꼴 중 본문 글꼴 서식
③ 테마 글꼴 중 본문 글꼴 서식

각 요소의 기본 서식을 자주 사용하는 서식으로 지정해두면 작업 속도가 훨씬 빨라지고, 디자인에서도 일관된 느낌을 만들 수 있습니다.

개체 틀 글꼴 지정 방법

슬라이드에 내용을 입력할 수 있는 개체 틀은 일괄적으로 서식을 지정할 수 있습니다. 슬라이드 한 장이 아니라 여러 장 작업을 한다면 한꺼번에 관리할 수 있도록 슬라이드 마스터에서 글꼴 서식을 지정하는 것이 여러 가지로 편리합니다. 이렇게 관리되는 글꼴은 한 번에 서식을 지정하거나 변경할 수 있기 때문에 작업 속도를 빠르게 합니다.

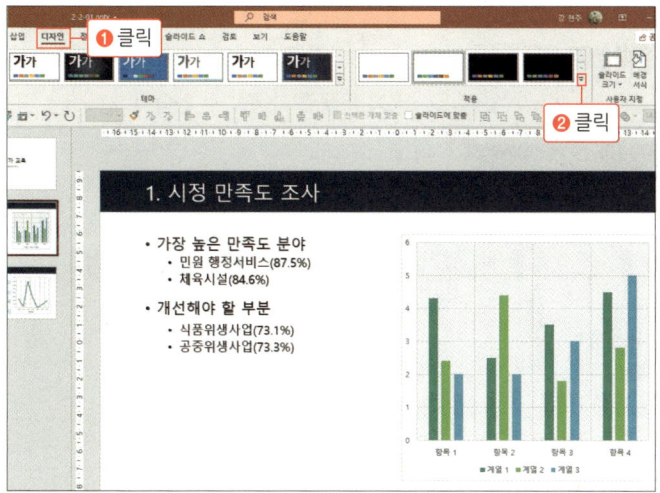

01 [디자인] 탭-[적용] 그룹에서 〈자세히〉 버튼을 클릭합니다.

• 실습 파일 : 2-2-01.pptx

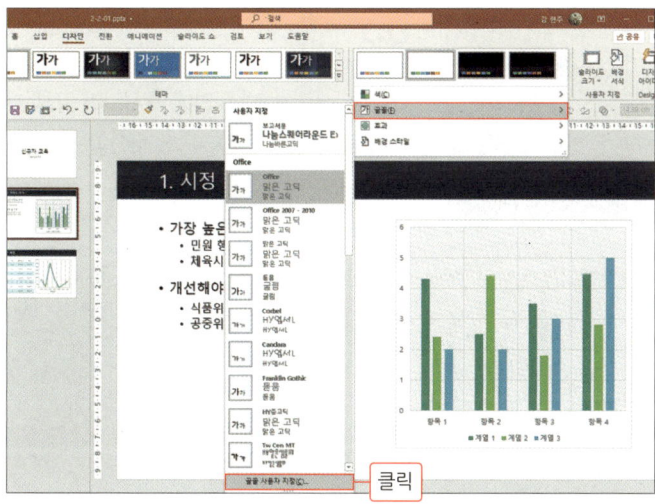

02 [글꼴]-[글꼴 사용자 지정]을 클릭합니다.

> **Tip** [보기] 탭-[마스터 보기] 그룹-[슬라이드 마스터]를 클릭해서, 슬라이드 마스터 보기 상태의 [글꼴]을 선택해도 됩니다.

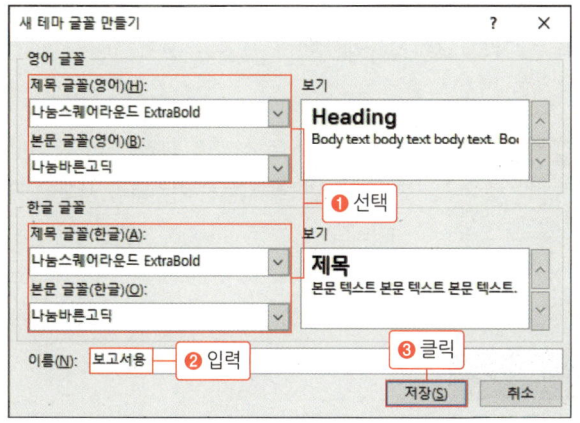

03 [새 테마 글꼴 만들기] 대화상자의 제목 글꼴 및 본문 글꼴에서 영어인 경우와 한글인 경우 사용할 글꼴을 선택하고, 새 테마 글꼴에 적당한 이름을 입력한 다음 〈저장〉 버튼을 클릭합니다.

1 문서의 글꼴을 관리하라 – 작업 속도를 빠르게 하는 글꼴 **135**

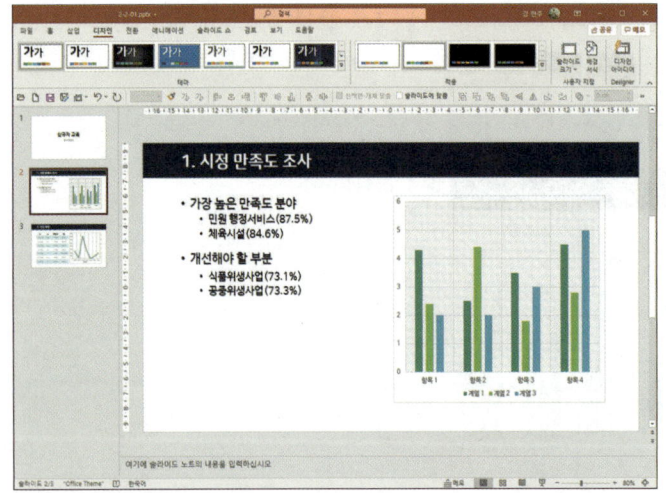

04 이렇게 테마 글꼴로 지정한 글꼴은 슬라이드에서 사용하는 개체 틀에 공통 글꼴로 사용할 수 있습니다.

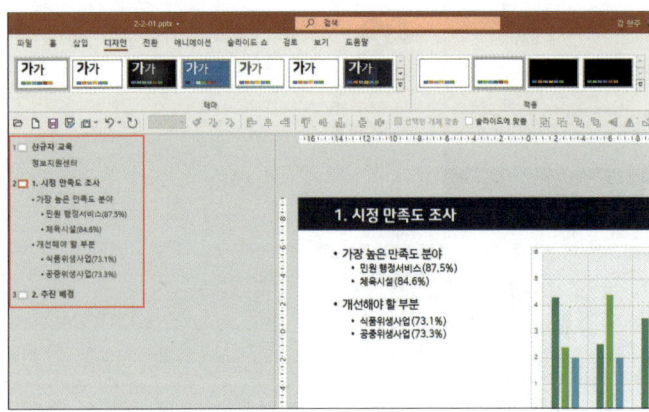

05 개체 틀은 텍스트 상자나 도형 개체에 입력된 것과 다르게 입력된 내용이 '개요 보기' 화면에 표시되며 글꼴 서식을 슬라이드 마스터에서 지정할 수 있습니다.

기본 텍스트 상자 글꼴 지정 방법

텍스트 상자를 이용해서 입력한 부분에서 사용하는 글꼴은 기본 값으로, 테마 글꼴 중 본문 글꼴의 영향을 받습니다. 만일 테마와는 다른 글꼴을 지정하고 싶다면 [기본 텍스트 상자로 설정]을 이용해서 지정합니다.

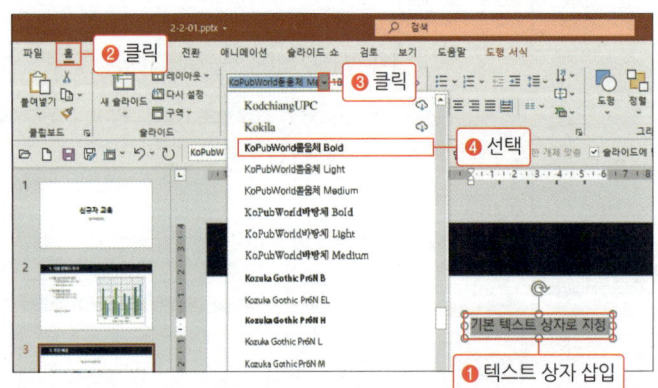

01 텍스트 상자를 삽입한 다음 기본 값으로 사용하려는 글꼴 서식을 지정합니다.

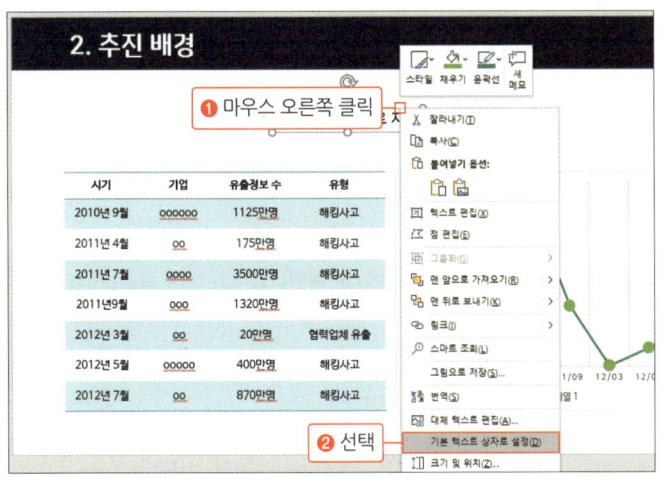

02 텍스트 상자를 마우스 오른쪽 버튼으로 클릭하고 표시되는 바로 가기 메뉴에서 [기본 텍스트 상자로 설정]을 선택합니다.

글꼴 지정을 위해서 삽입했던 텍스트 상자는 삭제합니다. 이제부터 텍스트 상자를 삽입해 작업할 경우 선택한 글꼴이 지정되어 있습니다.

기본 도형 글꼴 지정 방법 도형에서 사용하는 글꼴은 기본 값으로, 테마 글꼴 중 본문 글꼴의 영향을 받습니다. 만일 테마와는 다른 글꼴을 지정하고 싶다면 [기본 도형으로 설정]을 이용해서 지정합니다.

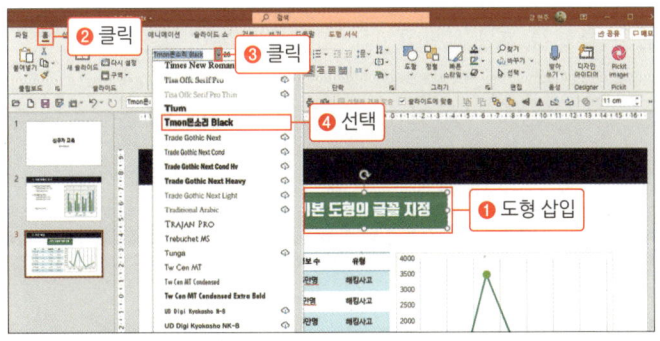

01 임의의 도형을 삽입하고 도형 작업에서 기본 값으로 사용하려는 글꼴 서식을 지정합니다.

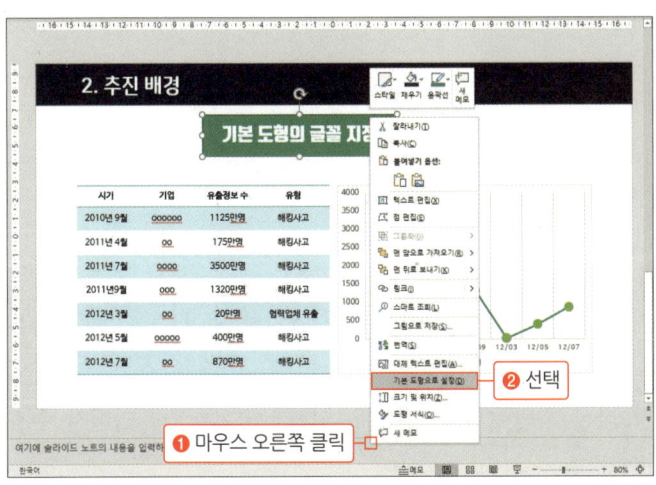

02 도형 위에서 마우스 오른쪽 버튼을 클릭하고 표시되는 바로 가기 메뉴에서 [기본 도형으로 설정]을 선택합니다.

글꼴 지정을 위해서 삽입했던 도형은 삭제합니다. 다른 도형을 삽입하고 텍스트를 입력해 보면, 이제부터 도형 작업을 할 때 선택한 글꼴이 지정되어 있는 것을 확인할 수 있습니다.

파워포인트 문서에 입력된 텍스트를 관리하라

파워포인트에서는 텍스트와 관련된 편리하고 유용한 기능이 있습니다. 다른 PC나 발표장에서 글꼴이 깨지거나, 여러 파일을 합쳐서 작업할 때 용어나 글꼴이 통일되지 않는 문제 등을 간단히 정리할 수 있습니다.

프레젠테이션에 글꼴 포함하기

항상 주의할 점은 프레젠테이션이든 보고서든 그것은 나를 위한 것이 아니라 보고를 받는 상대방을 위한 것이라는 점입니다. 나만 보고자 한다면 어떤 글꼴을 사용해도 내 컴퓨터에서 보는 것이기 때문에 문제가 없지만, 다른 컴퓨터에서 봐야 한다면 보고서에 사용한 글꼴이 프레젠테이션을 재생할 컴퓨터에도 있는지 확인해야 합니다. 보고서에서 사용한 글꼴이 현장의 컴퓨터에 없다면 그 글꼴들은 모두 기본 서체로 바뀌기 때문입니다. 서체가 변경되면서 텍스트 사이 간격이나 모양이 흐트러지기도 합니다. 그래서 보고서에 사용한 글꼴 자체를 프레젠테이션에 포함하는 것이 좋습니다.

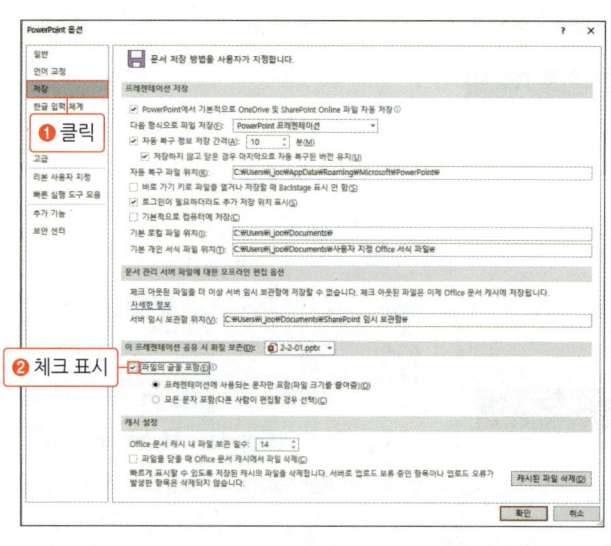

[파일] 탭-[옵션]을 클릭하고, [PowerPoint 옵션] 대화상자가 표시되면 [저장] 탭에서 '파일의 글꼴 포함'에 체크 표시를 합니다.

파일의 글꼴 포함

- 프레젠테이션에 사용되는 문자만 포함(파일 크기를 줄여 줌) : 다른 컴퓨터에서 글꼴이 깨지지 않으나 수정 불가능
- 모든 문자 포함(다른 사람이 편집할 경우 선택) : 다른 컴퓨터에서 수정 가능하나 용량이 커짐

문서에 포함된 특정 단어나 글꼴을 한 번에 바꾸기

보고서를 작성할 때 다른 파일의 슬라이드를 합치기도 하고, 협업으로 여러 사람들이 공동 작업을 하는 경우가 많습니다. 그런 작업을 할 때 주의할 점은 다양하게 섞인 단어나 글꼴을 일관되게 관리하는 것입니다. 하나씩 찾아가며 수정하지 않고 한 번에 바꿀 수 있는 기능이 있으니 문서를 합치는 작업에서 활용하는 것이 좋습니다.

1 | 문서의 특정문자 한 번에 바꾸기

[홈] 탭-[편집] 그룹-[바꾸기▼]-[바꾸기]를 클릭하면 보고서에 사용된 특정문자를 한 번에 변경할 수 있습니다.

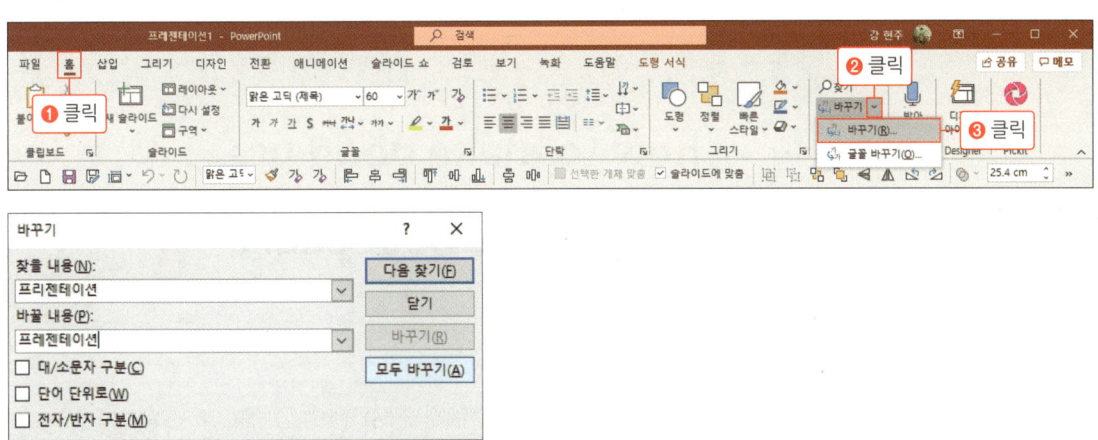

2 | 문서의 글꼴 한 번에 바꾸기

[홈] 탭-[편집] 그룹-[바꾸기▼]-[글꼴 바꾸기]를 클릭하면 보고서에 사용된 글꼴을 한 번에 변경할 수 있습니다.

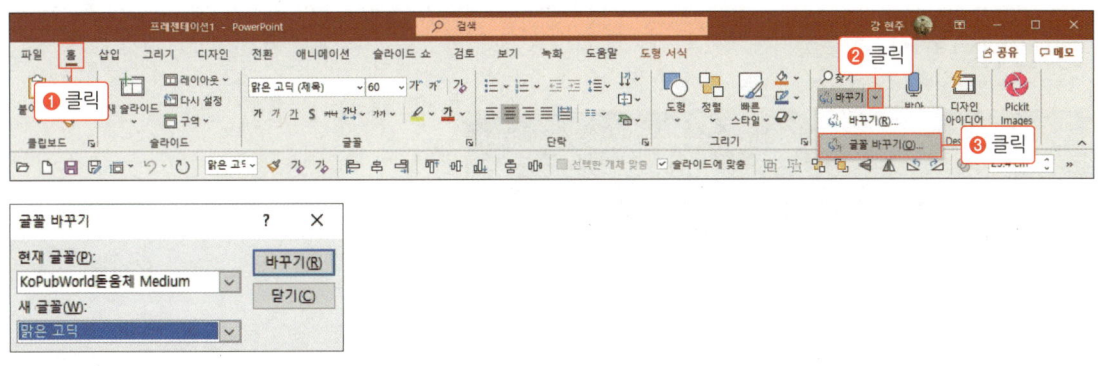

영문 내용을 입력할 때 대/소문자를 편하게 변경하는 방법

[대/소문자 바꾸기]를 사용하면 영문 대/소문자를 변경하기 위해 Caps Lock 키나 Shift 키를 누르지 않아도 됩니다.

[홈] 탭-[글꼴] 그룹-[대/소문자 바꾸기]를 이용하면 영문 자료를 입력하면서 대소문자 변환을 신경 쓰지 않고, 입력한 다음 편리하게 한번에 변환할 수 있습니다.

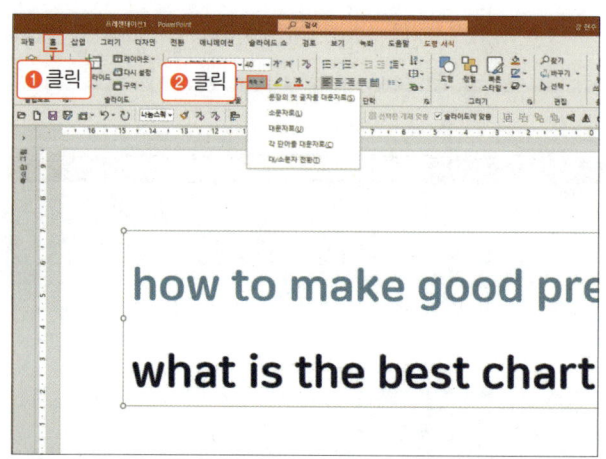

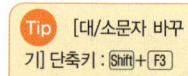

Tip [대/소문자 바꾸기] 단축키 : Shift + F3

한꺼번에 복사된 텍스트를 여러 슬라이드로 나누기 - 자동 맞춤 옵션을 이용한 작업

텍스트 자료를 복사해서 작성할 때 분량이 넘치는 내용을 다른 슬라이드로 나누는 방법을 살펴보겠습니다.

01 슬라이드에 입력하려는 텍스트 자료를 복사합니다.

• 실습 파일 : 2-2-02.txt

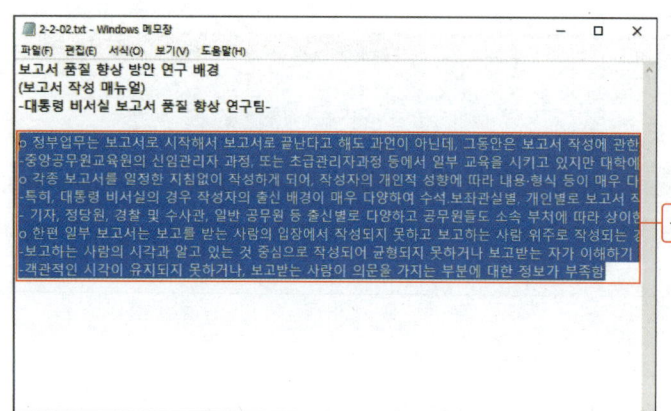

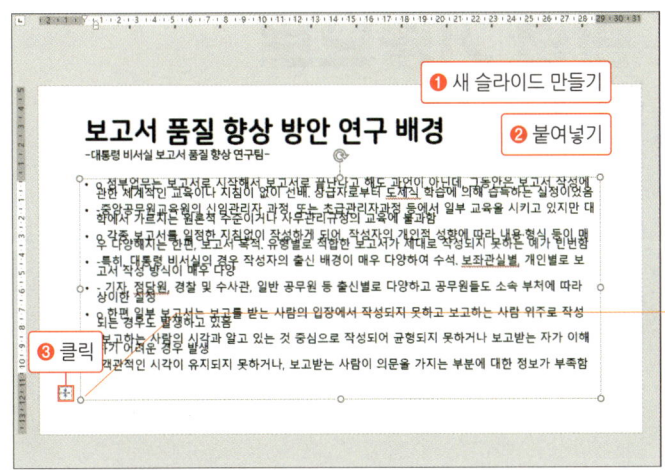

02 새 슬라이드를 만들고 텍스트 자료를 붙입니다. 텍스트가 많이 입력될수록 글자 크기가 줄어들면서 개체 틀에 맞춰집니다. 개체 틀에 '자동 맞춤 옵션' 아이콘이 표시되면 아이콘을 클릭합니다.

> **Tip** '자동 맞춤 옵션' 아이콘을 클릭하면 메뉴가 펼쳐집니다. 메뉴 중 [개체 틀에 텍스트 자동 맞춤]이 설정되어 있어 크기가 조정된 것입니다. 글자 크기를 원래대로 유지하려면, [이 개체 틀에 텍스트 맞춤 중지]를 선택합니다.

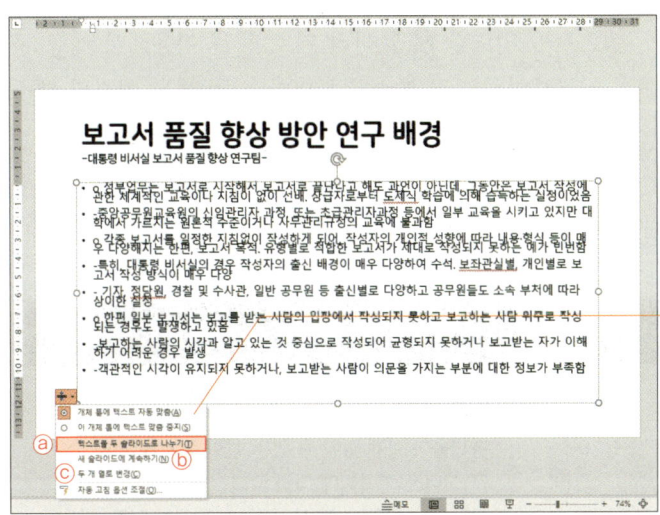

03 슬라이드 한 장에 텍스트가 지나치게 많으면, 내용이 눈에 들어오지 않게 됩니다. 적당한 양으로 나누어 슬라이드를 만드는 것이 좋습니다. 자동 맞춤 옵션에서 [텍스트를 두 슬라이드로 나누기]를 선택합니다.

> **Tip** 자동 맞춤 옵션
> ⓐ **텍스트를 두 슬라이드로 나누기** : 제목 개체 틀의 내용을 동일하게 하고, 본문 개체 틀 폰트 서식에 맞춰서 글꼴이 설정되며 넘치는 텍스트는 새 슬라이드로 만들어집니다.
> ⓑ **새 슬라이드에 계속하기** : 제목 개체 틀의 내용을 동일하게 사용하면서 새 슬라이드를 만듭니다.
> ⓒ **두 개 열로 변경** : [단]에서 2단으로 편집한 것과 동일합니다.

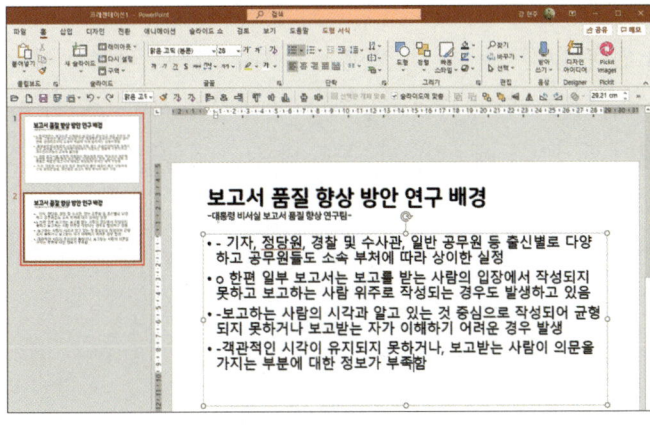

04 슬라이드가 두 개로 나누어진 것을 확인할 수 있습니다. 나누어지고 난 후에도 모든 슬라이드를 원래 개체 틀의 글자 크기와 줄 간격으로 표현할 수 있을 때까지 '자동 맞춤 옵션' 아이콘은 계속 표시됩니다. 다음 슬라이드에서도 더 나누려면 동작을 다시 진행합니다.

기능편

3 텍스트 관련 기능으로 가독성을 높여라

보고서에 텍스트 자료를 입력한 경우에는 전달력을 높이고 잘 읽힐 수 있게 만들어야 합니다. 그래서 텍스트의 가독성에 관한 관심이 높아지고 다양한 글꼴들이 만들어지고 있습니다. 텍스트의 가독성을 높일 수 있는 기능을 살펴보겠습니다.

슬라이드에 텍스트 자료가 너무 많으면 정보 전달력이 약해집니다. 텍스트 자료를 도해화하거나 다른 개체로 표현하기 적당하지 않다면 먼저 자료를 충분히 요약하고, 텍스트를 입력할 때 글머리 기호 등을 이용해서 계층 구조를 확실히 하면서 일목요연하게 표현해야 합니다. 이번에는 입력된 텍스트에 간단한 자간이나 줄 간격 설정으로 가독성을 높이는 기능을 살펴보겠습니다. 다음 그림처럼 자간은 좁히고 줄 간격은 넓혀 주는 것만으로 보고서의 완성도를 높일 수 있습니다.

자간 : 표준으로 / 줄 간격 : 1.0	자간 : 좁게 / 줄 간격 : 1.3
가독성 인쇄물이 쉽게 읽힐 수 있는 성질. 활자체, 자간, 행간, 띄어쓰기 따위에 따라 달라진다. 신문이나 서적에 흔히 쓰이는 바탕체는 다른 글씨체에 비해 가독성이 높다. [다음 사전]	**가독성** 인쇄물이 쉽게 읽힐 수 있는 성질. 활자체, 자간, 행간, 띄어쓰기 따위에 따라 달라진다. 신문이나 서적에 흔히 쓰이는 바탕체는 다른 글씨체에 비해 가독성이 높다. [다음 사전]

문자 간격 조정

가독성을 높이기 위해 많이 사용하는 방법이 문자 사이 간격을 좁히는 것입니다. 대부분 글을 읽을 때 단어 단위로 읽게 되는데 문자 사이 간격이 너무 넓으면 가독성이 떨어지기 때문입니다. 특히 맑은 고딕 글꼴은 기본으로 설정된 간격이 넓어서 조정을 해 주면 훨씬 보기 좋아집니다.

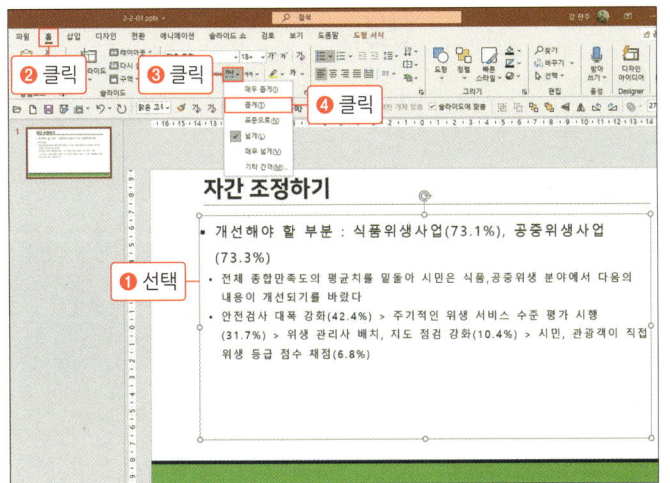

01 글자 사이 간격을 조절할 텍스트를 선택합니다. [홈] 탭-[글꼴] 그룹-[문자 간격]-[좁게]를 클릭합니다.

• 실습 파일 : 2-2-03.pptx

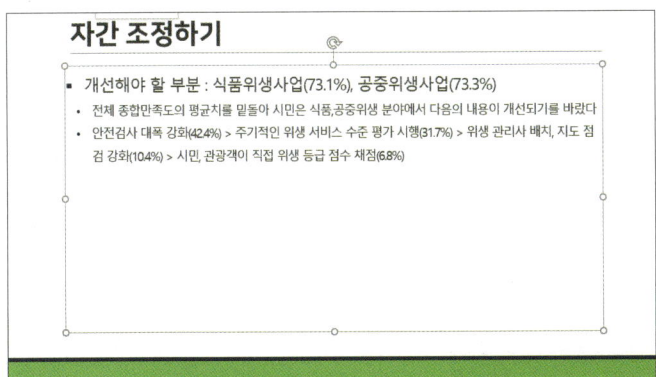

02 간격이 좁게 조절되어 텍스트를 읽기에 좀 더 편하게 된 것을 확인할 수 있습니다.

단락 간격과 줄 간격 조절하기

적절한 줄 간격과 단락 앞뒤 간격을 설정해 다른 단락과 구분되도록 한다면 가독성을 높일 수 있습니다. 이번에는 단락과 단락 사이 간격과 단락 안 줄 간격을 조절하는 방법을 알아보겠습니다.

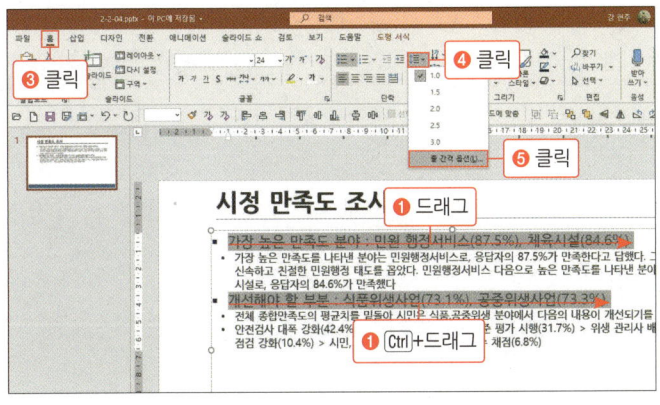

01 간격을 조정할 첫째 수준의 텍스트를 블록 지정합니다. 떨어져 있는 단락을 선택할 때는 Ctrl 키를 누르고 선택합니다.
[홈] 탭-[단락] 그룹-[줄 간격(↕≡)]-[줄 간격 옵션]을 클릭합니다.

• 실습 파일 : 2-2-04.pptx

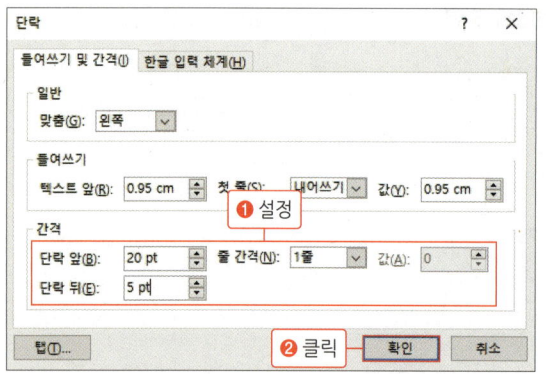

02 [단락] 대화상자에 있는 간격의 값들을 원하는 값으로 설정하고 〈확인〉 버튼을 클릭합니다.

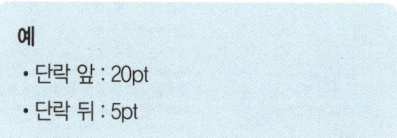

예
- 단락 앞 : 20pt
- 단락 뒤 : 5pt

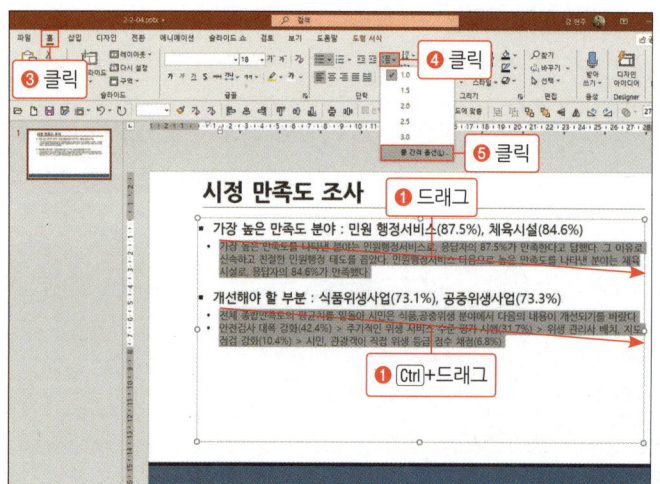

03 이번엔 간격을 조절할 두 번째 수준의 텍스트를 블록 지정합니다. 떨어진 단락을 선택할 때는 Ctrl 키를 누르고 선택합니다.
[홈] 탭-[단락] 그룹-[줄 간격]-[줄 간격 옵션]을 선택합니다.

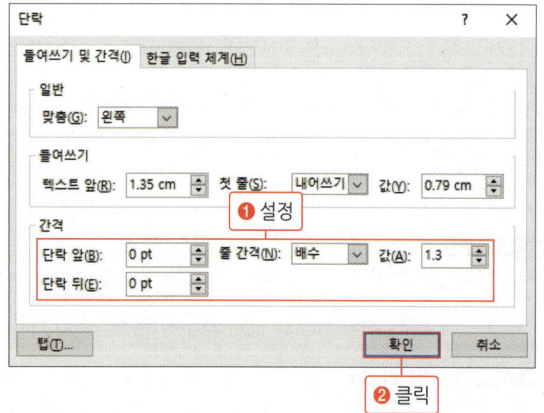

04 [단락] 대화상자에서 간격의 값들을 원하는 값으로 설정하고 〈확인〉 버튼을 클릭합니다.

예
- 줄 간격 : '배수'로 지정하고 값을 '1.3'으로 설정합니다.

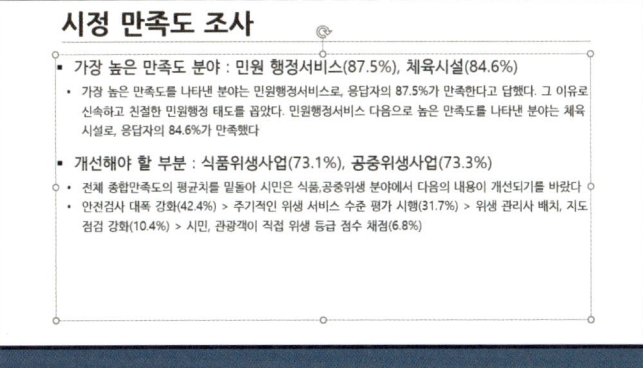

05 내용을 구분 지어 볼 수 있도록 단락과 줄 간격이 변경된 것을 확인할 수 있습니다.

> **Tip** 한글 단어를 잘리게 표시하고 싶지 않다면 [홈]-[단락] 그룹에서 '대화상자 표시' 아이콘(⌐)을 클릭합니다. [단락] 대화상자가 표시되면 [한글 입력 체계] 탭을 선택한 다음 '한글 단어 잘림 허용' 체크 상자의 체크 표시를 해제합니다.

3 텍스트 관련 기능으로 가독성을 높여라 **145**

기능편

글머리 기호를 활용하라

슬라이드에 텍스트 자료를 사용해야 한다면 먼저 자료를 명확하게 요약하고, 수준별 계층구조를 분명히 표현해서 한눈에 내용이 들어오도록 정리하는 것이 필요합니다. 글머리 기호를 사용해서 텍스트 자료를 체계적으로 관리하고 구분하는 방법을 알아보겠습니다.

글머리 기호는 많은 텍스트 자료를 체계적으로 정리하는 데 유용한 기능입니다. 이번에는 글머리 기호를 다룰 때 알아야 할 점을 살펴보겠습니다.

글머리 기호로 단락을 구분하는 것이 좋다.

단락 앞의 기호를 글머리 기호로 사용하는 것과 기호를 삽입해서 넣는 것은 다릅니다. 글머리 기호를 사용한 단락은 다음 줄의 정렬을 쉽게 할 수 있고, 기호 모양을 일괄적으로 변경할 수 있습니다. 그러나 만일 직접 기호를 단락 앞에 삽입했다면 일괄적인 변경이나 수정을 하기 어렵습니다.

그렇기 때문에 문단에 기호를 가지고 구분을 지어야 한다면 글머리 기호를 사용하는 것이 여러 가지로 편리합니다.

1 | 글머리 기호를 사용한 단락의 특징

① [홈] 탭-[단락] 그룹-[글머리 기호] 명령을 사용합니다.

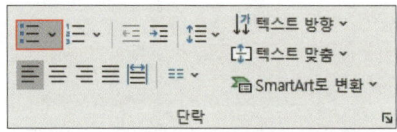

② 글머리 기호와 본문 사이의 간격을 한 번에 조절 가능합니다.
③ '목록 수준 늘리기' 명령으로 수준별 글꼴 크기와 왼쪽 여백이 자동으로 설정됩니다.
④ 모든 슬라이드에 적용된 설정 값을 일괄적으로 수정 가능합니다.
⑤ 문단을 블록 지정할 때 드래그 범위에 글머리 기호는 포함되지 않습니다. (입력한 것이 아니고 단락 속성이 글머리 기호를 가진 단락임)

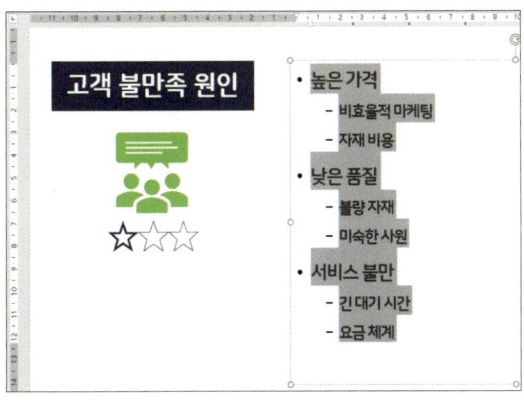

⑥ SmartArt 그래픽으로 변환할 때 목록 수준을 조절해서 입력했다면 수준별 형태가 적절하게 표현됩니다.

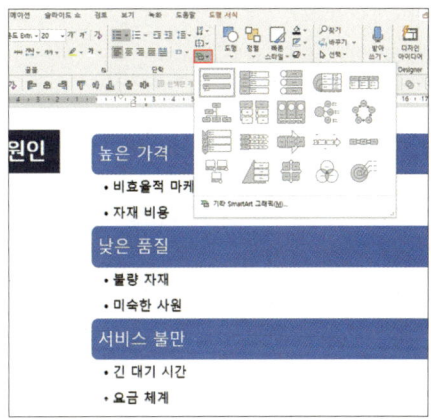

2 | 직접 기호를 삽입한 단락의 특징

① [삽입] 탭-[기호] 그룹-[기호]명령으로 입력합니다.

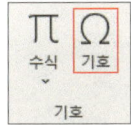

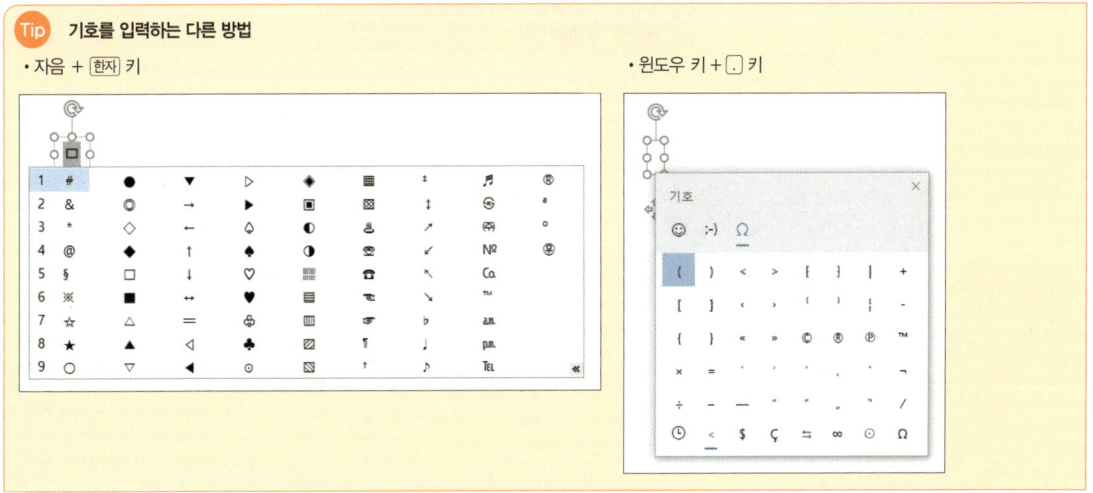

② 기호와 본문 사이의 간격은 Spacebar 키를 이용해서 직접 지정해야합니다.
③ 수준별 글꼴 크기나 왼쪽 여백을 직접 지정해야합니다.
④ 모든 슬라이드의 설정 값을 일괄적으로 변경하지 못합니다.
⑤ 문단을 블록 지정할 때 드래그 범위에 기호가 포함됩니다.(입력한 내용임)

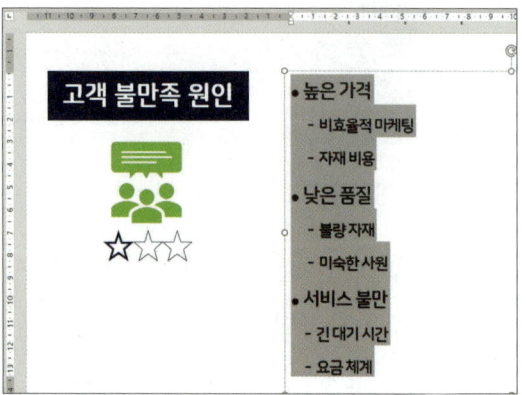

⑥ SmartArt 그래픽으로 변환할 때 수준별 형태가 적절하게 표현되지 않습니다.

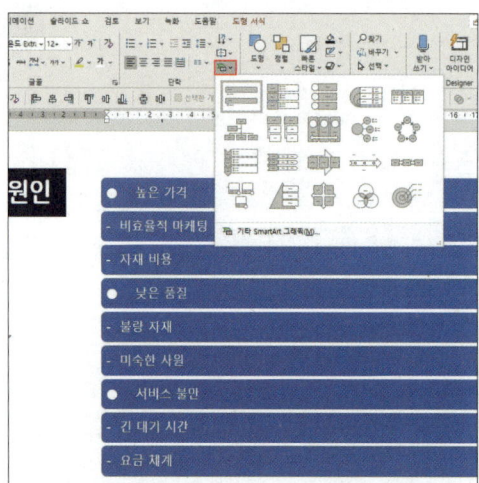

단락 나누기와 줄 바꿈

작업을 하다 보면, 단락과 줄을 구분하지 않고 모두 Enter 키를 이용해 나누는 분들이 많습니다. 단락과 줄을 정확하게 구분해서 입력하면 SmartArt 그래픽으로 변경할 때도 원하는 형태로 정확하게 표현됩니다.

Enter 키로 입력을 마무리한 곳까지가 하나의 단락이 됩니다. 글머리 기호나 단락 들여쓰기는 Enter 키를 기준으로, 즉 단락을 기준으로 적용됩니다. 글머리 기호를 새로 만들지 않고, 단락은 그대로 유지한 채 단지 줄만 바꾸고 싶은 경우는 Shift + Enter 키를 누릅니다.

> **텍스트 입력에서 사용되는 단축키**
> - 단락 나눔 : Enter (글머리 기호 생김)
> - 줄 바꿈 : Shift + Enter (글머리 기호 안 생김)
> - 목록 수준 늘림 : Tab
> - 목록 수준 줄임 : Shift + Tab
> - 문장 처음 위치에서 Tab 키와 문장 중간에서의 Tab 키 : 문장의 처음 위치에서 Tab 키는 [목록 수준]을 조정, 문장의 중간에서는 일정 간격을 띄우는 Tab 키의 고유한 기능을 수행
> - 글꼴 크기 크게 : Ctrl + Shift + > 또는 Ctrl +]
> - 글꼴 크기 작게 : Ctrl + Shift + < 또는 Ctrl + [

다음 슬라이드를 보고 빈 슬라이드에서 단락과 줄을 나누면서 직접 연습해 보세요.

시정 만족도 조사

- 가장 높은 만족도 ✓ ① Enter
- ② Tab ✓ 가장 높은 만족도를 나타낸 분야는 민원행정서비스로, 응답자의 87.5%가 만족한다고 답했다. ✓ ③ Shift + Enter
  그 이유로 신속하고 친절한 민원행정 태도를 꼽았다. 민원행정서비스 다음으로 높은 만족도를 나타낸 분야는 체육시설로, 응답자의 84.6%가 만족했다 ✓ ④ Enter
- ⑤ Shift + Tab ✓ 개선해야 할 부분 ✓ ⑥ Enter
- ⑦ Tab ✓ 전체 종합만족도의 평균치를 밑돌아 시민은 식품,공중위생 분야에서 다음의 내용이 개선되기를 바랐다 ✓ ⑧ Enter
- 안전검사 대폭 강화(42.8%) > 주기적인 위생 서비스 수준 평가 시행(31.7%) > 위생 관리사 배치, 지도 점검 강화(10.4%) > 시민, 관광객이 직접 위생 등급 점수 채점(6.8%)

글머리 기호와 본문의 간격 조절

글머리 기호와 본문 간격을 조절해서 내용을 좀 더 보기 좋게 정돈하는 것이 좋습니다. 이 기능은 일반 워드 프로그램 단락 조절과 동일합니다. 들여쓰기, 내어쓰기 아이콘을 활용해서 텍스트의 시작 부분을 정리합니다.

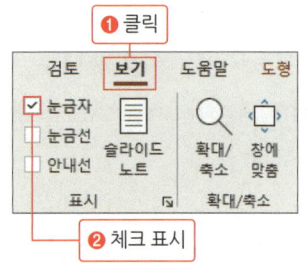

01 글머리 기호와 텍스트가 시작되는 위치를 조절해서 보기 좋게 텍스트를 정돈하려면 화면에 눈금자가 표시되어 있어야 합니다. [보기] 탭-[표시] 그룹의 '눈금자' 체크 상자에 체크 표시합니다.

> Tip 슬라이드 빈 여백 부분에서 마우스 오른쪽 버튼을 클릭하면 표시되는 바로 가기 메뉴에서 [눈금자]를 선택해도 됩니다.

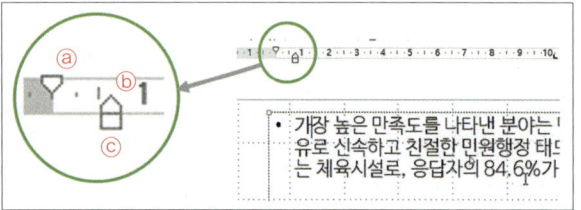

02 간격을 조절하고자 하는 텍스트에 커서를 만들거나 블록을 지정하면, 간격을 조절할 수 있는 도구들이 눈금자에 나타납니다. 이 도구를 원하는 위치로 드래그해서 간격을 조정합니다.

ⓐ 글머리 기호 또는 번호의 들여쓰기 위치를 보여 주는 첫째 줄 들여쓰기 표식
ⓑ 텍스트의 들여쓰기 위치를 보여 주는 왼쪽 들여쓰기 표식
ⓒ 들여쓰기를 동시에 이동하여 글머리 기호 또는 번호와 왼쪽 텍스트 들여쓰기 사이의 관계를 그대로 유지하려면 왼쪽 들여쓰기 표식의 아래쪽 사각형 부분을 드래그합니다.

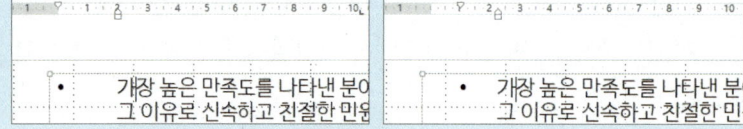

> Tip 개체 틀 서식은 슬라이드 마스터에서 관리할 수 있습니다
> 개체 틀 위치와 크기, 텍스트 기본 서식(글꼴, 크기, 색상, 줄 간격, 글머리 기호 등)을 슬라이드 마스터에서 지정할 수 있습니다. 슬라이드 마스터에서 기본 개체 틀의 서식을 변경하게 되면 프레젠테이션에 있는 모든 슬라이드에 한꺼번에 적용되기 때문에 일관성이 있는 디자인을 할 수 있습니다.

내가 만든 글머리 기호를 사용하기

글머리 기호를 사용하면 텍스트의 관리가 편리하다는 것을 알지만 잘 사용하지 않는 것은 기본으로 제공되는 글머리 기호가 디자인적으로 예쁘지 않아서입니다. 직접 기호를 만들어 사용하면 작업하는 디자인에 어울리는 기호를 쉽게 사용할 수 있습니다.

1 | 도형(그림) 글머리 기호 텍스트의 종류

텍스트에 기호를 사용하는 방법에 따른 차이점을 살펴보겠습니다.

① 도형(그림) + 텍스트 상자 이용

줄 간격이나 기호와 본문 간격을 하나씩 지정해야 합니다. 항목이 늘어나거나 줄어들 때 또는 기호를 변경할 때 불편합니다.

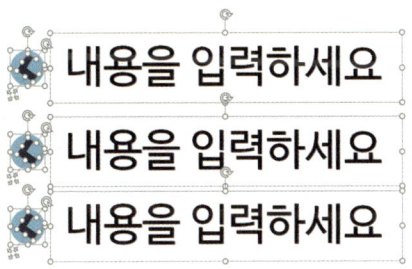

② '글머리 기호' 기능을 사용한 텍스트

글머리 기호 기능을 사용하면 줄 간격이나 기호와 본문 간격을 한 번에 지정하고 수정할 수 있습니다.

기본 글머리 기호 텍스트 **내가 만든 글머리 기호 텍스트**

2 | 내가 만든 글머리 기호 사용하기

보고서의 분위기에 맞는 아이콘 그림 또는 간단하게 도형으로 만들어서 글머리기호를 사용할 수 있습니다.

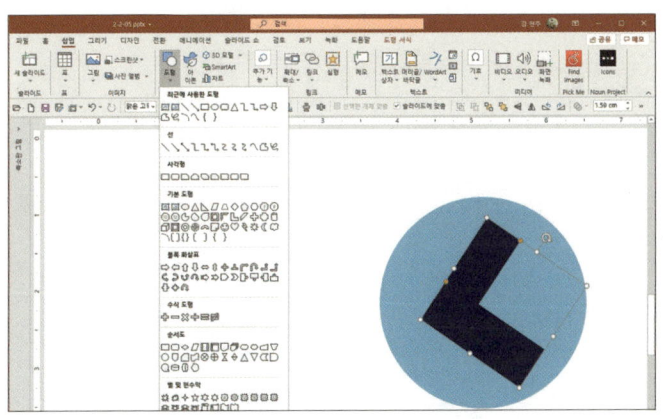

01 도형을 삽입해서 사용하려는 글머리기호를 만듭니다.

• 실습 파일 : 2-2-05.pptx

4 글머리 기호를 활용하라   151

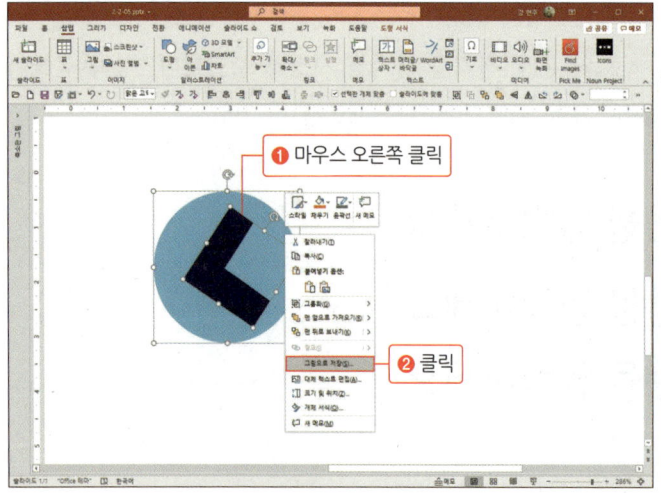

02 도형 위에서 마우스 오른쪽 버튼을 클릭한 다음 표시되는 바로 가기 메뉴에서 [그림으로 저장]을 선택해서 원하는 위치에 저장합니다.

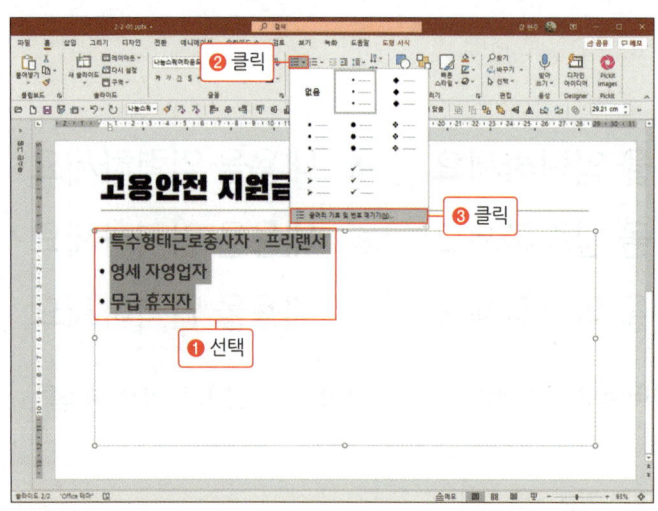

03 글머리 기호를 지정할 텍스트를 선택합니다. [홈]탭-[단락]그룹-[글머리 기호]-[글머리 기호 및 번호 매기기]를 클릭합니다.

>
>
> • 전체 선택법
>
> 방법 1 먼저 개체 틀 안을 클릭하고, 테두리를 다시 한 번 클릭합니다.
>
> 방법 2 먼저 개체 틀 안을 클릭하고, Esc 키를 누릅니다.
>
> • 단어 선택법
>
> 방법 1 선택할 단어를 드래그하여 블록 지정합니다.
>
> 방법 2 선택할 단어를 더블클릭합니다.
>
> • 단락 선택법
>
> 방법 1 선택할 단락을 드래그하여 블록 지정합니다.
>
> 방법 2 선택할 단락 아무 곳을 세 번 클릭합니다.

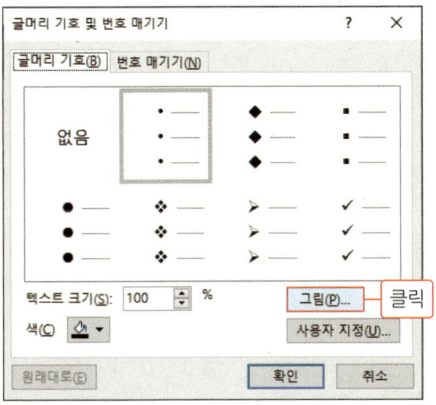

04 [글머리 기호 및 번호 매기기] 대화상자가 표시되면, [그림]을 클릭합니다.

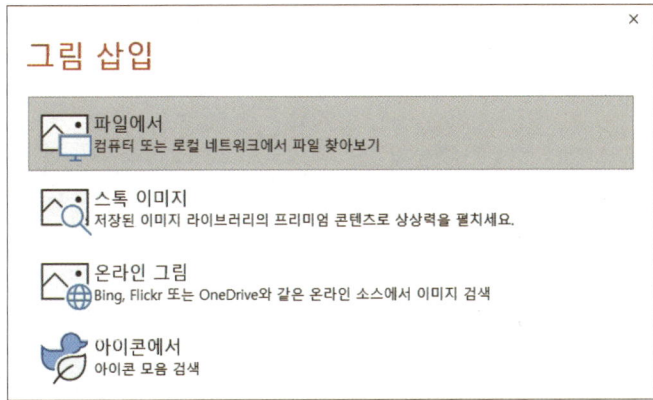

05 [그림 삽입] 대화상자에서 [파일에서]를 클릭하고, 저장해둔 글머리 기호 그림을 선택합니다.

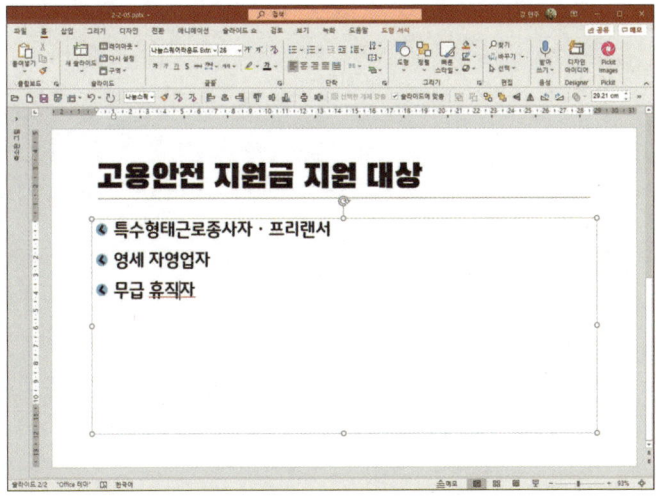

06 직접 만든 도형이 글머리 기호로 적용된 것을 확인할 수 있습니다.

의도를 가지고
색을 선정하라

색은 디자인에서 가장 중요한 요소 중 하나입니다. 시각적인 자극의 밝음, 차가움, 신뢰감등 많은 느낌을 색으로부터 받기 때문입니다. 색만으로 심리적 안정감을 주거나 집중력을 떨어뜨릴 수도 있고 심지어 생각이나 행동까지도 바뀔 수 있다고 합니다.

그래서 많은 디자이너들이 새롭고 다채로운 색상 조합을 만들고 그것을 인터넷에 트렌드로 제시하기도 할 것입니다.

이제껏 워드형식의 텍스트 위주의 보고서에서는 생각하지 않았던 고민이 시각화 작업을 하다 보면 시작됩니다. 아무리 색을 잘 다루는 사람이라도 색을 사용하는 것은 늘 어려운 작업일 것입니다. 색이 지닌 의미를 알아보고 목적에 맞도록 사용하는 것이 중요합니다.

기능편

정확한 의도를 가지고 색을 사용하라

시각적인 자극의 첫인상은 그 후의 느낌에 영향을 미칩니다. '첫 데이트 호감 옷 색상'을 정리한 기사가 있었는데 색이 얼마나 첫인상을 좌우하는지 분석했습니다. 이 기사가 과학적인지는 알 수 없지만, 어쨌든 색은 느낌을 만들고 사람들이 정보를 습득하는데 영향을 미치고 있다는 것은 분명할 것입니다.

매년 미국 색채 전문 기업 팬톤(PANTONE)에서는 올해의 컬러를 발표합니다. 코로나19로 힘들었던 2020년을 지나면서도 2021년의 색을 지정했는데, 이 두 가지 색(Ultimate Gray + Illuminating)의 조합으로 희망과 긍정의 필요성을 설명했습니다. 단지 예쁜 색을 선정하는 것이 아니라 그 시대에 필요한 정신을 위한 색을 제시하고 있는 것입니다. 이렇게 선정된 색들을 다양한 산업에서 사용하게 될 것이고 그것은 트렌드를 읽는 방법으로 색이 그만큼 중요하다는 것을 알 수 있습니다. 그렇기 때문에 자료의 시각화 단계에서 색의 선택은 중요합니다.

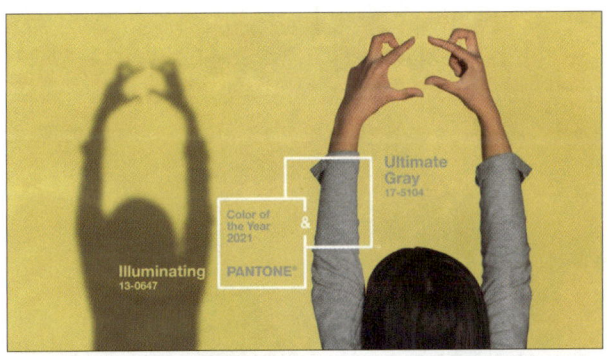

▲ 출처 : 팬톤(pantone.kr/ColoroftheYear_landing.html)

파워포인트에서 색 이용 법

색의 대비를 활용해서 시각적인 자료를 만들기 위해, 먼저 파워포인트에서 색을 지정하는 원리를 살펴보겠습니다. 모든 그래픽 도구와 마찬가지로 파워포인트에서도 색을 구성하는 3가지 요소 '색상', '명도', '채도'에 관한 기본적인 내용을 알고 있다면 색을 지정할 때 훨씬 편리합니다.

1 | 색상(Hue)

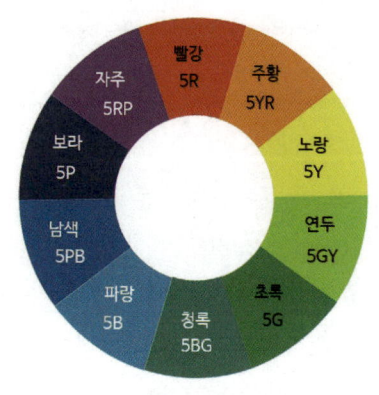

색상환

색상은 흔히 말하는 빨강색, 파랑색, 노란색 등을 말하며, 다른 색과 구별되는 그 색의 고유한 성질을 말합니다. 이런 색상의 변화를 원 모양으로 배열한 것을 색상환(Hue circle)이라고 합니다.

이 색상환에서의 색상의 위치에 따른 조화를 알고 있다면, 보고서에 사용할 기본 색 세트를 만들 때 이 색상환을 이용해서 다양하게 지정할 수 있습니다.

예) 유사색 이용

색상환에서 색상 하나를 고르고, 그 색 옆에 있는 다른 색들을 사용합니다. 색이 갑자기 튀지 않고 조화롭게 사용할 수 있습니다.

예) 보색 이용

색상환에서 가장 멀고 반대에 위치한 정 보색을 이용합니다. 색상 차이가 커서 눈에 확 띄는 디자인을 할 수 있습니다.

예) 약보색 이용

기본색을 선택하고, 그 색상의 정 보색 위치에서 인접한 두 색을 선택하여 구성합니다. 정보색 만큼 높은 대비를 이루고 있어 내용을 강조할 수 있습니다.

파워포인트에서는 색을 RGB, HSL 색 모델로 표현합니다.

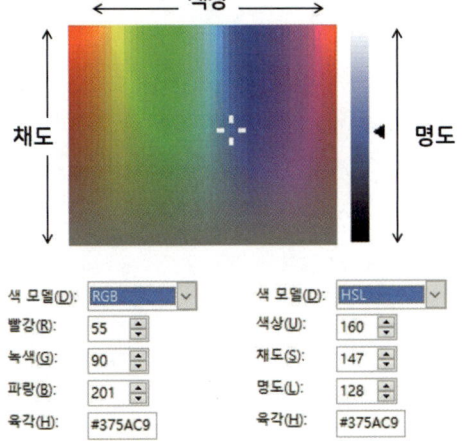

> **Tip** 파워포인트 365버전부터는 16진수 색상 값을 입력할 수 있는 '육각' 항목이 추가되었습니다. '육각' 항목이 없는데 16진수 색상 값만 알고 있는 이전 버전 사용자는 Color Cop 같은 색상 추출 프로그램을 이용해서 RGB(빨강, 녹색, 파랑)값 정보로 변환해 입력하거나 '스포이트' 기능을 활용합니다.

색상 값을 조정하면, 색 팔레트의 포인트가 '가로'로 이동하며 색상이 0~255까지 바뀝니다.

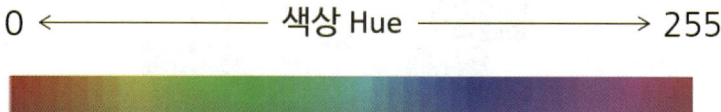

2 | 채도(Saturation)

채도는 색의 선명한 정도를 나타냅니다. 가장 채도가 높은 색은 순색이라고 하고 가장 채도가 낮은 색은 무채색이라고 합니다.

파워포인트에서는 채도를 조정하면 색 팔레트의 포인트가 '세로'로 이동하며 채도가 0~255까지 바뀝니다.

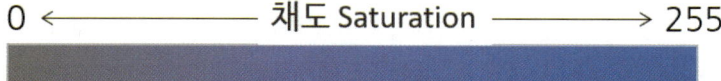

3 | 명도(Lightness)

명도는 색의 밝기를 의미합니다. 명도가 높을수록 흰색(밝은 색상)에 가깝고, 명도가 낮을수록 검정색(어두운 색상)에 가까워집니다.

파워포인트에서는 명도를 조정하면 색 팔레트 옆에 있는 스펙트럼의 위치가 이동하며 명도가 0~255까지 바뀝니다.

색의 의미

색이 아무런 의미를 가지고 있지 않다면 상갓집 갈 때 분홍색 옷을 입고 갈 수도 있고, 퇴원을 축하하는 의미로 검은색 리본이 달린 흰색 국화꽃을 보낼 수도 있을 것입니다. 하지만 누가 뭐라고 하지 않아도 사람들은 슬픈 장소에 갈 때 밝은 옷을 입지 않으려고 합니다. 왜일까요? 그것은 색이 가지고 있는 의미가 있기 때문입니다.

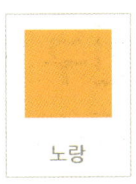

빨강 - 강렬함, 정열적, 활동적, 화려함, 뜨거움, 흥분

주황 - 활동적, 상큼함, 발랄함, 산뜻함

노랑 - 따뜻함, 희망적, 새로움, 발랄함

초록 - 편안함, 자연적, 안정됨, 깨끗함

흰색 - 깨끗함, 순수함, 차분함, 맑음

파랑 - 시원함, 이성적, 맑음, 신뢰감

남색 - 집중, 명상, 고요함, 지혜

보라 - 신비로움, 우아함, 개성적임, 환상적

회색 - 세련됨, 우울, 고상함, 침울함

검정 - 세련됨, 어두움, 권위적, 차분함

전달하려는 메시지에 맞는 색상 결정

작성하려는 주제가 결정되고 그에 필요한 자료들이 수집, 정리되고 나면 어떤 방식으로 표현할 것인가를 선택하게 됩니다. 그 단계에서 전체적인 내용에 따른 색상 톤을 결정하는 것이 좋습니다. 색의 분위기에 따라 이미지 전체가 달라지는 것은, 정당이 당명을 바꿀 때 당 대표 색도 바꾸면서 분위기 쇄신을 하는 것만 봐도 그 중요성을 알 수 있습니다.

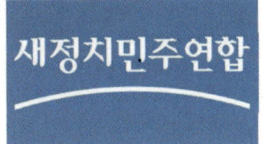
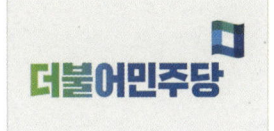

디자인의 분위기와 품질을 결정하는 색

자료들을 시각화할 때 모양이나 크기, 색 등 다양한 방법으로 표현을 하지만, 가장 강력한 것이 색상의 차이로 표현하는 방법입니다. 같은 내용을 색만 잘 선택해도 훨씬 정리되고 프로의 느낌이 납니다. 보고서를 작성할 때 색을 사용하는 초보자라면 먼저 파워포인트에 기본으로 제공되는 'Office 테마' 색을 사용하거나 '원색'을 사용하는 것은 피해야 합니다. 사용하기는 쉽지만 정돈된 느낌을 주거나 완성된 디자인의 분위기를 만들기 어렵습니다.

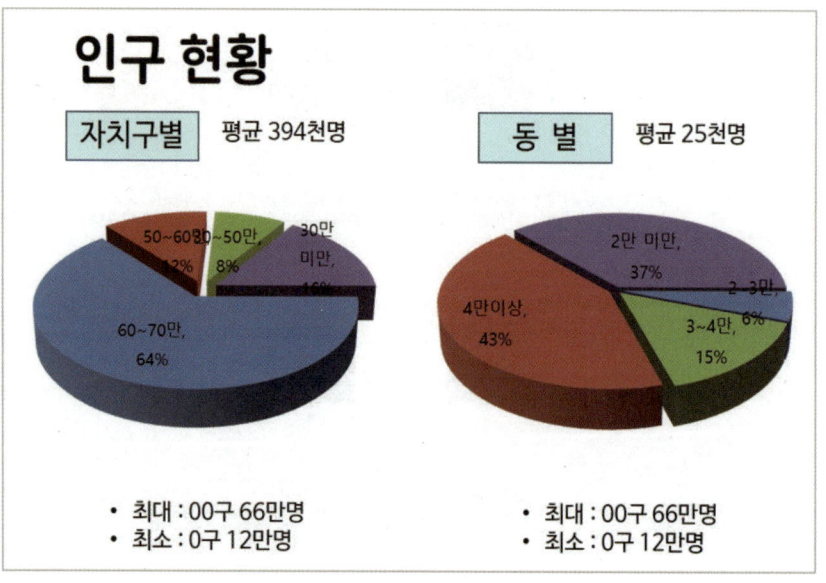

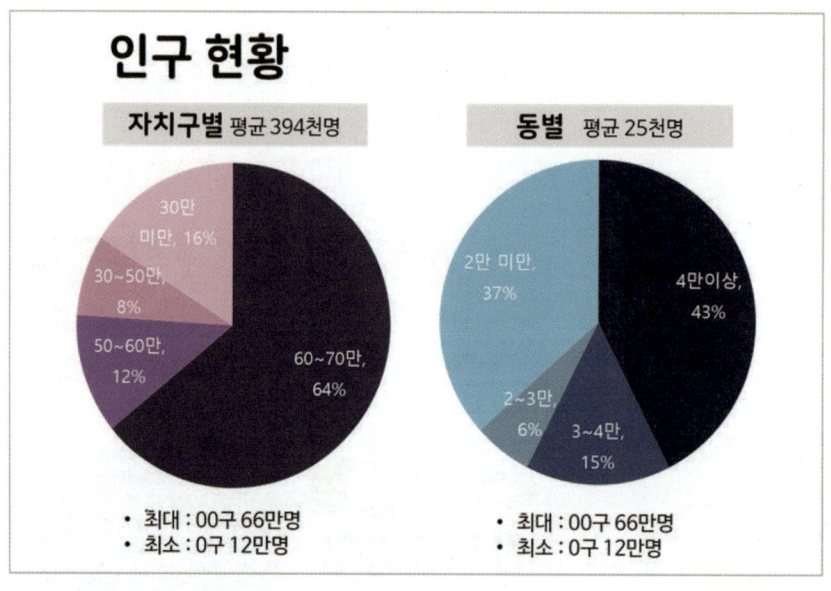

보고서의 기본색과 보조색
- 색상 정보 사이트 활용

전체적인 문서에 사용되는 색상이 너무 많으면 일관된 느낌이나 정돈된 느낌을 만들기 어렵습니다. 기본색 두세 가지 정도와 필요할 때마다 포인트로 사용할 보조 색을 한두 가지 정도를 정해서 사용하면 적당합니다.

회사에서 요구하는 지정 색상은 없고 내용에 따른 기본 색상 톤만 정한 상태에서 색상 정보를 얻고 싶다면, 색상 정보를 얻을 수 있는 웹 사이트를 활용하는 것이 좋습니다.

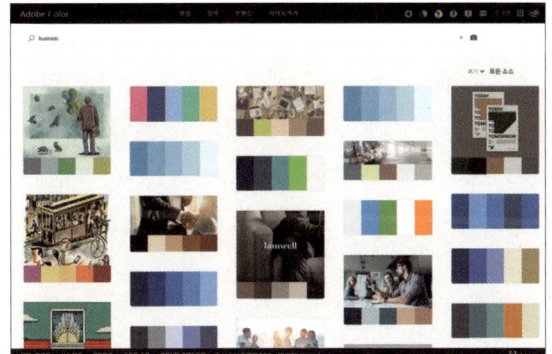
▲ Adobe color(color.adobe.com)

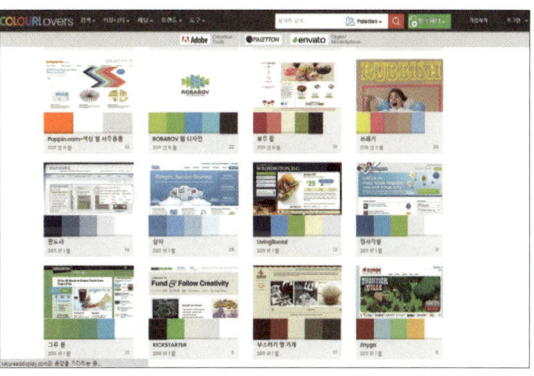
▲ COLOURLovers(www.colourlovers.com)

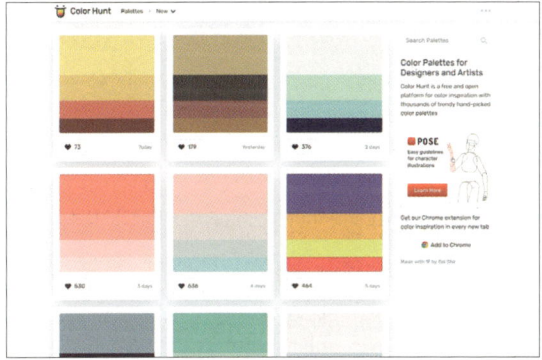
▲ Color Hunt(colorhunt.co)

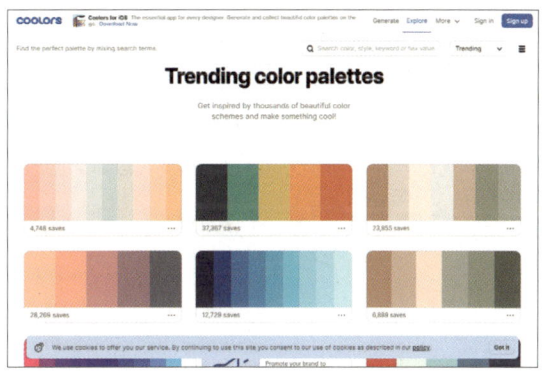
▲ COOLORS(coolors.co)

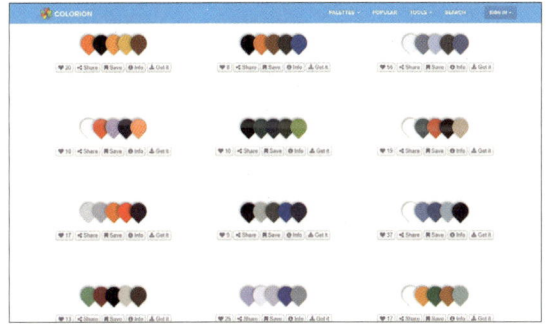
▲ COLORION(colorion.co)

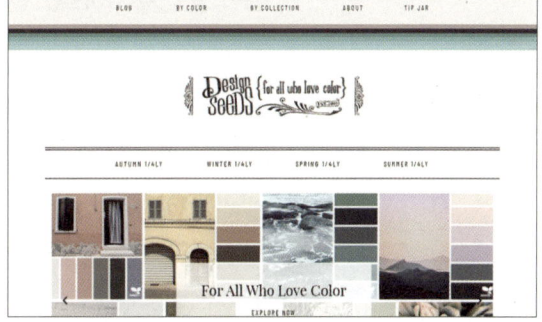
▲ DesignSeeds(www.design-seeds.com)

파워포인트 작업에 사용할 색을 결정할 때 고려할 점

1 | 슬라이드 중 가장 넓고 많이 사용하는 것의 색부터 결정

배경이나 가장 많은 부분을 차지하는 개체의 색을 먼저 선택하고, 나머지 개체 색을 사용하는 것이 작업 중 수정 단계를 줄여 줍니다. 글자나 도형 색을 지정하고 슬라이드를 작성한 다음 배경을 밝은 색에서 어두운 색으로 변경한다면 모든 개체들이 잘 보이도록 다시 한번 서식을 수정해야 합니다.

2 | 너무 많은 컬러를 사용하지 않음

일관된 느낌과 정돈된 느낌을 주려면, 글꼴이나 색상의 종류를 너무 다양하게 사용하지 않는 것이 좋습니다. 2~3개의 주된 색상과 1~2가지 정도의 보조 색상을 사용하면 안정적으로 색을 사용할 수 있습니다. 특히 'Office 테마색', '원색' 컬러는 반드시 사용해야 할 이유가 있을 때만 사용하는 것이 좋습니다.

3 | 주제 이외의 내용은 무채색 사용 권장

보고서를 작성하다 보면 강조되는 주제 이외의 내용까지 색을 지정하는 것보다는, 어느 색에나 잘 어울리는 무채색 계열로 지정하는 것이 깔끔해 보입니다.

4 | 기관이나 업체 지정 색 활용

보고서를 작성할 때 대상이 업체이거나 공공 기관인 경우라면, 대부분 지정 색을 가지고 있습니다. 홈페이지나 로고, 명함 등에서 사용하는 색으로 유추가 가능합니다. 요즘은 대부분 기업 홈페이지에서 확인할 수 있으니 참고해서 작업하는 것이 필요합니다.

5 | 색상 정보 사이트를 참고

전문 디자이너가 아니라면 보고서 작성에 필요한 색의 조합을 다양한 '색상 정보 사이트'의 도움을 받는 것이 좋습니다. 작성하려는 보고서의 색상 톤이 있다면 그 색상 계열의 배색을 사이트에서 찾아 사용하면 일관되고 세련된 디자인을 할 수 있습니다.

기능편

2 기업이 지정한
기본색을 고려하라

스타벅스의 초록색이나 이마트의 노란색, 코카콜라의 빨간색 등 특정 색만 봐도 어떤 제품이나 기업이 떠오르는 경우가 있습니다. 제품이나 브랜드의 색이가지는 마케팅 효과를 생각한다면 그 제품이나 기업과 관련된 보고서 작업을 할 때는 브랜드 색을 고려하는 것이 필요합니다.

요즘은 색상 팔레트를 제공하는 관공서 홈페이지가 많습니다. 기업에 관련된 보고서를 작성할 경우 해당 기업 이미지를 연상하게 하는 색을 사용하면 좋습니다.

▲ 사례 : 기업의 색을 브랜드화시켜 소비자들에게 기업 이미지를 빠르게 전달할 수 있습니다.

▲ 사례 : 서울특별시 색(www.seoul.go.kr/seoul/color.do)

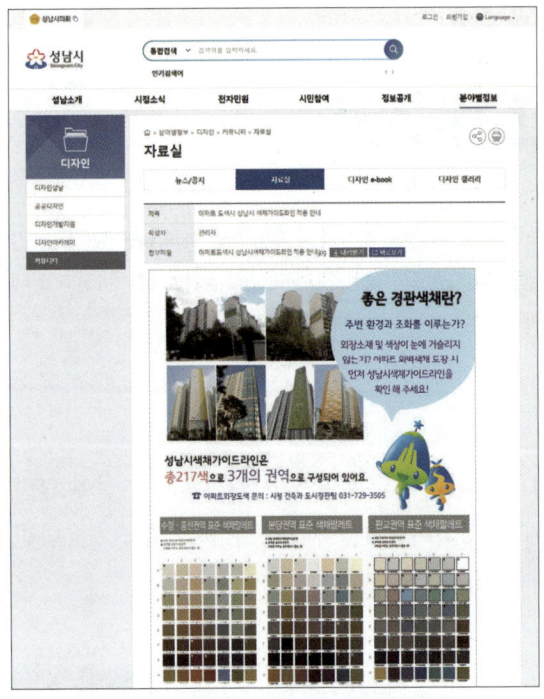

▲ 사례 : 아파트 도색 시 성남시 색채 가이드라인 적용 안내(tinyurl.com/y3jc2djx)

▲ 사례 : 배달의민족 로고 다운로드, 색상 정보(inyurl.com/yy38o3hc)

준비된 이미지에서 전체적인 문서에 사용할 색을 추출하는 방법

꼭 사용해야 하는 이미지가 있고 그 이미지들 위주로 보고서를 작성해야 한다면, 주요 색상을 이미지에서 추출해 사용할 수 있습니다.

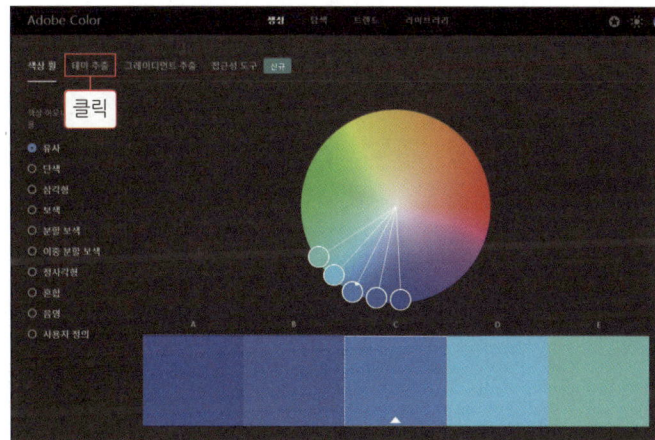

01 Adobe Color 웹 사이트(color.adobe.com)에 접속하고, '테마 추출'을 클릭합니다.

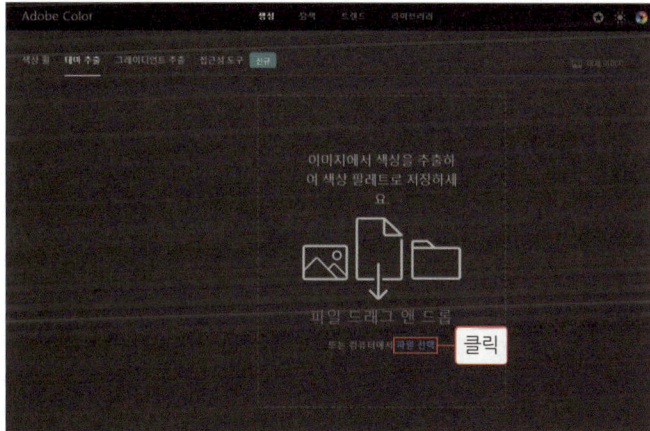

02 '파일 선택'을 클릭해서, 색상 조합을 만드는 기준으로 사용할 이미지를 선택합니다.

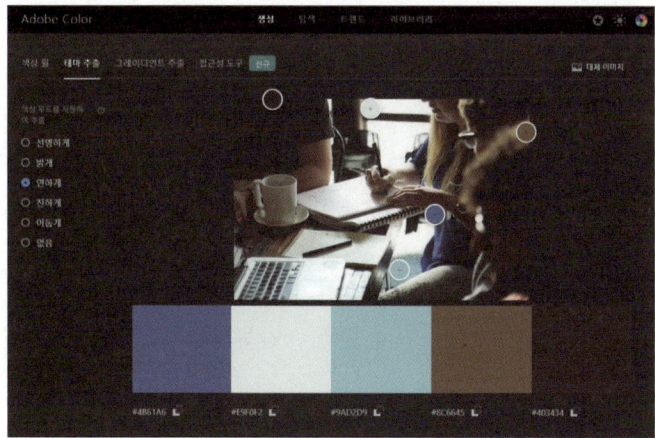

03 화면 왼쪽에서 색상 무드를 변경하거나 사용자가 직접 샘플링할 위치를 지정해서 원하는 색상 조합을 만듭니다.

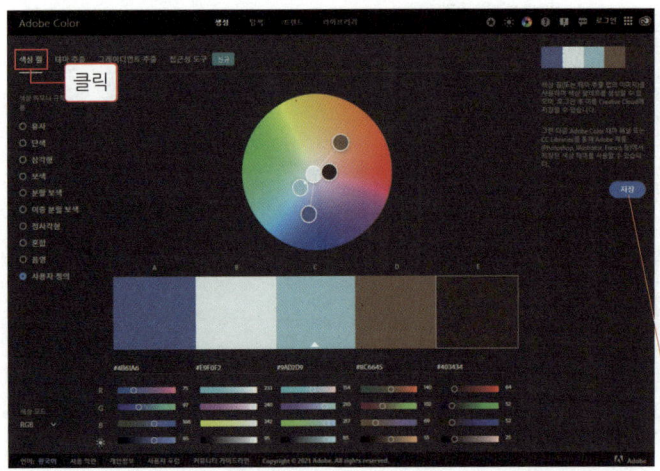

04 색상 지정을 마쳤으면, 색상 정보를 확인하기 위해 '색상 휠'을 클릭합니다. 각 색의 RGB 값이나 밝기를 세밀하게 조정할 수 있습니다.

> **Tip** 어도비 계정이 있다면 색상 조합을 만든 다음 〈저장〉 버튼을 클릭해서, 라이브러리에 저장한 다음 사용할 수 있습니다.

05 이렇게 준비된 색상 값을 활용해서 개체들의 서식을 지정합니다.

• **방법 1**
사이트에서 알려 주는 색상 값을 [다른 색 채우기]-[사용자 지정] 서식 창에서 입력

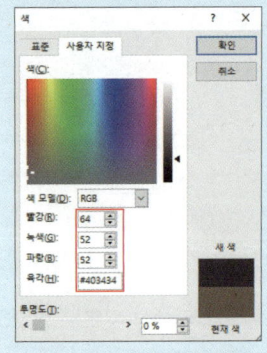

• **방법 2**
파워포인트의 스포이트 기능을 이용(색 구성을 캡처해서 슬라이드에 붙여 넣거나, 계속 여러 번 사용하려면 이미지로 저장)

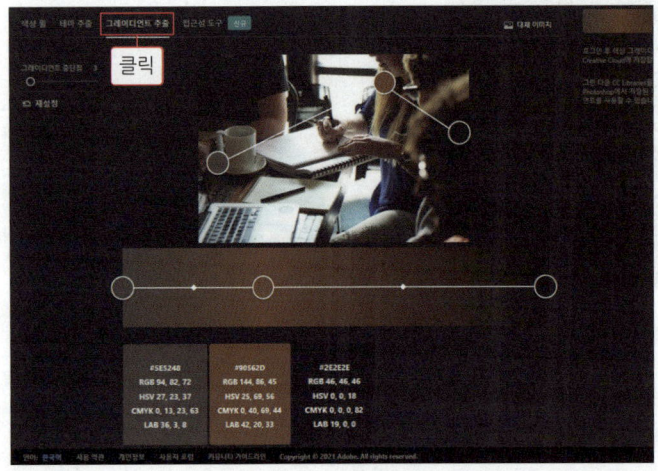

06 만일 그라데이션 색상을 사용하려면 '그레이디언트 추출'을 클릭합니다. 중간점의 개수를 조절하거나 사용자가 직접 샘플링할 위치를 지정해서 원하는 색상을 만들 수 있습니다.

기능편

슬라이드에서 색상을 사용하는 방법을 익혀라

보고서에서 사용하려는 색상을 정했다면, 이제부터는 빠르게 개체에 색을 적용할 수 있는 기능을 익혀야 합니다. 문서의 공통 기본 색상 세트(테마 색)로 지정하는 방법과 선택해서 색을 지정하는 방법을 살펴보겠습니다.

텍스트나 도형 작업을 할 때 가장 어려운 것 중 하나는 색상을 선택하는 것입니다. 보고서 작성을 할 때는 수시로 색상을 선택하게 되고, 그때마다 어떤 색을 선택할 것인가 고민하게 됩니다. 좀 더 빠르고 효율적으로 색을 선택하고 사용하는 방법을 알아보겠습니다.

빠르게 색상을 지정하는 방법 1 - 파워포인트 테마 색 활용

파워포인트에서는 색상 선택의 어려움을 해결하도록 테마 색을 제공하고 있습니다. 테마 색을 이용하면 큰 고민 없이 색을 사용하면서도 전체적인 문서의 톤을 유지할 수 있습니다.

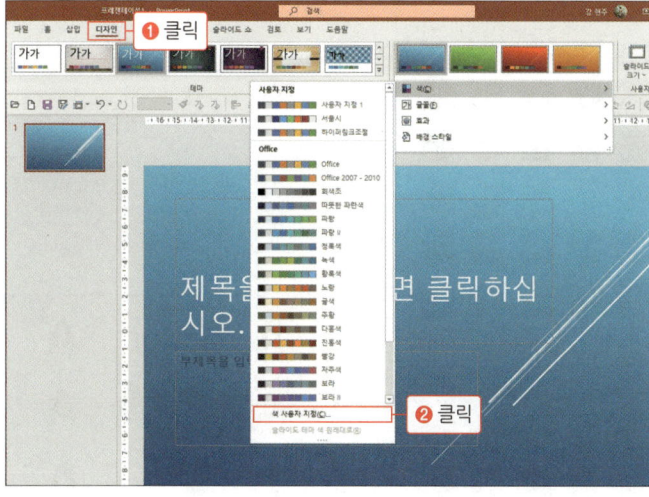

01 [디자인] 탭-[적용] 그룹에서 〈자세히〉 버튼(▼)을 클릭하고, [색]-[색 사용자 지정]을 클릭합니다.

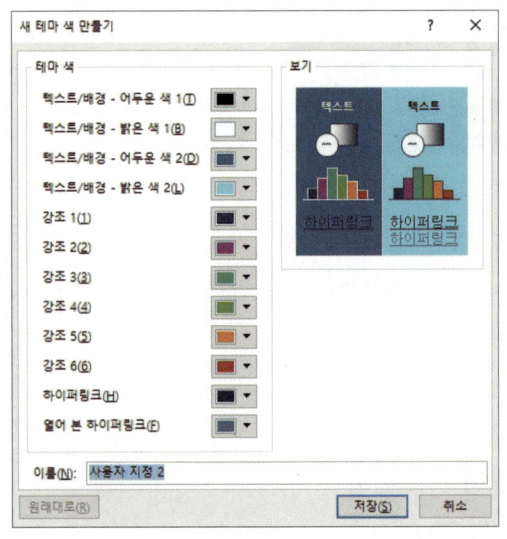

02 [새 테마색 만들기] 대화상자의 테마 색에는 네 개의 텍스트 색과 배경색, 여섯 개의 강조 색 및 두 개의 하이퍼링크 색이 있습니다.

색 조합을 결정하기 전에 보기 항목에서 텍스트 글꼴 스타일과 색이 어떻게 표시되는지 미리 볼 수 있습니다. 미리 보기를 확인하면서 보고서에 사용하려는 색상을 지정합니다.

이렇게 테마 색으로 지정된 색상은 도형 작업이나 텍스트 작업에서 일관되게 적용되어 색상 선택을 쉽게 할 수 있도록 합니다. 색상에 따른 배열과 명도에 따른 배열로 이루어진 테마 색을 사용해서 도형이나 텍스트 등의 색상 작업을 한다면, 다른 테마 색으로 변경하는 경우 전체적으로 색이 변경됩니다.

▲ 채우기 명령에 적용된 테마 색 ▲ 도형 스타일에 적용된 테마 색

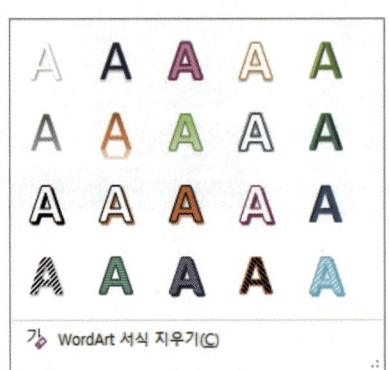

▲ WordArt 스타일에 적용된 테마 색

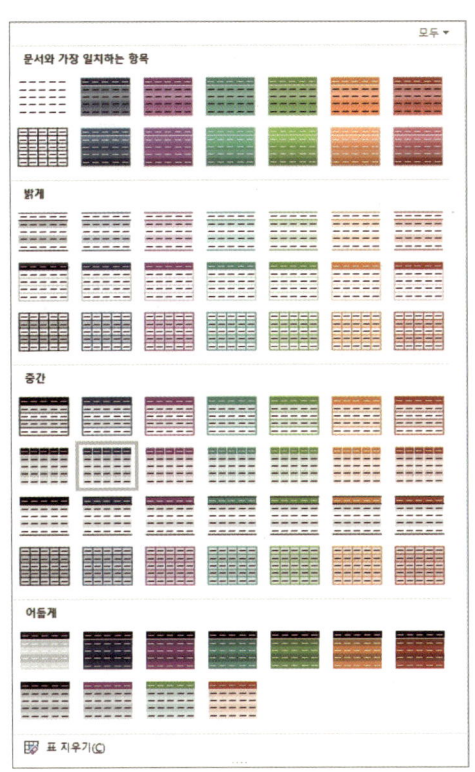

▲ 표 스타일에 적용된 테마 색

▲ 차트 서식에 적용된 테마 색

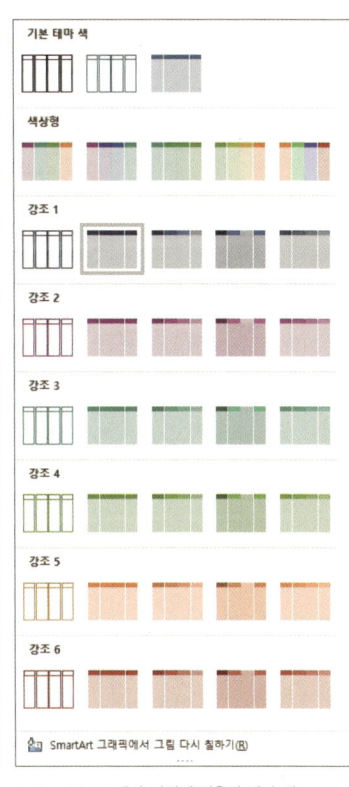

▲ SmartArt 그래픽 서식에 적용된 테마 색

빠르게 색상을 지정하는 방법 2 - 나만의 색상 패널 준비

만일 파일에 포함된 모든 개체의 색상 선택에 영향을 주는 테마 색으로 지정하지 않고, 개체별로 색을 지정하는 작업을 할 때는 자주 사용하는 색상 세트를 이미지 형태로 만들어 사용하는 것이 편리합니다. 처음 패널 이미지를 만드는 데 시간이 걸리겠지만 한번 만들어 두면 디자인에 얼마나 도움이 되는지 경험하게 될 것입니다.

01 사용하려는 색상을 캡처하거나 복사한 다음 한 곳에 모읍니다. 마우스 오른쪽 버튼을 클릭하고 [그림으로 저장]을 이용해 저장해 둡니다.

• 실습 파일 : 2-3-01.pptx

02 다시 색상을 이미지로 삽입해서 슬라이드 한쪽에 놓고 색상을 선택할 때 사용하면 됩니다. 파워포인트 2013 이후 버전에서는 색상 선택을 쉽게 해 주는 '스포이트' 기능을 사용하면 편리하게 사용할 수 있습니다.

색을 지정하려는 개체를 선택하고, [도형 서식] 탭-[도형 스타일] 그룹-[도형 채우기 ▼]-[스포이트]를 클릭합니다.

> **Tip** 파워포인트 2010의 전 버전 사용자라면 색상 코드를 추출하는 'Color Cop' 같은 색상 추출 유틸리티들이 많이 있으니 그중 하나를 선택해서 사용하면 됩니다.

03 마우스 포인터가 스포이트 아이콘으로 변경되면, 준비한 색상 패널에서 원하는 색을 클릭합니다.

> **Tip** 파워포인트 프로그램 밖의 색을 지정할 때는 스포이트 선택 후 슬라이드를 클릭하고 마우스 왼쪽 버튼을 누른 상태로 드래그합니다.

빠르게 색상을 지정하는 방법 3 - 서식 복사

이미 만들어진 다른 도형의 서식을 사용할 수 있다면, 동일한 서식에서 필요한 일부분만 수정하는 것이 빠릅니다. '서식 복사'는 선택한 텍스트 또는 도형의 텍스트 서식과 일부 기본적인 도형 서식(예 : 테두리 및 채우기)을 다른 텍스트 또는 도형에 적용할 수 있습니다.

01 서식을 복사할 텍스트나 그래픽을 선택합니다.

• 실습 파일 : 2-3-02.pptx

> **Tip** 텍스트 서식을 복사하려면 단락 일부를 선택합니다. 텍스트 및 단락 서식을 복사하려면 단락 기호를 포함한 전체 단락을 선택합니다.

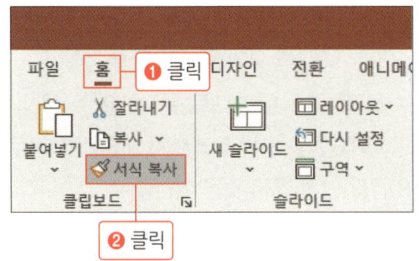

02 [홈] 탭-[클립보드] 그룹-[서식 복사]를 클릭합니다.

> **Tip** 여러 도형의 서식을 변경하려면 [서식 복사]를 두 번 클릭합니다. 서식 지정을 중지하려면 Esc 키를 누릅니다.

03 마우스 포인터가 페인트 브러시 아이콘으로 변경됩니다. 서식을 지정할 텍스트나 도형을 선택합니다.

> **Tip** 서식 복사 : Ctrl + Shift + C
> 서식 붙여넣기 : Ctrl + Shift + V

색상의 톤은 유지하면서 색을 변경하는 방법

슬라이드를 제작하는 경우 도형이나 그래픽을 복사한 다음 색상만 변경해서 사용하는 경우가 많이 있습니다. 이때 색상의 톤을 유지하면서 색을 변경한다면 안정되고 세련된 느낌을 줄 수 있습니다.

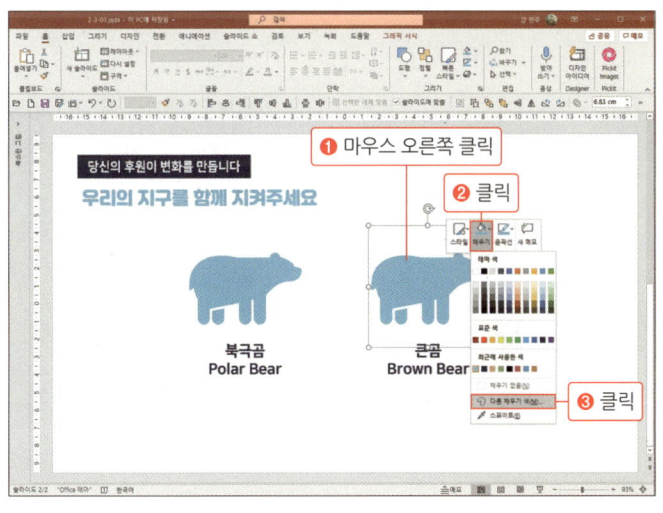

01 색을 바꾸려는 개체를 선택하고 마우스 오른쪽 버튼을 클릭한 다음 미니 도구모음의 [채우기]-[다른 채우기 색]을 선택합니다.

· 실습 파일 : 2-3-03.pptx

 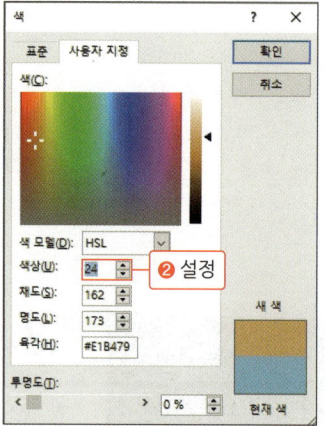

02 [색] 대화상자에서 [사용자 지정]탭의 '색 모델'을 HSL로 변경합니다. '채도'와 '명도'를 그대로 유지하고, '색상' 값만 변경합니다. 색 팔레트의 포인트가 가로의 위치만 변경된 것을 확인할 수 있습니다.

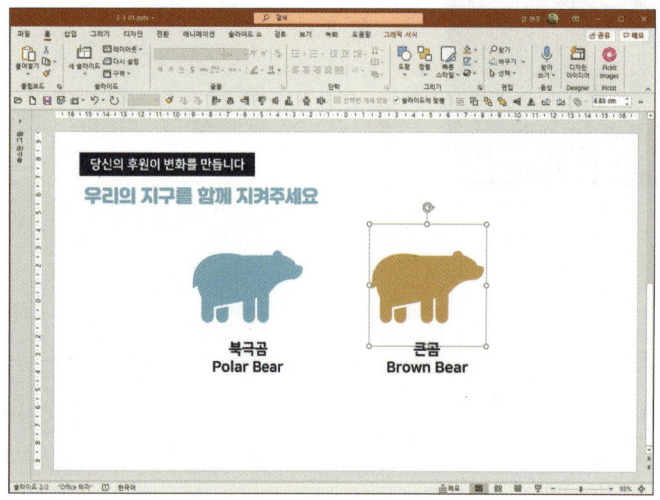

03 색상 톤은 유지하고 색이 바뀐 것을 확인할 수 있습니다.

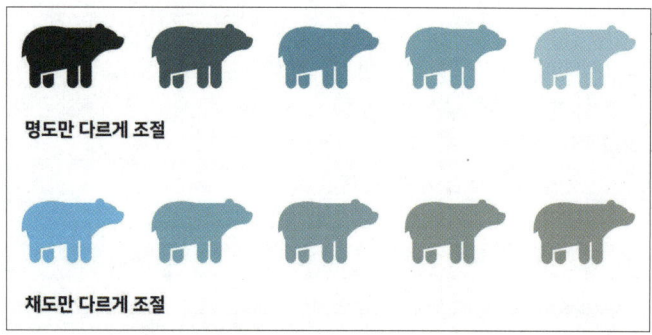

04 같은 방법으로 색상은 동일하게 유지하면서 '명도'나 '채도'만 조정해서 유사한 톤으로 사용할 수 있습니다.

도형 관련 명령을 익혀라

정보를 슬라이드에 표현할 때는 텍스트만 나열하는 것보다 적절히 도해화해서 단순하게 보여주는 것이 좋습니다. 도형을 다루는 것은 파워포인트 작업에서 가장 많이 하는 작업입니다. 그래서 원하는 크기로 도형을 삽입하고, 이동, 복사하는 기본 동작은 손에 익숙해지도록 연습 하는 것이 좋습니다. 간단한 것이지만 의외로 도형 작업할 때 시간을 많이 투자하게 되는 것은 이런 기본적인 기능을 모르고 예전에 하던 방식으로만 만들기 때문입니다.

도형을 다루는 기본적인 방법을 알고 있으면 도형이나 SmartArt 그래픽등 여러 곳에 다양하게 활용할 수 있습니다. 도형에 적용하는 채우기와 윤곽선, 정렬 등의 기능은 슬라이드에 삽입하는 모든 개체에 동일하게 사용할 수 있습니다.

기능편

1 도형 모양을 변경하라

도형은 종류에 따라서 모양을 변형할 수 있습니다. 도형을 원하는 크기로 만들고 모양을 변형하는 방법을 익히면 작업 속도가 빨라집니다. 도형을 다루는 방법을 처음 익히는 분이라면 파워포인트에서 제공하는 모든 도형들을 한 번씩 슬라이드에 삽입하고 '모양 조절점'이나 '크기 조절점'을 조정해 보는 것을 추천 드립니다.

실제 보고서 작업에는 특별한 도형 보다 '타원', '직사각형', '사각형:둥근 모서리', '자유형:도형' 도형이 자주 사용됩니다. 그리고 도형을 원하는 크기로 삽입하고, 적당한 위치에 정렬하는 기본적인 기능을 많이 사용합니다. 기본이 튼튼하면 어떤 개체도 쉽게 활용할 수 있습니다.

도형을 삽입할 때 알아 둘 팁

도형 작업을 할 때 Ctrl 키나 Shift 키의 조합 키를 사용하면 편리합니다.

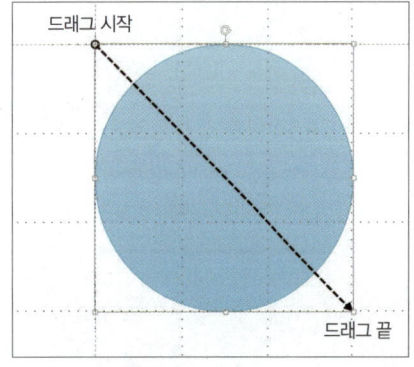

01 | 클릭 : 기본 크기의 도형을 그립니다.

02 | 드래그 : 원하는 크기로 도형을 그립니다.

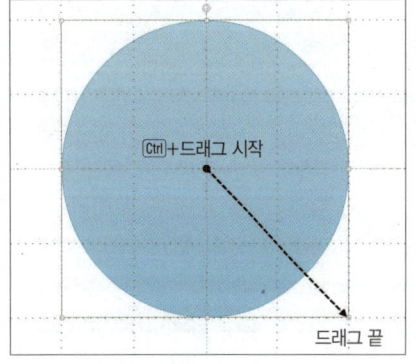

03 | Ctrl+드래그 : 도형을 그릴 때 처음 드래그를 시작한 곳을 중심점으로 지정하여 도형을 그립니다. 여러 도형을 중심점을 맞추며 그릴 때 사용하면 편리합니다.

04 Shift+드래그 : 도형을 그릴 때 정원이나 정사각형처럼 도형의 가로세로의 비율을 유지하며 그립니다. 선의 경우는 수평, 수직처럼 직선으로 곧게 그릴 수 있습니다.

05 Ctrl+Shift+드래그 : 도형을 그릴 때 처음 드래그를 시작한 곳을 중심점으로 지정하는 Ctrl 키와 정원과 정사각형처럼 가로세로 비율을 유지해 주는 Shift 키를 함께 사용하면, 안쪽부터 그려지면서 가로세로 비율이 유지되는 도형을 그릴 수 있습니다.

> **Tip** 도형 작업에 사용되는 조합 키
>
> | | 선택 작업 | 그리기 작업 | 크기 조절 작업 | 이동 작업 |
> |---|---|---|---|---|
> | Shift | 복수 개 선택 | 도형 : 정방형
선 : 직선 그리기 | 모서리에서 드래그할 때
가로세로 비율 유지 | 수평 / 수직 이동 |
> | Ctrl | 복수 개 선택 | 중심으로부터 그리기 | 중심으로부터의 크기 조절 | 도형 복사 |
> | Alt | | 세밀하게 그리기 | 세밀하게 크기 조절 | 미세 이동 |

모양이 다른, 같은 크기 도형 그리기

도형을 그릴 때 모양은 다른데 높이나 너비를 같게 그려야 하는 경우가 있습니다. 도형을 삽입한 다음 크기를 조절하는 것도 가능하지만, 좀 더 빠르게 작업하고 싶다면 [모양 변경]을 사용하면 편리합니다.

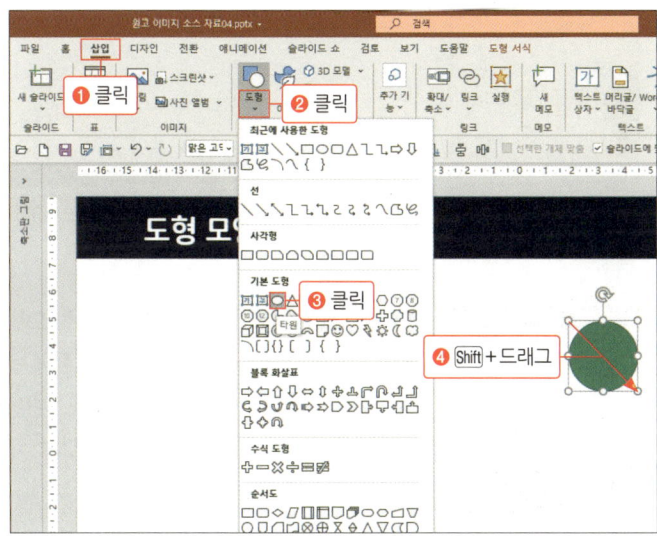

01 [삽입] 탭-[일러스트레이션] 그룹-[도형]-[타원]을 클릭한 다음 Shift 키를 누른 상태로 드래그해서 정원을 삽입합니다.

> **Tip** 같은 도형을 여러 번 그리고 싶다면, 도형 위에서 마우스 오른쪽 버튼을 클릭하고 표시되는 바로 가기 메뉴에서 [그리기 잠금 모드]를 선택하면 여러 번 삽입할 수 있습니다. 해제할 때는 Esc 키를 누릅니다.
>
>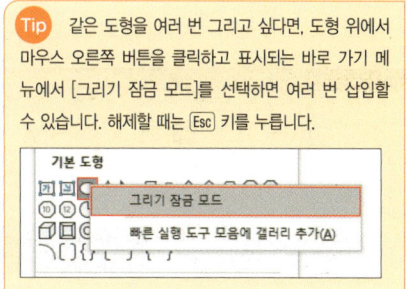

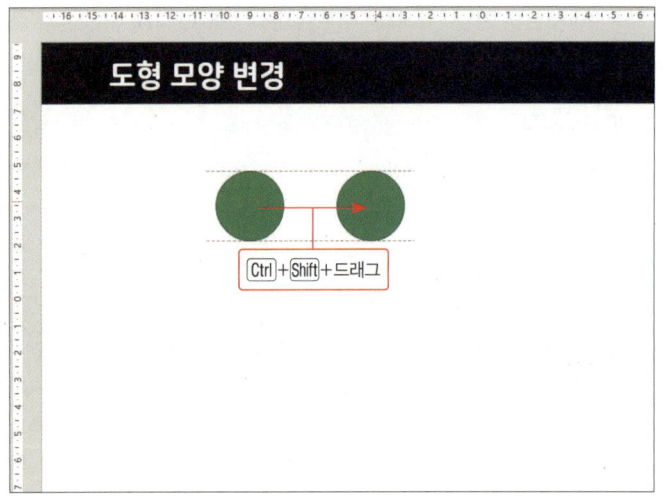

02 삽입된 원형을 선택하고 Ctrl 키와 Shift 키를 누른 채 옆으로 드래그해서 복제합니다.

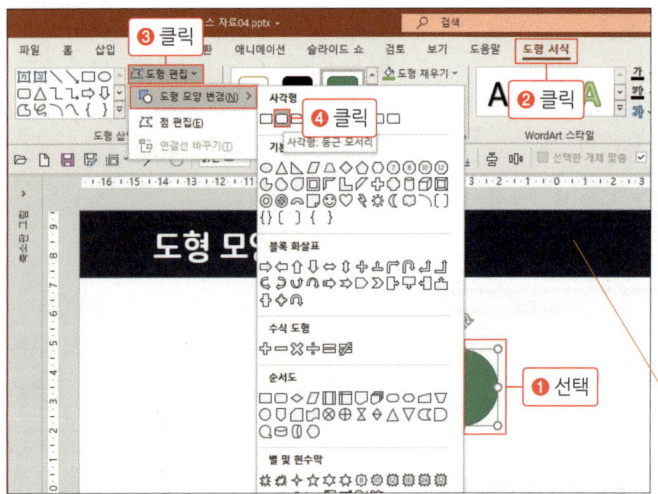

03 복제된 도형을 선택한 상태에서 [도형 서식] 탭-[도형 삽입] 그룹-[도형 편집]-[도형 모양 변경]을 클릭합니다. [사각형] 항목에서 [모서리가 둥근 직사각형]을 클릭합니다.

> **Tip** 파워포인트 365 버전부터 상황별 탭이 [도형 서식] 탭 → [도형 서식] 탭, [그림 서식] 탭 → [그림 서식] 탭 등으로 간단히 표시됩니다.

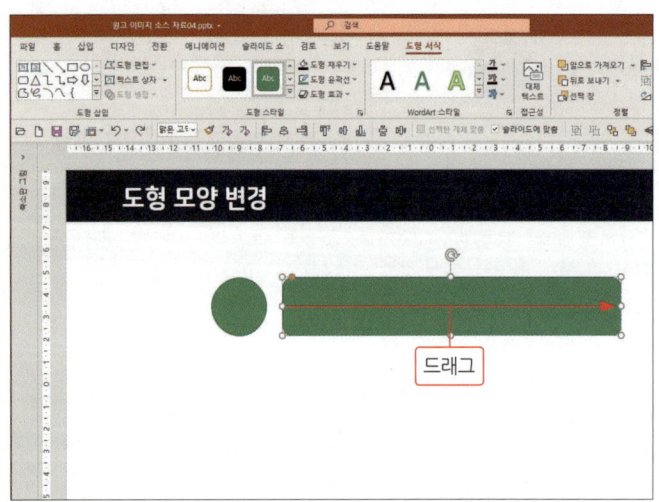

04 모양이 변경된 도형은 원형과 높이와 너비가 동일합니다. 이 상태에서 높이를 조절하면 너비가 같은 도형을, 너비를 조절하면 높이가 같은 도형을 그리는 것이 됩니다.

도형 조절 핸들 종류 도형을 선택하면 표시되는 조절 핸들 사용법을 정확히 알아 두면, 여러 형태로 도형을 변형해서 사용할 수 있습니다.

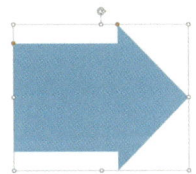

1 | 모서리 크기 조절 핸들(○)

도형 모서리에 있는 흰색 원형 점을 드래그하면 가로세로 양방향으로 크기를 조절할 수 있습니다.

2 | 각 변에 있는 크기 조절 핸들(○)

도형의 변에 있는 흰색 원형 점을 드래그하면 가로와 세로 중 한 방향으로 크기를 조절할 수 있습니다.

3 | 모양 조절 핸들(●)

노란색 원형 점을 드래그하면 전체 도형 크기는 변경하지 않고, 모양만 변경합니다. 모양 조절 핸들은 도형에 따라 없는 것도 있고, 여러 개일 수도 있습니다.

4 | 회전 핸들(↻)

원형 흰색 화살표에 마우스 포인터를 가져가면, 마우스 포인터가 회전 가능 상태(↻)로 표시되는 것을 확인할 수 있습니다. 이때 원하는 방향으로 드래그하면 회전할 수 있습니다.

선 그리기에서 알아 둘 점 선을 연결선으로 사용하기 위해서는, 선을 선택한 다음 도형 위로 마우스 포인터를 올리면 나타나는 도형 연결점에서 다음 도형 연결점으로 드래그해서 연결하면 됩니다.

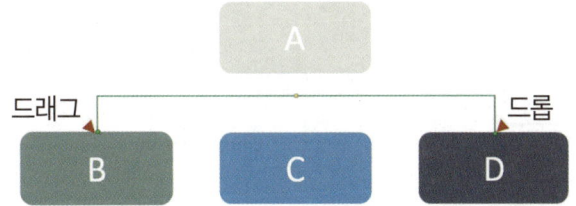

1 | 도형의 연결점(●)

선과 연결될 때 연결 상태로 만들어 줄 위치입니다.

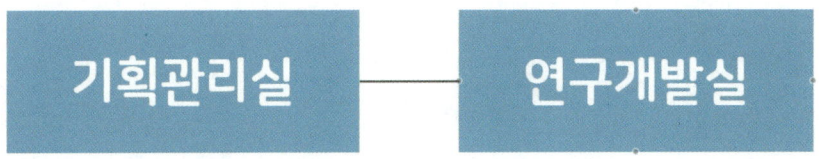

2 | 선의 연두색 원형(●)

선이 도형과 연결된 상태입니다. 도형을 움직이면 선도 같이 움직입니다.

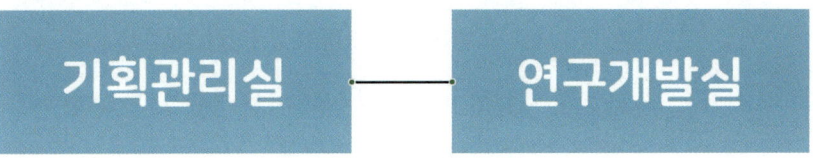

3 | 선의 흰색 원형(○)

도형과 분리된 상태입니다. 만일 드래그가 도형 위의 연결점(●)에서 끝나지 않아 흰색 원형으로 표시될 때는 원형을 다시 연결점(●)으로 드래그하면 됩니다.

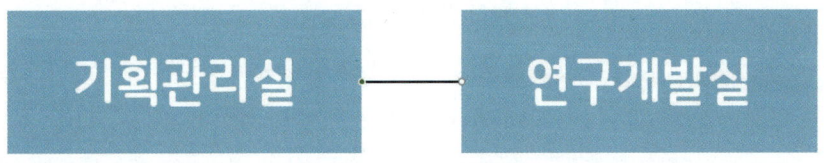

4 | 선의 노란색 원형(●)

선의 높이를 조절할 수 있는 모양 조절점입니다.

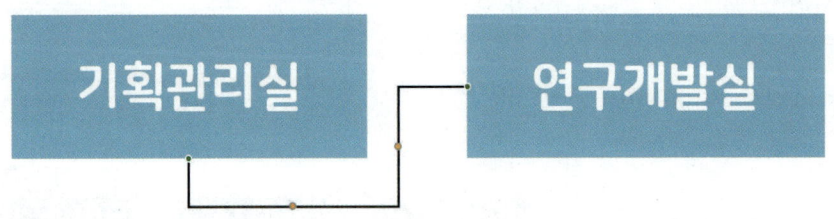

그룹 설정 후 해야 하는 작업을 익혀라

보고서 작성에서 여러 개의 도형을 이용해서 하나의 내용을 표현하는 경우가 있습니다. 여러 개의 도형을 함께 사용할 때는 한 덩어리로 인식되도록 묶어서 사용해야 하는 경우가 있습니다. 그룹에 관한 내용을 살펴보겠습니다.

'여러 개의 도형이 선택된 것'과 '그룹'으로 묶인 것은 같은 작업이라도 결과가 다를 수 있습니다. 각 상황의 차이점을 알고 필요에 따라 적당한 방법을 선택해서 사용합니다.

여러 도형의 크기를 조절하면서 각 개체 모양을 유지하기

여러 도형으로 작업한 내용의 크기를 변경할 때 각 개체의 모양을 유지하고 싶다면 그룹으로 설정하고 작업합니다.

- **여러 도형을 복수 개 선택한 경우**
  각 도형이 크기가 조절되어 모양이 흐트러짐

- **그룹으로 지정한 경우**
  한 덩어리로 크기가 조절되어 모양이 유지됨

> **Tip** 그룹 관련 단축키
> - 그룹 단축키 : Ctrl + G
> - 그룹 해제 단축키 : Ctrl + Shift + G

> **Tip** 파워포인트에서 개체의 크기를 조절할 때 글꼴 크기는 조정되지 않습니다.

여러 도형에 이어진 그림 채우기

채우기로 여러 도형에 그림을 채울 때 여러 도형에 이어진 그림을 채우고 싶다면, 도형을 그룹으로 지정한 다음 그 그룹을 그림으로 채우면 됩니다.

- 각각 도형을 선택하고 그림으로 채우기
  각 도형마다 그림이 채워짐

- 그룹으로 지정하고 그림으로 채우기
  그림 하나가 도형에 이어져 채워짐

도형 모양과 같은 그림자를 만들 때

도형을 여러 개 조합해서 다른 형태의 도형을 만든 경우, 그룹으로 지정해서 전체 도형 형태에서 그림자가 하나만 만들어지도록 해야 합니다.

- 각각 도형을 선택하고 그림자 효과 적용
  각 도형마다 그림자가 만들어짐

- 그룹으로 지정하고 그림자 효과 적용
  전체 도형 모양과 동일한 그림자가 만들어짐

두 개 이상의 개체로 이루어진 세트를 정렬할 때

두 개 이상의 도형을 함께 사용하는 개체를 정렬할 때는 각 도형 세트를 그룹으로 지정해서 하나의 개체로 인식되도록 한 다음 정렬해야 합니다.

- 각각 도형을 선택하고 [도형 서식] 탭-[정렬] 그룹-[맞춤]-[왼쪽 맞춤]

  도형이 각각 정렬됩니다.

- 각 세트를 그룹으로 지정하고 [도형 서식] 탭-[정렬] 그룹-[맞춤]-[왼쪽 맞춤]

  그룹 지어진 세트 단위로 정렬됩니다.

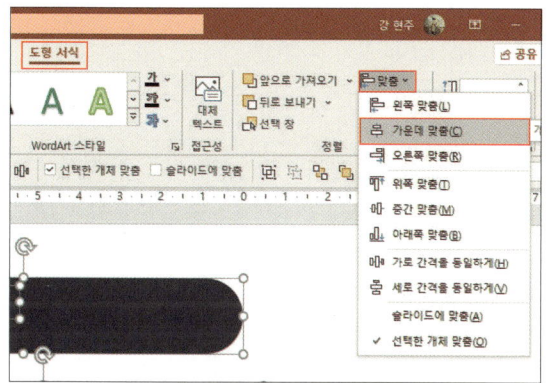
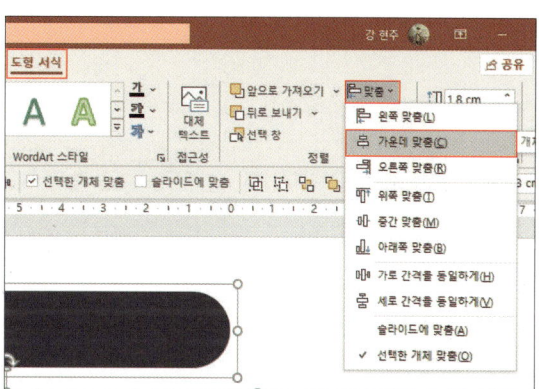

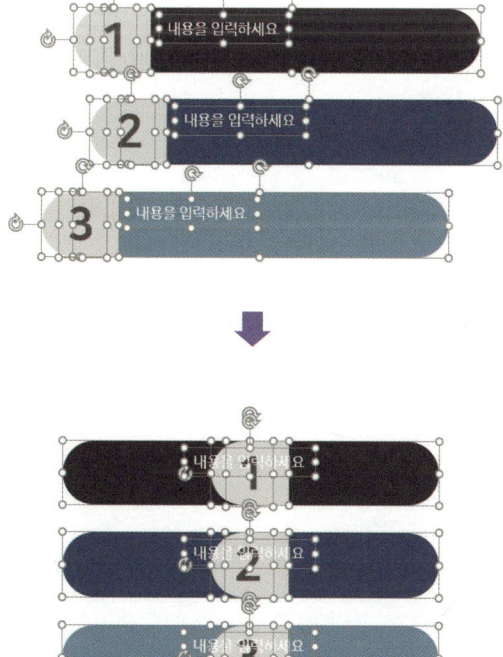

기능편

정렬로 편리하게 작업하라

정렬은 내용을 체계적으로 정리하는 작업입니다. 일정한 여백을 만들고 개체 사이의 간격을 맞추면 깔끔하고 일관된 디자인을 유지할 수 있습니다. 정렬되지 않은 내용은 산만한 화면 구성으로 정보의 전달력이 떨어지니 개체들을 정렬해서 사용해야 합니다.

도형 작업을 할 때 가장 불편하고 어려운 것 중 하나가 도형들을 정렬하는 일입니다. 간단한 도형 몇 개로 만들어진 슬라이드라도 정렬하기 위해 때로는 그룹을 만들어야 하고, 몇 번씩 맞춤 관련 명령을 클릭해야 합니다. 편리해진 도형 정렬 방법과 관련된 내용들을 살펴보겠습니다.

맞춤, 배분 작업에서 알고 있어야 하는 상식

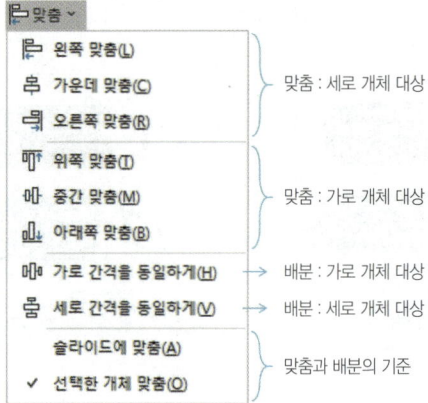

1 | 맞춤이나 배분 작업 순서

① 선택 : 정렬하려는 개체들을 선택합니다. 개체를 선택하지 않으면 명령도 활성화되지 않습니다.

② 기준 지정 : 맞춤이나 배분을 할 때는 무엇을 '기준'으로 하는지가 중요합니다. 정렬하고자 선택한 개체끼리 맞출 것인지, 전체 슬라이드 크기를 기준으로 슬라이드 왼쪽, 오른쪽, 가운데, 위, 아래, 중간에 맞출 것인지를 먼저 선택합니다.

③ 맞춤이나 배분 : 개체 위치를 맞추려면 [맞춤]에 해당하는 명령을, 개체 사이 간격을 조절하려면 [배분]에 해당하는 명령을 선택합니다.

2 | 배분할 때는 세 개 이상 선택

배분 관련 명령은 개체를 적어도 세 개 이상 선택해야 활성화됩니다. 세로든 가로든 간격은 개체가 세 개 이상은 선택되어야 의미가 있기 때문입니다.

3 | 개체 하나만 선택할 경우는 슬라이드가 기준

개체가 하나만 선택할 경우는 맞춤과 배분 기준이 자동으로 [슬라이드에 맞춤]으로 선택됩니다. 한 개의 개체를 맞추는 방법은 슬라이드를 기준으로 하는 방법밖에 없기 때문입니다.

4 | 선택한 개체를 기준으로 맞춤이나 배분할 때

먼저 기준이 되는 개체를 원하는 위치에 이동합니다. 그 개체를 기준으로 왼쪽, 오른쪽, 위, 아래, 가운데, 중간 등이 상대적으로 정해집니다. 그 다음 정렬하려는 개체들을 모두 선택하고 정렬하면 됩니다. 배분이라면 세로는 위와 아래, 가로는 왼쪽과 오른쪽에 있는 두 개의 개체로 기준 위치를 지정하면 됩니다.

5 | 맞춤을 했더니 한쪽으로 몰려 버린 경우

이런 경우는 세로로 배열된 개체에 가로 맞춤을 했거나, 가로로 배열된 개체에 세로 맞춤을 했을 때입니다. 즉시 Ctrl + Z 키를 누르거나, [빠른 실행 도구 모음]에 등록된 [되돌리기]를 클릭해서 실행을 취소한 다음 다시 작업하세요.

눈금 및 안내선 사용하기

도형(또는 차트, 그림 개체 등)을 그리거나 크기를 변경하거나 이동하면, 눈금이 표시되지 않은 경우에도 도형은 가장 가까운 눈금선 교차점에 맞춰지거나 다른 도형에 맞춰집니다. 도형을 원하는 위치로 이동할 수 없다면 맞추기 옵션을 해제하면 됩니다.

1 | 맞추기 옵션 설정 방법

01 [보기] 탭-[표시] 그룹에서 '대화상자 표시' 아이콘(□)을 클릭합니다.

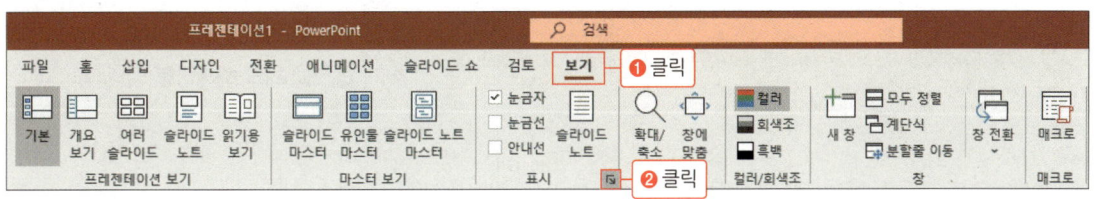

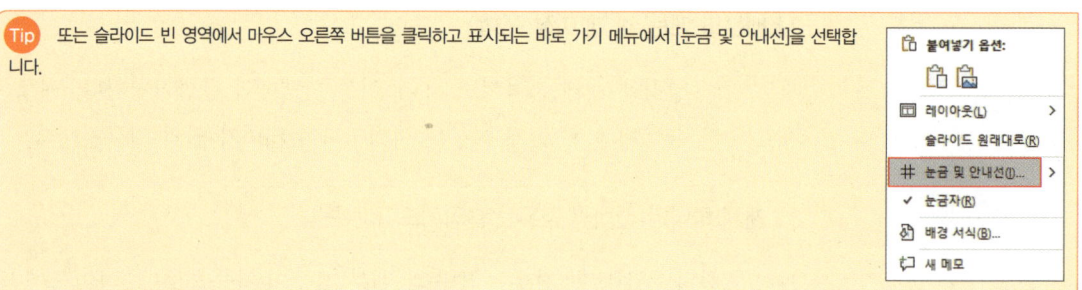

Tip 또는 슬라이드 빈 영역에서 마우스 오른쪽 버튼을 클릭하고 표시되는 바로 가기 메뉴에서 [눈금 및 안내선]을 선택합니다.

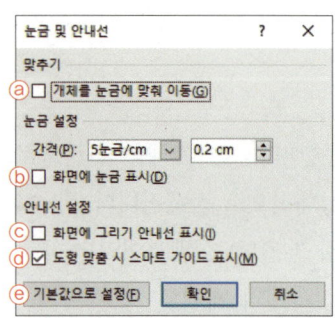

02 [눈금 및 안내선] 대화상자가 표시되면 '눈금'이나 '안내선' 표시 여부나 '스마트 가이드' 사용 여부를 설정합니다.

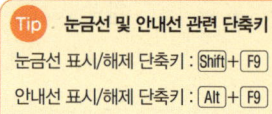

Tip 눈금선 및 안내선 관련 단축키
눈금선 표시/해제 단축키 : Shift + F9
안내선 표시/해제 단축키 : Alt + F9

ⓐ **개체를 눈금에 맞춰 이동** : 도형이나 개체를 가장 가까운 눈금 교차점에 맞춰 배치합니다.
ⓑ **화면에 눈금 표시** : 화면에 눈금을 표시합니다.
ⓒ **화면에 그리기 안내선 표시** : 화면에 그리기 안내선을 표시합니다.
ⓓ **도형 맞춤 시 스마트 가이드 표시** : 스마트 가이드 기능을 사용합니다.
ⓔ **기본값으로 설정** : [눈금 및 안내선] 대화상자의 현재 설정을 모든 프레젠테이션의 기본 설정으로 사용합니다.

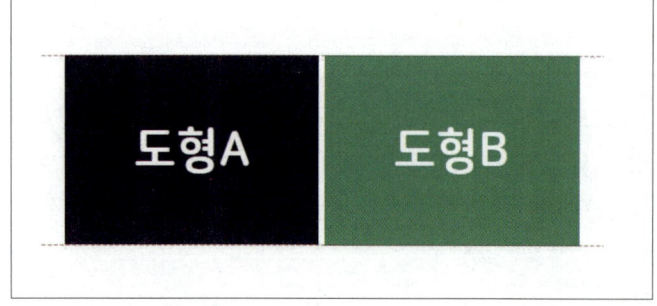

03 도형 작업 중 다른 도형 근처로 이동할 때 어느 순간 자석에 달라붙듯 뚝뚝 끊어지며 이동되어 도형의 위치가 세밀하게 조정 안 될 때가 있었을 것입니다.

도형(또는 차트, 그림 개체 등)을 그리거나 크기를 변경하거나 이동하면, 눈금이 표시되지 않은 경우에도 도형은 가장 가까운 눈금선의 교차점에 맞춰지거나 다른 도형에 맞춰집니다.

도형을 원하는 위치로 세밀하게 이동할 수 없다면 [눈금 및 안내선] 대화상자에서 '맞추기' 옵션을 체크 해제하면 됩니다.

Tip 맞추기 옵션을 일시적으로 무시하려면 Alt 키를 누른 채로 개체를 드래그합니다.

2 | 안내선 사용 방법

안내선을 사용하면 슬라이드끼리 전체적인 내용의 외곽선을 맞춰서 작업할 수 있습니다. 문서 작업할 때는 안내선을 설정한 상태에서 작업하는 것이 좋습니다. 간단한 기능이지만 문서의 전체적인 여백을 균형 있게 지정할 수 있습니다.

01 [보기] 탭-[표시] 그룹에서 '안내선'에 체크 표시합니다.

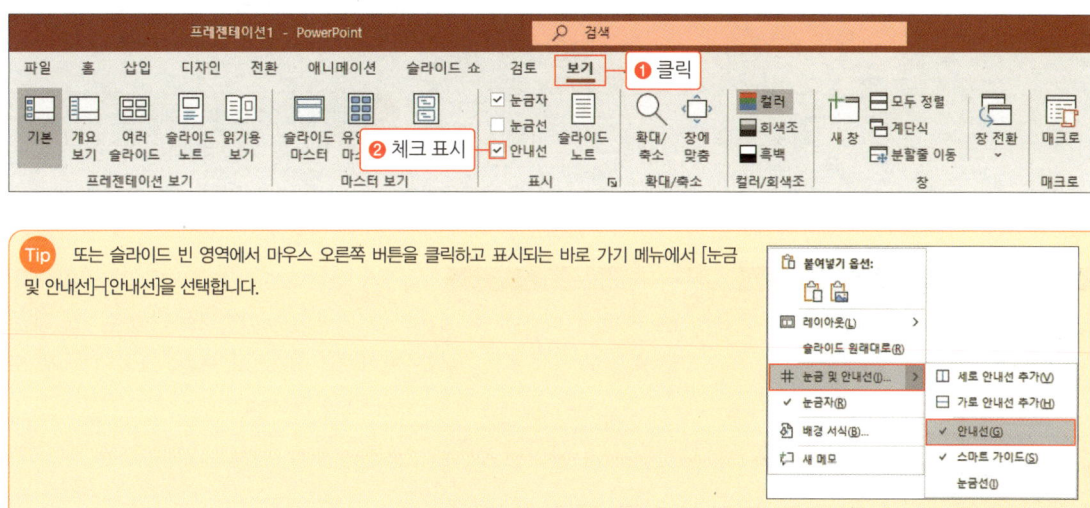

Tip 또는 슬라이드 빈 영역에서 마우스 오른쪽 버튼을 클릭하고 표시되는 바로 가기 메뉴에서 [눈금 및 안내선]-[안내선]을 선택합니다.

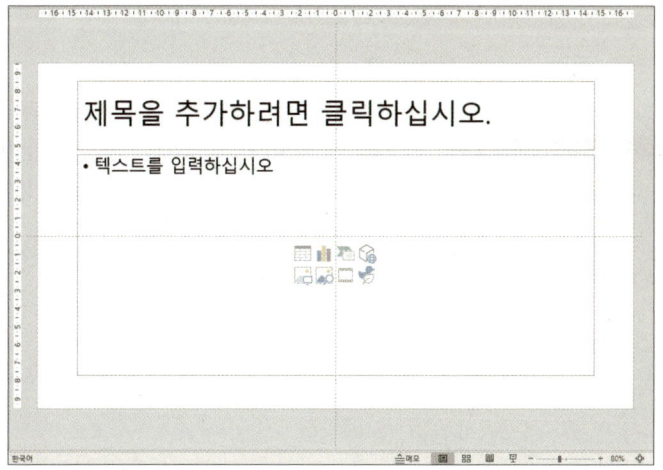

02 슬라이드 가로세로 중심을 기준으로 점선 형태 안내선이 표시됩니다.

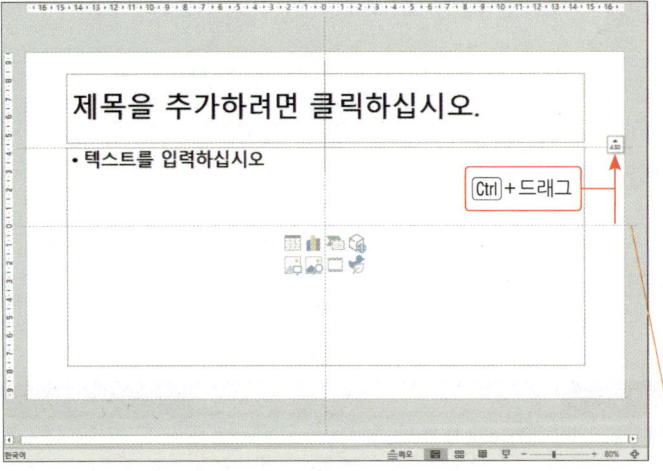

03 안내선을 추가하거나 이동해서 슬라이드 개체를 맞출 수 있는 그리기 안내선을 만듭니다.

- 안내선 이동 : 안내선 위에 마우스 포인터를 배치하고 양방향 화살표가 표시되면 드래그합니다.
- 안내선 추가 : 안내선 위에 마우스 포인터를 배치하고 양방향 화살표가 표시되면 Ctrl 키를 누른 상태에서 드래그합니다.
- 안내선 삭제 : 오른쪽, 왼쪽, 위, 아래 슬라이드 끝으로 드래그하면 삭제됩니다.

> Tip 마우스 포인터를 개체 틀 밖에 있는 안내선 위에 가져가면 안내선을 다루기 쉽습니다.

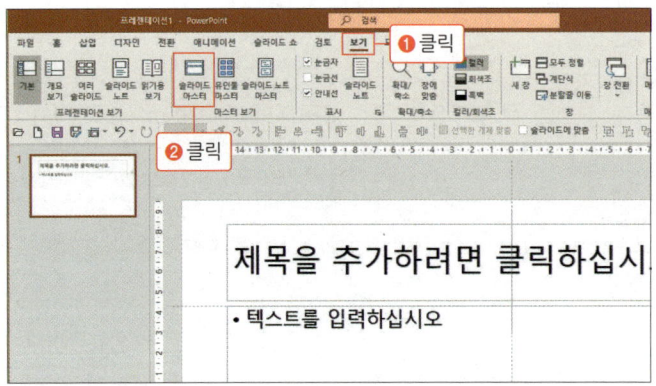

04 안내선은 슬라이드 마스터에서도 동일한 방법으로 만들 수 있습니다. [보기] 탭-[마스터 보기] 그룹-[슬라이드 마스터]를 클릭합니다.

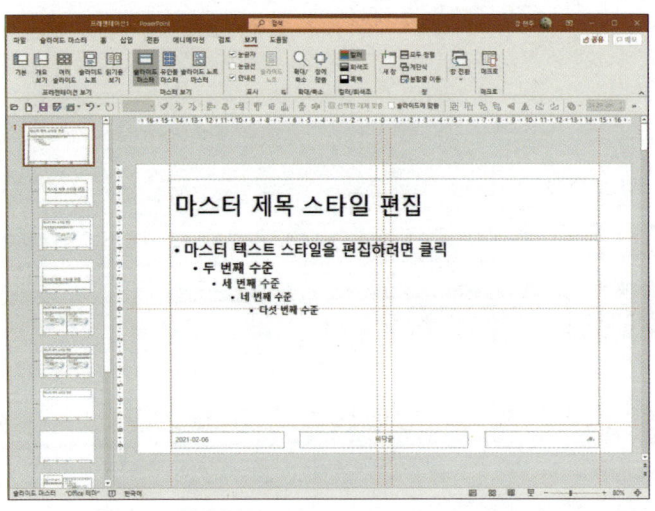

05 슬라이드 마스터에서 모든 레이아웃에 설정하고 싶은 안내선을 만듭니다.

> Tip 슬라이드 마스터 상태에서 [보기] 탭-[표시] 그룹에서 '안내선'에 체크 표시했는데도, 안내선이 표시되지 않는다면 체크 표시를 해제했다가 다시 선택하면 표시됩니다.

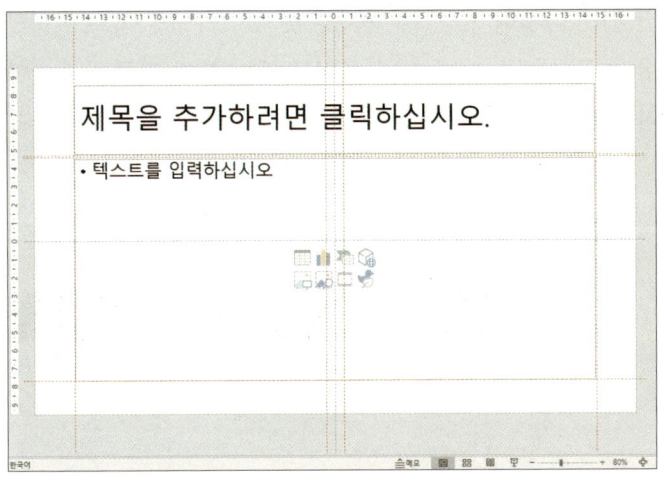

06 슬라이드 마스터를 닫고 슬라이드 편집 상태에서 확인해 보면, 슬라이드 마스터에서 설정한 안내선은 빨간색으로 표시되고 슬라이드 편집 작업을 하면서 이동되거나 삭제되지 않습니다.

스마트 가이드 기능으로 편리한 정렬

그림이나 도형 개체를 다루는 작업은 대부분 다른 개체들과의 위치를 기준으로 정렬되거나 배분되는 경우가 많습니다. 개체를 다루는 작업에서 매번 리본 메뉴에 있는 정렬이나 배분 명령을 사용하려면 번거롭습니다. 따로 정렬 명령을 적용하지 않고, 개체를 삽입하거나 이동하면서 바로 위치를 편리하게 조절할 수 있도록 돕는 기능이 스마트 가이드 기능입니다.

도형을 다른 도형 근처로 가져가게 되면 이동하는 도형 위치에 따라 다른 도형과의 위치를 안내하는 빨간색 가이드가 표시되는데 이것이 스마트 가이드입니다.

1 | 스마트 가이드 표시하기

스마트 가이드 기능을 사용하려면 [보기] 탭-[표시] 그룹에서 '대화상자 표시' 아이콘(□)을 클릭합니다. [눈금 및 안내선] 대화상자에서 '도형 맞춤 시 스마트 가이드 표시' 체크 상자에 체크 표시하면 스마트 가이드 기능을 사용할 수 있습니다.

> **Tip** 또는 슬라이드 빈 영역에서 마우스 오른쪽 버튼을 클릭하고 표시되는 바로 가기 메뉴에서 [눈금 및 안내선]-[스마트 가이드]를 선택합니다.

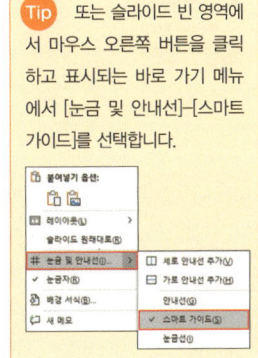
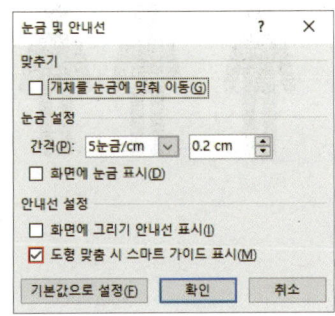

특히 파워포인트 2013 이상에서는 간격까지도 조절이 가능해 더욱 편리합니다. 그림, 도형 등의 개체를 다른 도형 근처로 배치할 때 자동으로 스마트 가이드가 나타나며 개체가 균등한 간격으로 배치되면 이를 알려 줍니다.

2 | 간격 기능이 추가되지 않은 2013 이전 버전인 경우

개체 사이의 간격과 관련된 작업은 직접 명령을 수행하거나, Ctrl+D 키를 이용해서 개체를 이동 거리까지 복제하는 방법을 사용하면 됩니다.

① **메뉴로 간격을 조절하는 방법**

이전 버전의 스마트 가이드를 활용하면 가로나 세로의 위치는 맞추는 것이 가능한데, 이동한 개체 간의 간격은 별도로 조절해야 합니다.

정렬하려는 도형을 선택하고 [도형 서식] 탭-[정렬] 그룹-[맞춤]-[가로 간격을 동일하게]를 클릭합니다.

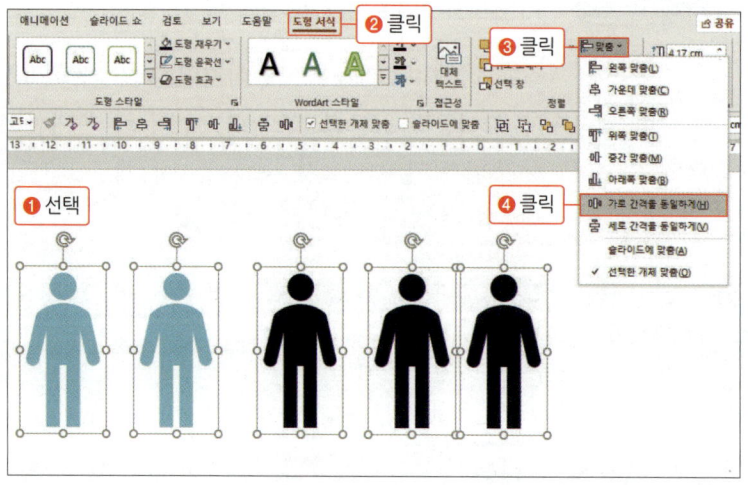

② Ctrl + D 키를 이용한 방법

이 방법은 복사할 때 이동 거리까지 복사해서 별도의 배분을 하지 않도록 하는 것입니다.

복제하려는 도형을 선택하고 Ctrl + D 키를 누릅니다.

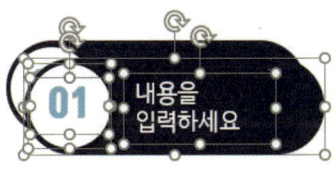

도형이 계속 선택된 상태에서 키보드 방향키나 마우스를 활용해서 원하는 위치로 이동합니다. 이때 주의할 점은 선택된 도형의 선택이 풀리지 않도록 하는 것입니다. 중간에 다시 선택하면 Ctrl + D 키의 복제 기능을 제대로 사용할 수 없습니다.

원하는 개수만큼 Ctrl + D 키를 눌러 도형을 만듭니다. 이때부터는 간격까지 함께 복제됩니다.

> **Tip** Ctrl + D 키를 눌러 도형을 복제하면서 정렬하는 경우에는, 여러 개 도형으로 구성된 세트를 그룹으로 만들지 않아도 되어 편리합니다.

기능편

도형 팁을 통해 도형을 자유롭게 사용하라

도형을 사용하다 보면 늘 같은 방법으로만 만들고 있는 것을 느끼게 됩니다. 그때 이용할 수 있는 몇 가지를 살펴보겠습니다. 슬라이드 편집 영역 밖의 작업 공간을 사용하면 다양한 효과를 만들 수 있습니다. 도형과 텍스트에 관한 내용도 원리를 정확히 알고 있으면 도움이 됩니다.

슬라이드 외부 영역은 애니메이션만을 위한 공간이 아니다

슬라이드 외부 영역을 잘 활용하면 좀 더 색다른 느낌의 작업을 할 수 있습니다. 대부분 이 영역을 애니메이션을 적용할 때 사용하게 되는데, 이미지를 사용할 때나 배경을 지정할 때도 사용할 수 있습니다. 도형 형태의 일부분을 이용해서 슬라이드를 꾸밀 때, 도형을 꼭 슬라이드에 맞도록 크기를 지정하지 않아도 됩니다.

01 슬라이드를 다 가리도록 사각형 도형 두 개를 그립니다.

• 완성 파일 : 2-4-01.pptx

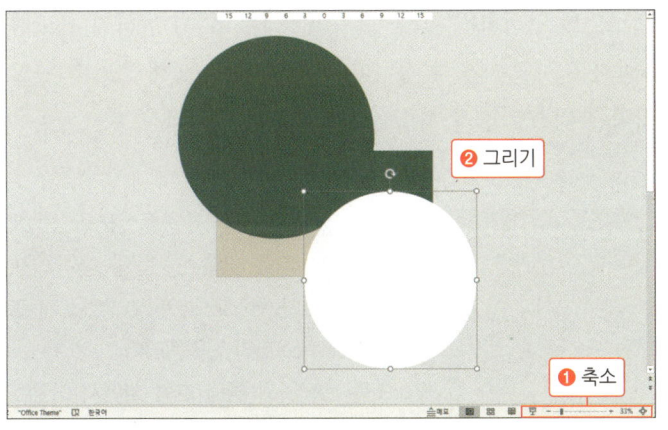

02 화면 배율을 축소한 다음 슬라이드 밖의 영역까지 활용해서 원형 도형 두 개를 그립니다.

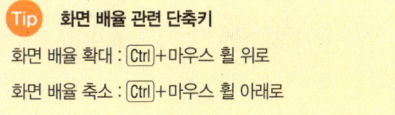

> **Tip** 화면 배율 관련 단축키
> 화면 배율 확대 : Ctrl+마우스 휠 위로
> 화면 배율 축소 : Ctrl+마우스 휠 아래로

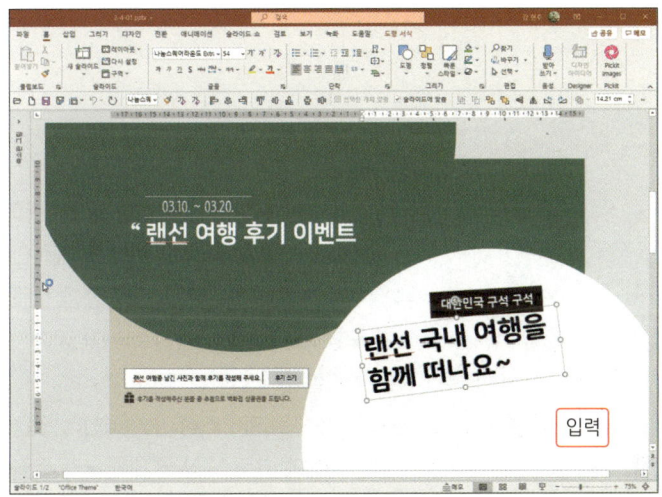

03 원하는 텍스트를 입력합니다.

04 슬라이드 쇼 상태에서 전체 모양을 확인합니다.

도형에 텍스트를 입력하고 생기는 문제점 해결 방법

도형 작업 중에 텍스트를 입력하면, 글꼴 크기나 도형 크기가 변하거나 도형 밖으로 텍스트가 넘쳐 표시될 때도 있습니다. 이런 문제점을 해결할 수 있도록 도형 개체에 입력된 텍스트 설정 사항을 체크해 보겠습니다.

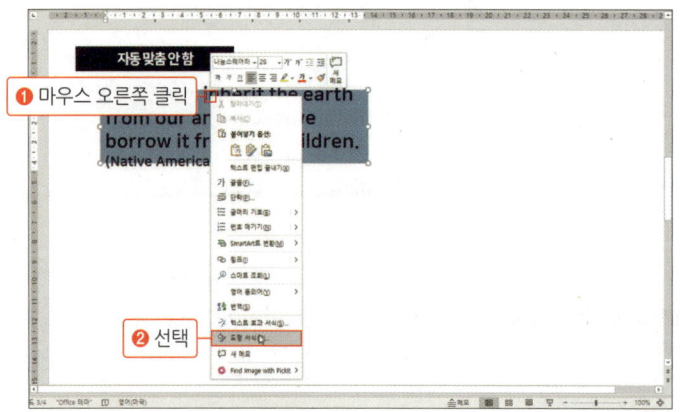

01 도형 서식의 [텍스트 상자] 항목에서 '자동 맞춤 안 함'을 선택하면, 도형 크기보다 텍스트 양이 많아졌을 때 도형 밖으로 텍스트가 입력됩니다.

이것을 조정하기 위해 도형 위에서 마우스 오른쪽 버튼을 클릭하고 표시되는 바로 가기 메뉴에서 [도형 서식]을 선택해서 [도형 서식] 작업 창을 표시합니다.

• 실습 파일 : 2-4-02.pptx

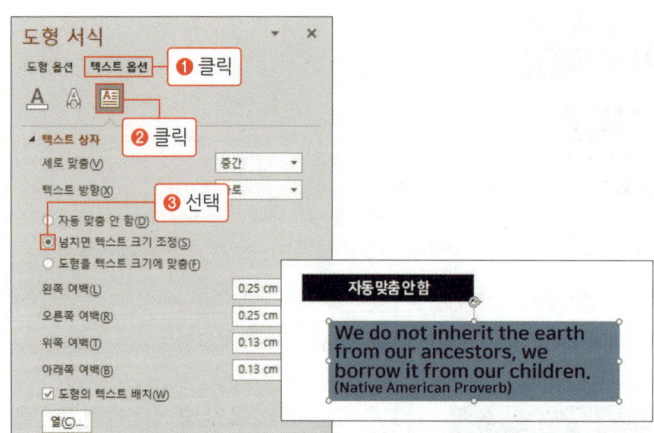

02 [도형 서식] 작업 창의 [텍스트 옵션] 탭에서 [텍스트 상자(圖)]를 선택합니다. '넘치면 텍스트 크기 조정'을 선택하면 도형 크기에 맞춰 글꼴 크기가 작아진 것을 확인할 수 있습니다.

'넘치면 텍스트 크기 조정'이 설정되어 있는 도형은 처음에 그린 도형 크기에 따라 글꼴 크기가 조절됩니다.

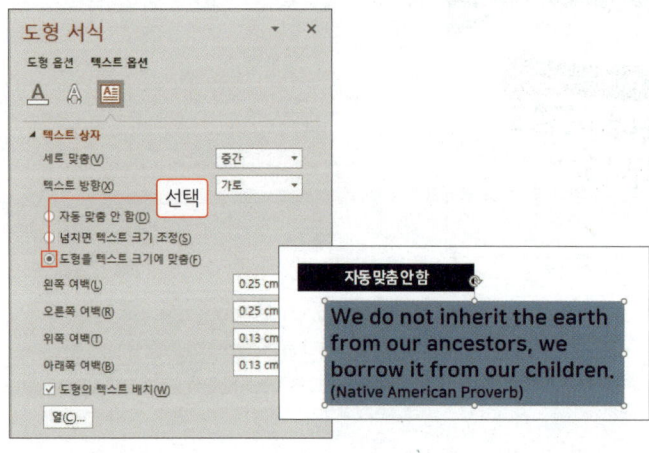

03 '텍스트 상자' 항목에서 '도형을 텍스트 크기에 맞춤'을 선택하면, 글자에 맞춰 도형이 커지는 것을 확인할 수 있습니다.

'도형을 텍스트 크기에 맞춤'이 설정되어 있는 도형은 처음에 그린 도형 높이가 글자 양에 따라 조절됩니다.

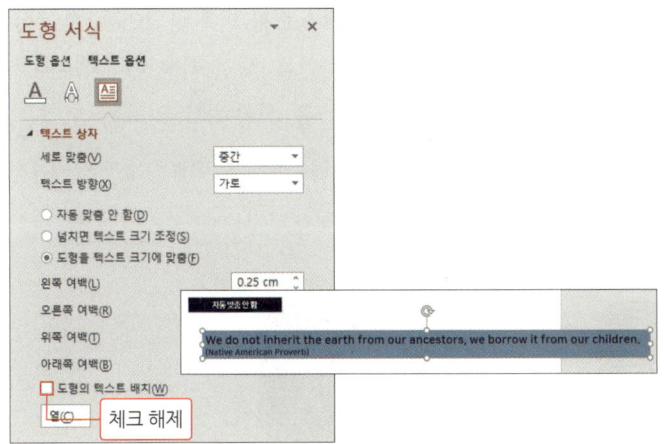

04 '텍스트 상자' 항목에서 '도형의 텍스트 배치' 체크 상자에 체크 표시를 해제하면, 단락을 나누지 않으면 도형 텍스트가 여러 줄로 표시되지 않습니다.

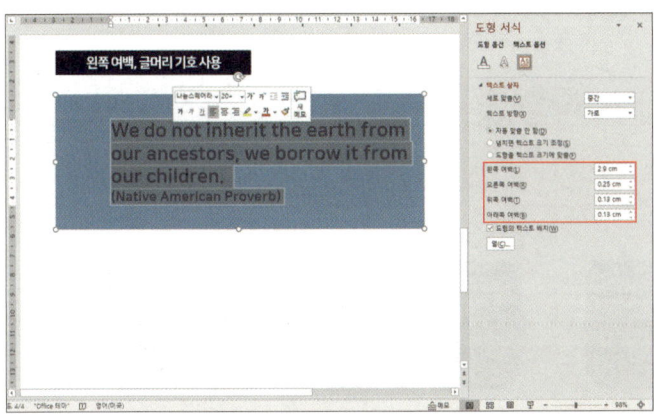

05 그림처럼 왼쪽 정렬을 해도 텍스트가 왼쪽으로 정렬되지 않거나, 원하는 정렬이 다르게 적용되는 경우가 있습니다. 이런 경우는 여백을 확인합니다.

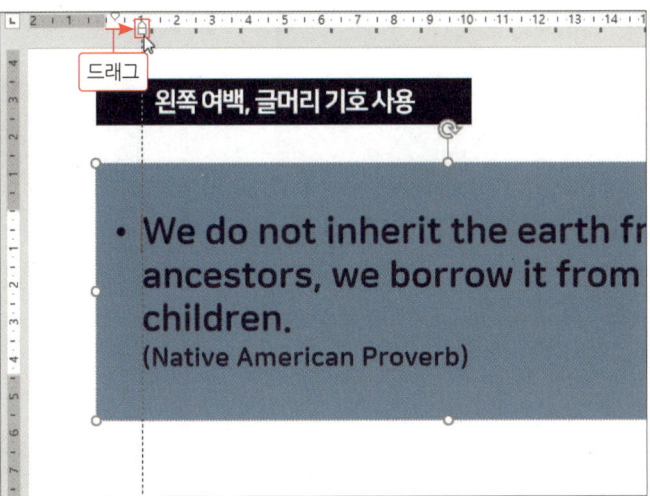

06 도형에 입력된 텍스트에 글머리 기호를 적용했을 때, 글머리 기호와 텍스트 간격을 조절하려면 텍스트를 클릭한 다음 눈금자에 나타나는 왼쪽 들여쓰기 표식을 드래그합니다.

4 도형 팁을 통해 도형을 자유롭게 사용하라 **193**

회전하면 뒤집어지는 글자

도형을 회전하거나 상하 뒤집기를 사용하면 텍스트까지 회전되어 뒤집어집니다. 도형의 모양은 원하는 형태인데 만일 회전을 해서 사용해야 하는 상황이라면, 도형의 노란색 모양 조절 핸들(●)을 이용해서 원하는 모양을 만드는 것이 좋습니다. 만일 모양 조절점을 사용해도 안 되는 형태라면 도형 위에 텍스트 상자를 추가해서 텍스트를 입력합니다.

- 양쪽 모서리가 둥근 사각형 도형을 이용해서, 아래쪽 모서리가 둥근 사각형 형태로 표현하려고 하는 경우

회전	모양 조절점 이용	텍스트 상자 이용
텍스트도 함께 회전됨	도형 모양만 변경했기 때문에 텍스트는 원래 입력과 같은 상태임	별도의 텍스트 개체를 활용했기 때문에 도형에 영향 받지 않음

이미지 관련
명령을 익혀라

정보를 제공하는 여러 방법 중 이미지에 의한 표현은 간결하고 이해가 쉬우면서도 기억에 오래 남습니다. 그래서 대부분 보고서에 내용을 보강해주는 이미지를 사용하게 됩니다. 이때 중요한 것은 고품질의 이미지를 사용하고 비율을 왜곡 시키지 않는 것입니다.

이미지와 관련된 주된 작업은 삽입하고, 이미지의 상태에 따라 색이나 선명도를 조절한 다음 알맞은 스타일을 설정하고, 적당하게 크기를 조정하거나 자르는 것이 대부분입니다.

보고서에서 사용하는 그림이나 사진을 수정해야 할 경우, 전문 이미지 편집 프로그램을 사용하지 않고 파워포인트에서 제공하는 그림 관련 명령만 사용해도 훌륭한 결과물을 만들 수 있습니다.

기능편

1 조정 기능을 활용하라

보고서에 이미지를 사용하는 것이 정보 전달력을 높일 수 있지만, 너무 품질이 떨어지는 이미지를 사용하는 것은 좋지 않습니다. 만일 준비된 이미지 상태가 바로 사용하기 적절하지 않다면 파워포인트의 조정 기능을 활용하면 적은 노력으로 좋은 상태로 만들 수 있습니다.

보고서를 작성하기 위해 수집한 자료에는 상태가 다른 이미지 자료들이 섞여 있습니다. 너무 밝거나 너무 어둡거나, 새벽에 촬영해서 푸른 색조가 돌거나 선명하지 않은 사진 등입니다. 이런 자료들을 같은 보고서에 사용할 경우, 미리 조정 작업을 거쳐 비슷한 톤을 맞추면 전체적인 보고서에 일관된 느낌을 줄 수 있습니다.

파워포인트에서 제공하는 이미지 조절 기능을 살펴보겠습니다. 쉬우면서도 강력한 기능이기 때문에 보고서에 사용할 이미지들을 수정하여 쉽게 최종 문서 품질을 높일 수 있습니다.

노출이 안 맞아 너무 밝거나 어두운 사진 조정하기

준비된 사진 자료가 노출, 초점 등이 안 맞아 선명하지 못하다면 보정 작업을 통해 정돈을 하고 사용하는 것이 좋습니다.

01 그림을 선택하고 [그림 서식] 탭-[조정] 그룹-[수정]을 클릭합니다. 사진의 상태를 보며 [선명도]와 [밝기/대비] 등을 조정합니다.

• 실습 파일 : 2-5-01.pptx

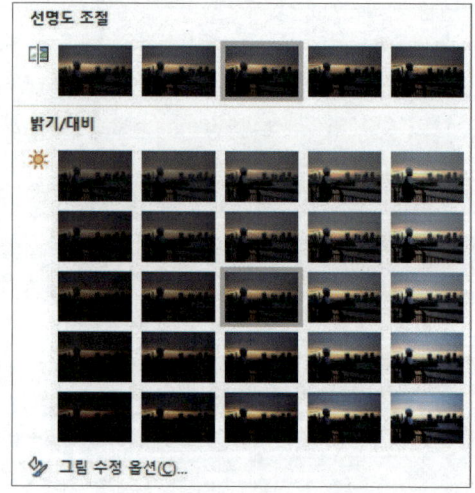

▲ 원본

▲ 밝기/대비 조정

02 직접 값을 설정하고 싶다면, [수정] 명령에서 [그림 수정 옵션]을 선택하고 [그림 서식] 작업 창의 [그림 수정] 항목에서 직접 값을 조절합니다.

컬러 사진을 흑백으로 만들기 사진의 채도를 조절하거나 색 온도에 따른 왜곡된 상태를 수정할 수 있습니다.

01 그림을 선택하고 [그림 서식] 탭-[조정] 그룹-[색]을 클릭합니다. 사진의 상태를 보며 [색 채도]와 [색조], [다시 칠하기] 등을 조절합니다.

- 실습 파일 : 2-5-02.pptx

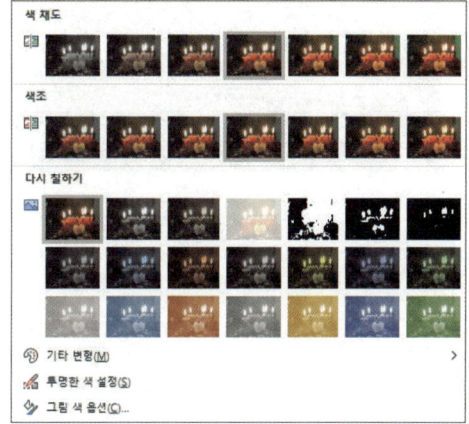

1 조정 기능을 활용하라   **197**

▲ 원본

▲ 흑백(채도 0%)

▲ 원본

▲ 색 온도 조절

02 직접 값을 설정하고 싶다면, [색] 명령에서 [그림 색 옵션]을 선택하고 [그림 서식] 작업 창의 [그림 색]항목에서 직접 값을 조절합니다.

연필로 스케치한 느낌 표현하기

포토샵 필터 효과를 적용하듯이, 사진에 스케치나 회화 느낌의 효과를 만들 수 있습니다.

01 그림을 선택하고 [그림 서식] 탭-[조정] 그룹-[색]을 클릭합니다. 사진의 상태를 보며 [색 채도]와 [색조], [다시 칠하기] 등을 조절합니다.

- 실습 파일 : 2-5-03.pptx

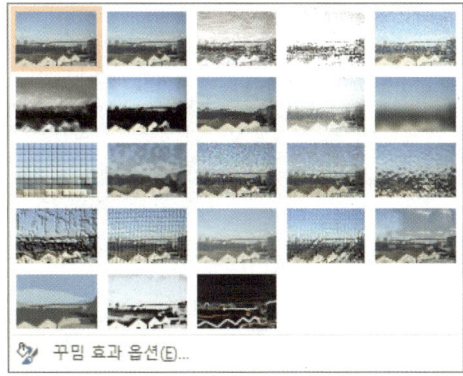

▲ 원본

▲ 연필 스케치 효과

02 직접 값을 설정하고 싶다면, [꾸밈 효과] 명령에서 [꾸밈 효과 옵션]을 선택하고 [그림 서식] 작업 창의 [꾸밈 효과] 항목에서 직접 값을 조절합니다.

1 조정 기능을 활용하라 **199**

기능편

2 사진에서 불필요한 배경을 제거하라

이미지 자료에서 일부분을 지우거나 투명하게 만들어야 하는 경우가 있습니다. 파워포인트에 포함된 명령을 이용하면, 별도의 이미지 편집 프로그램을 설치하지 않고 간편하게 배경을 제거할 수 있습니다. 배경이 단순한 경우와 복잡한 경우에 따라 배경을 제거하는 방법을 살펴보겠습니다.

인터넷에서 수집한 로고 배경 지우기

회사 로고를 보고서에 바닥글 대신 사용하려고 하는데, 슬라이드 배경과 겉도는 그림 배경이 거슬린다면 투명한 색 설정 기능을 활용하면 됩니다. 이 기능은 지우려는 색상이 단색으로 되어 있는 이미지에 활용하는 것이 좋습니다.

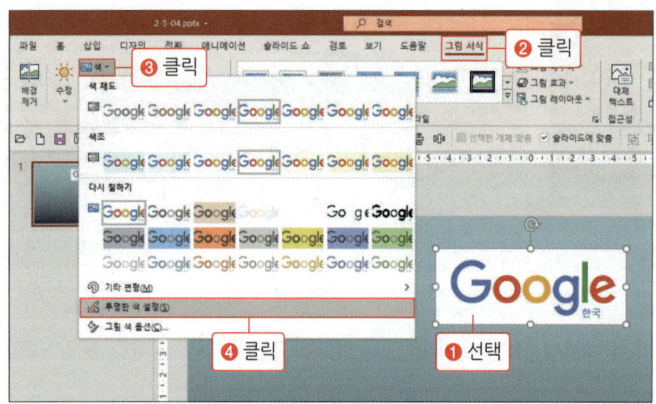

01 그림을 선택하고 [그림 서식] 탭-[조정] 그룹-[색]-[투명한 색 설정]을 클릭합니다.

· 실습 파일 : 2-5-04.pptx

02 투명하게 만들려는 색을 클릭합니다.

03 클릭한 곳과 같은 색이 투명하게 변경됩니다.

복잡한 색상 배경 제거하기

그림에서 배경을 제거하여 그림 주제를 강조하거나 불필요한 세부 요소를 제거할 수 있습니다.

01 보고서 내용에 적합한 이미지를 준비합니다. 예제에서는 'pixabay.com'에서 'business man'으로 검색한 이미지를 사용했습니다.

02 그림을 선택하고 [그림 서식] 탭-[조정] 그룹-[배경 제거]를 클릭합니다.

2 사진에서 불필요한 배경을 제거하라

03 제거할 영역이 자동으로 자홍색으로 표시됩니다. 자동으로 인식된 영역이 추가 작업 없이 원하는 결과가 된다면 바로 사용합니다.

> **Tip** 파워포인트 2019 이전 버전이라면 제거할 영역의 조절점을 조정해서 배경을 먼저 정리한 다음 미세 조정을 합니다.

04 만일 자동으로 인식한 영역 중

- **유지하려는 부분이 제거된 경우** : [배경 제거] 탭-[미세 조정] 그룹-[보관할 영역 표시]를 클릭하고 그림에서 유지할 영역을 드래그합니다. 이 동작을 반복해서 원하는 상태가 될 때까지 유지하려는 부분을 추가합니다.
- **제거하려는 부분이 포함된 경우** : [배경 제거] 탭-[미세 조정] 그룹-[제거할 영역 표시]를 클릭하고 해당 영역을 드래그합니다. 이 동작을 반복해서 원하는 상태가 될 때까지 제거하려는 부분을 삭제합니다.

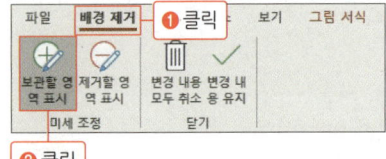

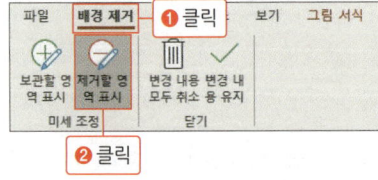

> **Tip** 파워포인트 버전에 따라 보관하거나 제거할 영역을 표시할 때 직선으로만 드래그할 수 있습니다.

05 작업이 완료되면 [배경 제거] 탭-[닫기] 그룹-[변경 내용 유지]를 클릭합니다.

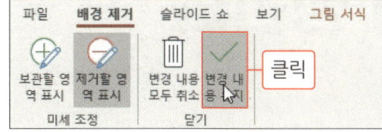

06 배경이 제거된 그림을 적절히 배치하고, 도형과 텍스트 상자를 이용해서 작업을 완성합니다.

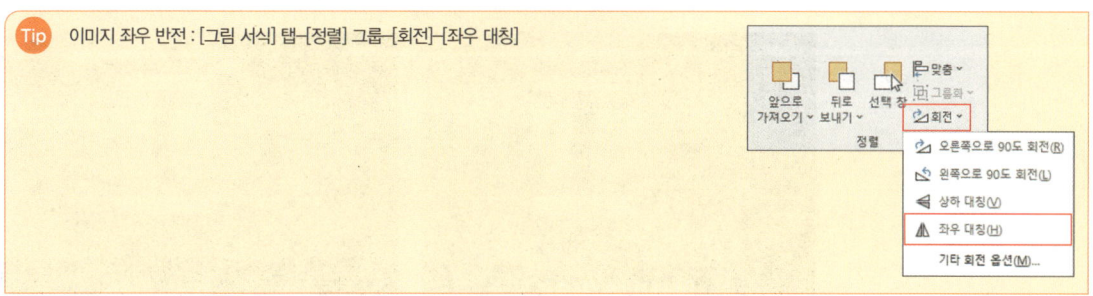

Tip 이미지 좌우 반전 : [그림 서식] 탭-[정렬] 그룹-[회전]-[좌우 대칭]

기능편

자르면 더욱 힘이 생긴다

무료 이미지 사이트에서 찾은 이미지를 보고서에 사용하려고 할 때, 이미지의 일부분만 필요한 경우가 있습니다. 파워포인트에서 제공하는 자르기 명령은 불필요한 부분을 간단하게 제거해서 원하는 부분만 사용할 수 있습니다. 자르기 기능을 살펴보고 다양하게 자르는 방법을 알아보겠습니다.

자르기의 강력한 힘

사진 전체 크기를 조절하는 것이 아니라 일부분을 잘라 내는 것은 사진을 새롭게 만드는 것과 같습니다. 그래서, 원하는 정보만을 전달하는 방법으로 불필요한 부분을 잘라 내기도 하는 것입니다. 사실 이런 자르기는 사진이 주는 정보를 제한하기도 하고 왜곡할 수도 있습니다.

보고서에 사용되는 이미지라면 보고서 내용을 보강하는 순기능의 역할을 하게 될 것입니다. 주의할 점은 사실이 아닌 것을 사실로 보이도록 의도적으로 잘라서는 안 된다는 것입니다. 충분히 사진이 가진 의도는 반영하지만 불필요한 부분을 제거하는 것이 자르기의 본래 목적입니다.

다음 사례를 보면 실제 상황과 보여지는 상황의 차이를 실감할 수 있습니다.

▲ 출처 : 조선일보 [카드뉴스] 사진 속 '허세'에 숨겨진 진실(goo.gl/0dnJfn)

다양한 자르기

자르기 명령은 원치 않는 부분을 자르고 효율적으로 제거하여 원하는 모양으로 만들 수 있으며 그림을 자르는 작업 외에 도형에 있는 그림 채우기를 자를 수도 있습니다. 자르기 명령의 종류를 살펴보겠습니다.

1 | 자르기

01 자르려는 그림을 선택합니다. [그림 서식] 탭-[크기] 그룹-[자르기] 혹은, [자르기▼]-[자르기]를 클릭합니다.

• 실습 파일 : 2-5-06.pptx

> Tip [그림 서식] 탭이 보이지 않으면 그림을 선택했는지 확인하세요. 그림을 더블클릭하면 [그림 서식] 탭을 표시할 수 있습니다.

02 자르려는 형태에 따라 자르기 핸들을 드래그합니다.

> • **한 면 자르기** : 자르려는 면의 중앙 자르기 핸들을 안쪽으로 드래그합니다.
> • **두 면을 동시에 똑같이 자르기** : [Ctrl] 키를 누른 상태로, 두 면 중 하나의 중앙 자르기 핸들을 안쪽으로 드래그합니다.
> • **네 면을 모두 동시에 똑같이 자르기** : [Ctrl] 키를 누른 상태로, 모서리 자르기 핸들을 안쪽으로 드래그합니다.

03 자르기 위치를 지정하려면 자르기 직사각형의 가장자리를 드래그하여 자르기 영역 또는 그림을 이동합니다.

04 작업을 마치면 Esc 키를 누릅니다.

2 | **특정 도형 형태로 자르기**

그림을 특정 도형 형태로 자르면 그림 형태를 변경할 수 있습니다. 특정 도형 형태로 자르면 그림이 도형 형태로 잘려 채워지고 그림 비율이 유지됩니다.

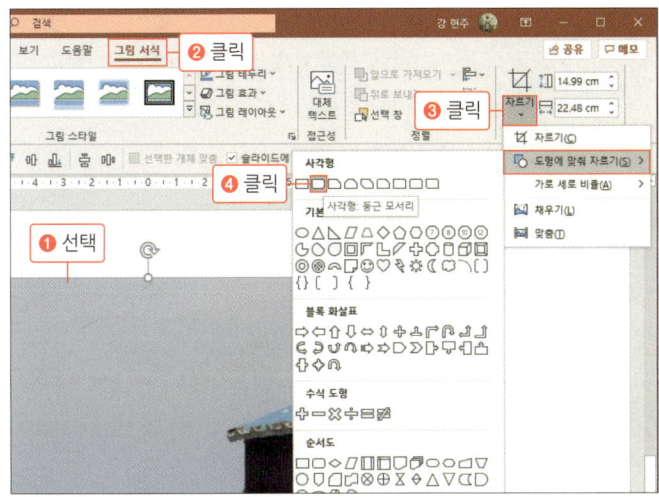

01 특정 도형 형태로 자를 그림을 선택합니다.
[그림 서식] 탭-[크기] 그룹-[자르기 ▼]-[도형에 맞춰 자르기]를 클릭한 다음 원하는 형태를 클릭합니다.

• 실습 파일 : 2-5-07.pptx

02 그림이 선택한 도형 형태로 잘린 것을 확인할 수 있습니다.

> Tip • 같은 그림을 다른 도형 형태로 자르려면 그림을 복사한 다음 각 그림을 개별적으로 원하는 도형으로 자릅니다.
> • 여러 그림을 선택하여 자르는 경우 같은 도형 형태로 잘라야 합니다. 다른 모양으로 자르려면 그림을 개별적으로 자릅니다.

3 | 가로세로 비율로 자르기

그림을 특정 비율로 자르려면 가로세로 비율을 활용하여 쉽게 자를 수 있습니다.

01 자를 그림을 선택합니다. [그림 서식] 탭-[크기] 그룹-[자르기▼]-[가로 세로 비율]을 클릭한 다음 원하는 비율을 선택합니다.

• 실습 파일 : 2-5-08.pptx

02 작업을 마치면 Esc 키를 누릅니다. 원하는 비율로 잘라지는 것을 확인할 수 있습니다.

그림의 원하는 부분이 보이도록 도형에 넣기

도형 모양과 크기에 맞도록 이미지를 사용할 때 이미지의 원하는 위치가 보이도록 조절해서 좀 더 깔끔하게 만드는 방법을 살펴보겠습니다.

방법 1 | 그림을 삽입한 다음 도형에 맞춰 자르기

그림을 도형 모양으로 자르기 명령을 이용해서 자르고, 최종적으로 도형에 보이는 그림 위치를 조절하는 방법입니다.

01 그림을 선택하고 [그림 서식] 탭-[크기] 그룹-[자르기▼]-[도형에 맞춰 자르기]-[타원]을 클릭합니다. 원래 사진의 비율에 맞춰 타원이 된 것을 확인할 수 있습니다. 이때 크기 조절점을 조정해서 정원 형태로 만들면 사진이 왜곡되는 것을 확인할 수 있습니다.

• 실습 파일 : 2-5-09.pptx

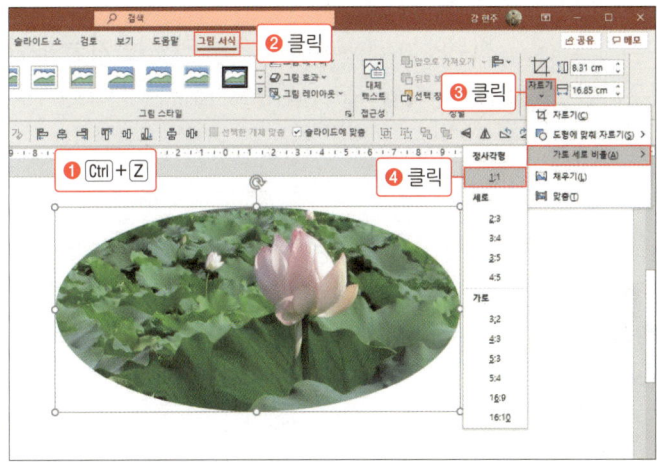

02 Ctrl+Z 키를 눌러 개체 크기 조정을 되돌립니다. [그림 서식] 탭-[크기] 그룹-[자르기▼]-[가로 세로 비율]을 클릭한 다음 [1:1] 비율을 선택합니다.

03 자르려는 이미지 중 원하는 위치를 드래그해서 지정합니다.

04 작업을 마치면 Esc 키를 누릅니다.

방법 2 | 도형을 먼저 삽입하고 그림으로 채우기

도형의 채우기 명령 중 그림으로 채운 경우, 그림의 원하는 위치가 보이도록 오프셋으로 조정하는 것보다 빠르고 편리한 방법을 살펴보도록 하겠습니다. 특히 파워포인트 2007 버전에는 그림을 도형으로 자르는 기능이 없습니다. 이런 경우라면 도형을 먼저 삽입하고 그림으로 채우는 방법을 사용하면 됩니다.

01 오른쪽 그림을 선택하고, 마우스 오른쪽 버튼을 클릭하면 표시되는 바로가기 메뉴 중 [잘라내기]를 선택합니다.

> **Tip** 잘라내기 단축키 : Ctrl + X

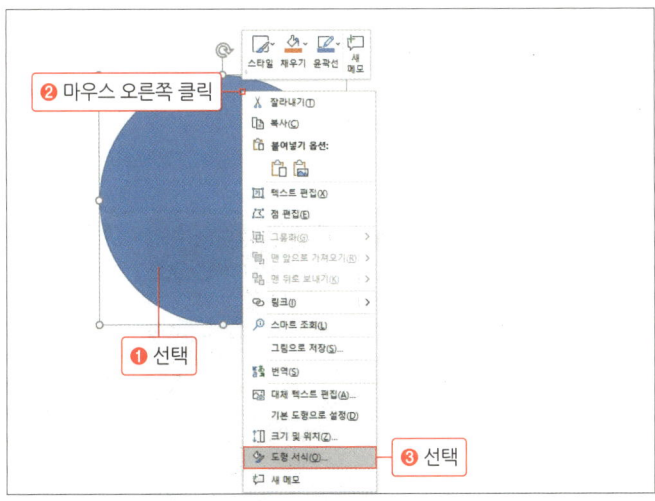

02 도형을 선택하고, 마우스 오른쪽 버튼을 클릭하면 표시되는 바로가기 메뉴 중 [도형 서식]을 선택합니다.

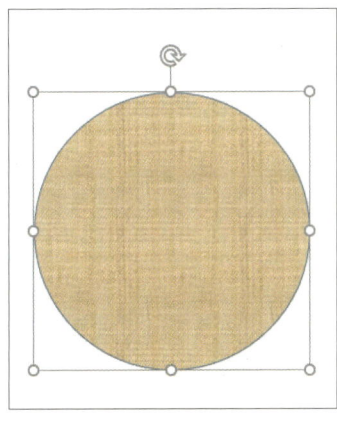

03 [채우기] 항목에서 '그림 또는 질감 채우기'를 선택하고, 〈클립보드〉 버튼을 클릭합니다.

04 그림이 도형에 삽입된 위치를 조정하기 위해 [그림 서식] 탭-[크기] 그룹-[자르기▼]를 클릭하고 [채우기]를 선택합니다.

3 자르면 더욱 힘이 생긴다 **211**

채우기	맞춤
그림의 높이 또는 너비 중 더 큰 값에 맞게 그림 크기를 설정합니다.	그림의 높이와 너비 모두가 도형의 경계선에 맞도록 그림 크기를 설정합니다. 이렇게 하면 그림이 도형에 최대한 맞춰집니다. 이때 도형의 일부 영역이 비어 있을 수 있습니다.

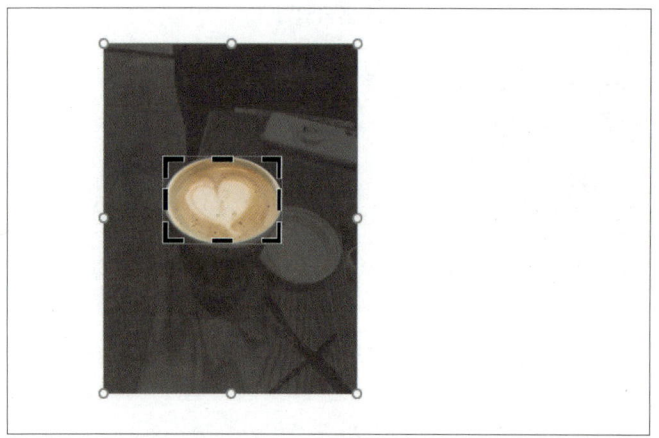

05 그림의 크기 조절점과 자르기 영역을 조절하는 검은 조절점을 이용해서 자르기 영역의 크기나 그림의 크기를 조정합니다.

그림이나 자르기 영역을 드래그해서 그림이 표시되는 영역을 변경합니다.

06 작업을 마치면 Esc 키를 누릅니다. 원하는 위치로 잘라진 이미지를 활용해서 슬라이드를 만듭니다.

기능편

그림 용량을 관리하라

디지털 이미지 장비의 성능이 좋아지면서 고화질 이미지 자료를 사용하는 경우가 많습니다. 하지만 실제 슬라이드에서 사용되는 이미지 크기가 필요 이상으로 크거나 고품질이라면 전체적인 파일 용량만 커질 것입니다. 이미지의 사용 목적에 따라 용량을 관리하는 방법을 살펴보겠습니다.

파일 용량을 줄이기 위해 그림 해상도를 줄일 수 있고, 품질 손상 없이 압축할 수 있으며, 그림의 잘린 부분이나 기타 그림 편집 정보 등의 원치 않는 정보를 삭제할 수 있습니다.

그림의 해상도 변경 (그림 압축 방법)

받는 사람에게 적절한 상태로 보내기 위해 이미지 해상도를 줄이거나 변경할 수 있습니다. 해상도를 변경하면 이미지 품질에 영향을 줄 수 있습니다.

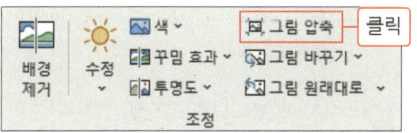

01 해상도를 변경할 그림을 하나 이상 선택하고 [그림 서식] 탭-[조정] 그룹-[그림 압축]을 클릭합니다.

• 실습 파일 : 2-5-10.pptx

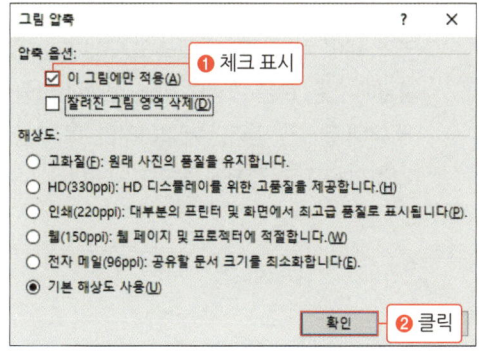

02 [그림 압축] 대화상자가 표시되면 해상도 항목에서 원하는 해상도를 선택합니다.
문서에 있는 모든 그림이 아니라 선택한 그림의 해상도만 변경하려면 '이 그림에만 적용' 체크 상자에 체크 표시하고 〈확인〉 버튼을 클릭합니다.

문서에 있는 모든 그림의 기본 해상도 설정

문서에 그림을 추가하면 자동으로 압축됩니다. 기본적으로 이 숫자는 인쇄용(220ppi)으로 설정되지만 옵션을 변경할 수 있습니다.

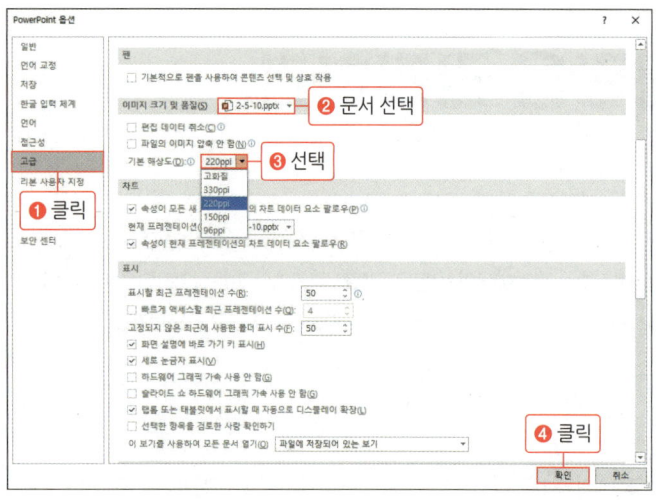

01 | [파일] 탭-[옵션]-[고급]을 클릭합니다.

02 | 여러 개의 파일이 열려있다면 [이미지 크기 및 품질]에서 기본 그림 해상도를 설정할 문서를 선택합니다.

03 | 기본 해상도에서 원하는 해상도를 선택하고 〈확인〉 버튼을 클릭합니다.

잘려진 그림 영역 삭제

그림 일부에 자르기를 수행하면 잘린 부분이 그림 파일 일부로 남아 있습니다. 이러한 부분을 삭제하면 파일 크기를 줄일 수 있습니다. 또한 제거된 그림을 다른 사람이 볼 수 없게 만들 수도 있습니다.

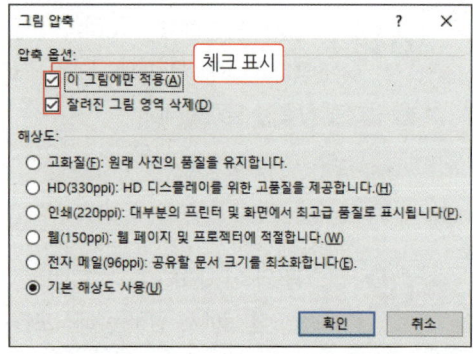

01 | 원치 않는 정보를 삭제할 그림을 클릭합니다.

02 | [그림 서식] 탭-[조정] 그룹-[그림 압축]을 클릭합니다.

03 | [그림 압축] 대화상자가 표시되면 [압축 옵션] 항목에서 '잘려진 그림 영역 삭제' 체크 상자에 체크 표시합니다. 파일에 있는 모든 그림이 아닌 선택한 그림에 대해 잘려진 영역만 제거하려면 '이 그림에만 적용' 체크 상자에 체크 표시합니다.

파워포인트의
파워 기능을 익혀라

파워포인트 보고서를 작성할 때 어렵고 비싼 별도의 이미지 편집 프로그램을 사용하지 않아도 되는 이유는, 파워포인트의 다양한 기능들이 이미지 작업을 보강해 주고 있기 때문입니다.

기본 도형으로 부족한 부분은 도형과 도형, 도형과 이미지, 도형과 텍스트를 '병합'하면 새로운 느낌의 개체를 만들 수 있습니다.

'점 편집' 하는 것으로 필요한 도형을 직접 기본도형을 변형해서 사용할 수 있습니다. 이런 기능은 단지 도형을 예쁘게 꾸미는 것 이상으로 다양하게 활용할 수 있습니다.

또 하나 중요한 강력한 도구는 '그라데이션' 기능입니다. 이것을 잘 이용하면 이미지 작업의 완성도를 높일 수 있고 어떠한 배경에서도 텍스트가 잘 보이도록 조절하는 등 응용 범위가 넓습니다. 쉬우면서도 활용도 높은 파워포인트 기능들을 살펴보도록 하겠습니다.

기능편

그라데이션을 이해하라

그라데이션 채우기는 색, 밝기, 투명도 등이 중지점의 설정 값을 기준으로 점차 변하면서 채워지는 방식입니다. 두 개 이상의 서로 다른 색을 혼합하여 색상이 서서히 변하면서 중간 단계를 채우는 멋진 효과를 만들 수 있습니다.

도형이나 스마트아트 작업에서 그라데이션을 활용하면 좀 더 완성도 있는 결과물을 만들 수 있습니다.

그라데이션 채우기란?

그라데이션 채우기는 도형 표면을 따라 한 색에서 다른 색으로 점차 변하는 도형 채우기입니다.

파워포인트에서 도형을 그릴 때 드래그 시작 위치는 0% 끝나는 위치는 100%로 표시합니다. 예를 들어 도형을 삽입하고 이 도형의 색을 단색이 아니라 서서히 변하게 하려고합니다. 아래와 같이 도형 위치 0%에 색(중지점1)을 지정하고, 70% 위치에 다른 색(중지점2)을 지정합니다. 이 도형은 0%~ 70% 위치까지는 중지점1 색에서 중지점2 색으로 변하면서 중간 단계를 채우고, 70% ~ 100% 까지의 위치는 중지점2 색으로 채워집니다.

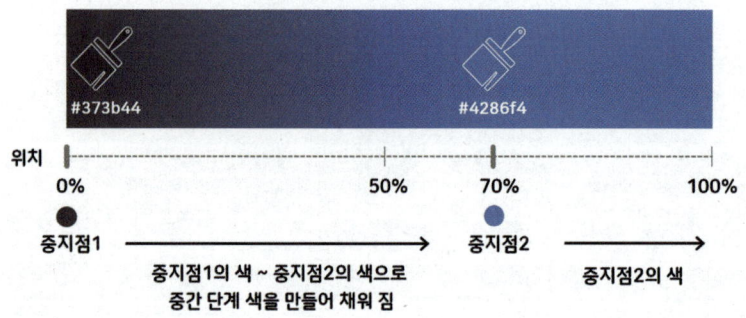

그라데이션을 사용할 때는 미리 설정된 값을 간단히 선택해서 채우거나, 종류와 방향을 지정할 수도 있습니다.

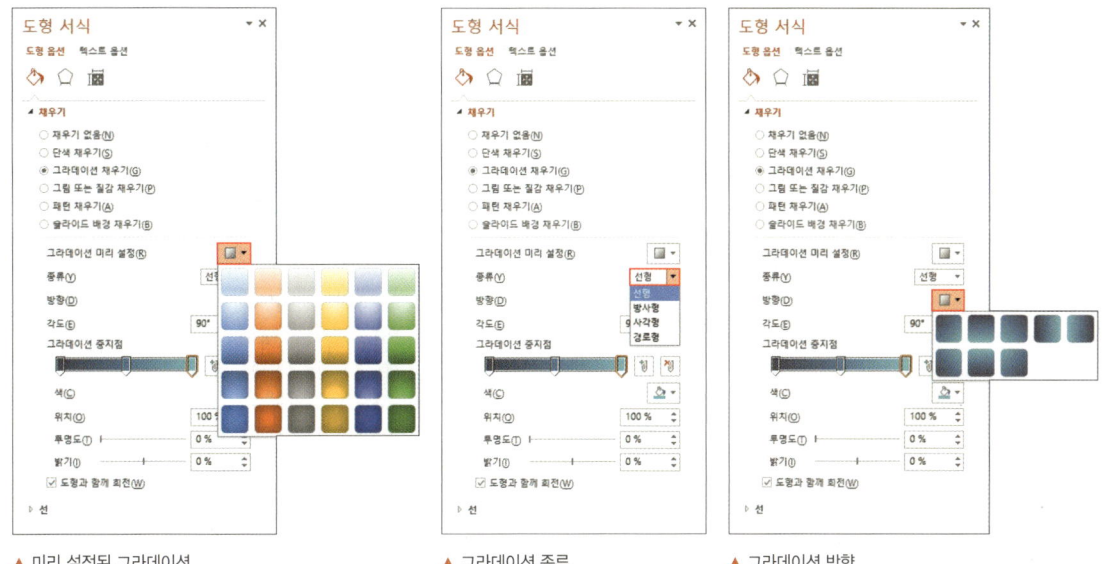

▲ 미리 설정된 그라데이션　　▲ 그라데이션 종류　　▲ 그라데이션 방향

그라데이션의 핵심 '중지점'

중지점이란 그라데이션에서 인접한 두 색상의 혼합이 끝나는 특정 지점입니다. 즉 서식의 변화가 중지되는 곳입니다. 중지점 사이는 하나의 중지점 색상부터 다음 중지점 색상까지 변하는 색상의 나열입니다. 다음은 중지점에서 설정할 수 있는 것입니다.

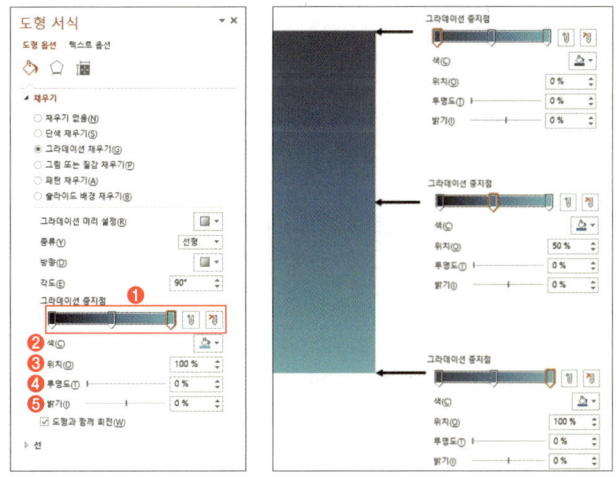

> **Tip** 종류가 '선형'인 경우, 각도를 조절할 수 있습니다.

① 중지점의 추가/삭제 : 중지점은 슬라이더 막대에서 추가하거나 제거할 수 있습니다. 지정할 수 있는 최대 중지점 수는 열 개이고 최소 중지점 수는 두 개입니다.

② 색

③ 위치 : 백분율을 사용하여 중지점 위치를 지정합니다.

1 그라데이션을 이해하라　**217**

④ 투명도 : 색상의 투명도를 지정할 수 있습니다.
⑤ 밝기 : 여러 개의 중지점이 같은 색이어도 밝기를 설정하여 변화를 만들 수 있습니다.

사용자 지정 그라데이션으로 도형 채우기

그라데이션으로 채우기는 한 색에서 다른 색으로 점진적으로 진행되면서 채워집니다. 그라데이션은 단순히 하나의 도형을 채울 뿐 아니라 다른 도형과 조합해서 꾸밀 때도 유용하게 사용할 수 있습니다. 제공되는 색상 샘플이 아니라 직접 그라데이션을 지정하는 방법을 살펴보겠습니다.

01 바깥쪽 원을 선택하고 [도형 서식] 탭-[도형 스타일] 그룹-[도형 채우기]-[그라데이션]을 클릭합니다. 제시되는 샘플 중 하나를 선택해도 되지만 지금은 직접 지정하기 위해 [기타 그라데이션]을 선택합니다.

• 실습 파일 : 2-6-01.pptx

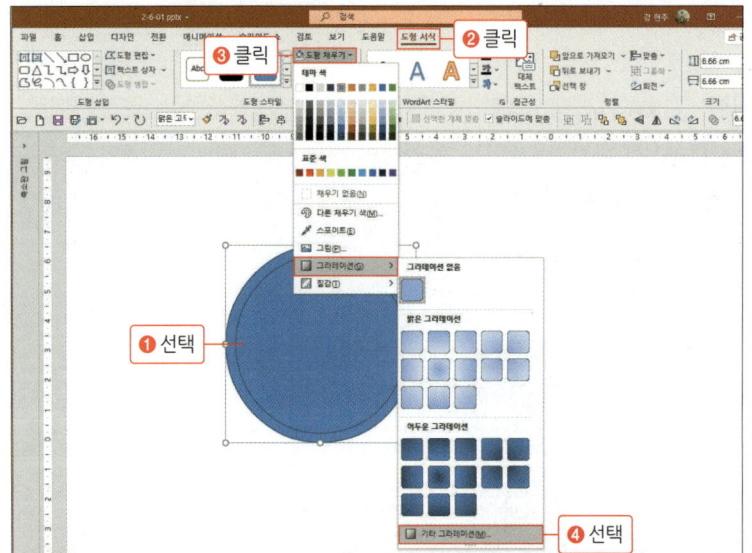

> **Tip** 그라데이션의 샘플 제공 형태
> 현재 선택된 도형 색상을 기준으로 [밝은 그라데이션]과 [어두운 그라데이션]을 제공합니다. 각각 왼쪽에 있는 아홉 개는 중심 방사형을 기준으로 각 방향으로 퍼지는 선형 그라데이션을 제공하고, 오른쪽에 있는 네 개는 각 방향에서 안쪽으로 모아지는 방사형 샘플을 제공합니다.
>
>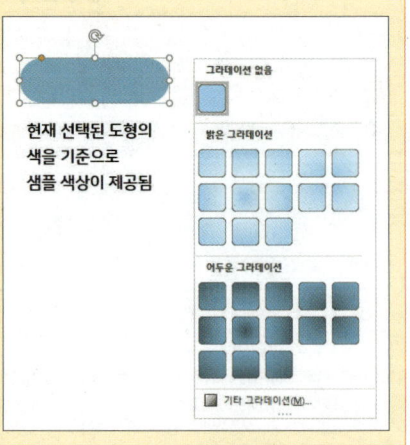

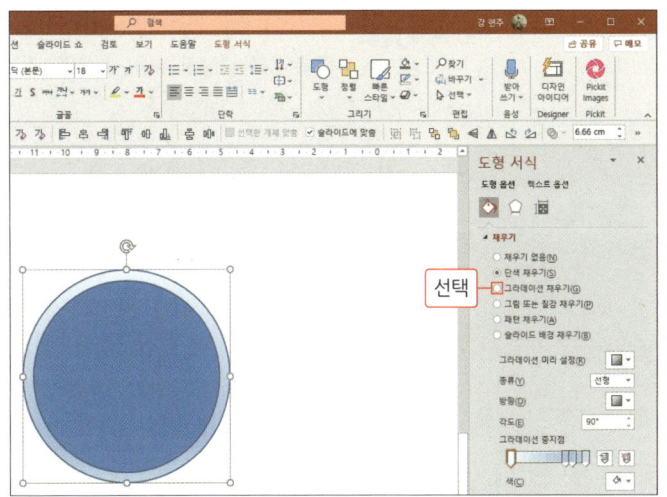

02 [도형 서식] 작업 창이 표시되면 [채우기] 항목에서 '그라데이션 채우기'를 선택합니다.

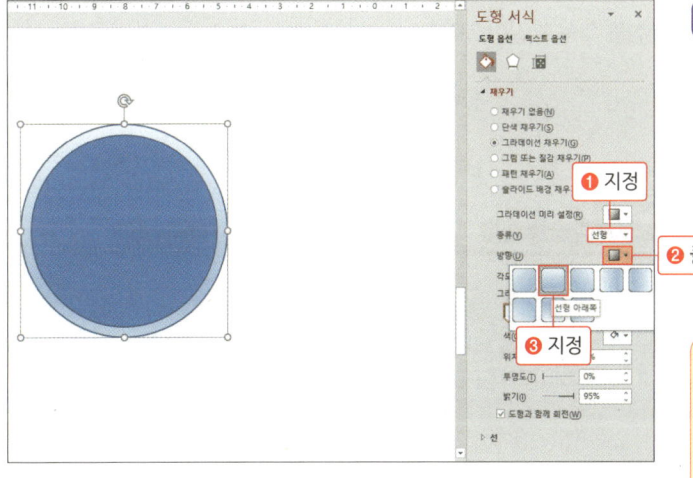

03 종류는 '선형', 방향은 '선형 아래쪽'으로 지정합니다.

> **Tip** 그라데이션 '종류'에 따라 사용할 수 있는 '방향'이 결정됩니다. 각도는 도형 안에서 그라데이션이 채워지는 회전 각도입니다. 이 옵션은 종류 '선형'을 선택하는 경우에만 사용할 수 있습니다.

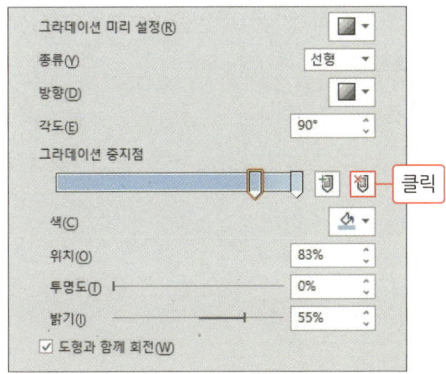

04 색상을 변경하기 위해 중지점을 정리하겠습니다. 이전 작업에 사용했던 중지점이 남아 있다면 '그라데이션 중지점 제거' 아이콘( )을 클릭하여 더 이상 지워지지 않을 때까지 모두 지웁니다.

> **Tip** 중지점은 최소 두 개, 최대 열 개까지 사용할 수 있습니다. 중지점은 슬라이더 막대에서 추가하거나 제거하는데, 추가 또는 제거 아이콘을 이용해도 되고, 슬라이더 막대에서 직접 추가하려는 위치를 클릭하거나, 제거하려는 중지점을 슬라이더 막대 밖으로 드래그해도 됩니다.

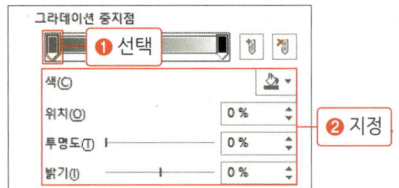

05 첫 번째 중지점을 선택하고, 색상 목록에서 색상과 위치, 투명도, 밝기를 그림과 같이 지정합니다.

> **Tip** 중지점을 움직이거나 정확한 위치로 이동하려는 경우 백분율을 사용하여 중지점 위치를 변경합니다.

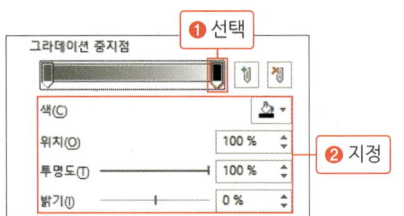

06 두 번째 중지점을 선택하고, 색상 목록에서 색상과 위치, 투명도, 밝기를 그림과 같이 지정합니다.

07 안쪽 원을 선택하고, 같은 방법으로 중지점을 다음과 같이 지정합니다.

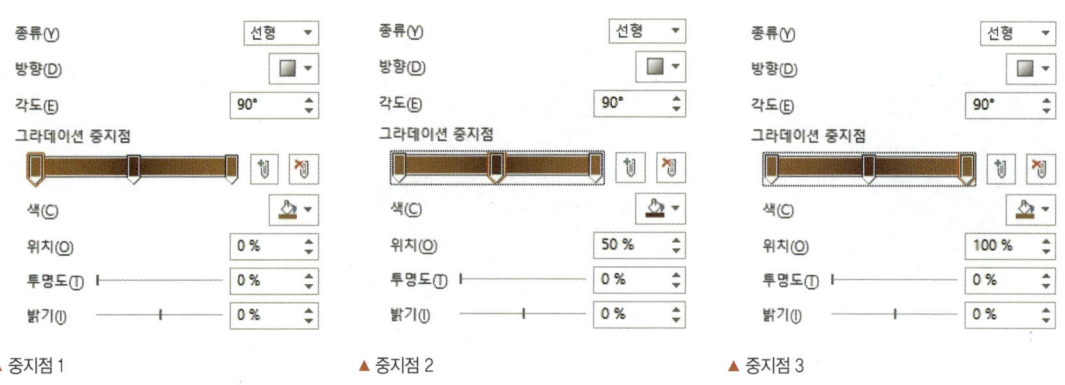

▲ 중지점 1   ▲ 중지점 2   ▲ 중지점 3

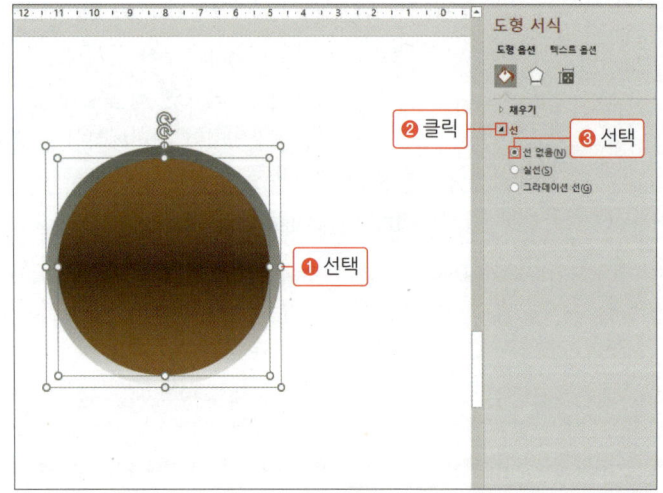

08 도형을 모두 선택하고, [도형 서식] 작업 창에서 선을 '선 없음'으로 선택합니다.

09 이런 방식으로 그라데이션을 도형마다 적용해서 겹쳐서 사용하면 입체감이 있는 도형을 만들 수 있습니다. 만든 도형에 투명도까지 조절한 원형을 하나 더 얹어 주면 또 다른 느낌을 줄 수 있습니다.

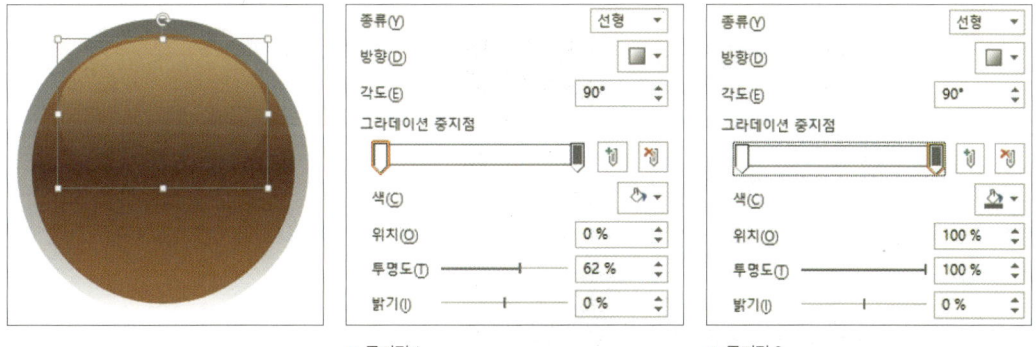

▲ 중지점 1   ▲ 중지점 2

그라데이션으로 텍스트를 잘 보이게 하기

사진을 이용한 보고서 작업을 할 때 사진에 단순한 색상으로 구성된 부분이 있어 텍스트를 입력할 공간이 있다면 문제가 없지만, 공간이 있는 사진을 가지고 있지 않는데 그 사진 위에 텍스트를 입력해야 한다면 텍스트가 잘 보이도록 만들어 줘야 합니다.

예를 들어 다음과 같이 복잡한 이미지 위에 내용을 입력하는 방법을 살펴보겠습니다.

▲ 출처 : funshop(www.funshop.co.kr)

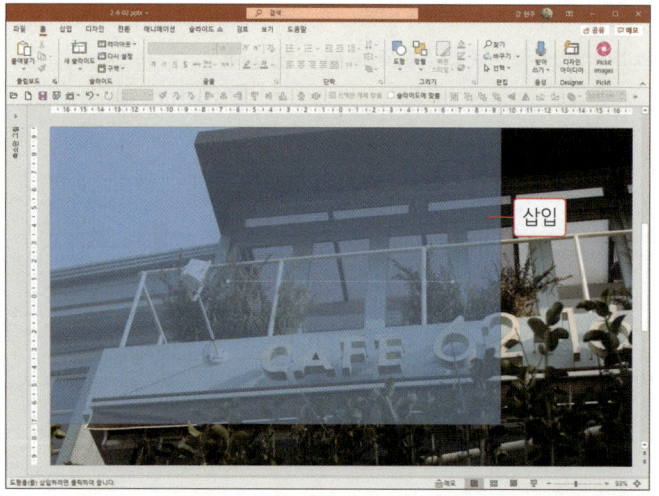

01 사용하려는 이미지를 준비하고, 사진이나 이미지 크기만큼 사각형 도형을 삽입합니다.

• 실습 파일 : 2-6-02.pptx

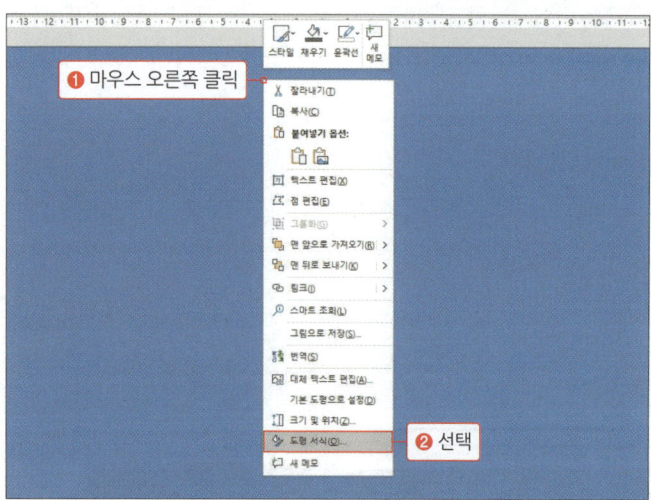

02 사각형 도형 위에서 마우스 오른쪽 버튼을 클릭하고 표시되는 바로 가기 메뉴에서 [도형 서식]을 선택합니다.

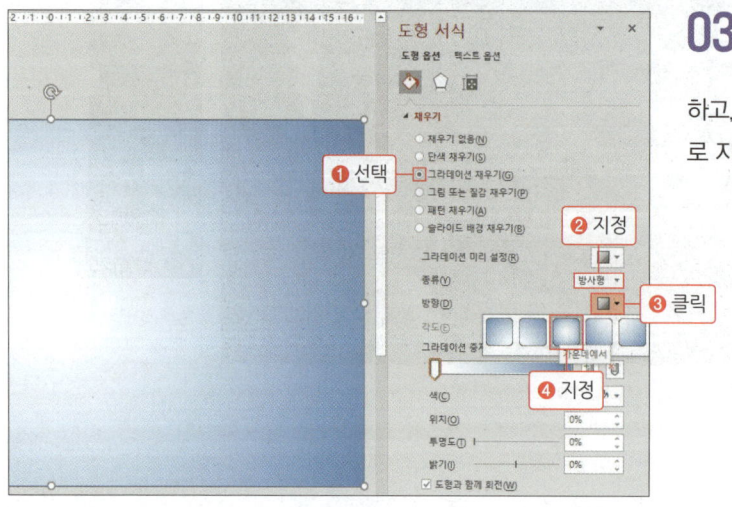

03 [도형 서식] 작업 창의 [채우기] 항목에서 '그라데이션 채우기'를 선택하고, 종류를 '방사형', 방향을 '가운데에서'로 지정합니다.

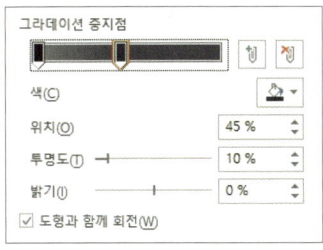
▲ 중지점 1

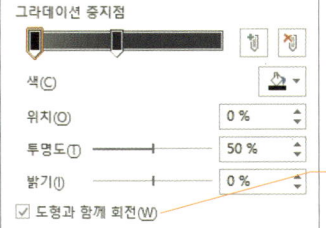
▲ 중지점 2

04 중지점 1과 2의 색상은 어두운 색으로 지정하고 그림과 같이 설정합니다.

> **Tip** 도형을 회전할 때 그라데이션 채우기도 회전하려면 '도형과 함께 회전'에 체크 표시합니다.

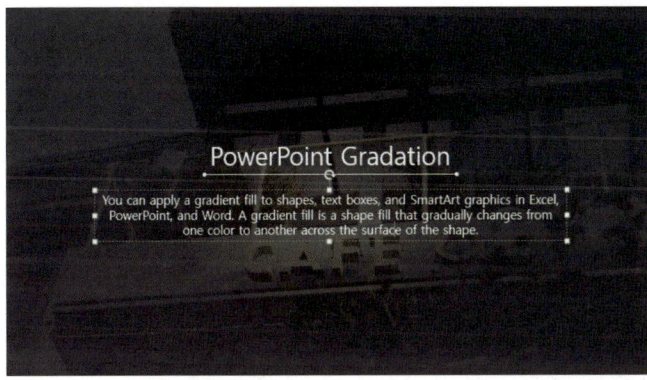

05 아래쪽 사진이 어둡게 가려져 그 위에 텍스트를 입력해도 잘 보이는 것을 확인할 수 있습니다.

그라데이션을 이용해 한쪽 방향만 부드러운 가장자리 효과 지정하기

이미지 가장자리를 부드럽게 만들고 싶은데 [그림 효과]의 부드러운 가장자리 명령을 사용하면 이미지 모든 방향이 부드럽게 처리됩니다. 이런 경우 그라데이션을 활용해서 한쪽 방향만 부드럽게 처리할 수 있습니다.

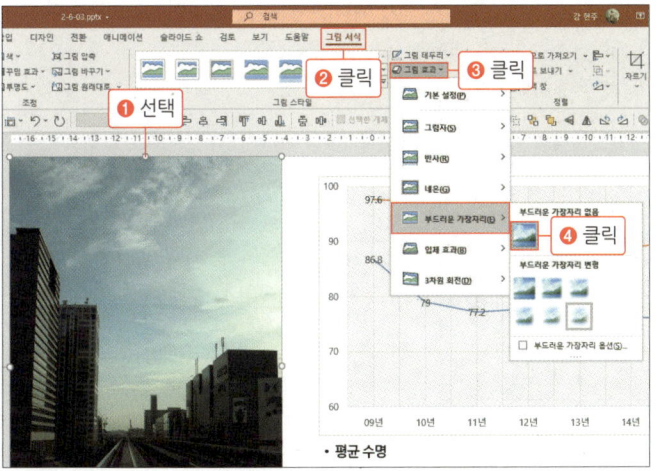

01 이미지를 선택하고, [그림 서식] 탭-[그림 스타일] 그룹-[그림 효과]-[부드러운 가장자리]-[50 포인트]를 클릭합니다.

• 실습파일 : 2-6-03.pptx

02 이미지의 모든 면이 부드럽게 처리된 것을 확인할 수 있습니다. Ctrl+Z 키를 누르거나 빠른 실행 도구 모음의 취소 명령을 실행해서 이전 상태로 되돌립니다.

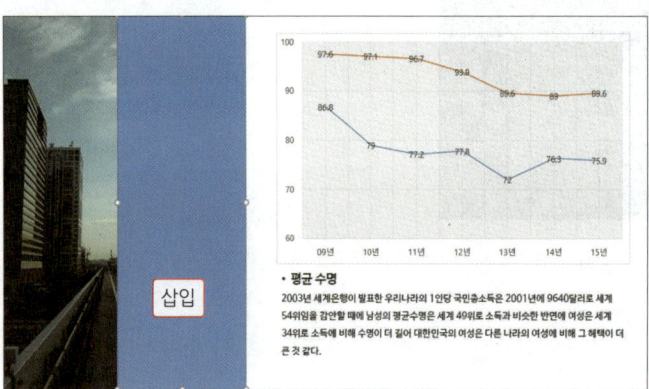

03 이미지 오른쪽 끝에 맞도록 사각형 도형을 삽입합니다. 사각형 도형은 이미지의 부드럽게 하려는 쪽에 맞추면 됩니다.

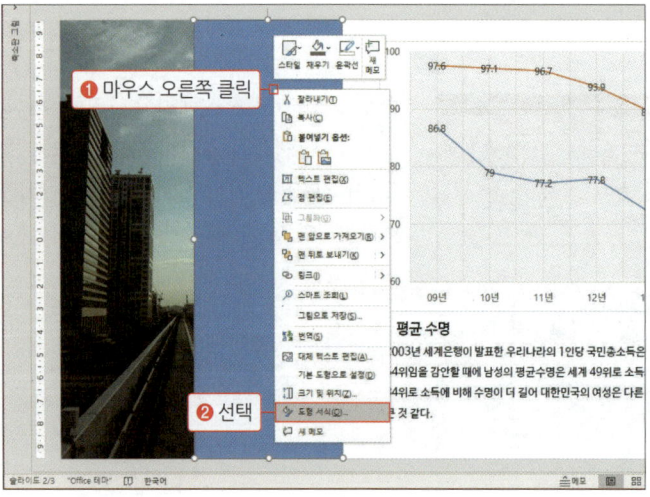

04 사각형 도형 위에서 마우스 오른쪽 버튼을 클릭하고 표시되는 바로 가기 메뉴에서 [도형 서식]을 선택합니다.

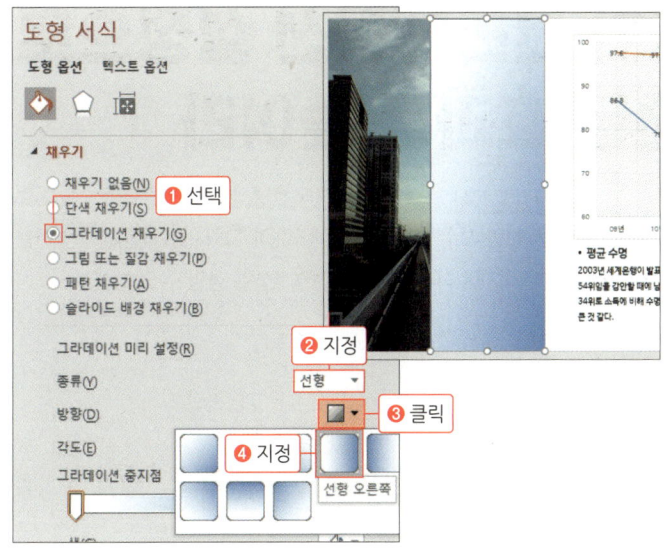

05 [도형 서식] 작업 창의 [채우기] 항목에서 '그라데이션 채우기'를 선택하고 종류를 '선형', 방향을 '선형 오른쪽'으로 지정합니다.

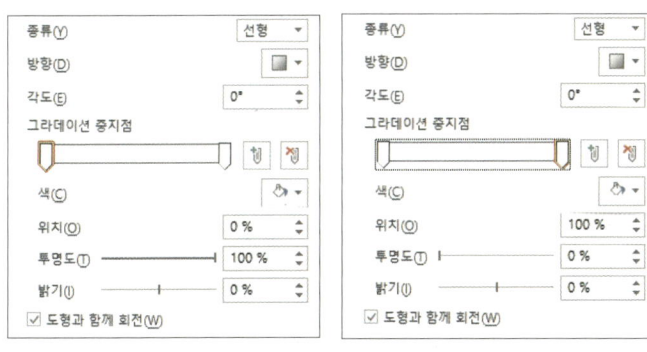

▲ 중지점 1   ▲ 중지점 2

06 중지점 1과 2의 색상을 흰색으로 지정하고 그림과 같이 지정합니다.

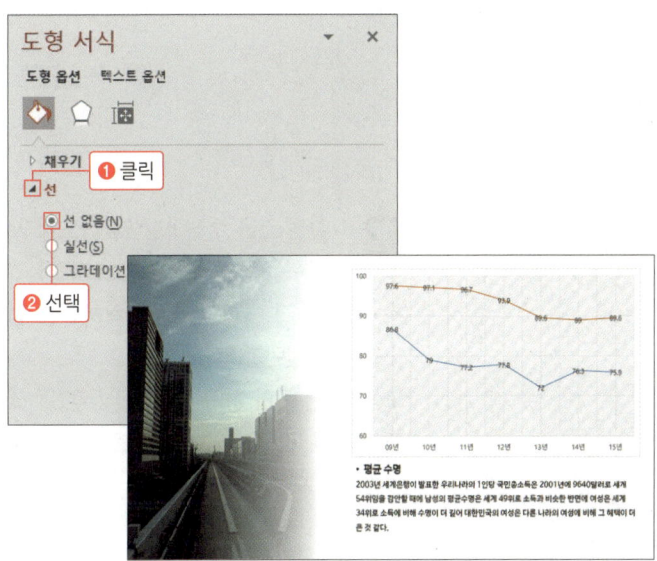

07 [도형 서식] 작업 창에서 선을 '선 없음'으로 선택합니다.
이미지 한쪽만 가장자리가 부드럽게 표현된 것을 확인할 수 있습니다.

1 그라데이션을 이해하라   **225**

기능편

2 그림자와 그라데이션 설정으로 정보 전달 효과를 높여라

인포그래픽 자료 이미지 검색을 하다보면 자주 사용되는 것이 도형에 그림자 효과를 겹쳐서 사용하는 것입니다. 이런 효과는 작은 부분이지만 이미지의 정보 전달 효과를 높일 수 있습니다.

도형에 그림자 효과를 지정하면 완성도를 높일 수 있습니다. 그림자 효과를 활용하는 방법과 도형을 활용한 그림자 방법을 살펴보겠습니다.

그림자 명령 도형에 미리 설정된 그림자를 지정하고 변형하는 방법을 살펴보겠습니다.

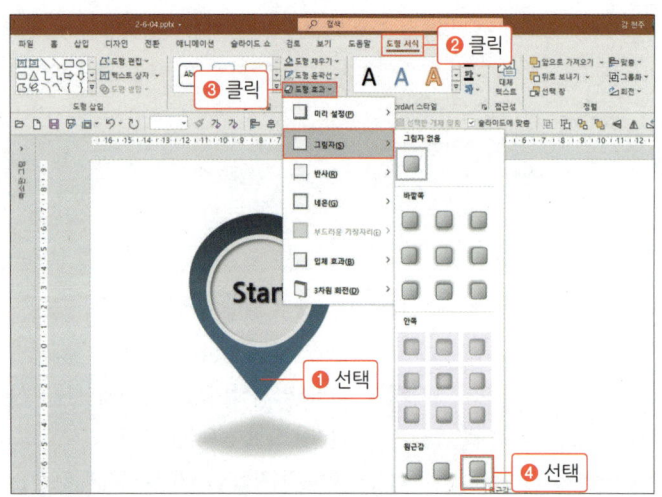

01 그림자를 지정할 도형을 선택하고 [도형 서식] 탭-[도형 스타일] 그룹-[도형 효과]-[그림자]를 클릭한 다음 미리 설정된 그림자 종류 중 [원근감] 항목에서 [아래쪽]을 선택합니다.

• 실습 파일 : 2-6-04.pptx

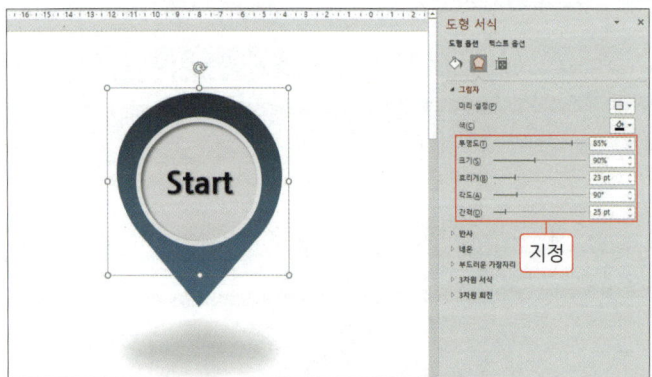

02 설정 값을 수정하기 위해 [도형 서식]-[서식] 탭-[도형 스타일] 그룹-[도형 효과]-[그림자]를 클릭하고 [그림자 옵션]을 선택합니다.
[도형 서식] 작업 창이 나타나면 투명도, 크기, 흐리게, 각도, 간격 등을 조정해서 원하는 형태로 지정합니다.

그림자를 대신하는 그라데이션

그림자 기능을 이용해서 작업하는 경우는 그림자 모양을 원하는 형태로 만들기엔 제약이 있습니다. 그림자의 투명도나 크기, 흐리게, 각도, 간격 등은 조절할 수 있지만 모양 자체를 변형할 수는 없기 때문입니다. 그래서 도형으로 그림자 모양을 만들고 그라데이션으로 색을 지정해서 자연스럽게 그림자 효과로 사용하는 방법을 많이 사용합니다.

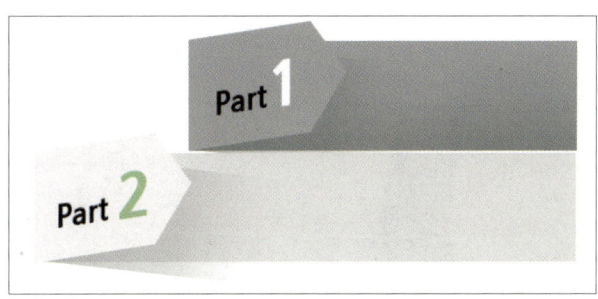

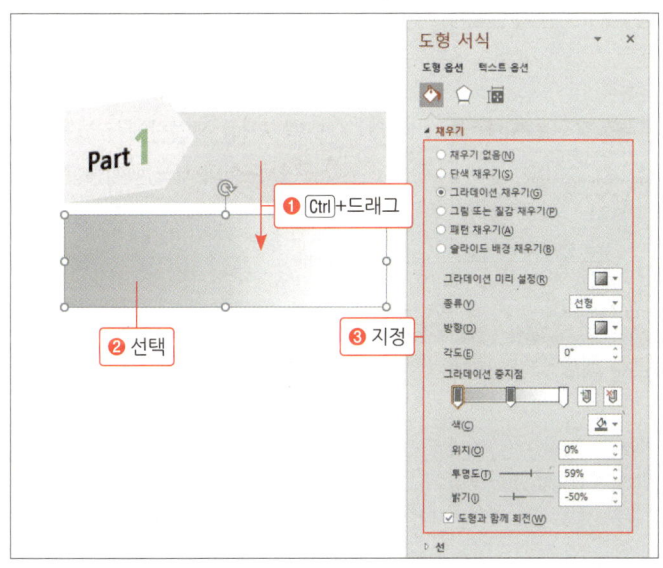

01 도형에 그라데이션을 적용해 그림자를 만들어 보겠습니다. 그림자 모양으로 사용하기 위해 도형을 복제합니다. 그림자로 사용할 도형을 선택한 다음, [도형 서식] 작업 창에서 선은 '선 없음'으로 지정하고 그림자에 적당한 그라데이션 채우기를 지정합니다.

• 실습 파일 : 2-6-05.pptx

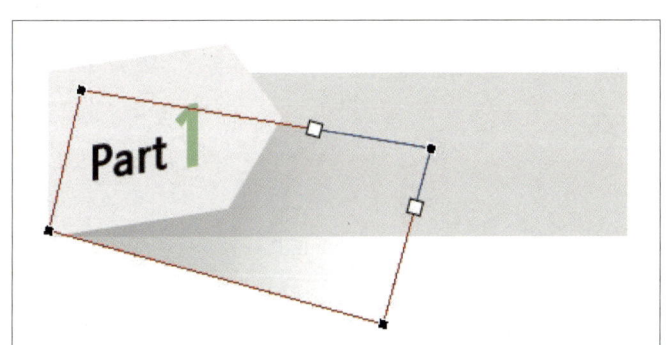

02 그림자로 사용할 도형의 순서를 뒤로 배치하고, 상황에 맞도록 회전하거나 크기를 조정합니다. 모양을 좀 더 다듬고 싶다면 점 편집으로 형태를 조절합니다.

텍스트 상자와 그림자 도형으로 내용 구분하기

자주 사용하는 그림자 도형을 만들고 텍스트 상자나 도형과 함께 사용해서 내용을 구분하는 방법을 살펴보겠습니다.

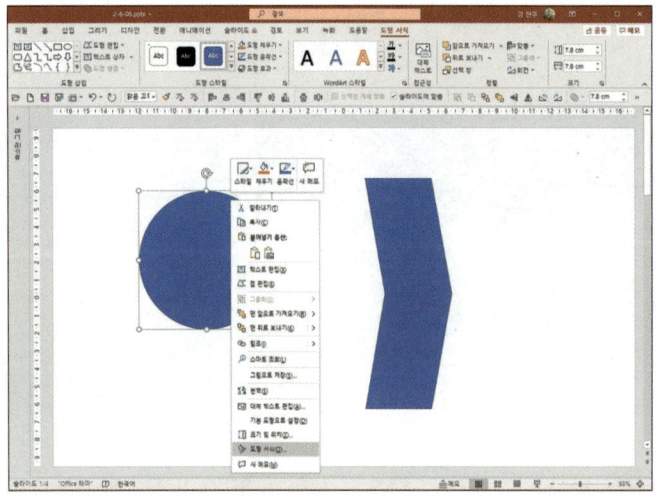

01 그림자로 사용할 도형을 삽입합니다. 예제에서는 '타원'과 '화살표: 갈매기형 수장' 도형입니다. 도형위에서 마우스 오른쪽 버튼을 클릭한 다음 표시되는 바로 가기 메뉴에서 [도형 서식]을 선택합니다.

• 실습 파일 : 2-6-06.pptx

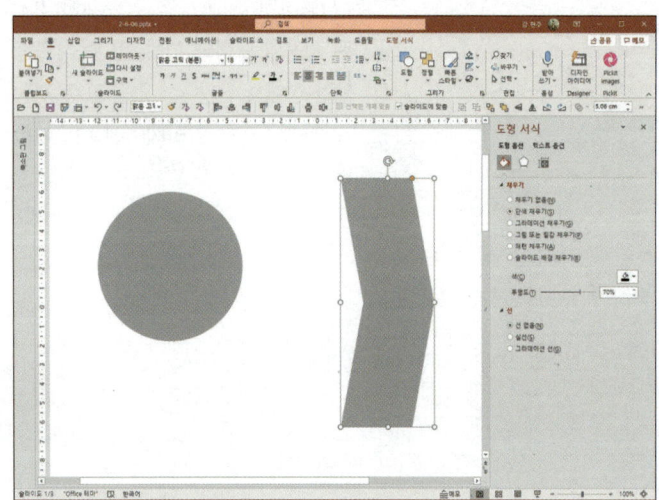

02 [도형 서식] 작업창에서 그림자로 사용할 도형의 서식을 지정합니다.

• 채우기 : 단색 채우기(색 : 검은색, 투명도 : 70%)
• 선 : 선 없음

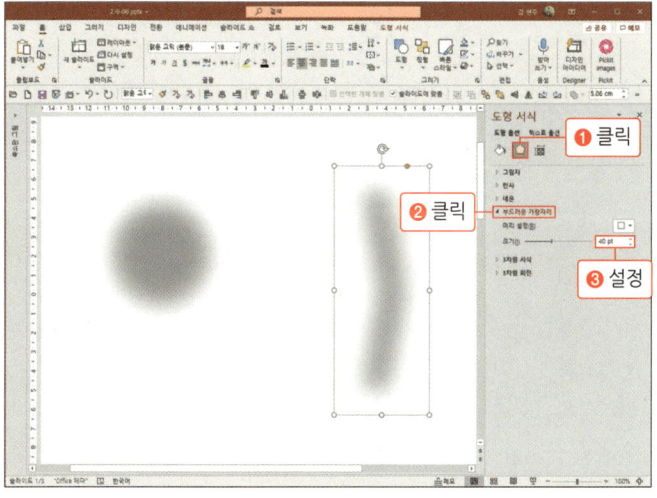

03 [도형 서식] 작업창에서 '효과'를 클릭하고 '부드러운 가장자리'를 확장한 다음 크기를 '40pt'로 설정합니다.

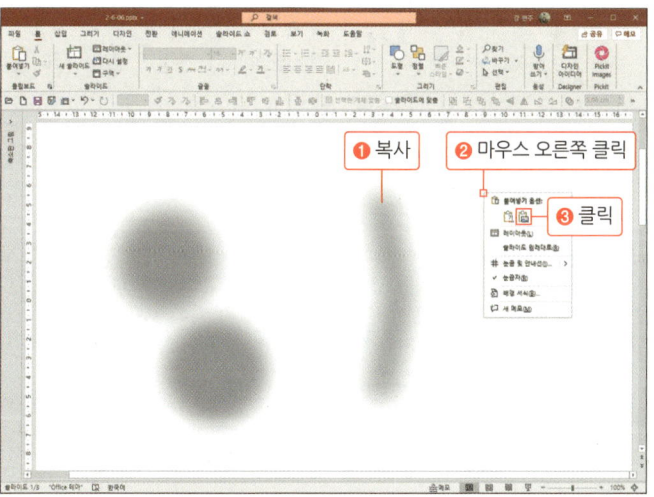

04 도형을 복사합니다. 슬라이드 빈 영역에서 마우스 오른쪽 버튼을 클릭한 다음 표시되는 바로 가기 메뉴에서 '붙여넣기 옵션' 중 [그림]을 선택합니다.

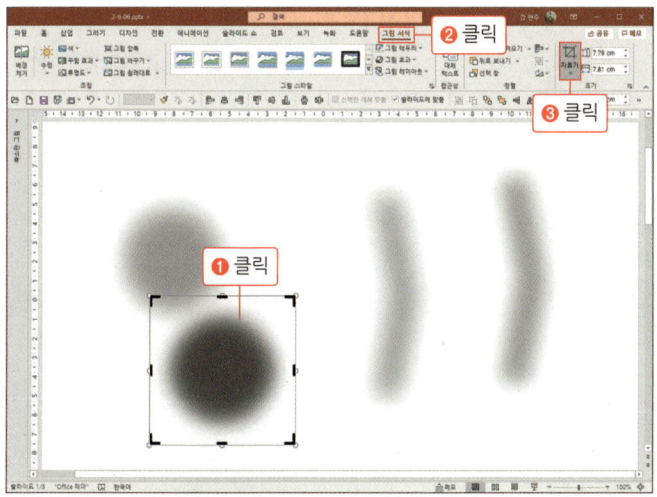

05 그림 형식으로 변환된 그림자를 선택하고 [그림 서식]탭-[크기]그룹-[자르기]를 클릭합니다.

2 그림자와 그라데이션 설정으로 정보 전달 효과를 높여라 **229**

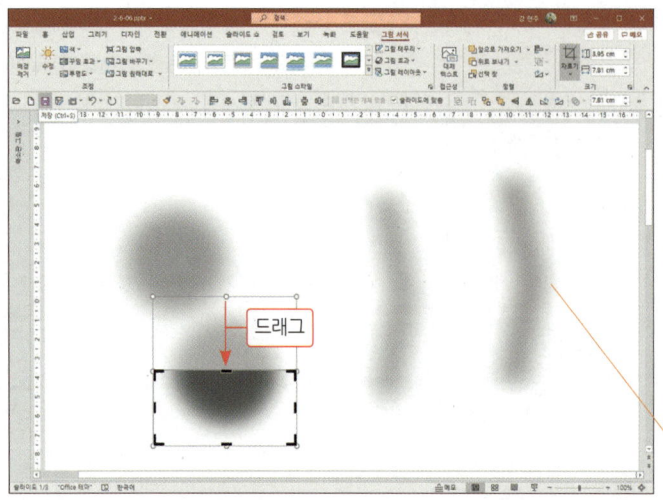

06 자르기 핸들을 조정해서 도형의 반을 자릅니다.

> **Tip** 그림으로 변환하지 않고 도형에서 빼기를 하면, 잘려진 곳까지 부드러운 가장자리가 다시 적용됩니다.

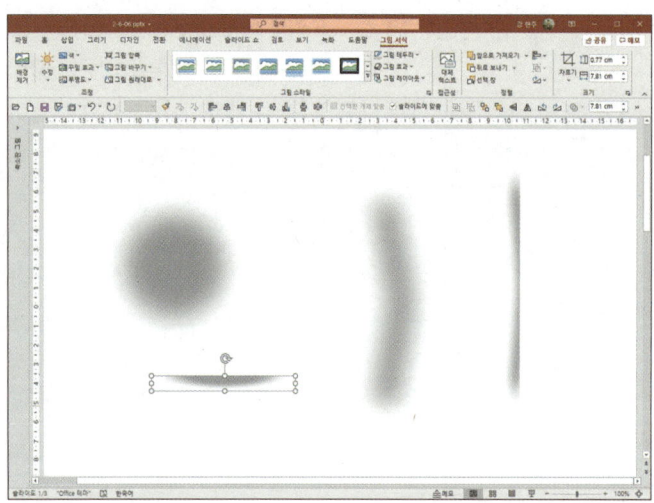

07 만들어진 그림자 도형 높이와 크기를 조절해서 그림과 같이 끝이 날카롭게 만듭니다.

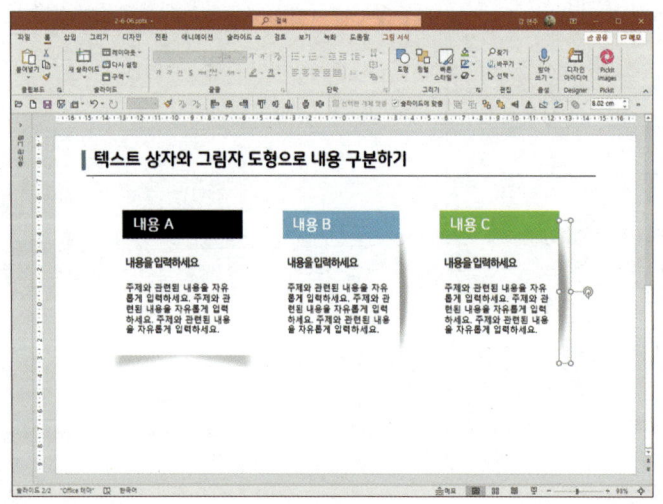

08 이 그림자를 복사해서 필요한 곳에 붙여 넣어 다양하게 활용합니다.

기능편

점 편집으로
도형을 변형시켜라

기본 도형만으로는 부족하다면 점 편집 기능으로 도형을 100% 활용할 수 있습니다. 자유형 도형으로 원하는 도형을 만들고, 점 편집으로 자연스럽게 다듬어서 다양한 디자인 작업을 할 수 있습니다.

점 편집 기능은 도형이 가지고 있는 점과 선을 편집해서 다른 형태로 만드는 기능으로, 아주 활용도 높고 유용합니다.

점 편집 상태의 '편집 점'과 '마우스 포인터 모양'

점 편집 상태에 사용하게 되는 두 가지 형태의 편집 점과 마우스 포인터 모양에 따른 작업 내용을 알아보겠습니다.

1 | 검은색 편집 점(■)

점 위치를 이동해 도형을 변경합니다.

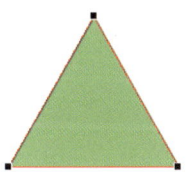

2 | 흰색 편집 점(□)

검은색 편집 점을 클릭하면 나타납니다. 드래그하여 검은색 편집 점 두 개 사이에 있는 선의 곡률을 변경합니다.

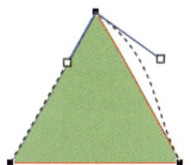

3 | 마우스 포인터가 정확히 점 위에 있을 때 마우스 포인터 모양(✥)

① 드래그하면 점이 이동됩니다.

② 점을 추가·삭제하거나, 열린 경로를 열고 닫거나, 점 종류를 변경할 수 있습니다.

③ 마우스 오른쪽 버튼을 클릭하면 표시되는 바로 가기 메뉴

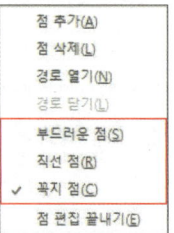

4 | 마우스 포인터가 선 위에 있을 때 마우스 포인터 모양( )

① 드래그하면 점이 추가됩니다.

② 점을 추가하거나, 열린 경로를 열고 닫거나, 선 종류를 변경할 수 있습니다.

③ 마우스 오른쪽 버튼을 클릭하면 표시되는 바로 가기 메뉴

점 편집 상태에서 사용하는 바로 가기 키

1 | 점 추가

Ctrl + 도형 윤곽선을 클릭

2 | 점 삭제

Ctrl + 해당 점을 클릭

3 | 점을 부드러운 점으로 변경

Shift + 해당 점에 연결된 핸들 중 하나를 드래그합니다. 드래그를 중지하면 점이 부드러운 점으로 변경됩니다. 부드러운 점은 길이가 같은 두 개의 선 세그먼트를 연결합니다.

4 | 점을 직선 점으로 변경

Ctrl + 해당 점에 연결된 핸들 중 하나를 드래그합니다. 드래그를 중지하면

점이 직선 점으로 변경됩니다. 직선 점은 길이가 다른 두 개의 선 세그먼트를 연결합니다.

5 | 점을 꼭짓점으로 변경

Alt + 해당 점에 연결된 핸들 중 하나를 드래그합니다. 드래그를 중지하면 점이 꼭짓점으로 변경됩니다. 꼭짓점은 양쪽 선에서 방향을 선택하여 조절할 수 있습니다.

6 | 점 및 선 세그먼트에 대한 변경 내용 취소

마우스 버튼을 놓기 전에 Esc 키를 누릅니다.

점 편집으로 도형 모양 바꾸기

이등변 삼각형을 이용해서 인포그래픽 차트에 많이 나오는 형태를 만들어 보겠습니다.

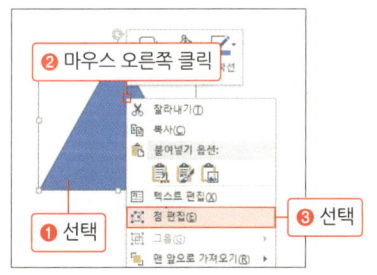

01 이등변 삼각형을 삽입하고, 도형 위에서 마우스 오른쪽 버튼을 클릭한 다음 표시되는 바로 가기 메뉴에서 [점 편집]을 선택합니다.

• 실습 파일 : 2-6-07.pptx

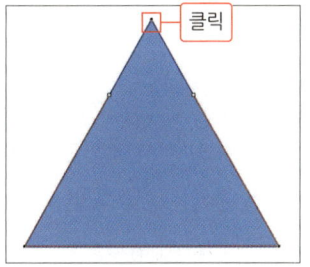

02 위쪽 꼭짓점을 클릭합니다.

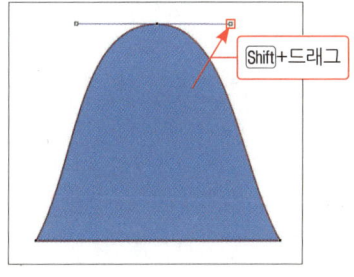

03 점이 선택되면 나타나는 흰색 편집 점 중 하나를 Shift 키를 누른 상태에서 위쪽으로 드래그합니다. 도형 모양을 그림과 같이 만듭니다.

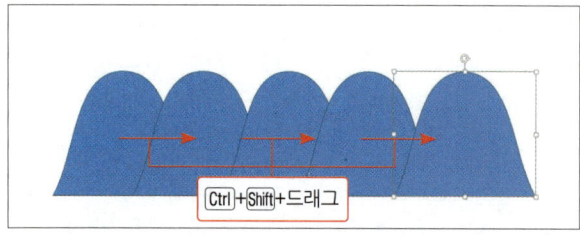

04 도형을 Ctrl+Shift 키를 누른 채 옆으로 드래그하여 필요한 만큼 복제합니다.

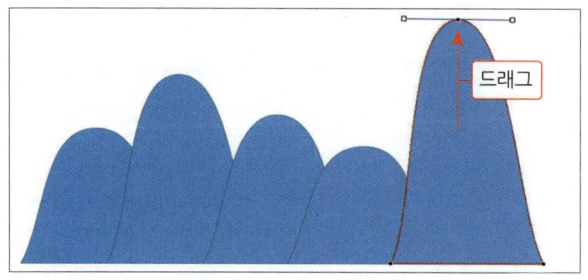

05 하나씩 점 편집을 하면서 높이를 다르게 합니다. 가운데 점에 마우스 포인터를 맞추고 점을 드래그하면 됩니다.

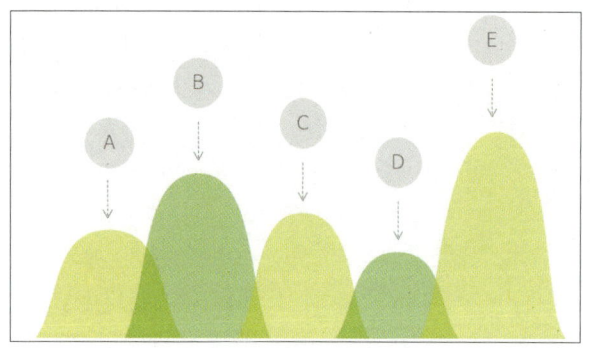

06 도형에 서식을 적용하고 필요한 사항을 추가로 표시합니다.

점 편집 작업을 할 때는 화면 확대 배율 높이기

세밀한 부분을 더 쉽게 작업하려면 화면 확대 배율을 높입니다. 화면 아래 상태 표시줄에서 확대/축소 슬라이더를 오른쪽으로 드래그해 200% 이상으로 설정하는 것이 편리합니다.

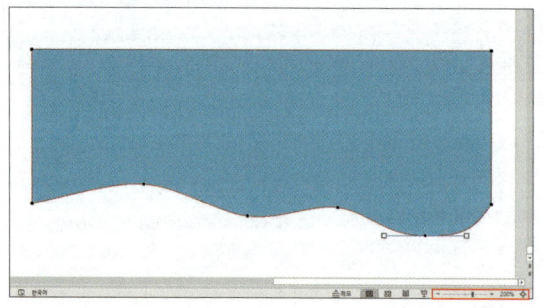

도형 목록에 없는 도형도 만들어 사용하라

도형을 합친다는 점에서 '병합'과 '그룹'이 비슷해 보이지만 두 기능에는 차이가 있습니다. '그룹'은 여러 도형을 한 덩어리로 묶지만 각 도형은 별도의 스타일을 가지고 있습니다. '병합' 명령은 도형을 원하는 모양으로 자르거나, 합쳐진 도형의 스타일을 동일하게 설정하는 등 다양하게 활용할 수 있습니다. '병합' 명령은 그림, 텍스트, 도형 등 여러 종류의 개체끼리 사용할 수 있습니다.

원하는 도형이 기본 제공 도형에 포함되어 있지 않은 경우 [도형 병합]을 사용해서 필요한 도형을 만들 수 있습니다.

[도형 병합]의 종류

병합할 도형을 선택하고 [도형 서식] 탭-[도형 삽입] 그룹-[도형 병합]을 클릭한 다음 원하는 옵션을 선택합니다.

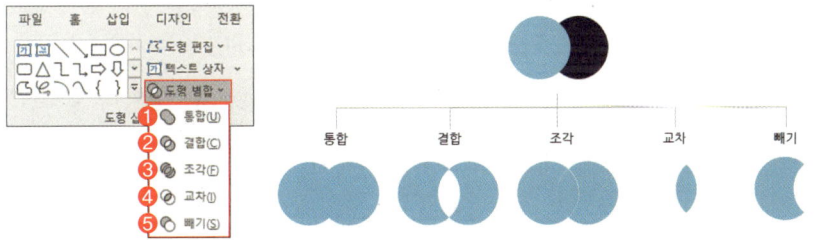

① 통합 : 먼저 선택한 도형 서식이 적용되고, 합집합 부분이 하나의 도형이 됩니다.
② 결합 : 먼저 선택한 도형 서식이 적용되고, 교집합 부분은 삭제됩니다.
③ 조각 : 먼저 선택한 도형 서식이 적용되고, 교차되지 않은 부분과 교집합 부분이 모두 다른 도형으로 됩니다.
④ 교차 : 먼저 선택한 도형 서식이 적용되고, 교집합 부분만 남습니다.
⑤ 빼기 : 먼저 선택한 도형 서식이 적용되고, 나중에 선택한 도형 부분을 제거합니다.

[도형 병합]을 할 때 주의 사항

1 | 셰이프 결합 기능을 이용할 때는 먼저 선택한 도형을 기준으로 결과가 만들어집니다. 특히 '빼기'를 할 때는 도형 선택 순서가 더욱 중요합니다. 먼저 선택한 도형을 남기고 나중에 선택한 도형을 버리게 되기 때문입니다.

2 | 텍스트는 처음 선택한 도형의 것만 남습니다.

3 | 파워포인트 2010에서는 빠른 실행 도구 모음에 등록해서 사용합니다.

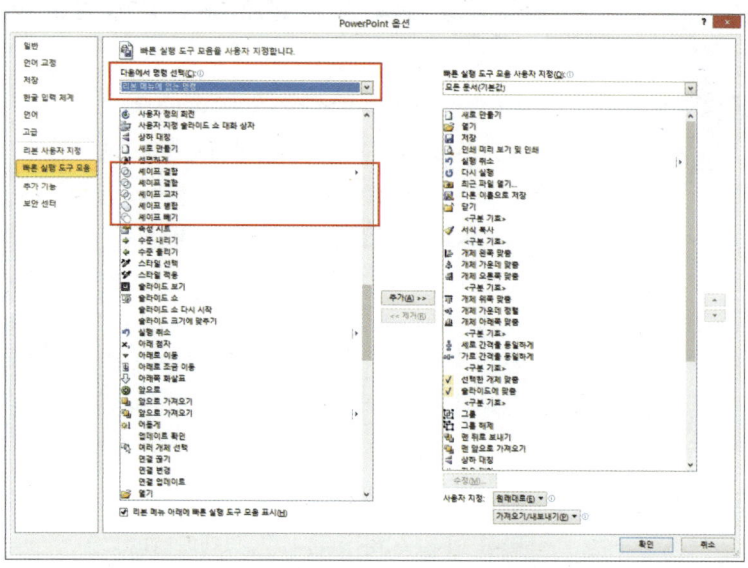

4 | 파워포인트 2010에는 '조각' 명령이 없습니다.

5 | 파워포인트 2010에서 병합 기능을 사용할 때는 도형에 텍스트가 입력되어 있지 않아야 합니다.

6 | 텍스트와 도형의 병합은 파워포인트 2013 이후 버전에서만 가능합니다.

병합 기능으로 새로운 도형 만들기

특정 글자 모양으로 구멍이 뚫린 도형을 만들어 사진이나 다른 도형을 꾸미는 방법을 살펴보겠습니다.

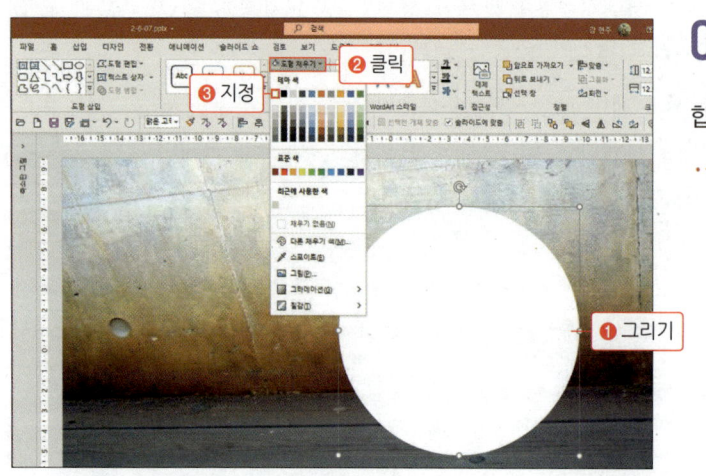

01 | 적당한 크기의 원을 그리고 원하는 채우기와 윤곽선으로 서식을 지정합니다.

• 실습 파일 : 2-6-08.pptx

02 | 텍스트 상자를 이용해 원하는 문구를 입력하고 개체를 적당한 위치로 정렬합니다.

03 | 병합을 위해 원을 먼저 선택하고 Shift 키를 이용해 텍스트를 선택합니다. [도형 서식] 탭-[도형 삽입] 그룹-[도형 병합]-[빼기]를 클릭합니다.

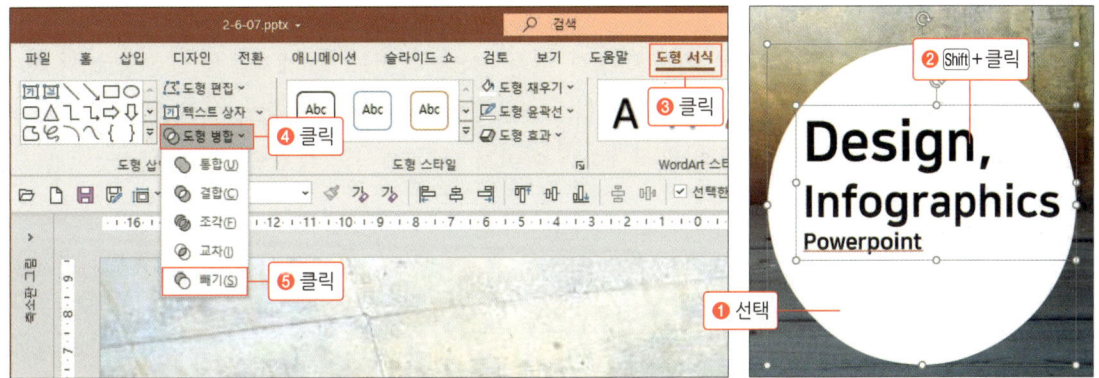

Tip [도형 병합] 명령은 먼저 선택한 도형을 기준으로 결과가 만들어집니다. '원'을 변형시킬 것이니 먼저 선택하고 다음에 '텍스트'를 선택합니다.

04 | 원형에 텍스트 형태가 빠진 모습을 확인할 수 있습니다.

05 그림과 같이 원을 더 삽입해 테두리를 만들거나, 선을 추가해서 슬라이드를 꾸밉니다.

[점 편집]이나
[도형 병합] 등으로
자신만의 도형을
만들었을 때
저장하는 방법

파워포인트에서 작성한 도형이나 슬라이드 등 개체들을 그림으로 저장해서 사용할 수 있습니다. 그림으로 저장하는 방법은 간단하지만 이 기능을 잘 활용하려면 저장하는 이미지 파일 형식의 특징을 알고 있는 것이 필요합니다.

01 홈페이지나 SNS, 또는 다른 곳에 사용하려는 도형 위에서 마우스 오른쪽 버튼을 클릭하고 표시되는 바로 가기 메뉴에서 [그림으로 저장]을 선택합니다.

· 실습 파일 : 2-6-09.pptx

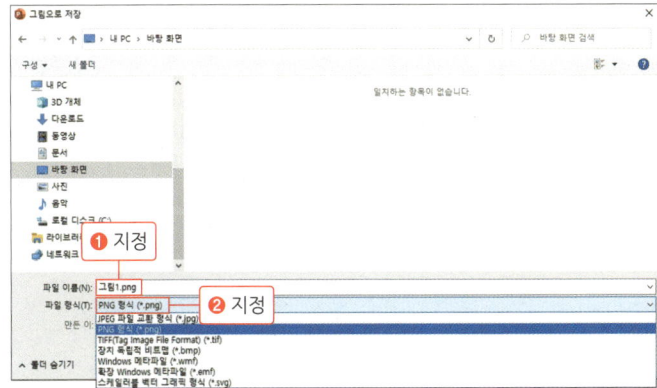

02 [그림으로 저장] 대화상자가 표시되면 파일 이름을 지정하고 파일 형식을 비교하기 위해 'png'와 'jpg'로 두 번 저장합니다.

03 'png'와 'jpg'로 저장된 이미지를 삽입해 보면 배경이 어두운 경우 두 이미지의 차이를 쉽게 구별할 수 있습니다. 배경이 투명한 상태로 이미지를 사용하기 위해서는 'png' 형식으로 저장합니다.

> **Tip** 이미지 파일 형식
>
> • JPEG(Joint Photographic Experts Group)
> 사진 이미지를 위해 개발된 형식으로 손실 압축 기법을 사용합니다. 일반적으로 가장 많이 사용되는 형식입니다.
>
> • GIF(Graphics Interchange Format)
> 온라인 전송을 위해 만든 그래픽 포맷으로, 색상의 무손실 압축 기술을 사용합니다. 보통 8비트 256색만 지원합니다. 간단한 도형, 로고, 만화 그림처럼 색이 많지 않은 이미지를 저장하는 데 적합합니다. 또한 애니메이션 효과를 내는 데도 사용되는데, 비디오 포맷만큼 압축률이 좋지는 않습니다.
>
> • PNG(Portable Network Graphics)
> GIF를 대체하기 위해 만들어진 오픈 소스 파일 포맷입니다. PNG 파일은 8비트(투명도 옵션이 존재), 24비트 트루 컬러(1600만 색), 알파 채널이 옵션인 48비트 트루 컬러를 지원합니다. GIF 포맷은 256색과 단일 투명색만을 지원합니다.
>
> • SVG(Scalable Vector Graphics)
> 2차원 벡터 그래픽을 표현하기 위한 XML 기반의 파일 형식으로, 1999년 W3C(World Wide Web Consortium)의 주도하에 개발된 오픈 표준의 벡터 그래픽 파일 형식입니다.
>
> • WMF(Windows MetaFile)
> 마이크로소프트 사의 윈도우에서 벡터 그래픽스(vector graphics)를 응용 프로그램 간에 교환하기 위하여 저장하는 데 사용되는 이미지 파일 형식입니다. WMF 확장자를 갖는 클립아트는 분해되는 속성이 있습니다.
> – 16 비트 버전의 WMF 형식의 파일 확장자 : *.WMF
> – 32 비트 버전의 EMF(Enhanced Metafile) 확장자 : *.EMF

PART
03

실전! 양식부터 차트, 실무 보고서 작업하기

보고서 작성을 위한 파워포인트 활용 방법

파워포인트가 가지고 있는 다양한 도형과 이미지 기능을 활용하면, 전문 디자이너가 아니더라도 쉽게 자료를 시각화할 수 있습니다. 기본 기능을 정확히 이해한다면 다양하게 활용할 아이디어가 떠오를 것입니다. 결과물을 얻으려면 한 가지 방법만 있는 것은 아닙니다. 작성 방법에 정답은 없으니 자신만의 제작 방법을 생각해 보는 것도 재미있는 일이 될 것입니다.

보고서 양식을 만들어 빠르게 작업하라

파워포인트로 보고서를 작성할 때 여러 슬라이드 디자인을 빠르게 변경하는 방법이 궁금했다면 꼭 알아야 하는 것이 슬라이드 마스터입니다. 슬라이드 마스터를 이용하면 빠르게 슬라이드 내용을 입력할 수 있고, 작업한 다음 수정 작업도 편리하게 할 수 있습니다.

슬라이드 마스터를 사용한 작업의 장점

- 빠른 입력
- 일관된 디자인
- 편리한 수정

활용편

반복되는 입력 형태가 있다면, 마스터를 사용하라

홍보 포스터처럼 슬라이드 간에 규칙이 없는 작업을 할 때는 한장 한장 별도의 슬라이드를 제작합니다. 하지만 대부분의 보고서에는 전체 디자인을 일관되게 만드는 규칙이 있습니다. 회사의 로고나 페이지 번호의 위치, 제목이나 본문의 서식 등은 모든 페이지에서 동일하게 사용하는 것이 좋습니다. 이렇게 공통된 사항이 있다면 슬라이드 마스터를 사용해서 효율적으로 관리할 수 있습니다.

보고서를 작성할 때 주로 사용하는 입력 형태가 반복된다면 유형을 만들어 두고 사용하는 방법이 편리합니다. 특히 파워포인트로 작성하는 보고서라면 유형을 지정할 때 표, 차트, SmartArt 그래픽 등을 하나의 유형으로 파악할 수 있습니다. 여러 종류의 개체를 포함할 수 있는 개체 틀을 사용해서 위치와 크기를 지정해 두고, 미리 설정한 레이아웃을 사용한다면 효율적으로 보고서를 작성하고 수정할 수 있습니다.

보고서에 사용할 유형 결정하기

보고서를 작성하기 위해 자료를 정리하면서 어떤 형태로 슬라이드를 만들어야 할지 스케치를 대략 하는 것이 좋습니다. 이 과정에서 필요한 레이아웃이 결정되기 때문입니다.

그럼 미리 만들어진 보고서를 보고 거꾸로 어떤 형태의 레이아웃이 있었으면 작업이 편리했을까를 생각해 보겠습니다.

▲ 참고 자료 : 한국관광공사 공사 발간 보고서, 2014 중국 및 일본 지역 광고 효과 분석 모델(goo.gl/MfftpFj)

예로 살펴본 보고서에서 동일한 레이아웃으로 작성할 수 있는 슬라이드를 추려 보겠습니다. 너무 세밀하게 레이아웃을 지정하면 오히려 불편함을 느낄 수 있습니다. 적당한 범위 안에서 레이아웃을 활용하는 것이 좋습니다. 공통적으로 사용할 수 있는 정도에 따라 레이아웃을 지정하면 됩니다.

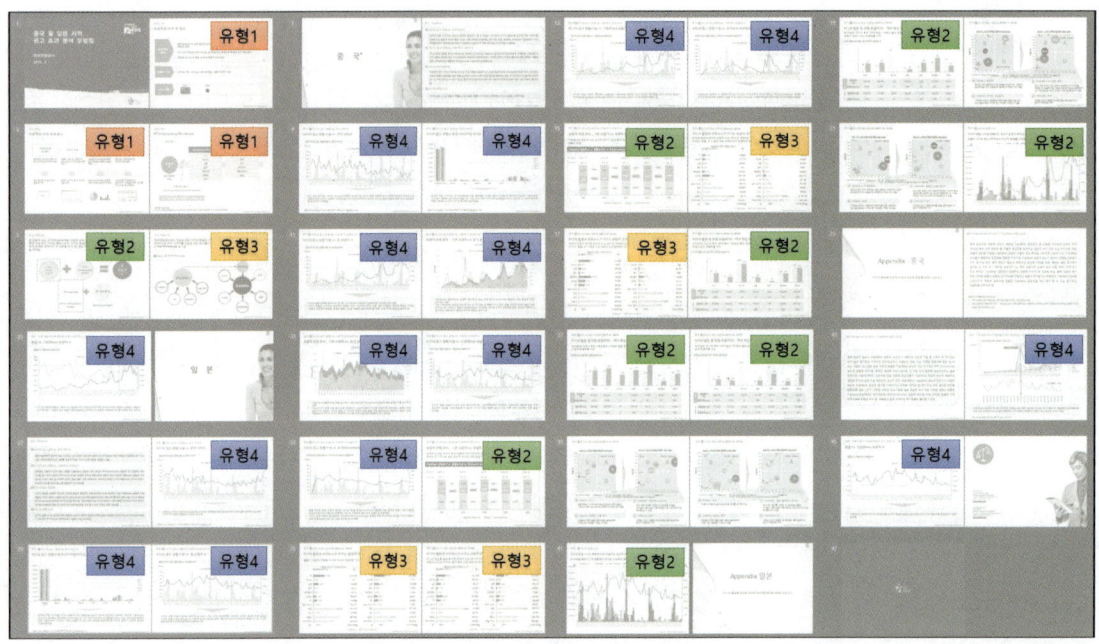

1 | 유형 1 : 제목, 개체 1단

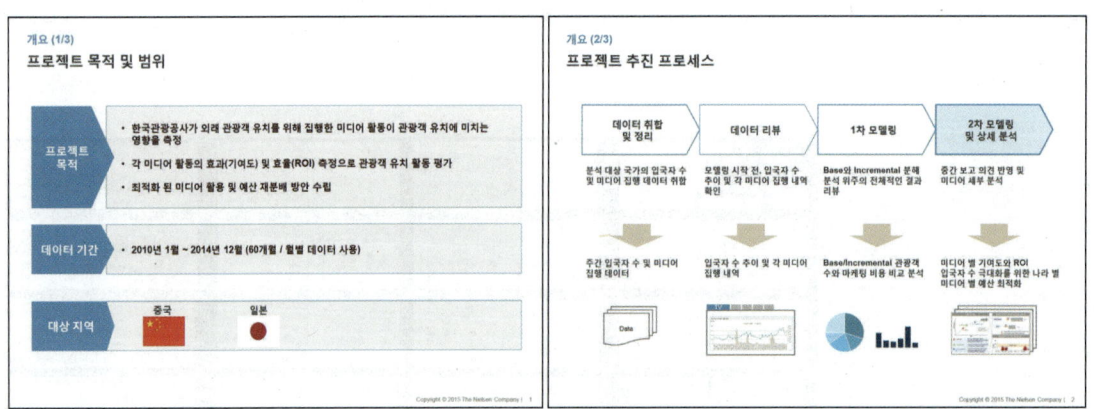

2 | 유형 2 : 제목, 위쪽 1단 텍스트, 아래쪽 1단 개체

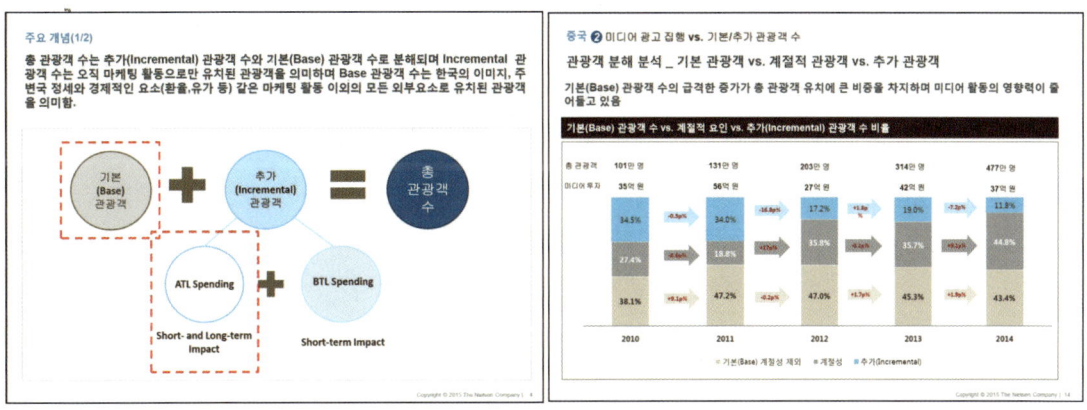

3 | 유형 3 : 제목, 위쪽 1단 텍스트, 아래쪽 2단 개체

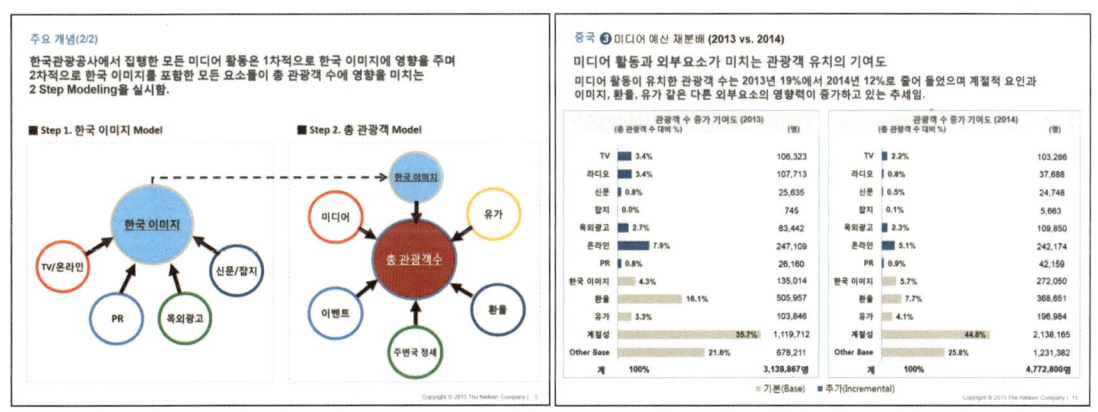

4 | 유형 4 : 제목, 위쪽 1단 개체, 아래쪽 1단 텍스트

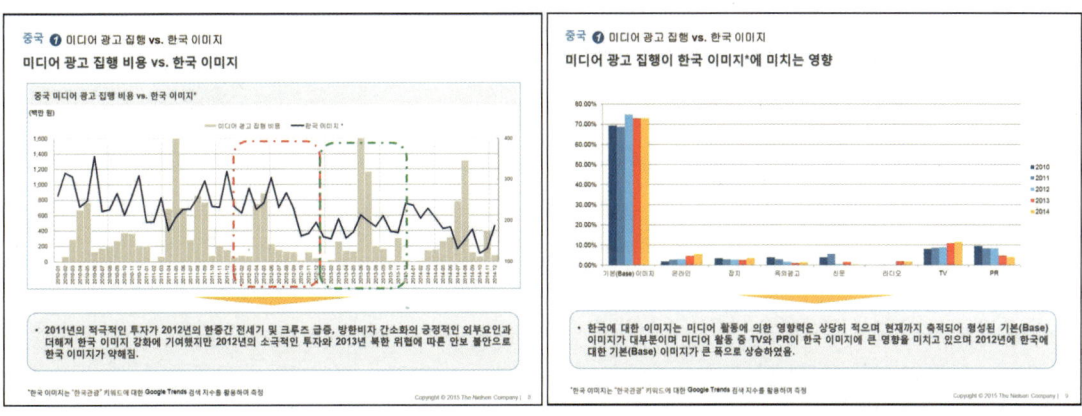

일반적으로 보고서의 모든 페이지가 이렇게 형태에 딱 맞는 것은 아니기 때문에 공통되는 최소의 형태만 레이아웃을 지정합니다. 그리고 슬라이드를 작성하는 단계에서 레이아웃을 활용하지 못하는 나머지 페이지는 상황에 맞게 개체를 추가하면서 작업하게 됩니다.

슬라이드 마스터와 슬라이드 레이아웃

간단히 말하면 슬라이드 마스터는 입력에 필요한 다양한 형태의 슬라이드 레이아웃을 관리하는 집합입니다. 슬라이드 마스터에서는 영향을 받는 하위 레이아웃에 공통으로 적용되는 다섯 가지 개체 틀(제목, 텍스트, 날짜, 슬라이드 번호, 바닥글)의 서식, 위치, 크기에 관한 설정과 배경, 프레젠테이션 테마에 관한 설정을 합니다.

슬라이드 레이아웃은 실제 슬라이드 작성에 이용되는 슬라이드 형태의 종류입니다. 슬라이드를 작성할 때 처음부터 하나하나 개체를 삽입해서 만드는 것보다, 레이아웃을 준비해서 필요한 레이아웃이 적용된 슬라이드로 시작하는 것이 빠르고 쉽습니다.

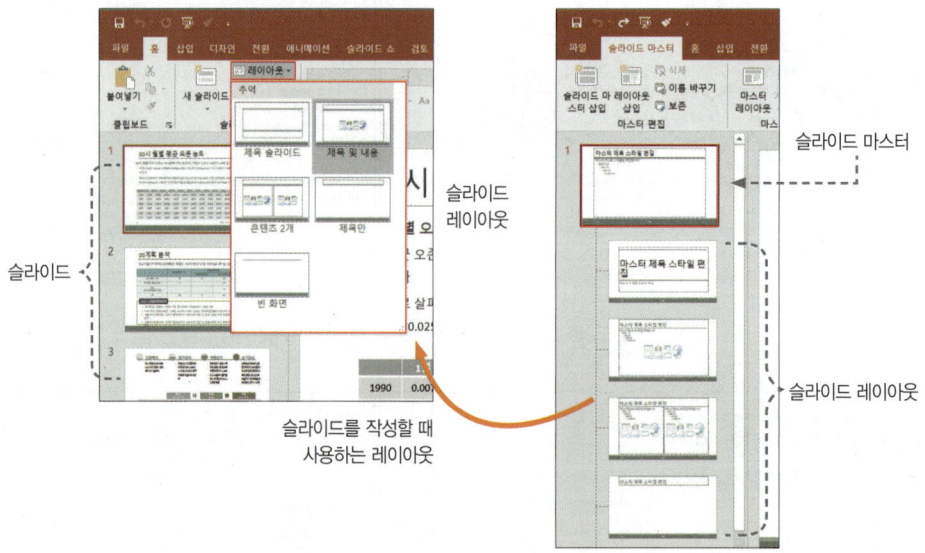

> **Tip** 용어 정리
> - 슬라이드 : 파워포인트에서 만들어지는 페이지입니다.
> - 슬라이드 마스터 : 슬라이드에서 내용을 구성하는 텍스트 및 개체의 위치, 크기, 스타일 등과 배경, 색 테마, 효과, 애니메이션 등의 정보가 저장되는 최상위 슬라이드입니다.
> - 슬라이드 레이아웃 : 슬라이드 마스터에 속한 하나하나의 슬라이드 형태입니다. 이것은 슬라이드에서 사용하는 제목 및 부제목 텍스트, 그림, 표, 차트, 도형, 동영상과 같은 개체들의 배열 형태를 지정합니다.
> - 테마 : 파워포인트에서 디자인 작업이 쉽도록, 색상과 글꼴 및 효과 등이 준비된 디자인 세트입니다. 테마에는 슬라이드 마스터와 관련 레이아웃 집합이 포함되어 있습니다.

보고서에서 마스터로 지정해야 하는 필수 항목

모든 슬라이드에 공통된 내용은 마스터에서 지정하는 것이 편리합니다. 되도록 필요한 레이아웃을 만들고 작업하는 것이 좋지만, 어렵다면 다음 항목 정도만이라도 마스터에서 지정하는 것이 편리합니다.

1 | 개체 틀 글꼴 관련 서식

폰트, 크기, 줄 간격, 단락 간격 등 글꼴에 관한 기본적 서식을 지정합니다.

2 | 머리글에 해당하는 내용

보고서용 파워포인트는 배경이 진하거나 디자인이 복잡하지는 않습니다. 주로 슬라이드 위와 아래 영역에 간단한 선을 긋거나 로고 등으로 단순하게 꾸미게 되는데, 이런 것을 마스터에서 지정하여 배경처럼 사용할 수 있습니다.

3 | 페이지 번호

페이지 번호에 관한 위치, 크기 등 서식을 마스터에서 지정하면 모든 슬라이드에서 같은 설정 값으로 사용할 수 있습니다.

4 | 바닥글에 해당하는 내용

머리글처럼 로고나 회사명 등 공통으로 사용하는 내용을 마스터에서 입력합니다.

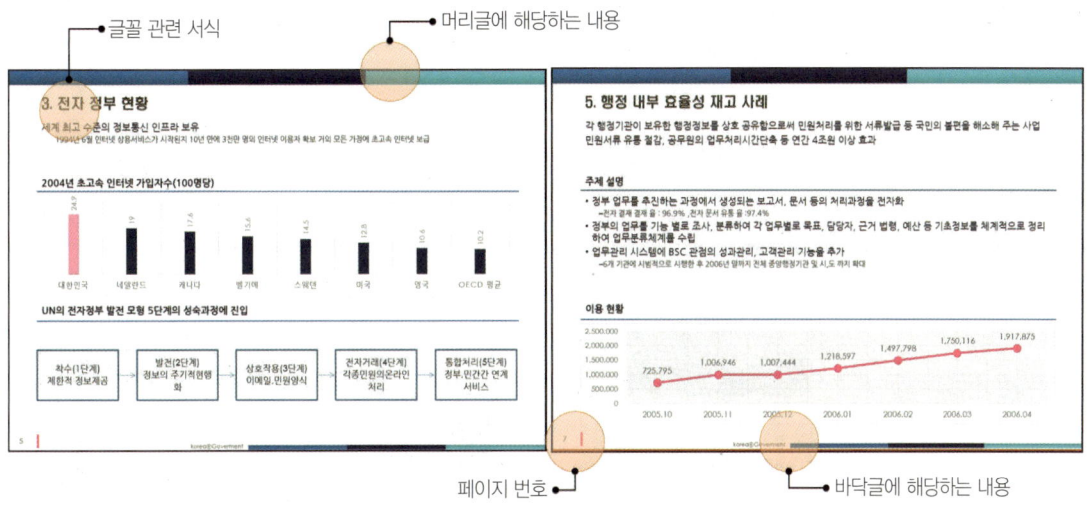

1 반복되는 입력 형태가 있다면, 마스터를 사용하라

슬라이드 레이아웃에서 '개체'와 '개체 틀'의 차이점

슬라이드 레이아웃 내용 중 실제 슬라이드에 입력할 수 있는 것은 '개체 틀' 밖에 없습니다. 만약 슬라이드 레이아웃에 '그림 개체 틀'과 '그림 개체'를 삽입한 경우, '그림 개체 틀'은 그림을 선택해서 삽입하고 수정할 수 있지만, '그림 개체'가 삽입된 경우는 슬라이드에서 선택도 할 수 없고 수정도 할 수 없습니다. 개체로 배경처럼 삽입된 그림이나 텍스트는 마스터 상태에서 삭제하거나 수정해야 합니다.

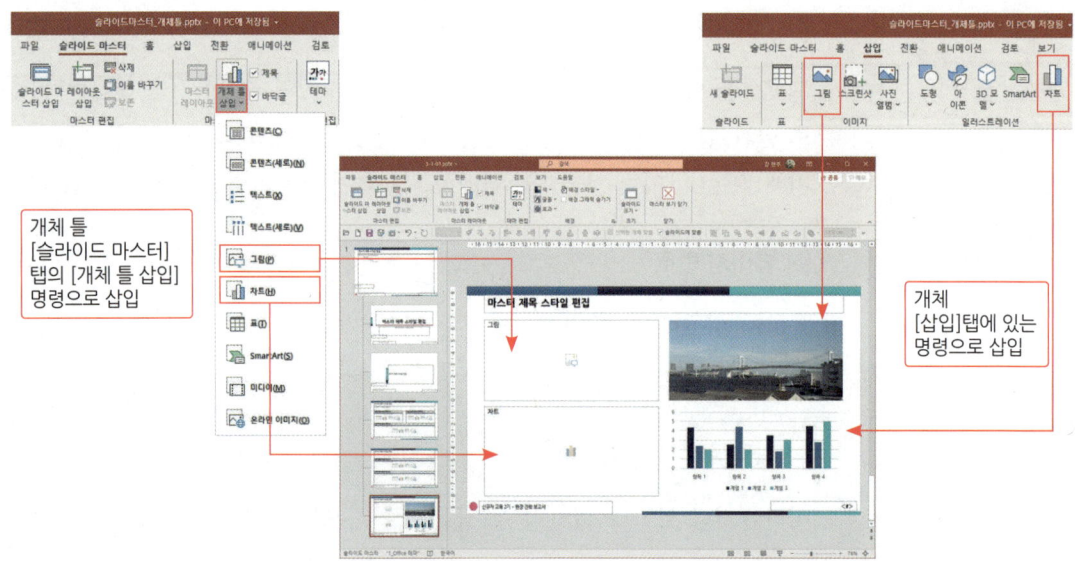

개체 틀
[슬라이드 마스터] 탭의 [개체 틀 삽입] 명령으로 삽입

개체
[삽입]탭에 있는 명령으로 삽입

슬라이드 마스터 상태	실제 슬라이드 작성 단계
슬라이드 레이아웃에 삽입된 그림과 차트 개체 틀(왼쪽), 그림과 차트 개체(오른쪽)	왼쪽의 '개체 틀' : 슬라이드에서 그림이나 차트를 원하는 것으로 삽입할 수 있는 틀입니다. 오른쪽의 '개체' : 그림이나 차트를 선택하거나 수정할 수 없이 배경처럼 취급됩니다. 프레젠테이션 모든 슬라이드에 로고를 넣을 때 개체를 삽입하면 좋습니다.

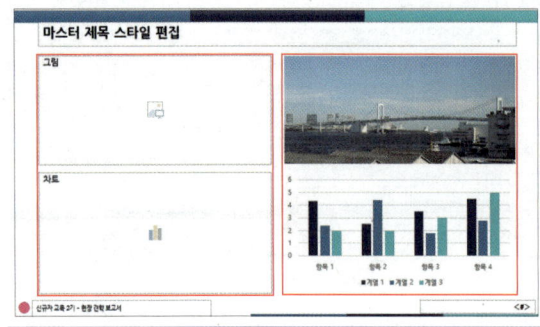 

활용편

2 그림 설명이 계속되는 보고서 쉽게 만들기

기본으로 제공되는 슬라이드 레이아웃이 작성하려는 보고서와 형식이 맞지 않다면 직접 원하는 레이아웃을 만들어서 사용할 수 있습니다. 이것을 '사용자 지정 레이아웃'이라고 합니다. 많이 사용하는 슬라이드의 형태를 만들어서 빠르게 입력하고 편리하게 수정하는 방법을 살펴보겠습니다.

예를 들어 제품 관련 보고서를 만들거나 업체 견학 후 보고서를 만들게 되면, 사진 자료와 그에 따른 설명을 입력하는 형태로 작업하게 됩니다. 이런 경우에도 슬라이드 레이아웃을 내가 원하는 형태로 지정해서 관리하면 입력이나 수정이 훨씬 쉽습니다. 그림 설명이 계속되는 보고서 레이아웃을 만들어 활용해 보겠습니다.

슬라이드 마스터 편집 작업 순서

1 | 단계. 불필요한 슬라이드 레이아웃 삭제하기
- 이미 사용 중인 슬라이드 레이아웃은 삭제할 수 없습니다.

2 | 단계. 슬라이드 마스터에서 지정할 내용 설정하기
- 글꼴 서식(테마 글꼴 지정)을 지정합니다.
- 내용이 들어가는 위치를 안내선으로 구분합니다.
- 머리글/바닥글 역할을 하는 내용(로고나 슬라이드 번호)을 지정합니다.

3 | 단계. 슬라이드 레이아웃을 수정하거나 추가하기
- 슬라이드 마스터에서 설정한 내용을 이어받아 레이아웃을 작성하게 됩니다.
- 슬라이드 레이아웃 수정은 항상 슬라이드 마스터 수정 작업이 끝난 다음에 합니다. 개별적으로 슬라이드 레이아웃에서 제목 위치나 글꼴 크기를 변경한 다음부터는 슬라이드 마스터에서 지정하는 설정 값이 바로 반영되지 않습니다.

1단계 - 불필요한 슬라이드 레이아웃 삭제하기

파워포인트에는 기본적으로 오피스 테마가 적용되어 있고, 열한 개의 슬라이드 레이아웃이 제공됩니다. 하지만 이 열한 개의 슬라이드 레이아웃이 내 보고서와는 맞지 않아 사용하지 않는 것이 대부분일 것입니다. 필요 없는 것들은 정리하고 작업하는 것이 슬라이드 마스터를 관리하기 편리합니다.

01 새 프레젠테이션을 만들고 [보기] 탭-[마스터 보기] 그룹-[슬라이드 마스터]를 클릭합니다.

• 결과 파일 : 3-1-01.pptx

> **Tip** • 빠른 보기 전환 조합키
>
>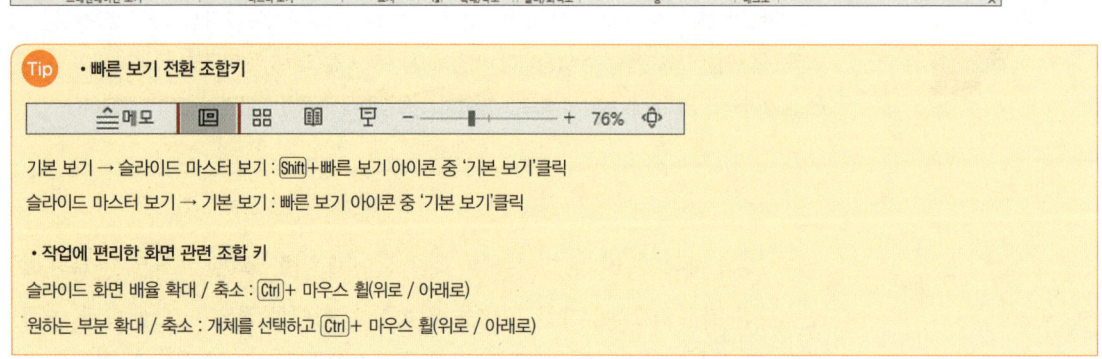
>
> 기본 보기 → 슬라이드 마스터 보기 : Shift+빠른 보기 아이콘 중 '기본 보기'클릭
>
> 슬라이드 마스터 보기 → 기본 보기 : 빠른 보기 아이콘 중 '기본 보기'클릭
>
> • 작업에 편리한 화면 관련 조합 키
>
> 슬라이드 화면 배율 확대 / 축소 : Ctrl + 마우스 휠(위로 / 아래로)
>
> 원하는 부분 확대 / 축소 : 개체를 선택하고 Ctrl + 마우스 휠(위로 / 아래로)

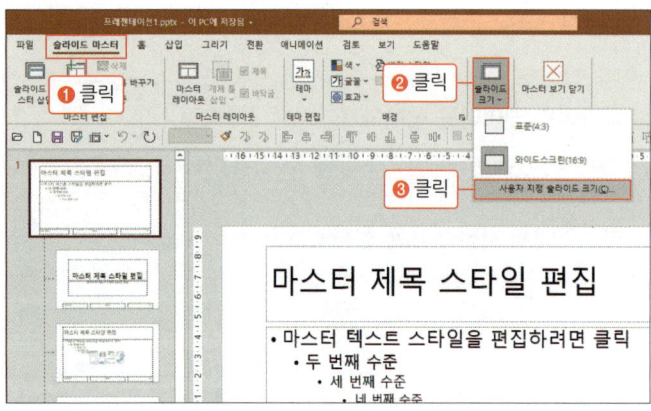

02 보고서를 만들 것이기 때문에, [슬라이드 마스터] 탭-[크기] 그룹-[슬라이드 크기]-[사용자 지정 슬라이드 크기]를 클릭합니다. 슬라이드 크기를 'A4 용지'로 변경합니다.

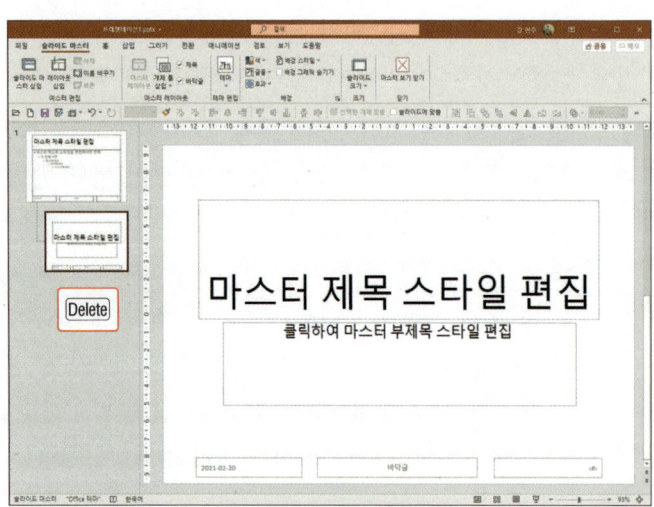

03 새롭게 레이아웃을 만들어 사용할 것입니다. 사용하지 않는 레이아웃이 있다면 삭제합니다. 예제에서는 제목 슬라이드 레이아웃만 남기고 모두 Delete 키를 눌러 삭제했습니다.

2단계 - 슬라이드 마스터에서 지정할 내용 설정하기

글꼴이나 슬라이드 번호처럼 슬라이드 레이아웃에서 공통으로 사용할 내용을 지정합니다.

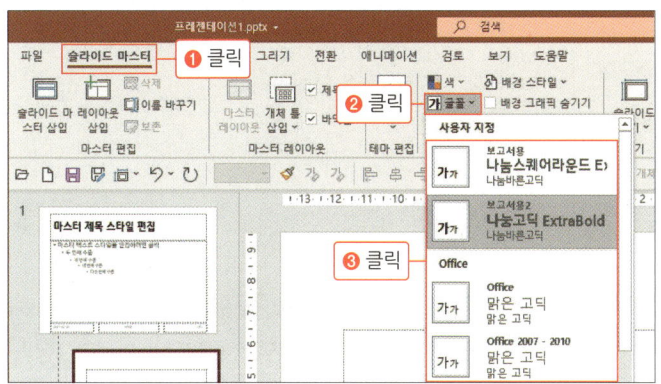

01 [슬라이드 마스터] 탭-[배경] 그룹-[글꼴]을 클릭하고, 사용할 글꼴 세트를 선택하거나 새로 만듭니다.

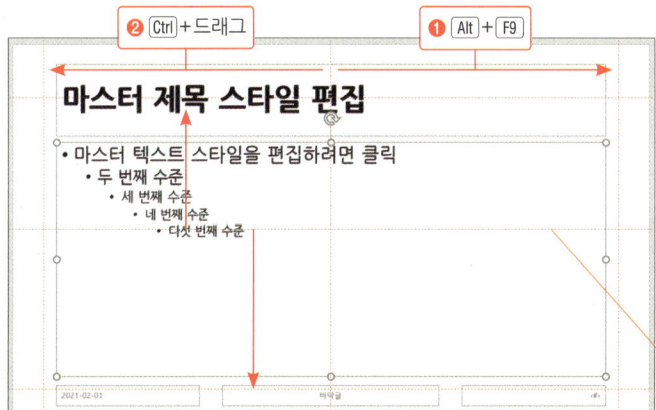

02 슬라이드 마스터를 선택한 다음, Alt + F9 키를 눌러 안내선을 보이게 하고 Ctrl 키와 함께 드래그해서 가로세로 보고서 내용의 외곽 영역을 표시합니다.

> **Tip** 마스터에서 안내선을 지정하면, 슬라이드에서 안내선을 이동하거나 삭제할 수 없습니다.

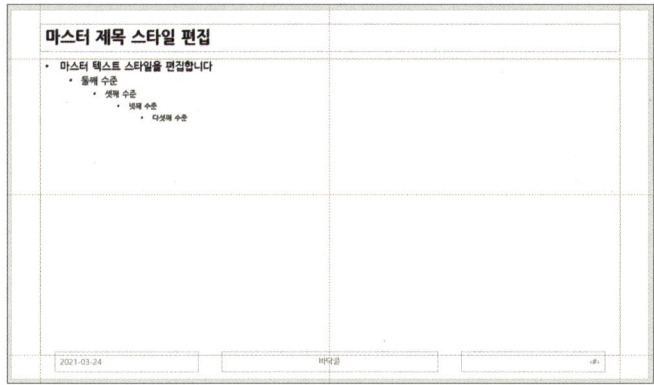

03 안내선에 맞춰 제목과 본문 개체 틀 위치와 글꼴 크기를 조절합니다.

> **Tip** 본문 개체 틀처럼 여러 개의 글꼴 크기가 있는 개체를 상대적인 비율은 유지한 상태에서 크기를 조절하려면 단축키를 사용하는 것이 편리합니다.
> - 글꼴 크기 크게 : Ctrl+] 또는 Ctrl+Shift+>
> - 글꼴 크기 작게 : Ctrl+[또는 Ctrl+Shift+<
> - 명령 위치 : [홈] 탭-[글꼴] 그룹-[글꼴 크기 크게/작게]
>
>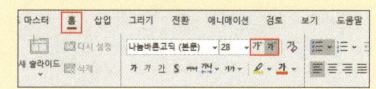

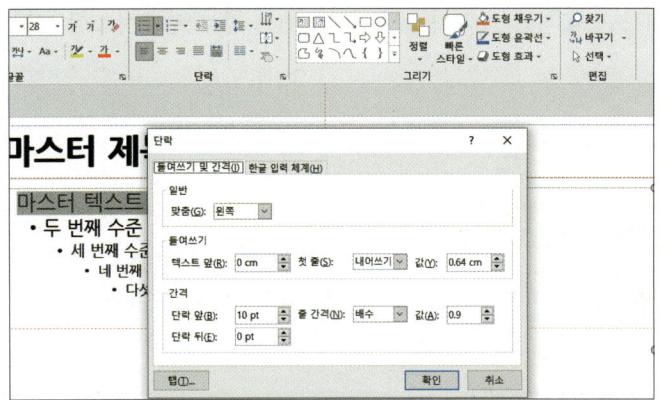

04 본문 개체 틀에서 사용할 텍스트 글머리 기호 사용 여부, 들여쓰기, 단락 간격, 줄 간격 등을 수준별로 하나씩 지정합니다. 슬라이드 마스터에서 한 번 지정하면 슬라이드 작성 단계에서 하나씩 지정하지 않아도 됩니다. 효율성을 생각한다면 필수 요소입니다.

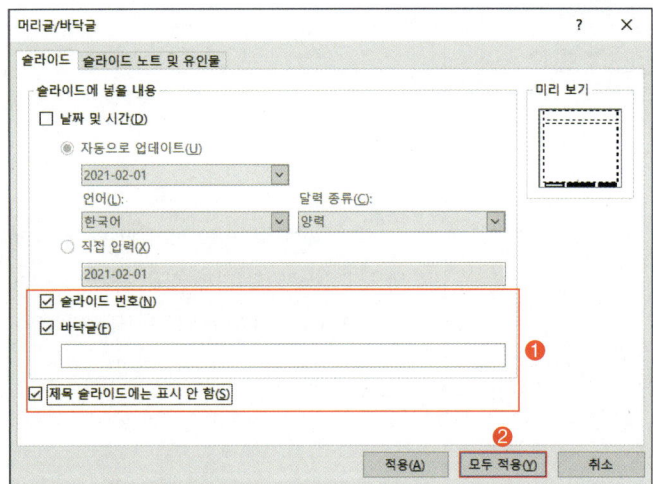

05 슬라이드 번호를 사용하려면 사용 여부를 설정해야 합니다. [삽입] 탭-[텍스트] 그룹-[머리글/바닥글]을 클릭합니다. [머리글/바닥글] 대화상자가 표시되면 필요한 내용을 지정하고 〈모두 적용〉 버튼을 클릭합니다.

- '슬라이드 번호'에 체크
- 바닥글 입력
- '제목 슬라이드에는 표시 안 함'에 체크

Tip 〈적용〉 버튼을 클릭하면 현재 슬라이드에만 삽입됩니다.

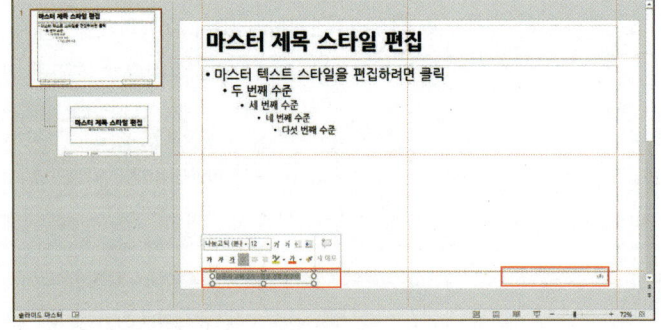

06 '슬라이드 번호'와 '바닥글'의 위치와 서식을 지정합니다.

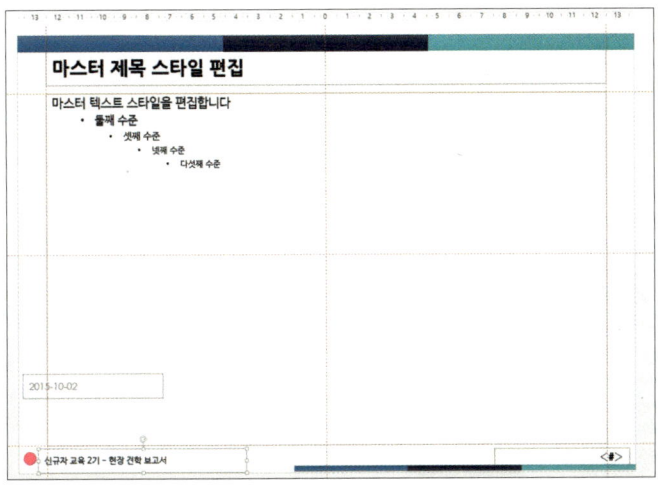

07 보고서용으로 사용하는 파워포인트 문서인 경우는 배경을 진하게 사용하지 않는 것이 대부분입니다. 간단하게 제목과 본문 정도에 구분 선을 긋거나 도형을 삽입합니다. 로고를 삽입해도 바닥글처럼 사용할 수 있습니다.

3단계 - 슬라이드 레이아웃을 수정하거나 추가하기

슬라이드 마스터에서 설정한 내용을 이어받아 레이아웃을 작성하게 됩니다.

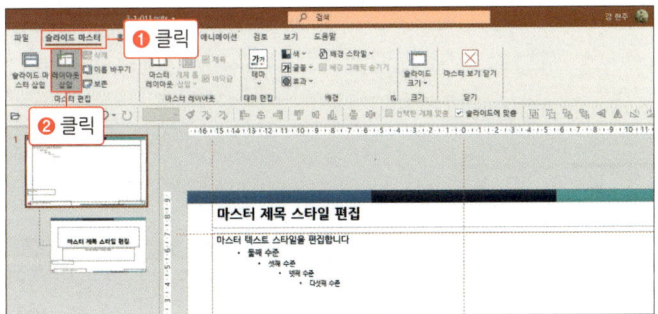

01 새로운 슬라이드 레이아웃을 만들기 위해 [슬라이드 마스터] 탭-[마스터 편집] 그룹-[레이아웃 삽입]을 클릭합니다.

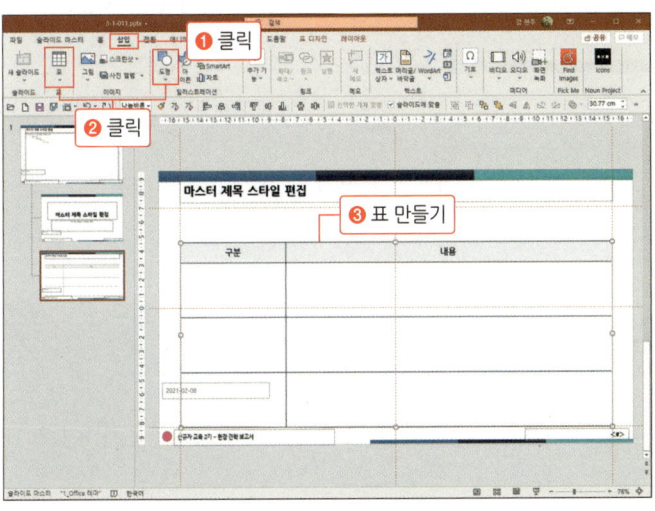

02 그림 세 장과 설명을 입력할 슬라이드 레이아웃을 만들 것입니다. [삽입] 탭-[일러스트레이션] 그룹-[도형]의 선을 이용해 그리거나 [삽입] 탭-[표] 그룹-[표]를 이용해 그림과 같이 표를 만듭니다. 이렇게 삽입된 개체는 슬라이드 작업에서 배경처럼 사용됩니다.

> **Tip** 개체를 그릴 때 안내선 근처로 가져가면 자석같이 붙는 것이 느껴질 것입니다. 안내선을 기준으로 개체 크기를 정하면 됩니다.

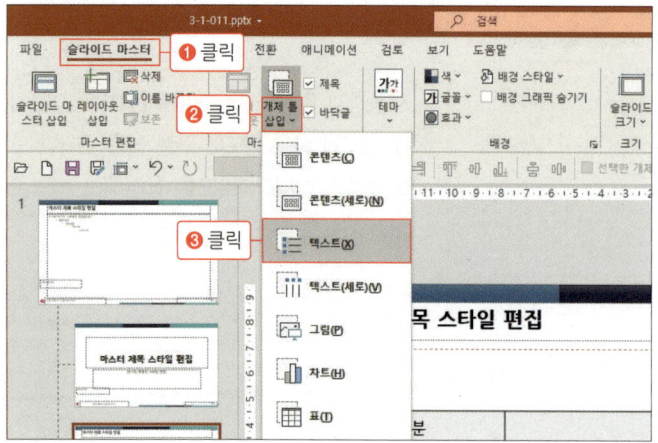

03 이제 슬라이드 작업에서 입력에 사용할 개체 틀을 삽입하겠습니다. [슬라이드 마스터] 탭-[마스터 레이아웃] 그룹-[개체 틀 삽입▼]-[텍스트]를 클릭합니다.

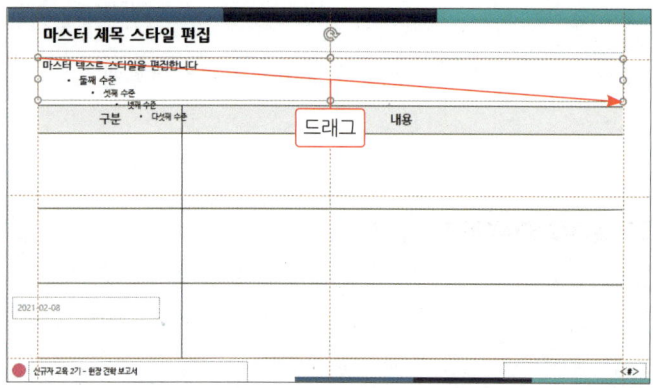

04 제목과 표 사이에 주제 설명을 위한 텍스트 개체 틀을 드래그해서 삽입합니다.

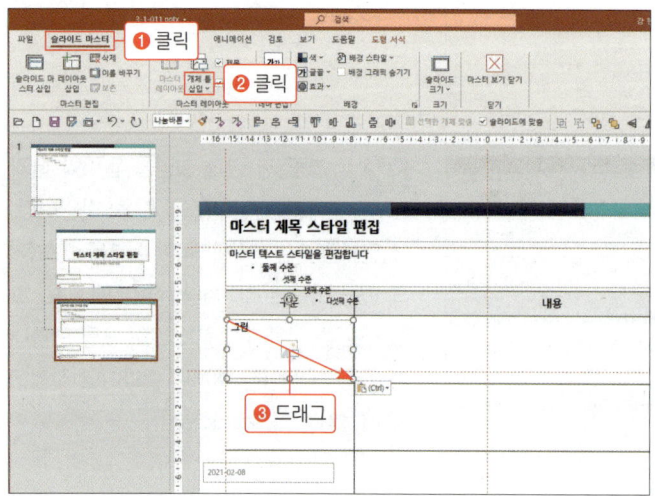

05 [슬라이드 마스터] 탭-[마스터 레이아웃] 그룹-[개체 틀 삽입▼]-[그림]을 클릭합니다. 그림을 입력할 위치에서 드래그해서 그림 개체 틀을 삽입합니다.

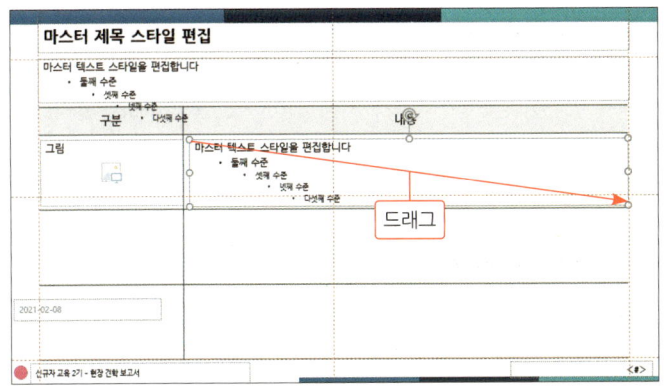

06 [슬라이드 마스터] 탭-[마스터 레이아웃] 그룹-[개체 틀 삽입▼]-[텍스트]를 선택합니다. 표의 그림 설명을 입력할 위치에서 드래그해서 텍스트 개체 틀을 삽입합니다.

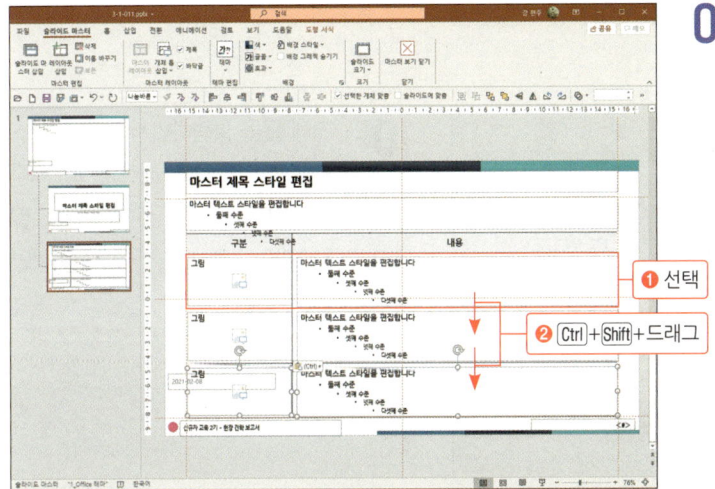

07 그림과 텍스트 개체 틀을 선택하고 아래 칸에 복제합니다.

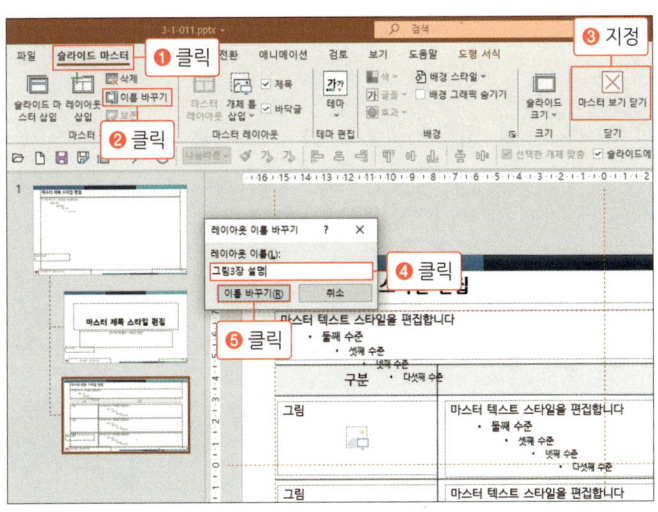

08 [슬라이드 마스터] 탭-[마스터 편집] 그룹-[이름 바꾸기]를 클릭합니다. [레이아웃 이름 바꾸기] 대화상자가 표시되면 이름을 지정하고 〈이름 바꾸기〉 버튼을 클릭합니다.

이제 [슬라이드 마스터] 탭-[닫기] 그룹-[마스터 보기 닫기]를 클릭하여 기본 보기 상태로 전환합니다.

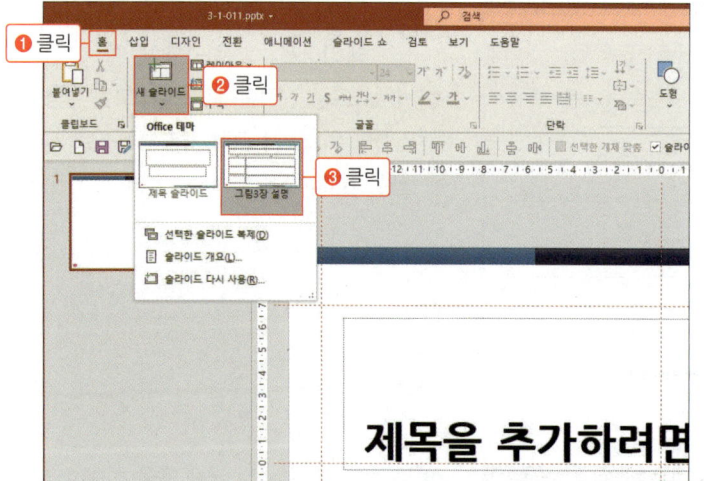

09 [홈] 탭-[슬라이드] 그룹-[새 슬라이드▼]를 클릭하고 새로 만든 사용자 지정 레이아웃 슬라이드를 클릭하여 삽입합니다.

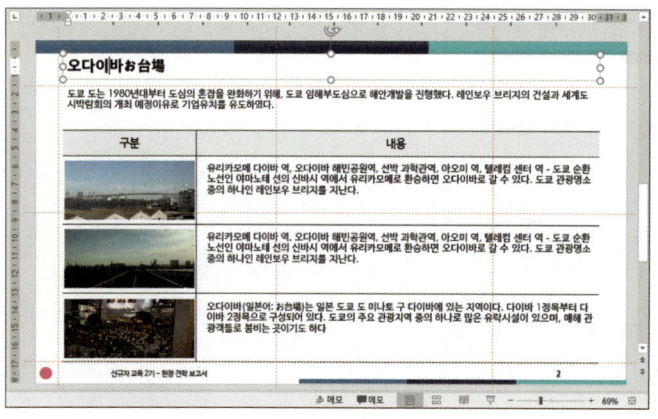

10 개체 틀을 클릭하면서 그림과 텍스트를 삽입합니다. 빠르게 여러 장의 사진과 텍스트를 입력할 수 있습니다. 필요한 만큼 슬라이드를 삽입하면서 작업하면 됩니다.

활용편

마스터와 슬라이드가 아직도 어려우세요?

가끔 슬라이드를 수정할 때 수정사항이 잘 적용되지 않는다면 슬라이드 마스터의 설정을 살펴보면 대부분 해결됩니다. 작업에는 편리한 기능이지만 슬라이드 마스터의 사용법을 정확히 모른다면 간단한 문제인데 해결하지 못할 수 있습니다. 슬라이드 마스터를 사용한 파워포인트 보고서 작성 중 자주하는 질문하는 내용을 살펴보겠습니다.

많은 사람들이 마스터를 사용할 때 '슬라이드 편집 상태'와 '마스터 편집 상태'를 혼동합니다. 마스터는 문서의 기본 틀을 만들 뿐 실제 슬라이드 내용을 입력하는 곳이 아닙니다. 이러한 점만 잘 기억한다면 더욱 쉽게 사용할 수 있습니다.

슬라이드 마스터를 다룰 때 발생할 수 있는 궁금한 점과 해결책을 알아보겠습니다.

여러 테마 적용하기

일반적으로 하나의 보고서 파일에는 하나의 디자인을 적용하는 것이 좋습니다. 하지만, 특별히 강조하고 싶은 슬라이드에는 다른 테마를 적용할 수도 있습니다.

01 테마를 변경하고 싶은 슬라이드를 선택한 다음 [디자인] 탭-[테마] 그룹에서 〈자세히〉 버튼(▽)을 클릭합니다. 원하는 테마에서 마우스 오른쪽 버튼을 클릭하고 표시되는 바로 가기 메뉴에서 [선택한 슬라이드에 적용]을 선택합니다.

• 실습 파일 : 3-1-02.pptx

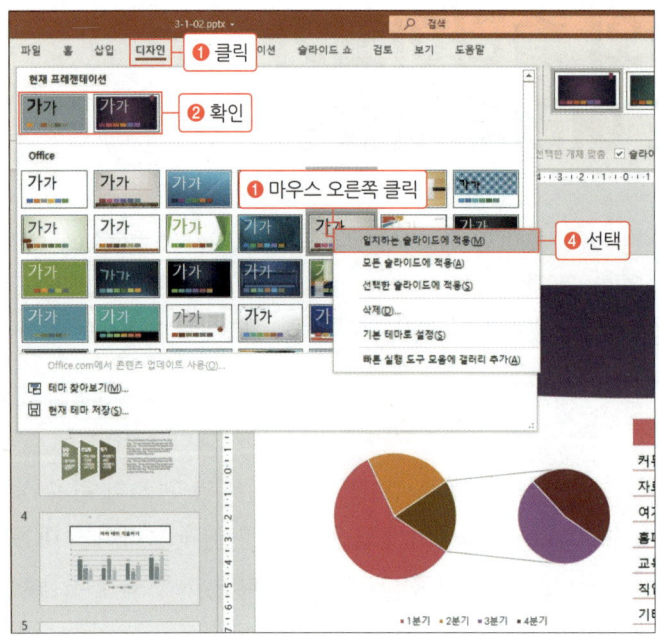

02 특정 슬라이드만 변경된 것을 확인할 수 있습니다. 다시 한번 [디자인] 탭-[테마] 그룹에서 〈자세히〉버튼(▼)을 클릭합니다. [현재 프레젠테이션]목록에 적용된 테마 두 가지가 등록되어 있는 것을 확인할 수 있습니다.

이렇게 하나의 프레젠테이션 파일에 두 개 이상의 테마가 적용되면, 적용된 테마와 같은 형태의 슬라이드를 한꺼번에 변경할 수 있는 기능이 추가됩니다. 선택된 슬라이드의 테마와 동일한 테마를 사용하는 슬라이드의 테마를 변경하려면, 테마 위에서 마우스 오른쪽 버튼을 클릭하고 표시되는 바로 가기 메뉴에서 [일치하는 슬라이드에 적용]을 선택합니다.

| 머리글/바닥글 설정하고 〈모두 적용〉 버튼을 클릭해도, 슬라이드 바닥글과 슬라이드 번호가 보이지 않는 경우 |

두 가지 설정 사항을 확인해 봅니다.

1 | 먼저 슬라이드 레이아웃을 확인합니다.
① [홈] 탭-[슬라이드] 그룹-[레이아웃]을 클릭해 보면 현재 슬라이드에 적용된 레이아웃을 확인할 수 있습니다.
② 만일 '제목 슬라이드 레이아웃'이 지정된 상태라면 [삽입] 탭-[텍스트] 그룹-[머리글/바닥글]을 클릭하고 대화상자에서 '제목 슬라이드에는 표시 안 함' 체크 상자에 체크 표시를 해제합니다.

2 | 만일 1번의 경우가 아니라면, 슬라이드 마스터에서 바닥글 개체 틀이 삭제되었는지 확인합니다.
[슬라이드 마스터] 탭-[마스터 레이아웃] 그룹에서 '바닥글' 체크 상자에 체크 표시를 해서 개체 틀을 복원합니다.

| 실제 슬라이드에 서식이 적용되는 우선순위 |

슬라이드에 삽입되는 개체 서식을 적용할 수 있는 상태는 세 가지입니다. 슬라이드 마스터, 슬라이드 레이아웃, 그리고 마스터 상태가 아닌 직접 슬라이드에서 지정하는 방법입니다. 이렇게 서식이 중복 지정되었을 때 실제 슬라이드에는 어떤 우선순위로 적용이 되는지 알아 두면, 모든 슬라이드에 동일한 내용을 지정하고 원하는 슬라이드에만 특별한 서식을 지정할 수 있습니다.

특정 슬라이드 레이아웃에서 슬라이드 마스터 내용 지우기

슬라이드 마스터에서 삽입한 그림이나 텍스트 등의 개체는 하위 슬라이드 레이아웃에서 선택하거나 삭제할 수 없고 숨기기만 가능합니다. 대부분 제목 슬라이드 레이아웃은 다른 형태이기 때문에 슬라이드 마스터의 내용을 보이지 않게 만들게 됩니다.

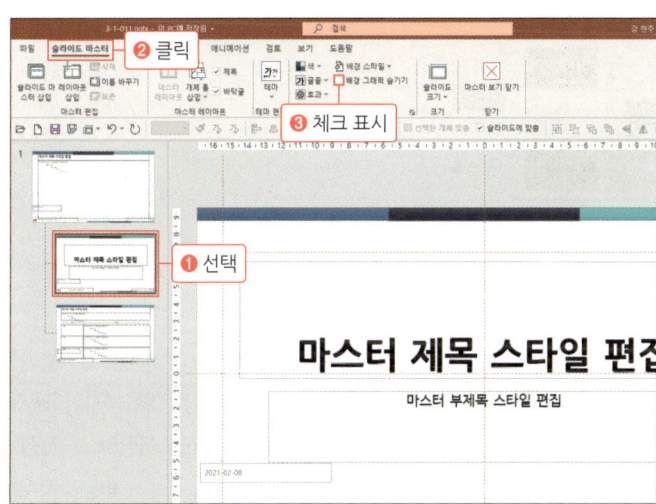

01 [보기] 탭-[마스터 보기] 그룹-[슬라이드 마스터]를 클릭합니다. 제목 슬라이드 레이아웃을 선택하고, [슬라이드 마스터] 탭-[배경] 그룹에서 '배경 그래픽 숨기기' 체크 상자에 체크 표시합니다.

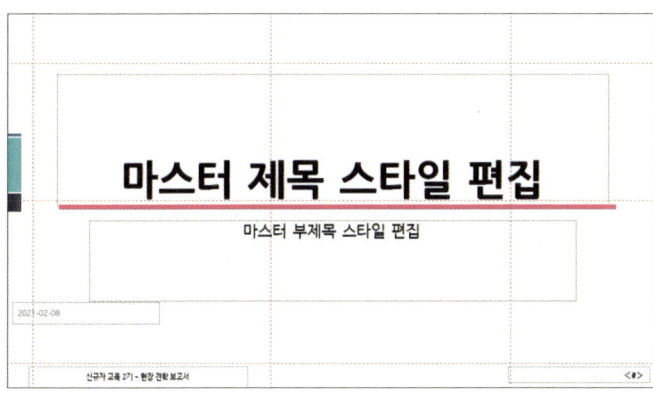

02 슬라이드 마스터의 설정 내용이 보이지 않으면 도형이나 이미지를 삽입해 원하는 형태로 지정합니다.

작성한 보고서의 슬라이드 레이아웃 형태와 색, 글꼴 등의 디자인을 테마로 저장하기

한번 만들어 둔 파일의 디자인을 다른 파일에서 사용할 때 가장 쉬운 방법은 테마를 저장해 두는 것입니다.

01 [디자인] 탭-[테마] 그룹에서 〈자세히〉 버튼(▽)을 클릭하고 [현재 테마 저장]을 선택합니다.

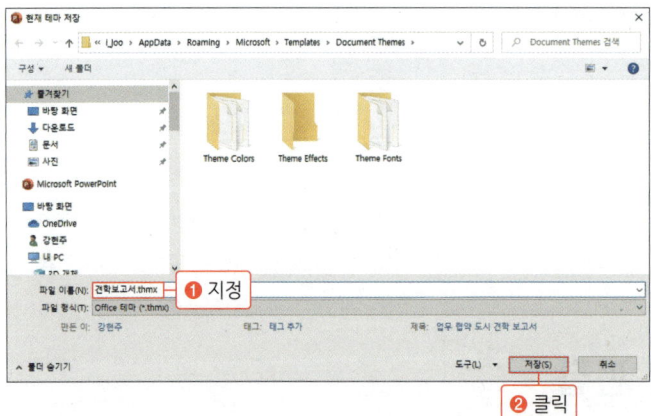

02 [현재 테마 저장] 대화상자가 표시되면, 파일 이름을 지정하고 〈저장〉 버튼을 클릭합니다. 저장 경로는 변경하지 않습니다.

03 [디자인] 탭-[테마] 그룹-[사용자 지정 테마] 목록에 추가되어, 다른 문서 작업에도 같은 디자인을 적용할 수 있습니다.

슬라이드 마스터에서 삭제한 슬라이드 번호 개체 틀 살리기

슬라이드 마스터를 편집하다 제목이나 슬라이드 번호 개체 틀을 삭제했다면, [슬라이드 마스터] 탭-[마스터 레이아웃] 그룹-[마스터 레이아웃]을 클릭합니다. [마스터 레이아웃] 대화상자가 표시되면 복원할 개체 틀에 체크 표시한 다음 〈확인〉 버튼을 클릭합니다.

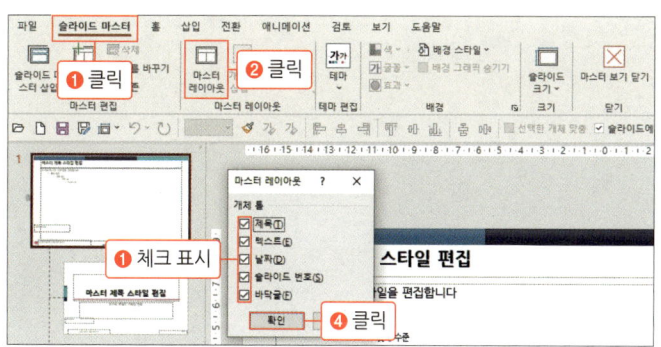

슬라이드 마스터에서 지정한 슬라이드 번호 모양이 슬라이드 레이아웃에 반영이 안 되는 경우

슬라이드 레이아웃에서 따로 이동을 했거나 수정을 했다면 그 개체는 슬라이드 마스터와 연동되지 않습니다. 제목과 바닥글의 위치와 서식을 슬라이드 마스터 값으로 되돌리려면, [슬라이드 마스터] 탭-[마스터 레이아웃] 그룹에서 '제목', '바닥글' 체크 상자의 체크 표시를 지웠다가 다시 체크합니다.

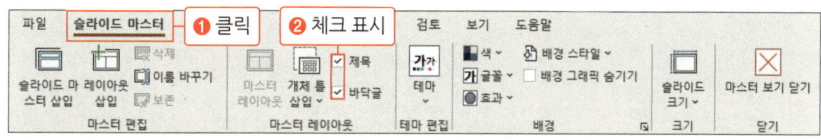

슬라이드 마스터 설정 내용이 슬라이드에 반영되지 않는 경우

슬라이드에 입력된 개체 위치나 서식 등은 직접 슬라이드에서 지정하거나 마스터에서 지정할 수 있습니다. 두 가지 경우가 모두 지정된 슬라이드라면 우선권은 슬라이드에서 직접 지정한 값입니다.

만일 슬라이드에서 직접 설정 사항이 있었던 슬라이드를 다시 마스터 설정 값으로 되돌리려면, 해당 슬라이드를 선택하고 [홈] 탭-[슬라이드] 그룹-[다시 설정]을 클릭하면 됩니다. 여러 장의 슬라이드를 한꺼번에 선택하고 다시 설정할 수도 있습니다.

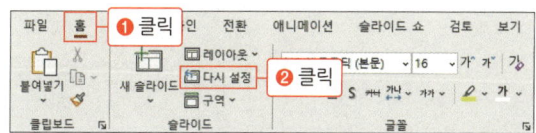

아이콘을 직접
만들어 표현하라

보고서를 작성하면서 내용에 어울리는 그래픽 자료가 필요한 경우가 있습니다. 인터넷에서 필요한 자료를 검색해서 사용할 수도 있지만 저작권 문제도 있고, 다운받은 파일 형식이 전문 이미지 편집 프로그램을 사용해야 하는 경우도 많습니다.

이런 경우 기본 도형을 병합하거나 점 편집 기능을 이용하면 쉽고 간단하게 원하는 이미지를 만들 수 있습니다. 어떤 형태로 만들지만 생각할 수 있다면 도형으로 만드는 것이 어렵지는 않습니다.

평상시 주변에 보이는 이미지를 파워포인트 도형에 적용해 보는 것도 도움이 될 것입니다. 똑같이 만들어야하는 것이 아니라 단순화 시켜 의미를 전달할 수 있는 아이디어를 얻는 것입니다. 너무 복잡하지 않게 간단한 도형으로 사물을 직접 만들면 다양하게 여러 곳에 활용할 수 있습니다.

활용편

도형을 더하고 빼서 다른 도형을 만들어라

파워포인트의 도형을 여러 개 겹치면 다양한 효과를 만들 수 있습니다. 도형을 삽입하고, 순서를 조정하고, 채우기 색을 같은 색으로 하고, 테두리 윤곽선을 표시하지 않는다면 하나의 덩어리로 보이게 할 수 있습니다. 이런 간단한 설정으로 필요한 이미지를 쉽게 만들어 활용할 수 있습니다.

도형 작업만으로 여러 가지 형태의 이미지를 만들 수 있습니다. 여러 곳에서 아이디어를 얻어 보고서에 활용하는 방법을 살펴보겠습니다.

주제 : 일회용품 사용을 줄이자

인터넷 쇼핑몰 이미지를 참고하여 도형을 이용해 일회용품 사용에 관한 보고서를 작성하기 위한 이미지를 만들어 보겠습니다.

참고 도형 : 생활용품

▲ 출처 : 이마트(emart.ssg.com)

결과

• 결과 파일 : 3-2-01.pptx

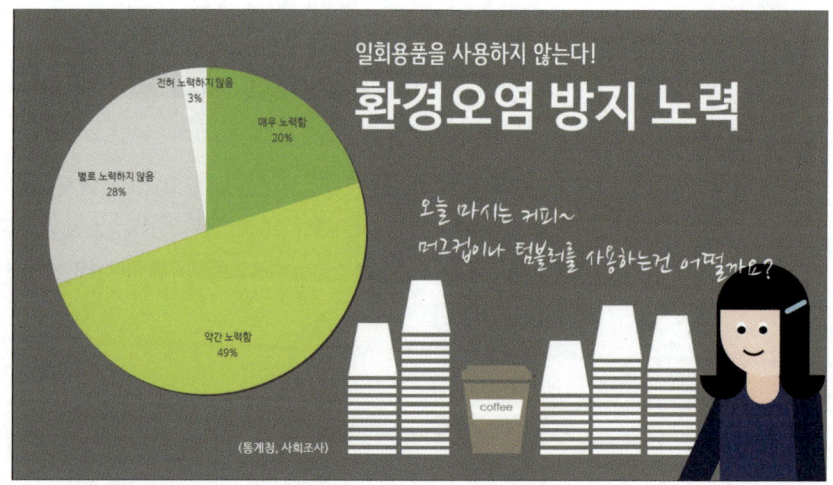

▲ 통계 자료 출처 : KOSIS 국가통계포털 환경오염 방지 노력(일회용품을 사용하지 않는다, 13세 이상 인구)
(goo.gl/6ijEHX)

01 도형을 회전하거나 순서만 조절해도 그림과 같은 도형을 만들 수 있습니다. 분리된 형태를 보고 직접 만들어 보세요. 도형을 여러 개 조합해서 사용하는 경우 도형의 선은 '선 없음'으로 지정하여 사용하는 것이 깔끔합니다.

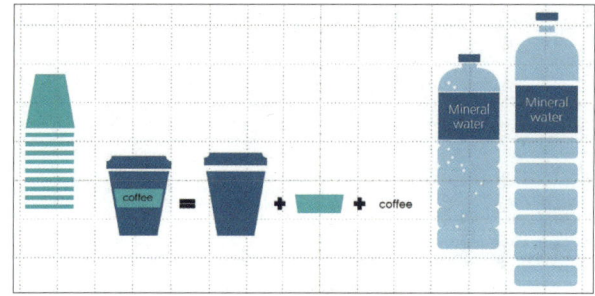

02 도형을 사용할 때는 모양 조절점을 활용해 도형을 변형하면 같은 도형이라도 전혀 다른 모양으로 바꿀 수 있습니다.

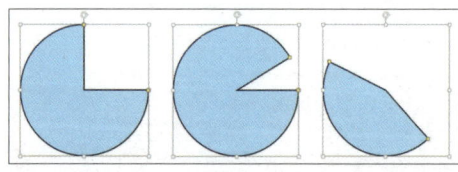

원형

현

포인트가 5개인 별

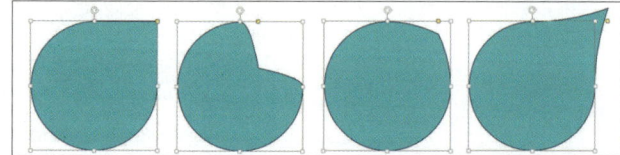

눈물 방울

03 순서도 도형은 모양 조절점이 없습니다. 그러므로 순서도 도형은 대체할 다른 도형이 없을 때 마지막에 사용하는 것이 좋습니다.

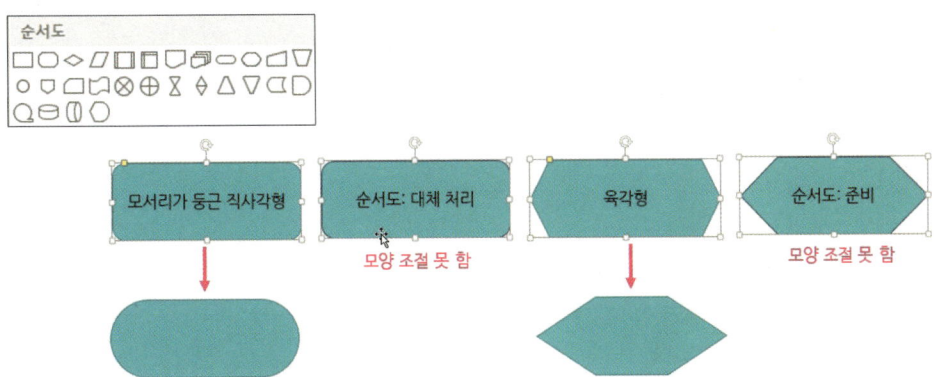

주제 : 전국 도시 숲 현황

자연에 관련된 이미지를 참고하여 도형을 이용해 전국 도시 숲 현황에 관한 보고서를 작성하기 위한 이미지를 만들어 보겠습니다. 나무 모양을 만들면 자연의 느낌을 줄 수 있습니다.

참고 도형 : 자연

▲ 출처 : AK몰(www.akmall.com)

▲ 출처 : 선플달기 운동본부(goo.gl/iaeJWO)

결과

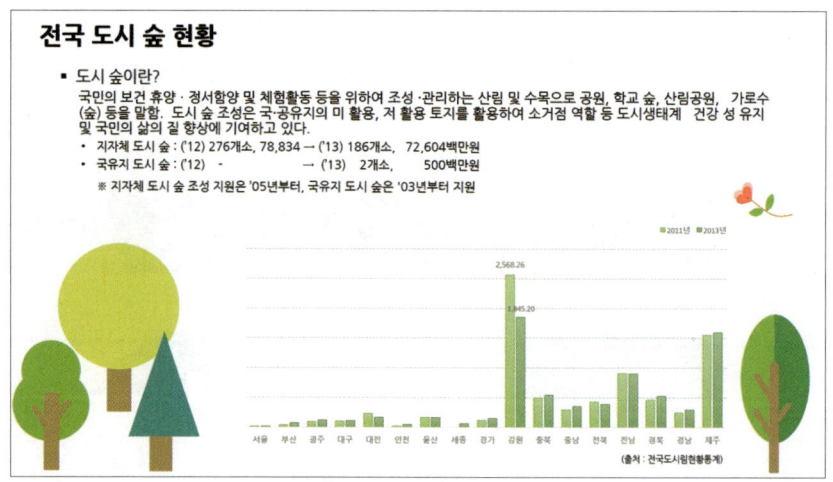

▲ 통계 자료 출처 : e-나라지표 전국 도시 숲 현황(goo.gl/d5nNda)

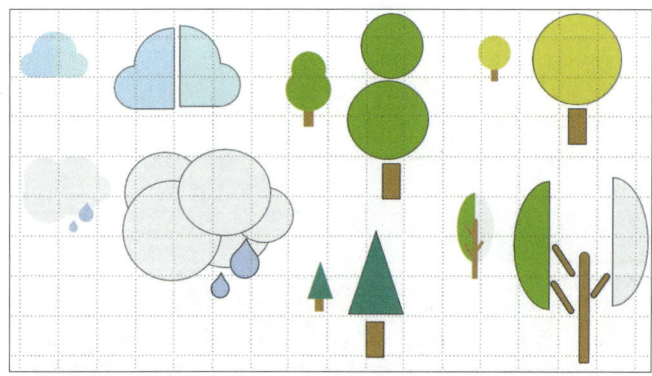

01 단순화하여 작업하면 쉽게 표현할 수 있습니다.

· 결과 파일 : 3-2-02.pptx

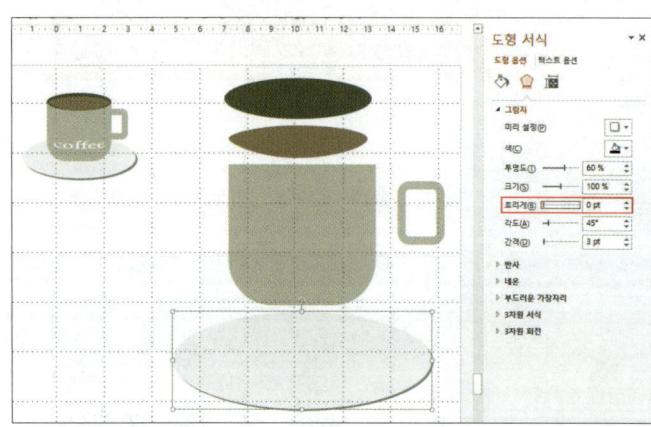

02 도형으로 작은 아이콘을 만들 때, 그림자 효과 설정 중 흐리게를 '0pt'로 지정하면 단순한 디자인에 색다른 느낌을 줄 수 있습니다.

활용편

직접 그리고 점 편집을 하라

도형을 자유로운 형태로 드로잉하듯이 수정할 때 편리한 기능이 '점 편집' 기능입니다. 도형을 구성하는 꼭지점과 선을 직접 제어하는 기능으로, 원하는 형태의 도형을 만들기에 적합한 기능입니다. 점의 추가, 삭제, 위치 수정, 곡선과 직선 조정등 간단한 사용법만 익히면 다양하게 활용할 수 있습니다.

도형을 조합해서 아이콘을 만들어도, 부족한 부분은 직접 그려서 사용하게 됩니다. 직접 그리는 방법과 그러한 경우 주로 사용하게 되는 점 편집을 살펴보겠습니다.

주제 : 주 5일 이상 아침 식사 결식률

아침 식사 먹기에 관한 보고서를 작성하려고 합니다. 이미지를 삽입하려는데 적당한 이미지가 없을 경우 인터넷에서 사진을 찾아 참고하여 그릴 수 있습니다.

참고 자료 : 스테인레스 밥공기 이미지

▲ 출처 : 인터넷 검색 – 검색어 : 스테인레스 밥공기

결과

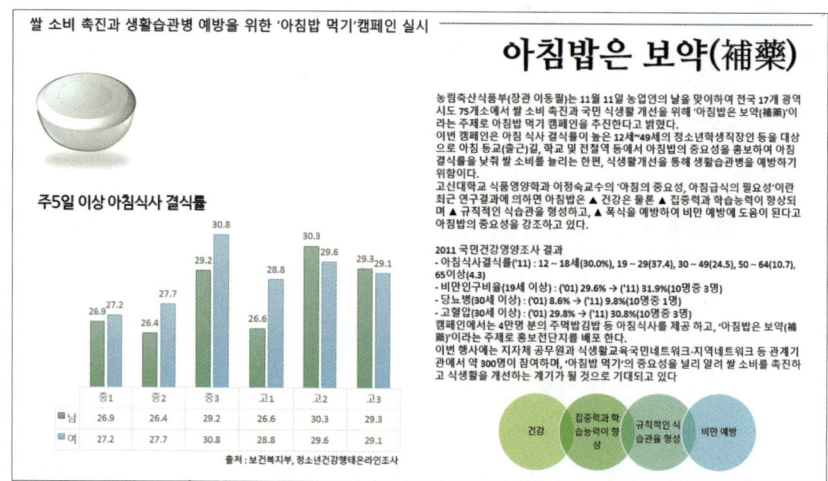

▲ 통계 자료 출처 : KOSIS 국가통계포털, 주 5일 이상 아침 식사 결식률(goo.gl/TfUDDr), 텍스트 출처 : 농림축산식품부, 쌀 소비 촉진과 생활 습관병 예방을 위한 '아침밥 먹기' 캠페인 실시(goo.gl/xWTxvY)

01 | 인터넷에서 검색한 사진을 캡처하거나 저장해서 슬라이드에 삽입하고, [삽입] 탭-[일러스트레이션] 그룹-[도형]을 클릭한 다음 [선] 항목에서 [자유형] 도형을 선택해서 외형을 따라 그립니다. 이때 '드래그'해서 그리면 수정할 점이 너무 많이 생기니 '클릭'하면서 사진을 따라 그립니다.

· 결과 파일 : 3-2-03.pptx

02 | 클릭해서 자유형 도형을 그리면 곡선인 경우 선이 부드럽게 표현되지 않습니다. 이때는 점 편집을 해서 선도 부드럽게 만들고 기울기나 점의 위치를 조정합니다.
도형 위에서 마우스 오른쪽 버튼을 클릭하면 표시되는 바로 가기 메뉴에서 [점 편집]을 선택합니다.

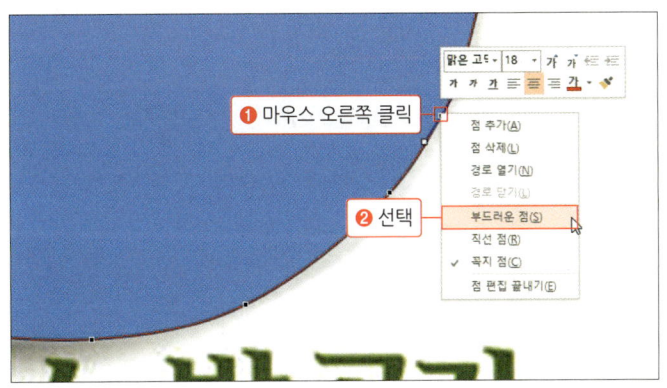

03 점이 표시되면, 수정할 점 위에서 마우스 오른쪽 버튼을 클릭하고 표시되는 바로 가기 메뉴에서 [부드러운 점]을 선택합니다. 점 편집은 화면 배율을 300% 이상 확대해서 작업하는 것이 편리합니다.

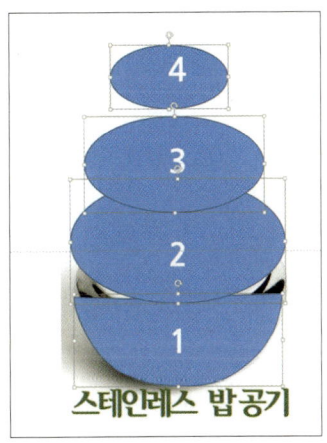

04 나머지 필요한 도형도 같은 방법으로 그립니다. 그림처럼 아래쪽 도형부터 그리면 나중에 도형 순서를 변경하지 않아도 됩니다.

05 도형을 하나씩 선택해서 서식을 지정합니다. 서식에 정답은 없습니다. 다음 설정 값을 참조해서 적당하게 조절해 보세요.

- **1번 도형** : 스테인레스 밥공기 중 아랫부분 도형입니다. 채우기를 '그라데이션 채우기'로 선택합니다. '효과' 아이콘(□)을 클릭하고 [3차원 서식] 항목을 확장한 다음 위쪽 입체를 '둥글게'로 지정합니다. 재질은 '금속', 조명은 '2점'으로 지정하여 둥근 느낌을 주었습니다. 빛이 들어오는 각도도 적당히 조절합니다.

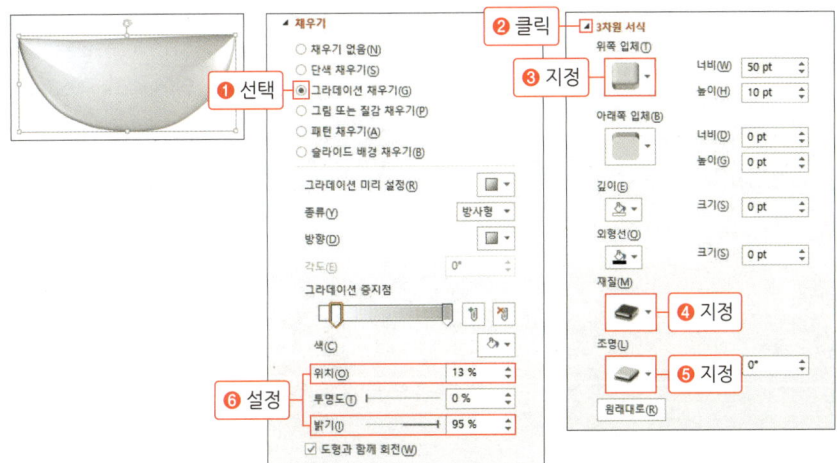

- **2번 도형** : 스테인레스 밥공기 중 뚜껑 부분입니다. [효과] 탭의 [3차원 서식] 항목에서 위쪽 입체를 '둥글게'로 지정하고, 재질은 '금속', 조명은 '2점'으로 둥근 느낌을 주었습니다.

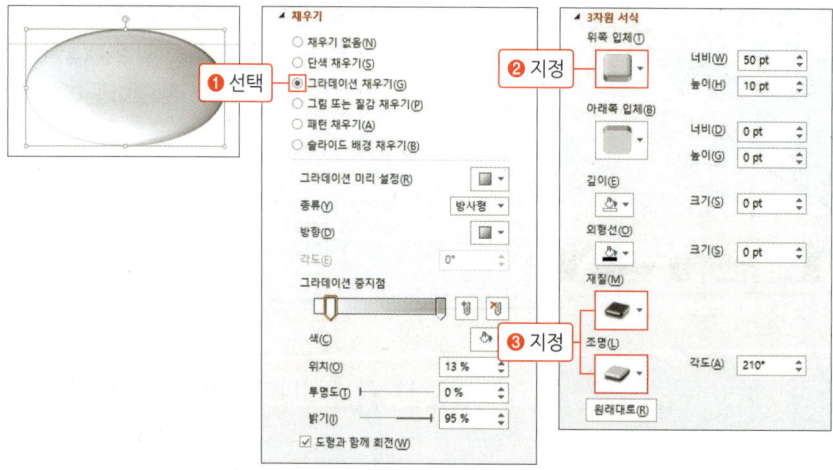

- **3번 도형과 4번 도형** : 뚜껑 위쪽 굴곡 부분이라 3차원 효과는 지정하지 않았습니다. 단 채우기에서 두 도형의 그라데이션 방향을 다르게 지정합니다.

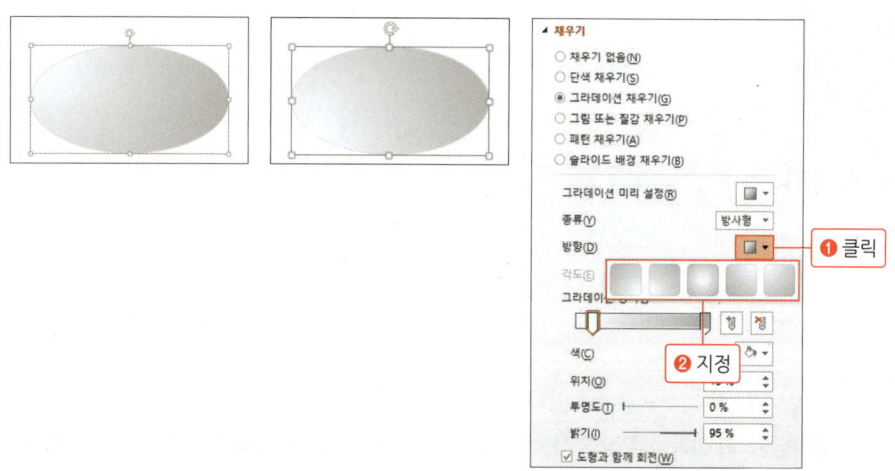

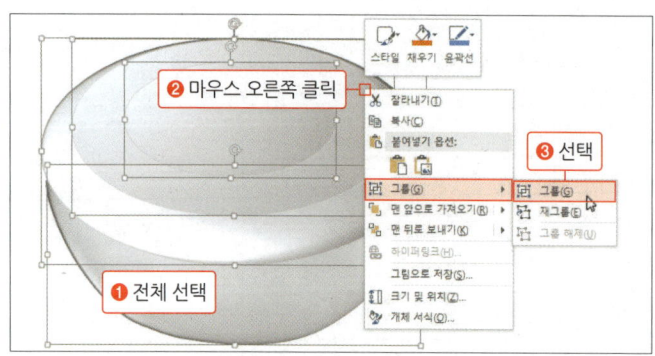

06 서식이 완성되면 모두 선택하고, 선택된 개체 위에서 마우스 오른쪽 버튼을 클릭한 다음 표시되는 바로 가기 메뉴에서 [그룹]-[그룹]을 선택합니다.

주제 : 금연 결심 76% "가격 부담" … 흡연자 27%는 "담배 줄여"

금연 관련 보고서를 작성하기 위한 담배 이미지를 만들어 보겠습니다. 점 편집 기능을 이용하면 좀 더 다른 느낌으로 표현할 수 있습니다.

참고 자료 : 담배 이미지

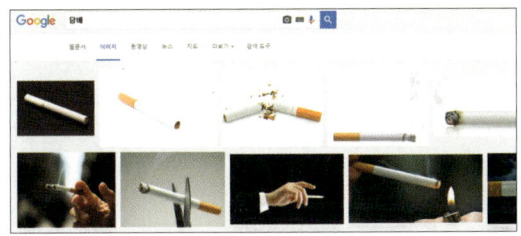
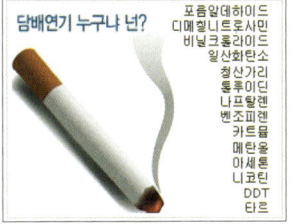

▲ 출처 : 인터넷 검색 - 검색어 : 담배

결과

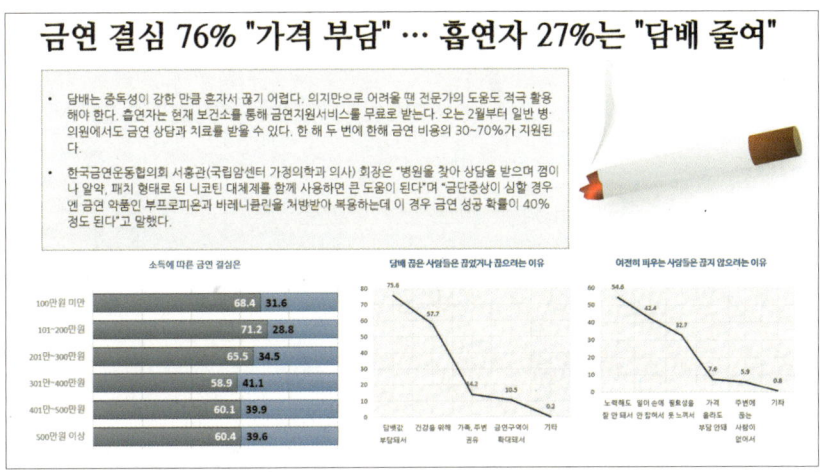

▲ 통계 자료, 텍스트 출처 : 중앙일보, 금연 결심 76% "가격 부담" … 흡연자 27%는 "담배 줄여"(goo.gl/InTJNU)

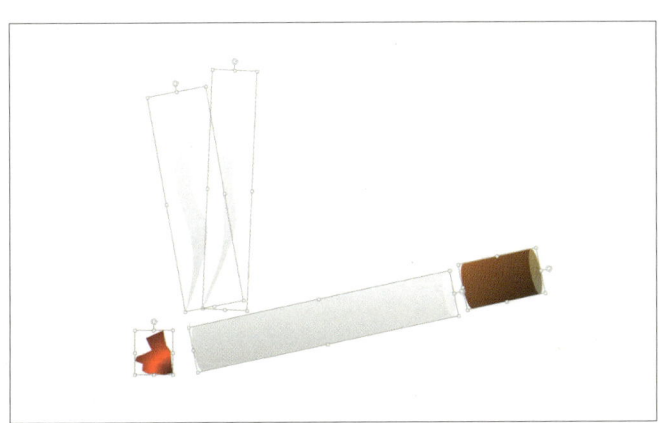

01 담배 모양의 도형은 '원통'을 이용해서 만들 수 있습니다. 그런데, 앞쪽 불꽃과 연기 모양의 도형은 없기 때문에 그려서 사용해야 합니다.

• 결과 파일 : 3-2-04.pptx

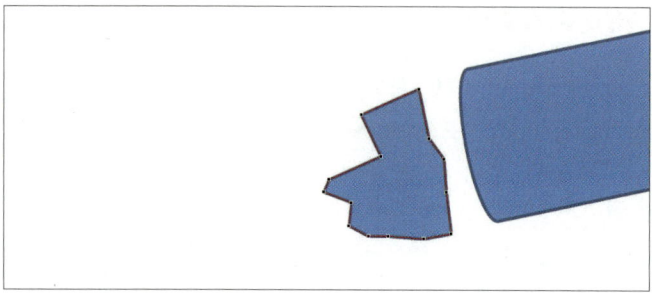

02 [삽입] 탭-[일러스트레이션] 그룹-[도형]을 클릭하고 [선] 항목에서 [자유형] 도형을 선택한 다음 불꽃 모양을 '클릭'해서 그립니다. 사진을 따라서 그리기 어려운 경우라면 비슷한 형태로 그립니다.

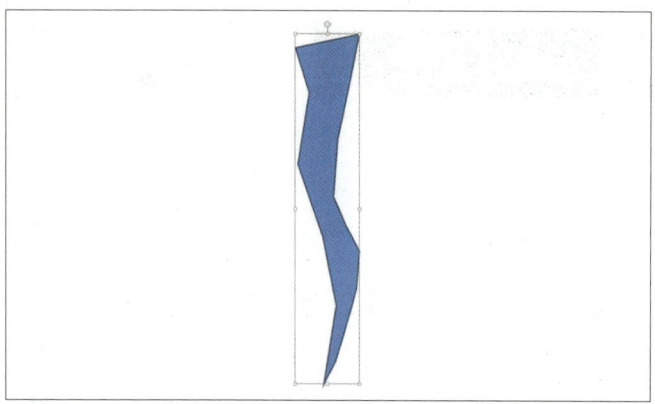

03 연기도 '자유형' 도형으로 그려 줍니다.

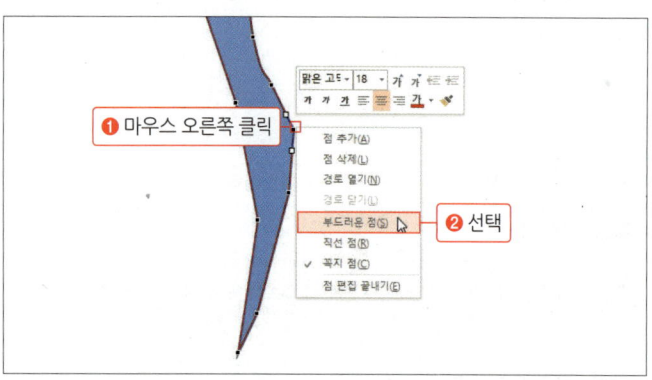

04 연기의 각 점을 부드러운 점으로 지정하여 곡선으로 부드럽게 만듭니다.

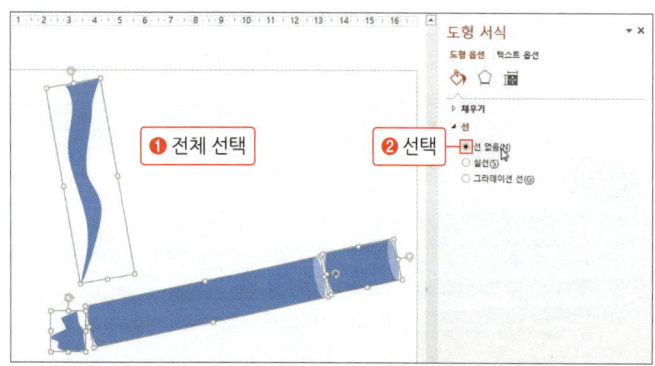

05 도형을 모두 선택하고 도형의 선을 '선 없음'으로 선택합니다.

06 도형을 하나씩 선택하면서 다음 값을 참고하여 채우기를 지정합니다.

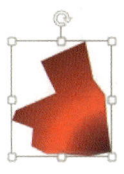

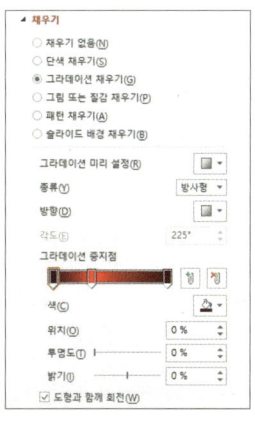
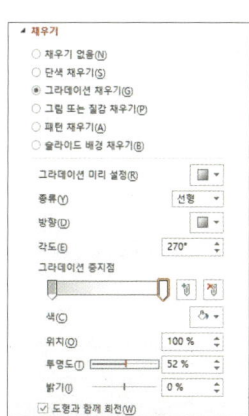

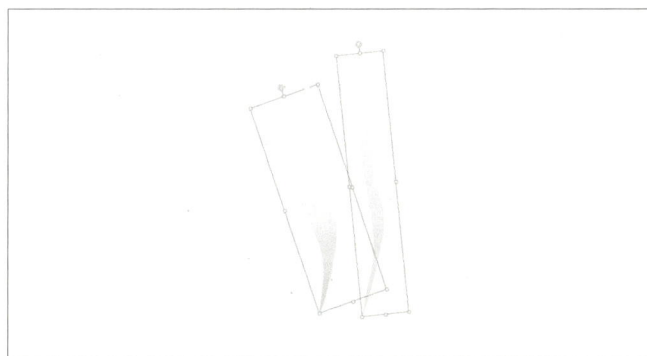

07 연기 도형은 복제하고 크기와 회전 각도를 다르게 설정하여 사용합니다.

> **Tip** 복제 : Ctrl+드래그

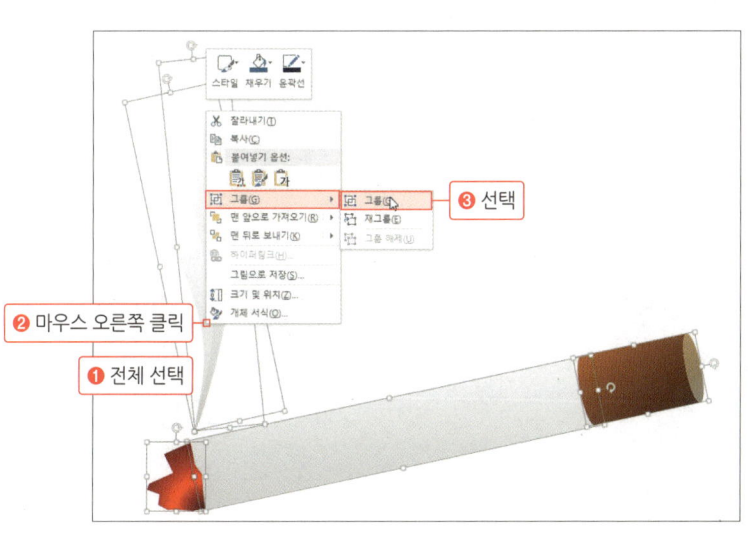

08 서식이 완성되면 모두 선택하고, 선택된 개체 위에서 마우스 오른쪽 버튼을 클릭한 다음 표시되는 바로 가기 메뉴에서 [그룹]-[그룹]을 선택합니다.

포토샵처럼
활용하라

보고서에 사용되는 다양한 이미지들은 처음 준비된 상태로 사용하기 적당하지 않은 경우가 있습니다. 특히 인터넷에서 검색한 무료 이미지를 사용하는 것이라면 전체 중 일부분만 사용하거나 불필요한 부분을 지워야할 수도 있습니다. 직접 촬영한 사진들이라면 노출이 안 맞거나 선명하지 못할 때도 있습니다.

이런 경우 포토샵같은 전문 이미지 편집 프로그램을 사용하지 않아도 파워포인트에서 훌륭하게 이미지 관련 작업을 할 수 있습니다. 화면 캡처부터 이미지 수정, 자르기등 다양한 이미지 관련 기능이 포함되어 있고 사용법도 쉽습니다. 이 기능에 몇 가지 응용을 한다면 독립적인 이미지 편집 프로그램으로 다양한 곳에 활용할 수 있습니다.

보고서에 사용할 사진을 다룰 때 사용하기도 하고, 회사 홈페이지에 올릴 웹용 이미지를 만들거나, 홍보자료를 만들 때도 응용할 수 있습니다.

활용편

이미지를 원하는 형태로 다양하게 잘라라

이미지의 일부분만 사용할 때 '자르기' 명령뿐만 아니라 다양한 방법으로 자를 수 있습니다. '도형 병합' 기능이나 '투명 배경 만들기', '도형 모양으로 자르기' 등을 사용하면 이미지에 색다른 효과를 만들 수 있습니다. 보고서에 필요한 이미지를 원본의 사각형 모양 그대로 사용하는 것보다 여러 가지 느낌을 만들 수 있습니다.

같은 사진이라도 보여 주는 부분에 따라 전혀 다른 의미를 나타낼 수 있습니다. 보고서 쓰임에 알맞은 부분만 선택해서 사용하는 방법을 알아보겠습니다.

주제 : 다양하게 사진 자르기

패션 잡지나 웹 사이트에서 사용하는 사진을 보면, 사진 전체 이미지에서 불필요한 부분은 자르고 사용하는 경우가 많습니다. 과감하게 이미지를 잘라서 사용하는 방법을 살펴보겠습니다.

참고 자료 : 사진 콜라주

▲ 출처 : www.google.com(검색어 – 패션 콜라주)

결과

▲ 이미지 자료 출처 : Pixabay(pixabay.com), 검색 카테고리 : 뷰티/패션, 텍스트 자료 출처 : 다음 백과사전

지그재그로 자른 느낌

01 필요한 이미지를 준비합니다. 예제에서는 무료 이미지를 사용할 수 있는 Pixabay(pixabay.com)에서 이미지를 준비했습니다.

• 결과 파일 : 3-3-01.pptx

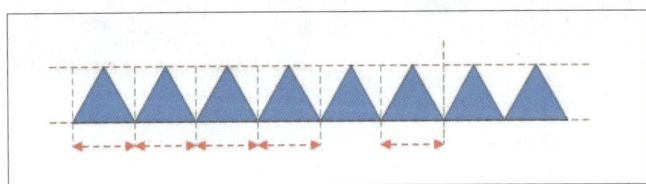

02 삼각형을 이용해서 사진을 자르는 데 활용할 도형을 만듭니다. 삼각형을 삽입하고, Ctrl 키와 Shift 키를 동시에 누른 상태로 드래그하여 복제합니다. 두세 개를 동시에 선택하고 복제하면 좀 더 빠릅니다.

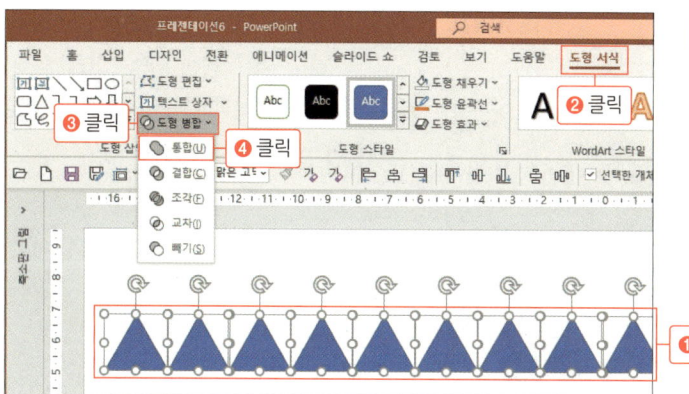

03 삽입된 도형을 모두 선택하고 [도형 서식] 탭-[도형 삽입] 그룹-[도형 병합]-[통합]을 클릭합니다.

04 자르려는 사진 가장자리에 병합한 도형을 배치합니다. 만일 사진의 다른 가장자리도 자르려면 병합된 도형을 복제해서 사용합니다.

05 사진을 먼저 선택하고 Shift 키를 누른 상태에서 병합된 도형을 클릭해서 함께 선택합니다. [도형 서식] 탭-[도형 삽입] 그룹-[도형 병합]-[빼기]를 클릭합니다.

06 지그재그로 자른 사진을 회전하고, 하나 더 복제한 다음 [그림 서식] 탭-[조정] 그룹-[색]을 클릭합니다. 색을 변경하여 꾸며 줍니다.

가위로 자른 효과

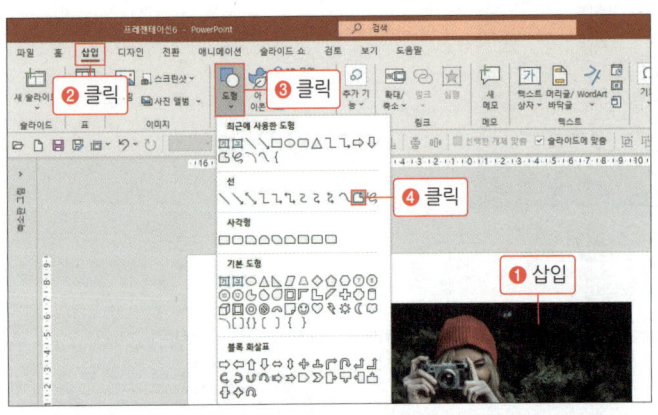

01 자르려는 사진을 삽입하고 [삽입] 탭-[일러스트레이션] 그룹-[도형]-[자유형]을 클릭합니다.

02 사진 중 남기려는 부분의 외곽을 따라서 다각형을 그립니다. 드래그하는 방법보다는 꺾어지는 위치를 클릭하면서 영역을 지정하면 편리합니다.

03 사진을 먼저 선택하고 다각형 도형을 Shift 키를 누른 상태에서 클릭해서 선택합니다.
[도형 서식] 탭-[도형 삽입] 그룹-[도형 병합]-[빼기]를 클릭합니다.

> **Tip** 예제처럼 도형을 선택하지 않고, 사진의 안쪽 부분을 선택한 다음 [도형 서식] 탭-[도형 삽입] 그룹-[도형 병합]-[교차]를 클릭해도 결과는 같지만, 대부분 사진은 어두운 부분이 있기 때문에 자르려는 부분을 선택할 때 시작 위치를 찾지 못해 영역 선택이 어렵습니다. 사진 상태에 따라 편한 방법을 선택하면 됩니다.

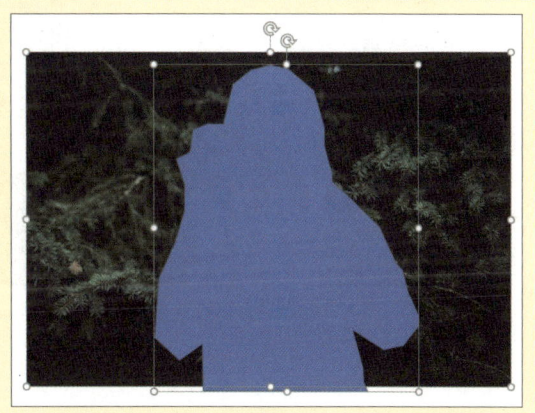

04 가위로 자른 듯한 느낌의 사진을 원하는 위치에 배치합니다.

1 이미지를 원하는 형태로 다양하게 잘라라 **279**

05 [배경 제거]나 [도형에 맞춰 자르기] 같은 명령을 이용해서 다양하게 사진을 잘라냅니다.

06 이렇게 다양하게 자른 사진을 적당히 배치하고, 텍스트를 입력해서 작업을 마무리합니다.

패턴을 활용해 배경을 만들어라

배경으로 사용하는 이미지는 단순한 것이 내용을 잘 보이게 합니다. 그렇지만 배경이 너무 단순하면 조금 부족한 느낌이 들기도 합니다. 이런 경우에 과하지 않은 패턴을 적절하게 적용하는 것으로도 디자인의 완성도를 높일 수 있습니다. 일정한 형태를 반복시켜서 채워주는 방식인데, 반복될 이미지만 도형으로 만들면 됩니다.

포토샵에서 자주 사용하는 패턴을 파워포인트에서 응용하여, 보고서 도형이나 차트에 은은한 배경 패턴을 만들 수 있습니다.

주제 : 패턴으로 배경 꾸미기

파워포인트에서 패턴을 적용할 때는 반복된 형태를 만들고 그 형태를 채운 다음 패턴에 투명도를 적용합니다.

참고 자료 : 패턴 배경

▶ AK몰(www.akmall.com)

결과

▶ 이미지 자료 출처 : pixabay.com, 검색어 : 자동차, 텍스트 자료 출처 : 다음 백과사전

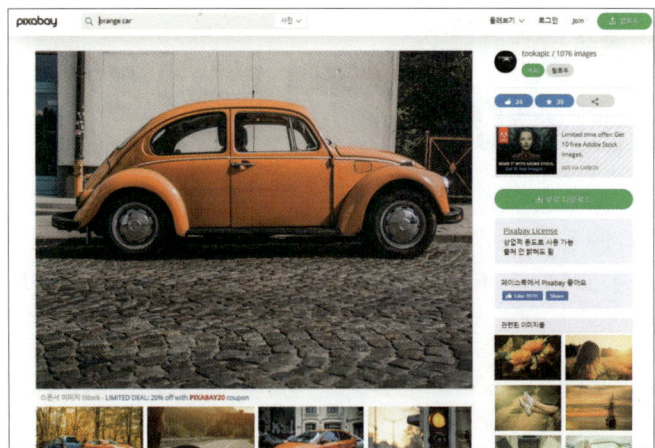

01 필요한 이미지를 준비합니다.

• 결과 파일 : 3-3-02.pptx

02 [삽입] 탭-[이미지] 그룹-[그림]을 이용해서 그림을 슬라이드에 삽입합니다.

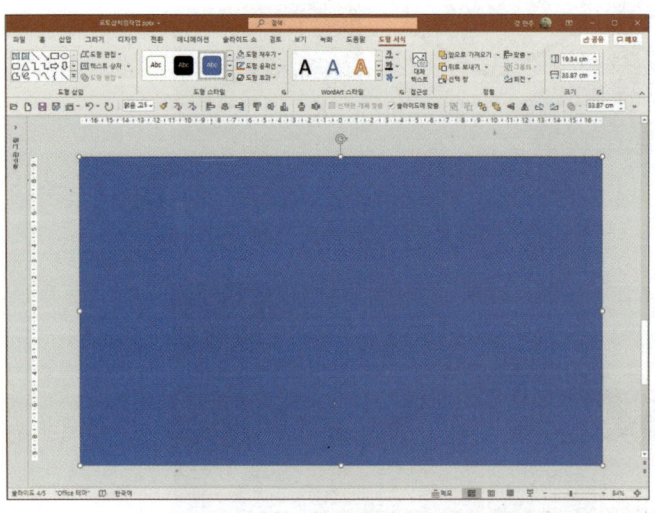

03 그 위에 패턴을 채울 사진 크기와 같은 크기의 사각형 도형을 삽입합니다.

04 패턴을 만들기 위해 임시로 사용할 빈 슬라이드를 추가하고, 이등변 삼각형 도형을 Shift 키를 누른 상태로 드래그하여 삽입합니다.

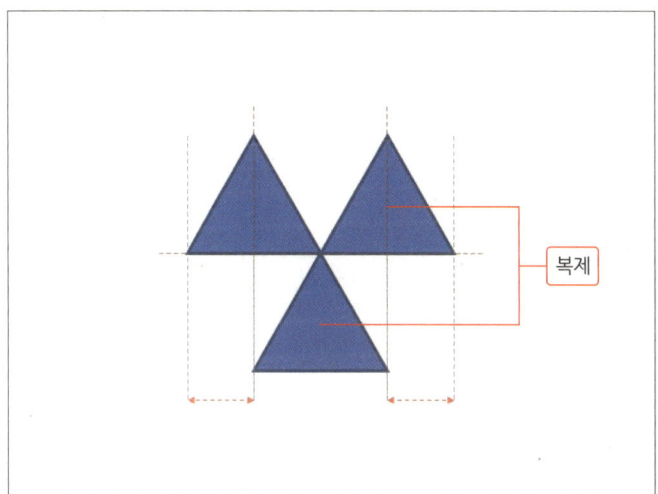

05 삽입된 삼각형 도형을 복제해서 그림과 같이 만듭니다.

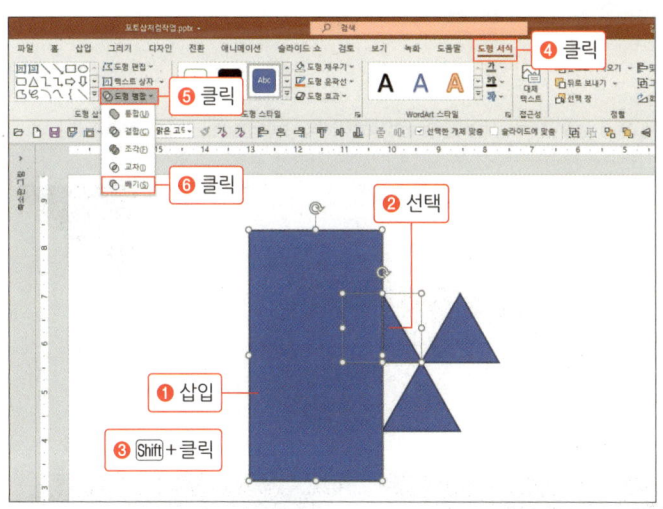

06 위쪽 두 개의 삼각형을 잘라 반복될 패턴을 만들어 보겠습니다. 왼쪽 삼각형의 자르려는 위치에 사각형을 삽입합니다. 삼각형을 먼저 선택하고, 사각형 도형을 Shift 키를 누른 상태에서 클릭해서 함께 선택합니다.
[도형 서식] 탭-[도형 삽입] 그룹-[도형 병합]-[빼기]를 클릭합니다. 같은 방법으로 오른쪽 삼각형도 반을 잘라 줍니다.

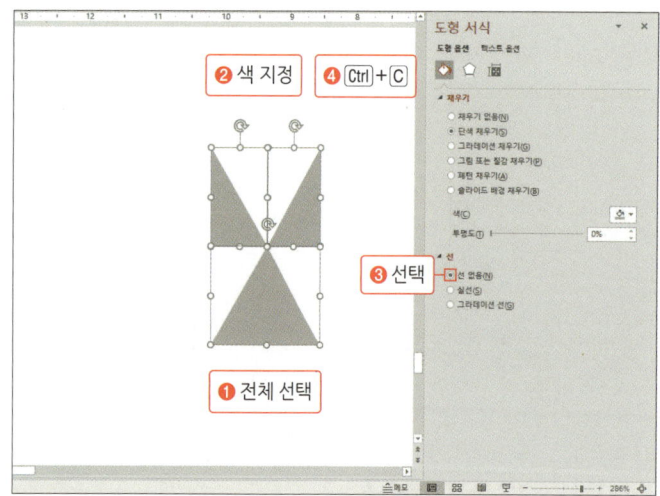

07 도형을 모두 선택하고 선을 '선 없음'으로 선택한 다음 적당한 채우기 색을 지정합니다.
패턴으로 사용할 도형을 모두 선택하고 복사합니다.

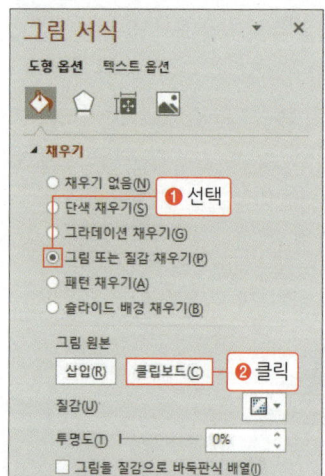

08 이제 패턴을 채울 사각형 도형을 마우스 오른쪽 버튼으로 클릭하고 표시되는 바로 가기 메뉴에서 [도형 서식]을 선택합니다.

09 채우기를 '그림 또는 질감 채우기'로 선택하고 〈클립보드〉 버튼을 클릭하여 복사해 둔 패턴으로 채웁니다.

10 '그림을 질감으로 바둑판식 배열'에 체크 표시를 하고, 투명도를 적당히 조정합니다.

11 패턴이 반복되는 형태를 만들어 바둑판 형식으로 채워 주면 간단하게 사용할 수 있습니다.

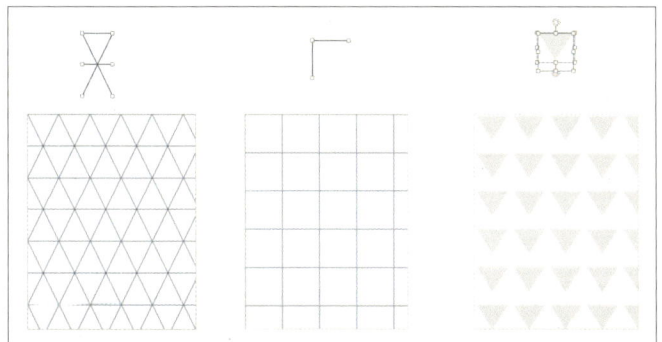

12 이 패턴을 계속 사용하려면 [그림으로 저장]한 다음, 채우기를 할 때 〈클립보드〉 버튼 대신 〈파일〉 버튼을 선택하고 저장한 패턴을 불러오면 됩니다.

활용편

그라데이션 채우기로 이미지 배경을 연장하라

보고서 제작에서 이미지를 사용할 때 이미지 위에 텍스트를 입력하는 경우가 많습니다. 이 경우 텍스트가 잘 보이기 위해서는 배경이 단순하거나 빈 공간이 한쪽에 있는 이미지를 선택하는 것이 좋습니다. 만일 준비된 이미지 상태가 그렇지 않다면 그라데이션 기능을 활용해서 텍스트를 입력할 수 있는 공간을 깔끔하게 만들 수 있습니다.

보고서 작업을 하거나 홍보 자료, 또는 홈페이지용 이미지가 필요할 때 준비된 이미지 너비나 높이가 텍스트를 입력하기엔 모자란 경우가 있습니다. 같은 내용이라도 복잡한 배경 위의 글씨는 가독성이 떨어지게 됩니다. 이런 경우 필요한 공간을 만들어 사용하는 것이 좋습니다. 배경을 연장해서 그 공간을 텍스트를 입력하는 공간으로 활용하는 방법을 알아보겠습니다.

주제 : 그라데이션 배경

보고서 작업에서 이미지와 텍스트를 함께 작업할 때, 주로 복잡한 그림이 없는 쪽에 텍스트를 배치하게 됩니다. 그런데 준비된 이미지에 그럴 영역이 충분히 없다면 그라데이션 기능을 이용해서 그림 영역을 자연스럽게 연장하는 방법을 사용할 수 있습니다.

참고 자료 : 그라데이션 배경

▲ 출처 : 텐바이텐(www.10x10.co.kr)

결과

◀ 이미지 자료 출처 : Pixabay
(pixabay.com), 검색어 : 휴식

01 필요한 이미지를 준비합니다.

• 결과 파일 : 3-3-03.pptx

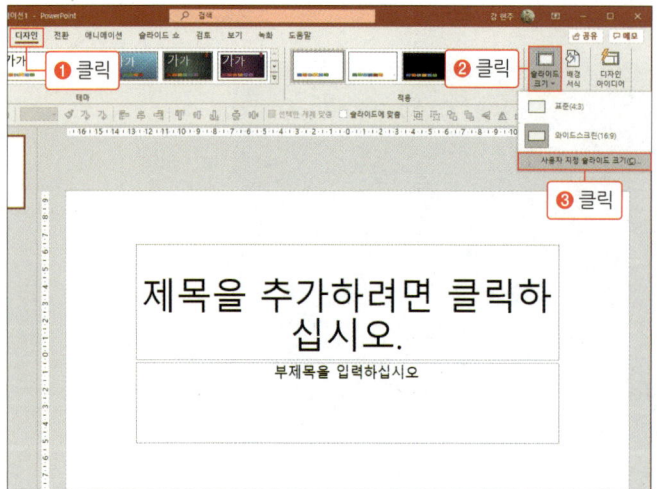

02 홍보 포스터를 만들기 위해 슬라이드를 세로로 작업하겠습니다. [디자인] 탭-[사용자 지정] 그룹-[슬라이드 크기]-[사용자 지정 슬라이드 크기]를 클릭합니다.

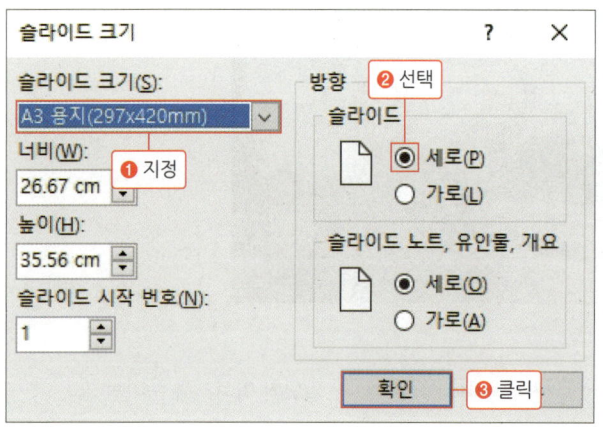

03 실내용 포스터 사이즈로 가장 많이 사용하는 'A3 용지(297x420mm)', '세로' 방향을 지정합니다.

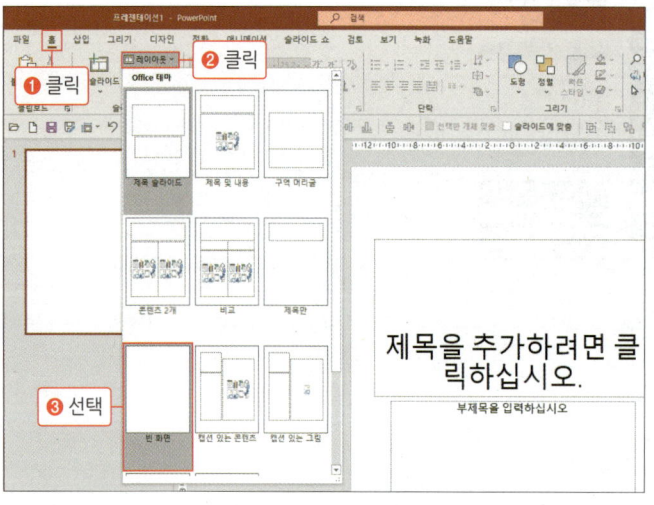

04 제목, 부제목 개체 틀을 모두 삭제하거나, [홈] 탭-[슬라이드] 그룹-[레이아웃]-[빈 화면]을 선택합니다.

05 [삽입] 탭-[이미지] 그룹-[그림]을 이용해서 이미지를 슬라이드에 삽입하고, 슬라이드에 가로 너비에 맞춰 크기 조정을 하고 아래쪽에 배치합니다.

06 슬라이드 위쪽에 연장된 배경으로 사용할 사각형 도형을 아래 부분이 이미지와 겹치도록 삽입합니다.

07 도형을 마우스 오른쪽 버튼을 클릭하고 표시되는 바로 가기 메뉴에서 [도형 서식]을 선택합니다. 오른쪽에 표시되는 [도형 서식] 작업 창에서 선을 '선 없음', 채우기를 '그라데이션 채우기'로 선택합니다.

08 그라데이션 종류와 방향을 지정합니다.

- 종류 : 선형
- 방향 : 선형 아래쪽

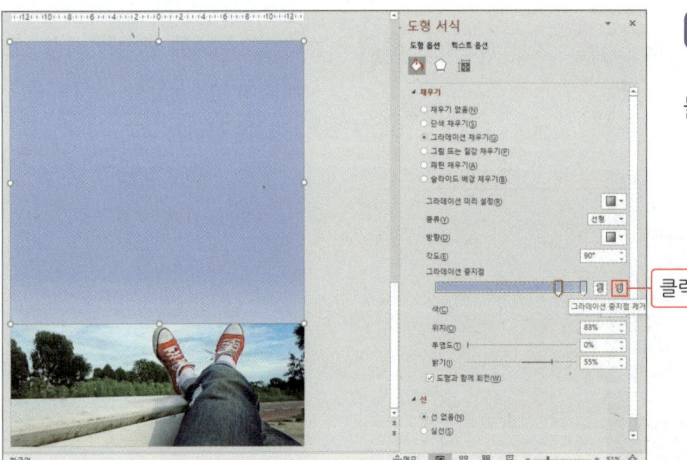

09 중지점의 개수가 2개보다 많다면 '그라데이션 중지점 제거' 버튼을 눌러, 두 개의 중지점만 남겨둡니다.

10 각 중지점 색은 스포이트 명령을 이용해서, 이미지 중 배경으로 사용하려는 색상을 클릭하는 방법으로 같은 색을 지정합니다.

11 중지점 1과 2의 위치와 투명도를 자연스럽게 보이도록 설정합니다.

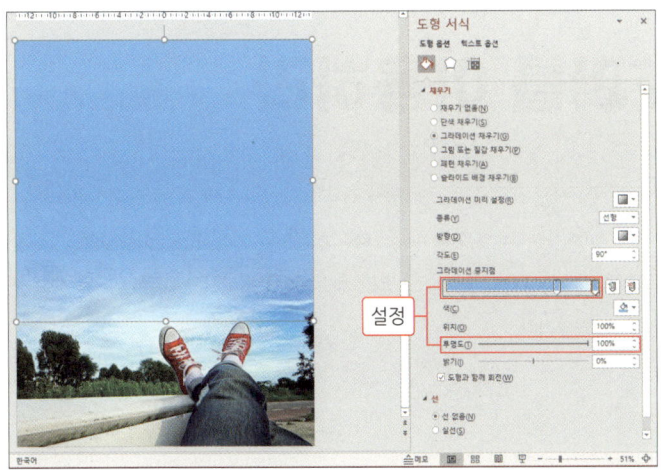

- 중지점 1
  위치 : 이미지와 도형의 경계선 부분(결과 파일에서는 74%)
  투명도 : 0%
- 중지점 2
  위치 : 100%
  투명도 : 100%

12 이렇게 그라데이션을 이용해서 자연스럽게 배경이 연장되었다면, 텍스트 상자나 도형을 이용해서 슬라이드를 제작합니다.

활용편

그림 효과를 이용하라

파워포인트에서 제공하는 '그림 효과'는 그림자, 반사, 네온, 부드러운 가장자리, 3차원 서식, 3차원 회전, 꾸밈 효과 등이 있습니다. 이미지의 밝기나 선명도, 채도 등을 조정하고 이런 효과를 적용하면 다양한 결과물을 만들 수 있습니다.

파워포인트의 그림 효과 기능을 이용해서 배경을 만드는 다양한 방법을 살펴보겠습니다.

사진에 Spotlight 효과 주기

배경을 흐리게 하거나 강조하고 싶은 곳에 초점을 맞추는 방식으로 특정 부분에 시선을 집중하게 할 수 있습니다.

주제 : 사진의 특정 부분 강조

보고서에 사용할 이미지를 전체적으로 선명하게 하거나 흐린 효과를 적용해서 사용할 수도 있지만, 특정 부분만 다르게 효과를 주는 방식으로 사용할 수도 있습니다. 일부분만 효과를 적용한 듯한 이미지를 만드는 방법을 살펴보겠습니다.

참고 자료 : 특정 부분 강조하기

▲ 출처 : PUMA(kr.puma.com)

결과

▲ 이미지 자료 출처 : Pixabay(pixabay.com), 검색어 : 여자, 호수

01 필요한 이미지를 준비합니다.

• 결과 파일 : 3-3-04.pptx

02 삽입된 이미지를 Ctrl 키를 누른 상태로 드래그해서 한 장 더 복제합니다.

03 아래쪽 이미지를 선택하고 [그림 서식] 탭-[조정] 그룹-[꾸밈 효과]-[강조]를 클릭합니다.

04 위쪽 이미지 중 강조하고 싶은 부분을 남겨 보겠습니다. [삽입] 탭-[일러스트레이션] 그룹-[도형]-[자유형]을 클릭하고 남기려는 부분의 외곽을 다각형으로 그립니다.

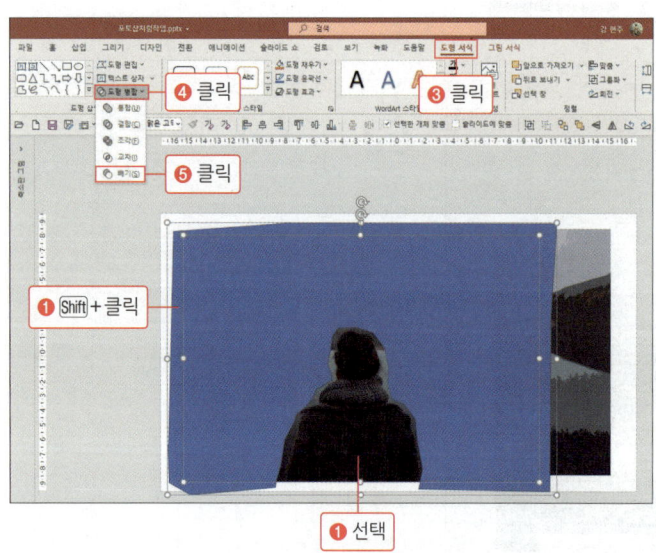

05 이미지를 먼저 선택하고, Shift 키를 누른 상태에서 다각형 도형을 클릭해서 함께 선택합니다.
[도형 서식] 탭-[도형 삽입] 그룹-[도형 병합]-[빼기]를 클릭합니다.

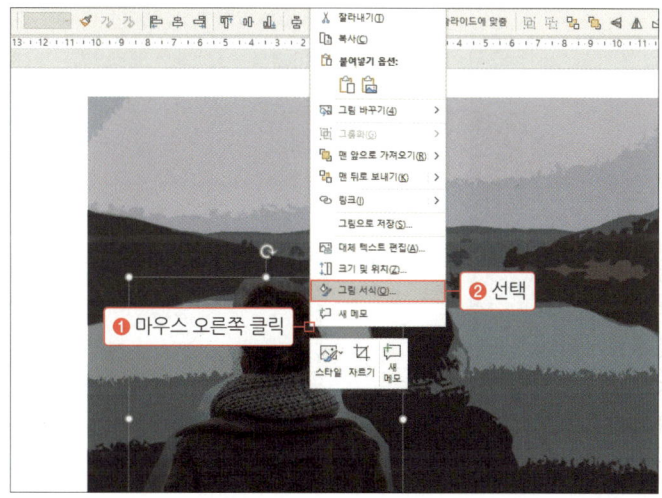

06 잘려진 이미지가 선택된 채로 마우스 오른쪽 버튼을 클릭한 다음 표시되는 바로 가기 메뉴에서 [그림 서식]을 선택합니다.

07 오른쪽에 표시되는 [그림 서식] 작업 창에서 그림 효과 중 '부드러운 가장자리'를 확장하고 크기를 '10pt'로 설정합니다.

08 [그림 서식] 작업 창에서 [그림] 탭을 클릭하고 '그림 수정'을 확장한 다음 밝기를 '20%'로 설정합니다.

09 아래쪽 이미지와 동일한 위치에 배치합니다. 사진에서 배경 부분만 다른 느낌으로 표현된 것처럼 보이는 것을 확인할 수 있습니다.

배치

10 텍스트 상자나 도형을 이용해서 슬라이드를 제작합니다.

그림 투명도 조절하기

그림 개체의 투명도를 조절하는 방법을 살펴보겠습니다. 투명도를 이용해 슬로우 모션처럼 움직인 흔적이 남는 효과를 주어 이미지에 색다른 느낌을 표현할 수 있습니다.

주제 : 그림을 투명하게 조절해서 사용하기

파워포인트 최신 버전인 오피스 365 버전이 아니라면 그림 개체는 투명도를 조절할 수 없습니다. 최신 버전이 아닌 경우 투명도를 조절할 수 있는 도형 개체로 변형해서 투명도를 조절하는 방법을 살펴보겠습니다.

결과

▲ 이미지 자료 출처 : Pixabay(pixabay.com), 검색어 : 모델, 패션
　 텍스트 자료 출처 : 위키백과(goo.gl/G7QPbs)

01 | 필요한 이미지를 준비합니다.

• 결과 파일 : 3-3-05.pptx

02 [그림 서식] 탭-[조정] 그룹-[배경 제거]를 클릭합니다.

03 자동으로 정리된 영역 중 추가하거나 제거할 부분은 [배경 제거] 탭-[미세 조정] 그룹-[보관할 영역 표시]/[제거할 영역 표시] 명령을 이용해서 작업합니다. Esc 키를 눌러 정리를 마칩니다.

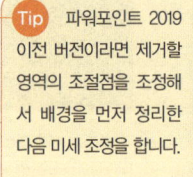

Tip 파워포인트 2019 이전 버전이라면 제거할 영역의 조절점을 조정해서 배경을 먼저 정리한 다음 미세 조정을 합니다.

04 오피스 365 버전이라면 배경이 제거된 이미지를 클릭하고 [그림 서식] 탭-[조정] 그룹-[투명도] 명령이나 [그림 서식] 작업 창에서도 이미지의 투명도를 조절할 수 있습니다. 하지만, 이전 버전의 파워포인트에서는 투명도를 설정할 수 없습니다.

05 투명도를 적용하기 위해, 도형에 이미지를 채워 넣는 방법을 이용하면 됩니다. 이미지를 채워 넣을 사각형 도형을 삽입합니다.

06 배경이 제거된 이미지를 마우스 오른쪽 버튼으로 클릭하고 표시되는 바로 가기 메뉴에서 [잘라내기]를 선택합니다.

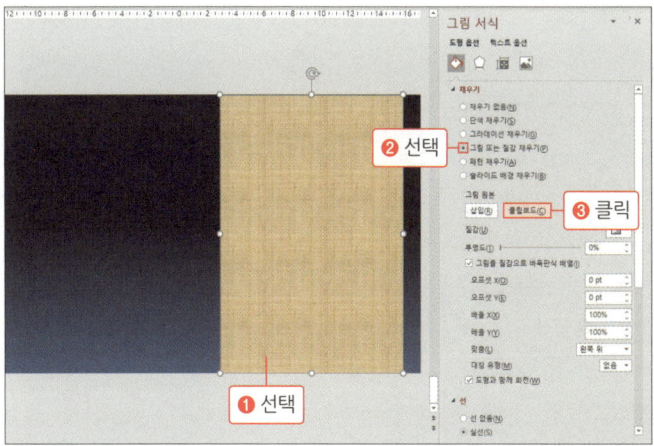

07 사각형 도형을 선택하고 [도형 서식] 작업 창에서 채우기 명령 중 '그림 또는 질감 채우기'를 선택한 다음 〈클립보드〉 버튼을 클릭합니다.

4 그림 효과를 이용하라

08 만일 이미지 비율이 도형 비율과 달라 왜곡되어 보인다면 [그림 서식] 탭-[크기] 그룹-[자르기▼]-[채우기]를 선택해서 조정합니다.

09 이미지를 복제하고 [그림 서식] 작업 창에서 [채우기 및 선] 탭을 클릭한 다음 채우기의 '투명도'를 다르게 조정합니다. 선은 '선 없음'으로 선택합니다.

10 만일 배경 제거 명령으로 지워진 테두리가 깨끗하지 못하다면 [그림 서식] 작업 창에서 [효과] 탭(◻)을 클릭하고 [도형 옵션] 효과 중 '부드러운 가장자리' 효과를 적당히 조정합니다.

11 | 텍스트 상자나 도형을 이용해서 슬라이드를 제작합니다.

'곡선' 도형을 이용한 점 편집

파워포인트에서 선을 사용하는 경우는 대부분 개체와 개체를 이어 주는 연결선으로 사용하는 경우입니다. 연결선의 쓰임도 중요하지만 선을 독립적으로 사용해서 슬라이드를 구성하는 방법을 살펴보겠습니다.

주제 : 곡선으로 반짝이는 물결 만들기

파워포인트에서는 연결선과 선의 구분이 명확하지 않습니다. 단지 선이 개체와 이어지면 연결선이고 이어지지 못하면 그냥 선으로 사용됩니다. 선의 색, 종류, 두께, 시작 모양, 끝 모양 등을 지정하는 방법과 점 편집으로 좀 더 다양하게 활용하는 방법을 살펴보겠습니다.

결과

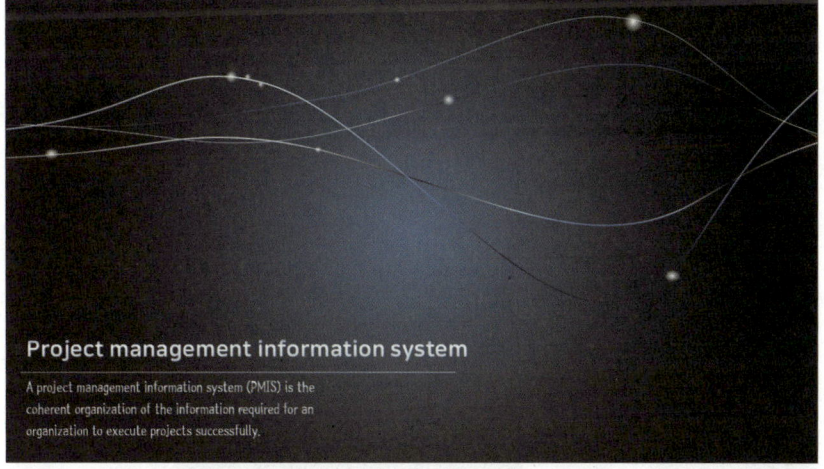

▲ 텍스트 자료 출처 : 위키백과(goo.gl/4KIaTa)

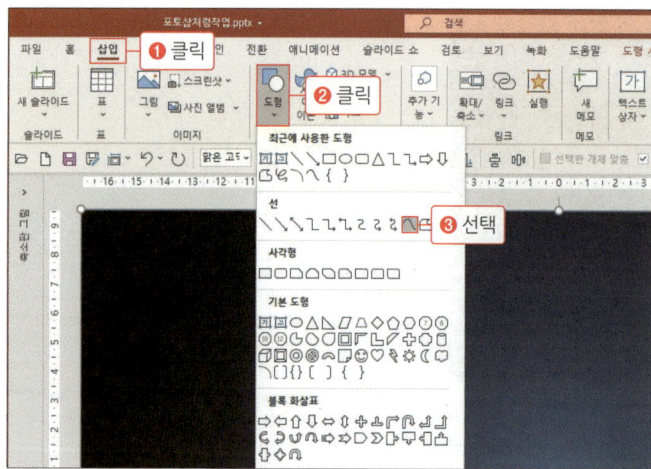

01 [삽입] 탭-[일러스트레이션] 그룹-[도형]을 클릭하고 선 중에서 [곡선]을 선택합니다.

• 결과 파일 : 3-3-06.pptx

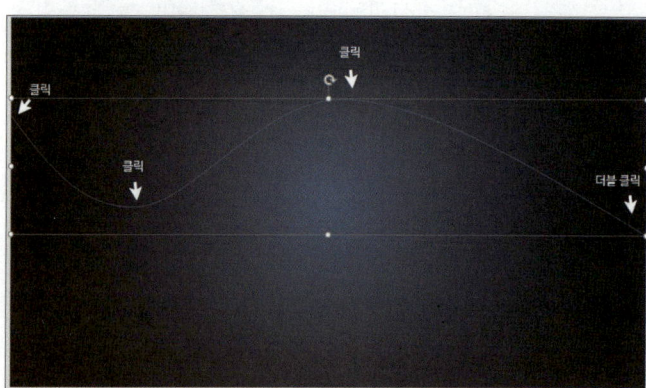

02 곡선을 시작할 위치를 클릭하고, 마우스를 이동하며 곡선을 추가하려는 위치에서 차례로 클릭합니다. 마지막 끝나는 점에서는 더블클릭으로 마무리합니다.

> **Tip** '곡선', '자유형:도형' 도형을 끝낼 때 방법
> • 열린 도형 : 끝내려는 곳에서 더블클릭합니다.
> • 닫힌 도형 : 시작점을 클릭합니다.

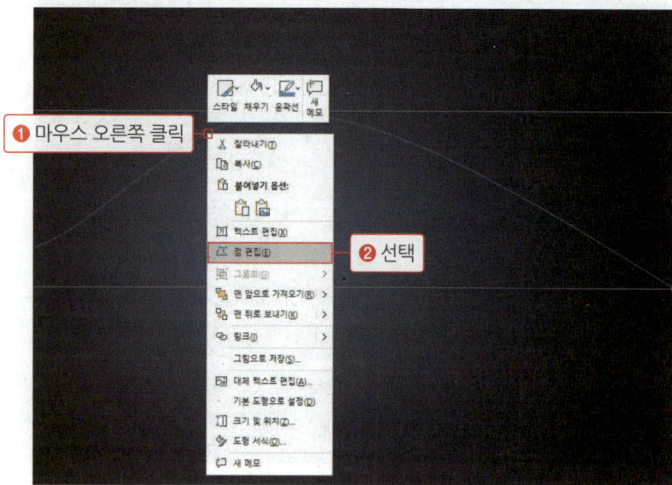

03 삽입된 곡선의 기울기나 둥근 정도를 수정하기 위해, 선 위에서 마우스 오른쪽 버튼을 클릭하고 표시되는 바로 가기 메뉴에서 [점 편집]을 선택합니다.

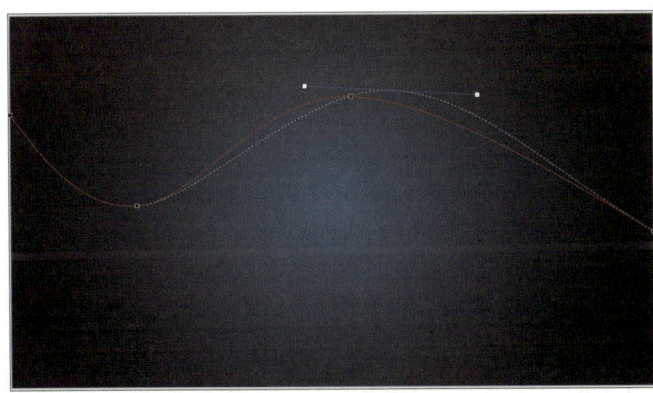

04 점 위치와 기울기를 조정합니다.

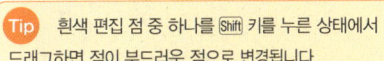

Tip 흰색 편집 점 중 하나를 Shift 키를 누른 상태에서 드래그하면 점이 부드러운 점으로 변경됩니다.

05 선의 모양이 만들어졌다면 [도형 서식] 작업 창에서 '선'을 확장하고 '그라데이션 선'을 선택한 다음 그라데이션 색상을 지정합니다.

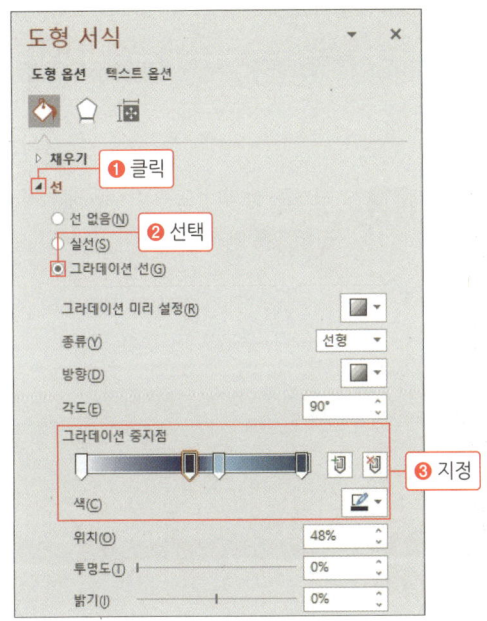

06 선 하나를 만들었으면 필요한 개수만큼 복사한 다음, 점 편집으로 기울기와 점 위치를 변경하면서 배치합니다.

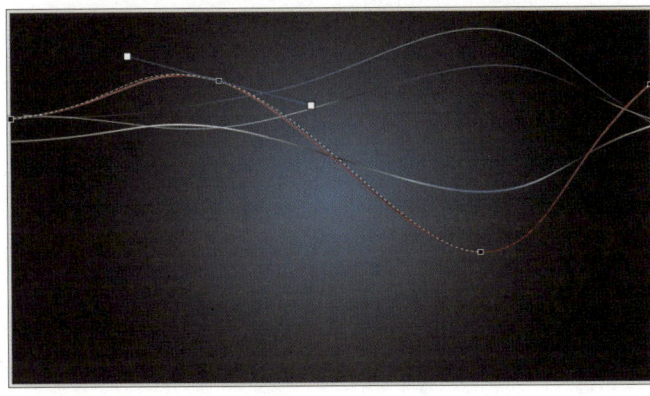

07 선 위에 하이라이트를 주기 위해 타원을 삽입하고 다음과 같이 지정합니다.

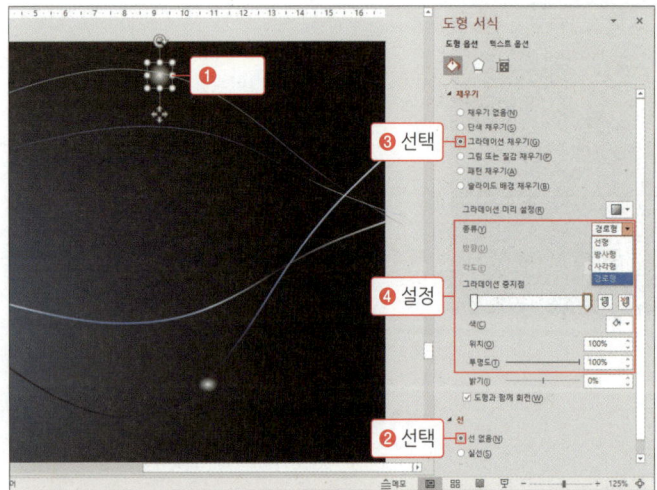

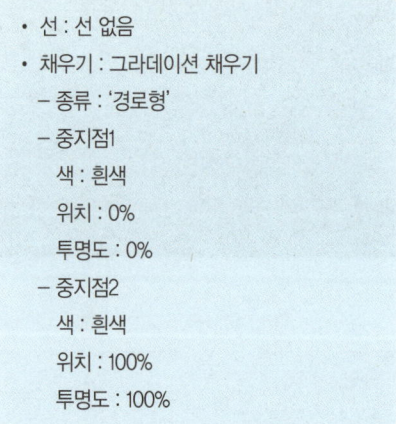

- 선 : 선 없음
- 채우기 : 그라데이션 채우기
  – 종류 : '경로형'
  – 중지점1
   색 : 흰색
   위치 : 0%
   투명도 : 0%
  – 중지점2
   색 : 흰색
   위치 : 100%
   투명도 : 100%

08 텍스트 상자나 도형을 이용해서 슬라이드를 제작합니다.

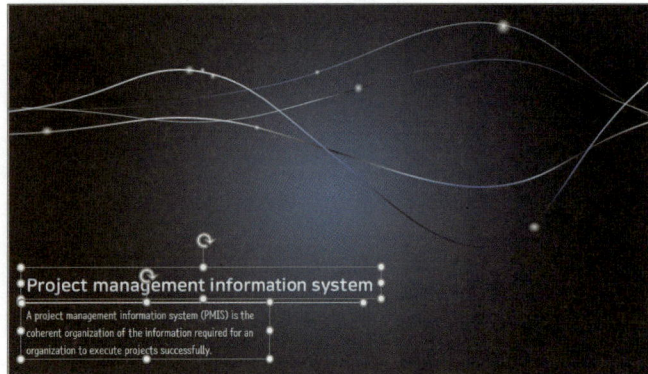

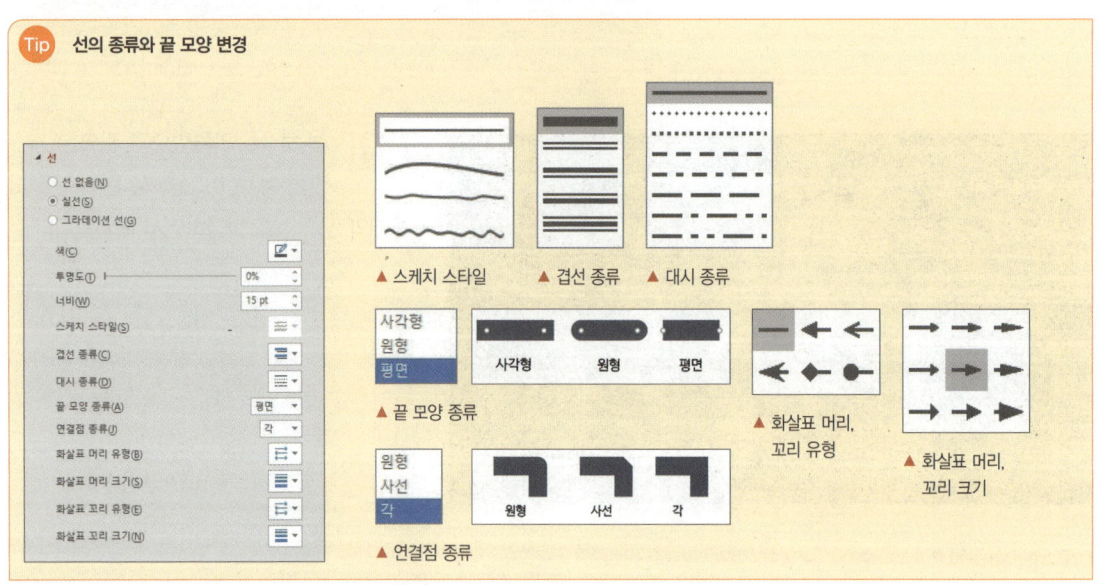

'배경 채우기'를 활용한 배경 만들기

도형 채우기는 단색, 그라데이션, 그림, 질감 등 여러 가지 방식이 있습니다. 이 중에서 '슬라이드 배경으로 채우기'를 이용하면, 여러 도형에 한 장의 사진을 부분적으로 보여 주는 재미있는 효과를 만들 수 있습니다.

주제 : 큰 그림을 원하는 부분만 보여 주는 쉬운 방법

그림을 자른 느낌으로 효과를 만들 때 그림을 겹치는 방식을 많이 사용합니다. 하지만 그런 경우는 그림을 동일한 위치로 맞춰야 하고, 여러 부분을 보여 주고 싶다면 그림을 여러 번 삽입하고 자르기를 해야 합니다. 좀 더 편하게 작업하는 방식을 살펴보겠습니다.

결과

▶ 이미지 자료 출처 : Pixabay (pixabay.com), 검색어 : 서핑, 보드
텍스트 자료 출처 : 위키백과(goo.gl/5kVFr)

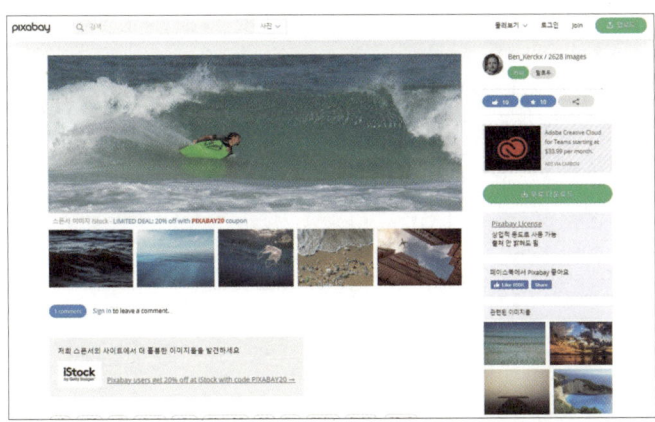

01 필요한 이미지를 준비합니다.

· 결과 파일 : 3-3-07.pptx

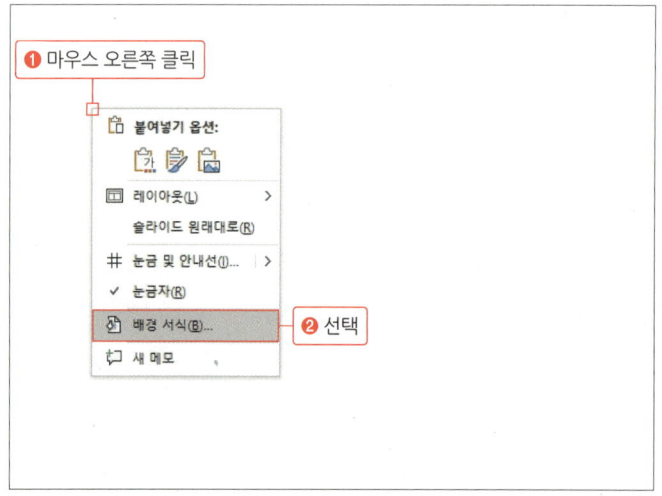

02 슬라이드 위에서 마우스 오른쪽 버튼을 클릭하고 표시되는 바로 가기 메뉴에서 [배경 서식]을 선택합니다.

03 [배경 서식] 작업 창에서 '그림 또는 질감 채우기'를 선택합니다. 〈삽입〉 버튼을 클릭한 다음 삽입할 그림을 선택합니다.

> **Tip** 그림 중 보이는 위치 조정하기
> 오프셋 설정을 사용하여 그림의 보이는 위치를 조정할 수 있습니다. 양수는 그림 가장자리를 도형 중심쪽으로 이동하며, 음수는 그림 가장자리를 도형에서 멀리 이동합니다.

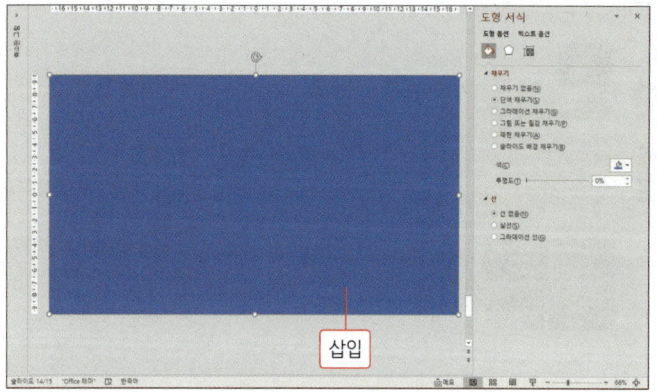

04 슬라이드 크기만큼 사각형 도형을 삽입합니다.

05 배경으로 삽입된 그림을 전체적으로 어둡게 하면서, 로모 이펙트(비네팅)처럼 가장자리를 좀 더 어둡게 처리하겠습니다. 다음과 같이 설정합니다.

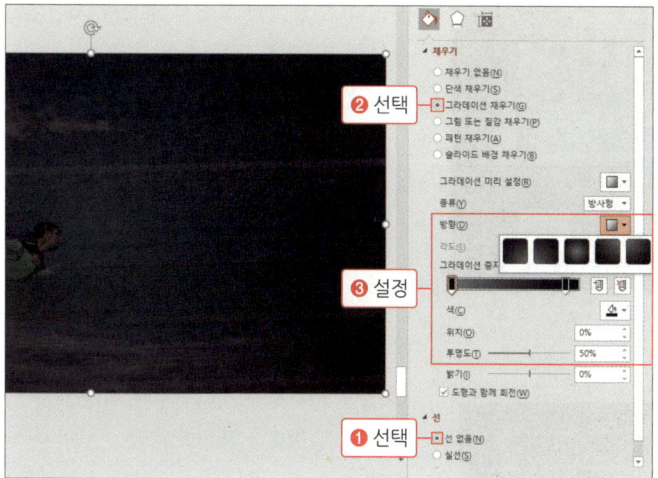

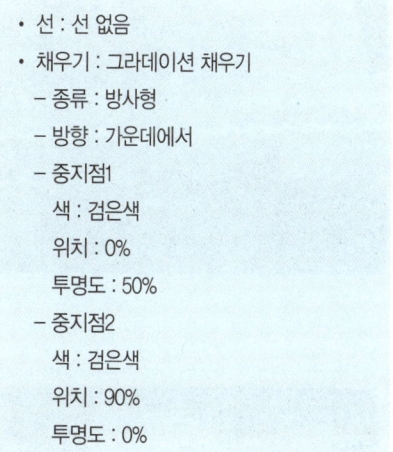

- 선 : 선 없음
- 채우기 : 그라데이션 채우기
  - 종류 : 방사형
  - 방향 : 가운데에서
  - 중지점1
    색 : 검은색
    위치 : 0%
    투명도 : 50%
  - 중지점2
    색 : 검은색
    위치 : 90%
    투명도 : 0%

06 배경 그림을 보기 위해 사각형 도형을 삽입하고, 크기 조절이나 회전을 하여 모양을 잡아 줍니다.

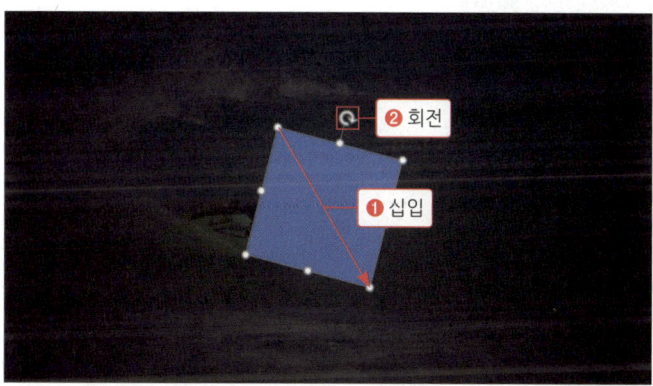

07 [도형 서식] 작업 창에서 채우기를 '슬라이드 배경 채우기', 선을 '선 없음'으로 선택합니다.

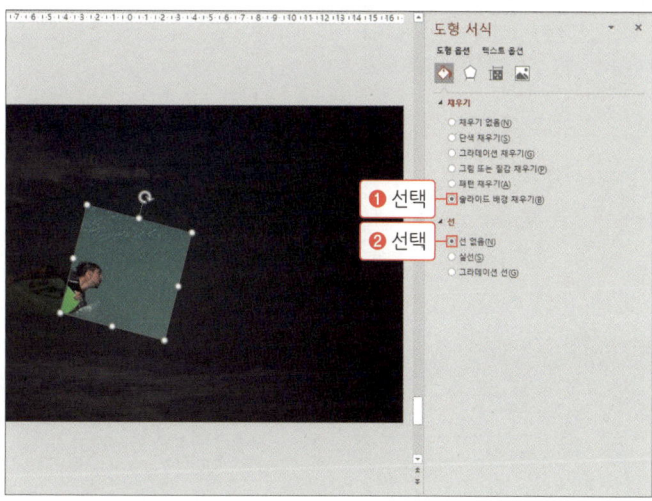

08 이 도형을 복제하면서 크기와 회전 각도, 위치를 조절하여 슬라이드를 꾸밉니다. 도형에 그림자 효과를 지정해도 독특한 분위기를 만들 수 있습니다.

09 텍스트 상자나 도형을 이용해서 슬라이드를 제작합니다.

복잡한 수치 정보,
차트를 활용하라

차트는 보고서에서 자주 사용되는 중요한 개체입니다. 왜냐하면 수치 자료와 통계 자료처럼 복잡하고 어려운 정보를 이해하기 쉽게 그림으로 시각화해서 한눈에 파악하도록 만들 수 있기 때문입니다.

보고 받는 사람들은 보고서를 통해 정보를 전달받을 때 단순하고 빠르게 이해할 수 있는 방식을 기대합니다. 그래서 수치 자료가 많은 보고서를 만들어야 한다면 차트 기능을 활용하기를 추천 드립니다.

많은 분량의 텍스트 자료를 표 형태로 정리할 수도 있고, 차트로 표현할 수도 있습니다. 표현 형태가 어떤 것이 좋고, 어떤 것이 나쁘다는 것이 아닙니다. 정보의 내용에 따라 가장 적합한 표현 방식을 찾아서 보기 쉬운 형태를 선택하면 됩니다.

숫자나 통계 자료에 적합한 차트는 이미지로 저장해서 좀 더 다양하게 디자인에 활용할 수도 있습니다.

활용편

차트, 쉽고 보기 좋게 만들어라

많은 숫자 자료를 텍스트로 보는 것보다 막대나 선으로 표현된 것을 볼 때 그 자료가 의미하는 것을 빠르게 파악할 수 있습니다. 차트는 수치 자료를 시각화하는데 효율적이고 편리한 방법이지만, 다양하게 왜곡될 수 있습니다. 정보를 가공할 때는 항상 정확한 의미가 전달되도록 주의해야 합니다.

보고서에서 차트를 만드는 것은 크게 두 가지 '차트 개체를 활용하는 방법'과 '도형을 이용한 방법'으로 만들 수 있습니다. 어떤 방법으로 작성하던지 상관없습니다. 단지 몇 가지 기본적인 주의 사항만 지키면 다른 사람들이 만든 차트보다 깔끔해 보이고 신뢰할 수 있습니다.

	차트 개체 이용 차트	도형 이용 차트
장점	데이터만 입력하면 정확한 수치가 반영된 차트를 쉽게 작성함	정확한 수치 비율로 작업하기 어려움
단점	사용자가 모양을 마음대로 변형하기 불편함	다양한 모양으로 만들기 편리함

차트 작성 기본1
- 데이터를 왜곡하지 않는다

숫자 자료를 시각화할 때 가장 기본적인 것은 데이터를 왜곡해서 전달하지 않는 것입니다. 의도를 가지고 하는 가장 흔한 왜곡이 기준선을 조정하거나, Y축의 크기를 조작하거나, 원하는 데이터가 있는 특정 부분만 사용하는 등의 방법입니다. 같은 데이터지만 차트의 기준선을 얼마로 하느냐에 따라 다른 이야기를 전달하는 정보를 만들 수 있습니다. 이런 차트들은 데이터를 오해하게 만들 수 있으니 반드시 정확한 의미의 정보가 전달되도록 주의해야 합니다.

그리고 의도하지는 않았더라도 도형으로 차트를 만드는 경우 막대나 파이 조각, 버블의 크기가 실제 값과 다른 비율로 만들어지지 않도록 꼼꼼하게 확인해야 합니다. 정확한 수치를 반영하지 못하고 대충 비슷한 크기로 도형을 작성할 경우 정보가 왜곡될 수 있습니다.

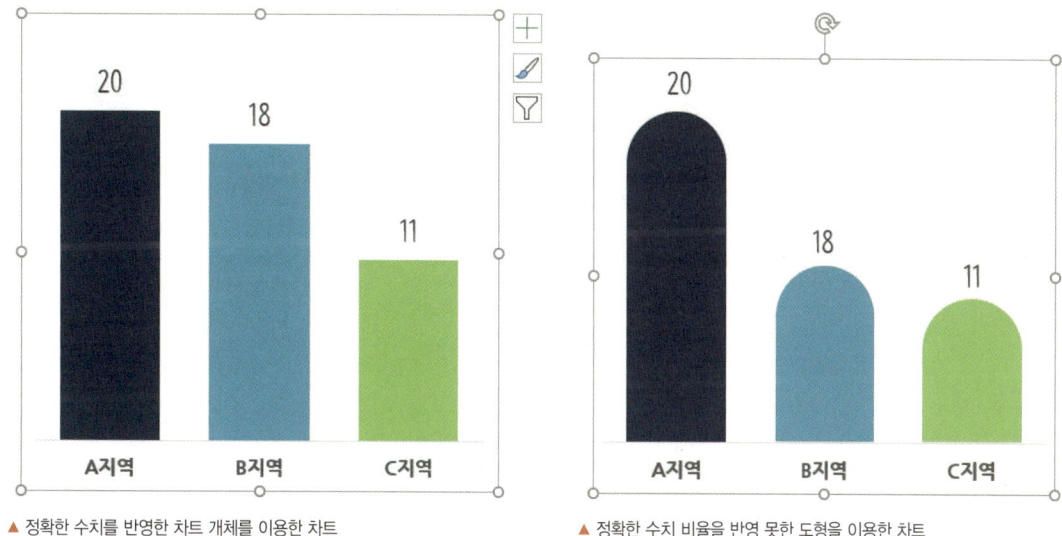

▲ 정확한 수치를 반영한 차트 개체를 이용한 차트　　　　▲ 정확한 수치 비율을 반영 못한 도형을 이용한 차트

차트 작성 기본2
- 그래프의 요소를 최소화한다

전달하려는 핵심 내용만 잘 표현하는 가장 쉬운 방법은 차트의 요소를 단순화하는 것입니다. 차트 제목, 축, 눈금선 등 중요하지 않은 차트 요소는 사용하지 않는 것을 추천합니다.

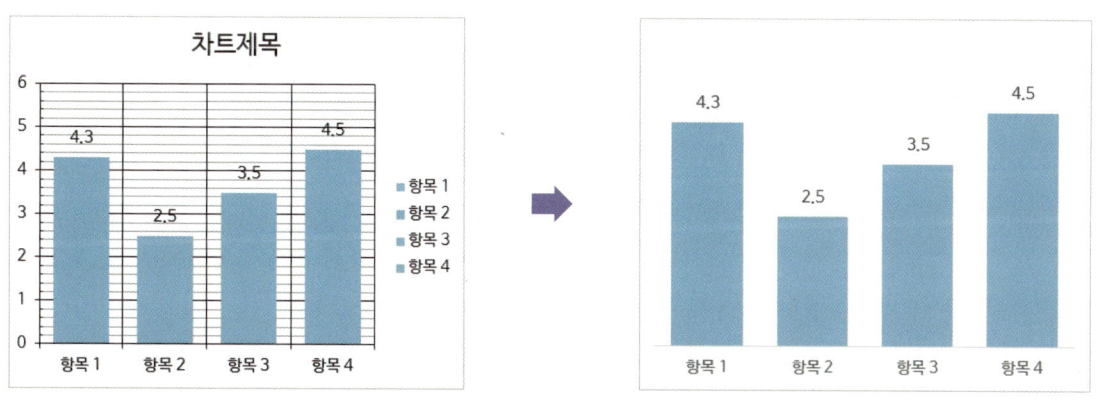

차트 작성 기본3
- 색을 단순화한다

차트 안의 모든 데이터가 중요해서 여러 가지 색으로 구분하는 경우가 있습니다. 하지만 대부분 보고서에서 사용되는 차트는 주제가 있고 강조하고 싶은 정보가 있을 것입니다. 그 정보만 강조 색을 사용하고 다른 정보들은 같은 색으로 표시한다면 훨씬 깔끔하고 전달력을 높일 수 있습니다. 특정 년도의 데이터에 관한 보고서라면 그해의 막대나 조각에만 강조 색을 지정하고 나머지 년도는 같은 색으로 지정해 보세요. 색을 선택할 때 고민이 된다면 강조 색만 지정하고 나머지 조각은 무채색을 사용하면 무난합니다.

1 차트, 쉽고 보기 좋게 만들어라

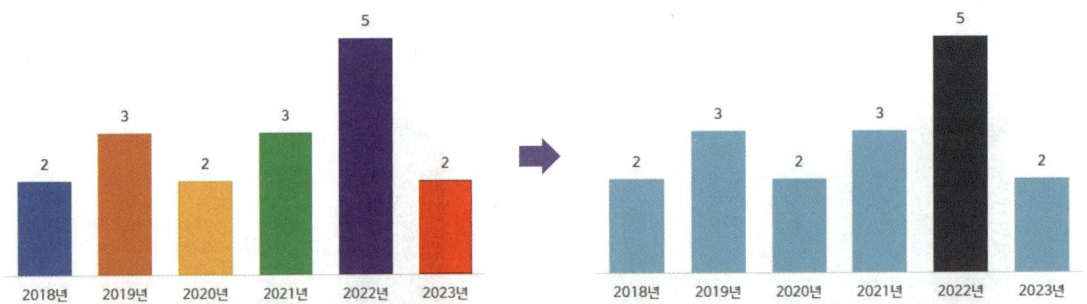

차트 작성 기본4
- '차트 개체'를 다루는 기본을 익혀라

파워포인트의 차트 개체는 엑셀과 동일한 방법으로 사용할 수 있습니다. 기본적인 제어 법만 알고 있으면 쉽게 만들 수 있습니다.

1 | 차트의 요소를 제거하는 방법

선택하고 Delete 키를 누릅니다.

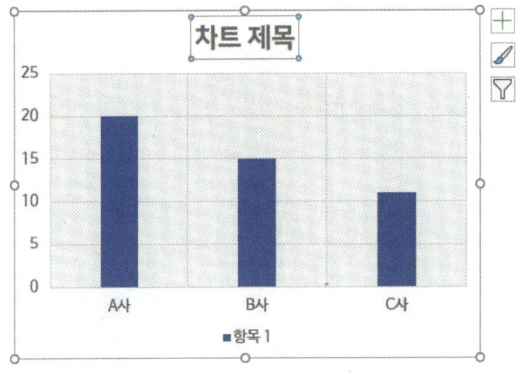

2 | 차트의 요소 추가

차트를 선택하면 차트 오른쪽 위에 '차트 요소' 아이콘(⊞)이 표시됩니다. 필요한 요소에 체크하면 됩니다.

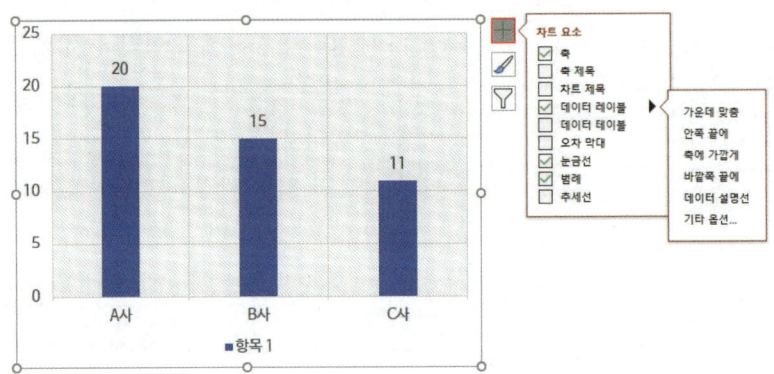

3 | 차트 각 요소의 설정 사항 수정

수정하려는 요소 위에서 마우스 오른쪽 버튼을 클릭하고 표시되는 바로 가기 메뉴에서 [oo 서식]을 선택합니다. 오른쪽에 서식 작업 창이 표시되면 수정합니다. 한번 서식 작업 창이 표시된 상태에 차트의 각 요소를 클릭하면 작업 창도 해당 요소의 서식 창으로 바뀝니다.

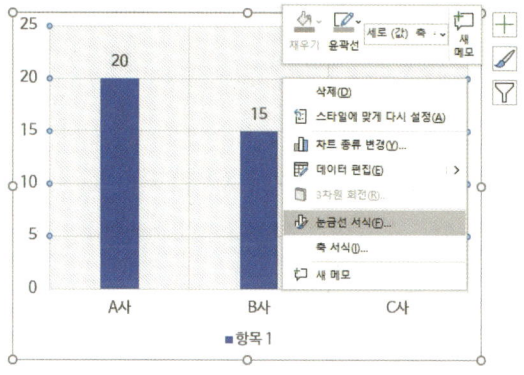

4 | 계열 선택과 계열 요소 선택법

- **계열 선택** : 막대나 조각을 한번 클릭 → 클릭한 막대(조각)의 모든 계열 선택 됨

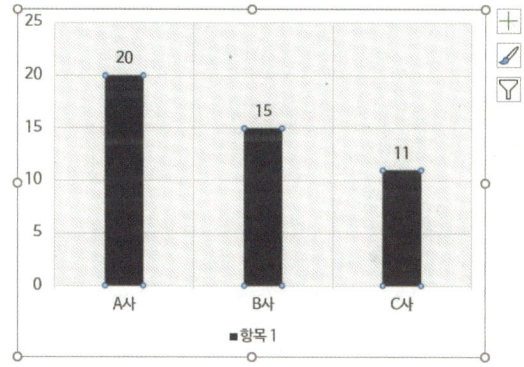

- **계열 요소 선택** : 막대나 조각이 선택된 상태에서 다시 한번 클릭 → 클릭한 막대(조각)만 선택됨

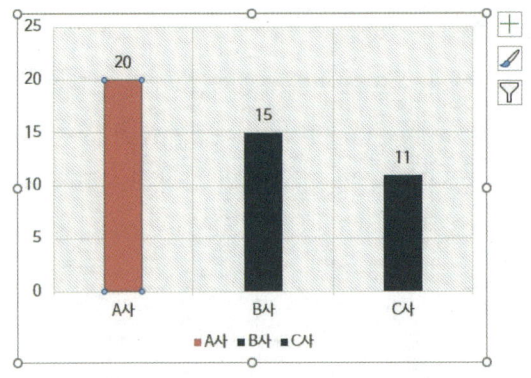

5 | 이것만 지정해도 보기 좋은 차트가 되는 법

- 막대그래프 : 막대의 간격 조정 50%~70%
- 선 그래프 : 선 두께 두껍게

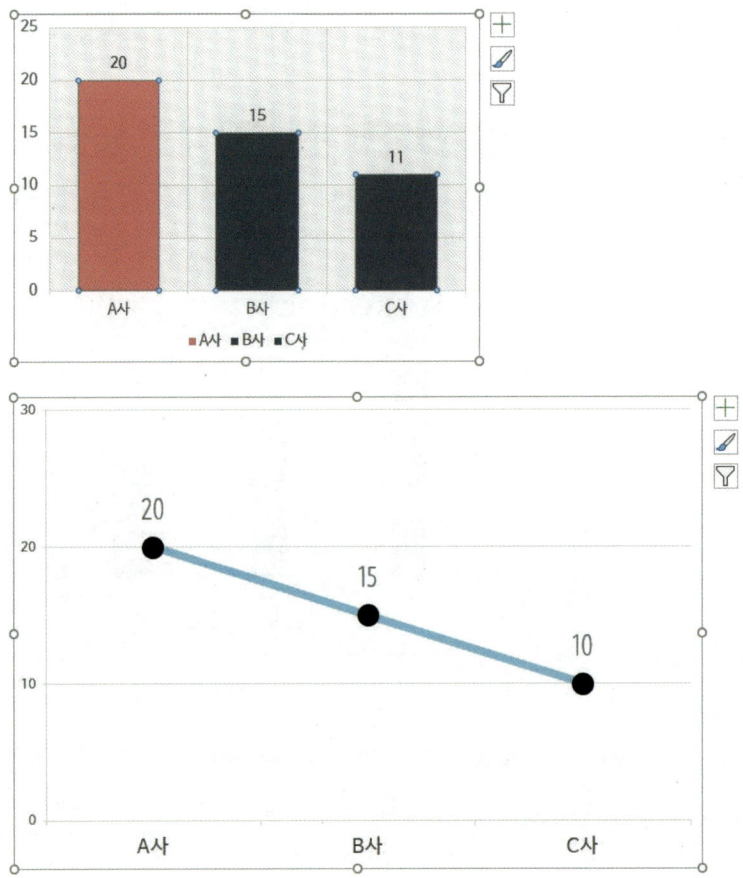

활용편

자주 사용하는 스타일을 저장하라

자주 사용하는 기안문이나 보고서의 서식을 저장해서 사용하듯이, 파워포인트에서는 차트 요소의 설정 사항을 저장할 수 있습니다. 막대, 선형, 원형 차트를 만들고 하나씩 차트 종류별 서식으로 저장해둔다면 다음부터는 데이터만 입력하면 나머지 눈금이나 글꼴, 항목 색, 데이터 레이블 표시 등 차트 요소를 매번 설정할 필요가 없습니다.

보고서에서 차트를 작성할 때 매번 다르게 서식을 지정하고 차트 구성 요소들을 설정하기보다는 비슷한 유형으로 사용하게 됩니다. 선형으로 표현되는 차트는 선형 차트끼리, 막대 차트 형식으로 표현되는 차트는 막대 차트끼리 비슷한 형태를 유지하는 것이 좋습니다. 원형 차트로 표현하는 데 있어서 어느 페이지에서는 2차원 원형으로 표현하고 어느 페이지에서는 3차원 원형으로 표현하면 보고서가 정돈된 느낌을 줄 수 없습니다. 보고서의 전체적인 분위기를 일관되게 유지하기 위해 자주 사용하는 몇 가지 차트 스타일을 저장해 두고 불러서 사용하면 차트 작성이 훨씬 빠르고 편리해질 것입니다.

주제 : 차트 서식을 저장해서 간편하게 작성하기

사용자가 지정한 차트를 다시 사용하려는 경우 차트 서식 파일(*.crtx)로 저장할 수 있습니다. 이렇게 저장해 두고 차트를 작성할 때 데이터만 입력하고 서식을 적용하는 방식으로 빠르게 차트를 작성하는 방법을 살펴보겠습니다.

<u>결과</u>

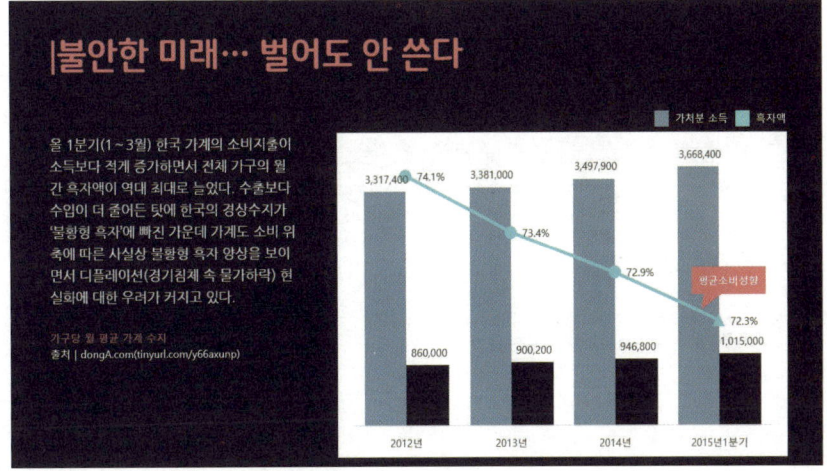

▶ 기사 출처 : dongA.com(tinyurl.com/y66axunp)

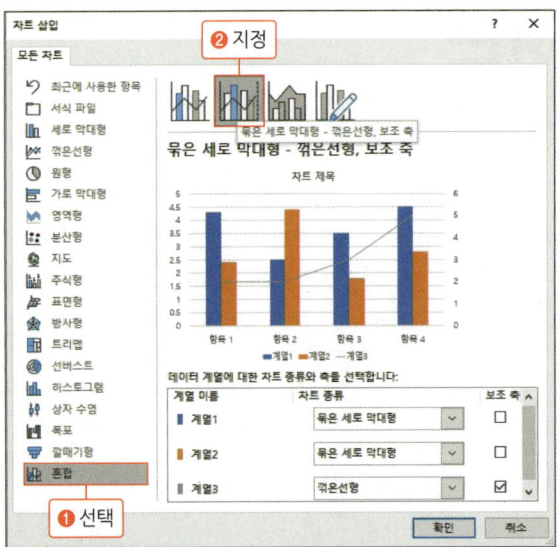

01 [삽입] 탭-[일러스트레이션] 그룹-[차트]를 클릭합니다. [차트 삽입] 대화상자가 표시되면 왼쪽에서 [혼합]을 선택하고, 위쪽에서 종류 중 '묶은 세로 막대형- 꺾은선형, 보조 축'을 지정합니다.

• 결과 파일 : 3-4-01.pptx

> **Tip** 차트 데이터가 극단적인 값의 차이로 모든 데이터가 잘 표현되지 않는 경우가 있습니다. 이런 경우 보조 축을 세워 각각 값을 표시하는 혼합 차트를 사용하는 것이 좋습니다.

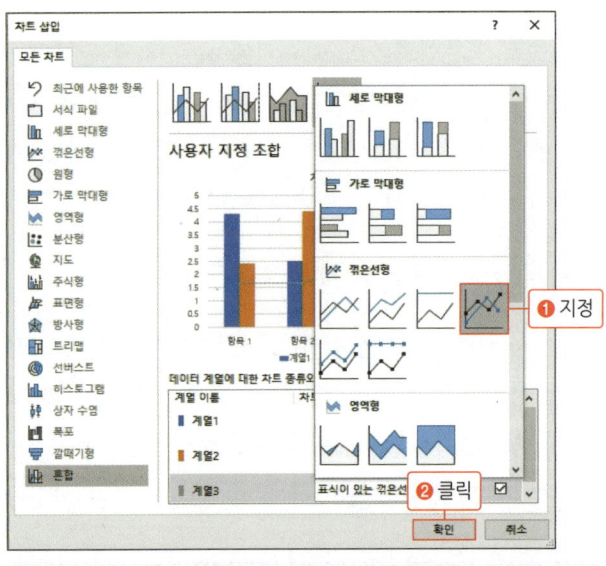

02 계열3의 차트 종류를 '표식이 있는 꺾은선 형'으로 지정한 다음 〈확인〉 버튼을 클릭합니다.

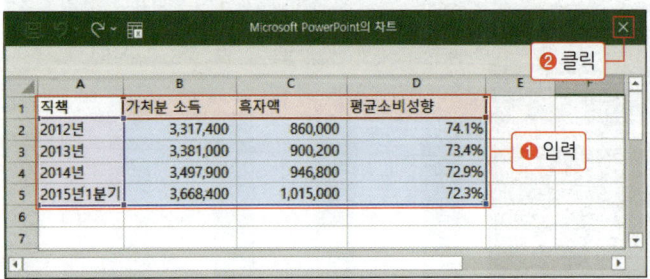

03 엑셀 창에 데이터를 입력하고, 엑셀 창은 닫습니다.

직책	가처분 소득	흑자액	평균소비성향
2012년	3,317,400	860,000	74.1%
2013년	3,381,000	900,200	73.4%
2014년	3,497,900	946,800	72.9%
2015년1분기	3,668,400	1,015,000	72.3%

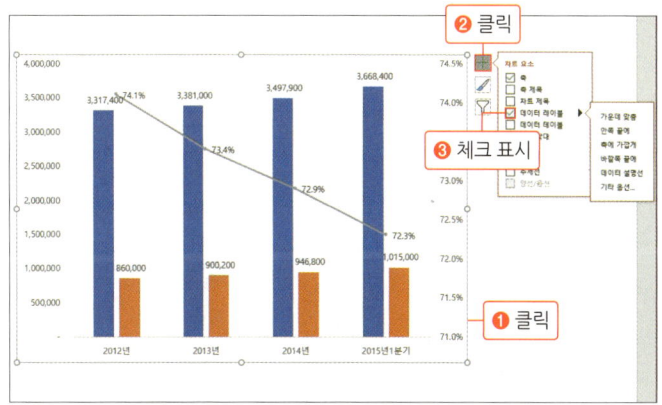

04 제목이나 눈금선 등 필요 없는 부분은 선택하고 Delete 키를 눌러 삭제합니다.

차트를 클릭하면 차트 오른쪽 위에 '차트 요소' 아이콘(⊞)이 표시됩니다. 차트 요소 중 '데이터 레이블'에 체크 표시합니다.

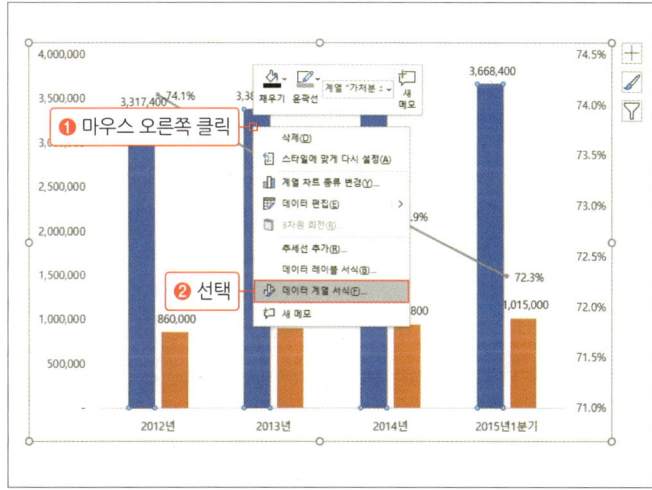

05 세밀하게 차트의 서식을 지정하기 위해, 차트 막대 중 한 곳에서 마우스 오른쪽 버튼을 클릭하고 표시되는 바로 가기 메뉴에서 [데이터 계열 서식]을 선택합니다.

06 오른쪽에 표시되는 [데이터 계열 서식] 작업 창에서 계열 겹치기, 간격 너비 등을 조절합니다.

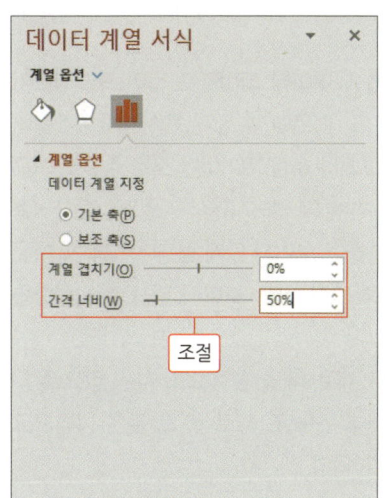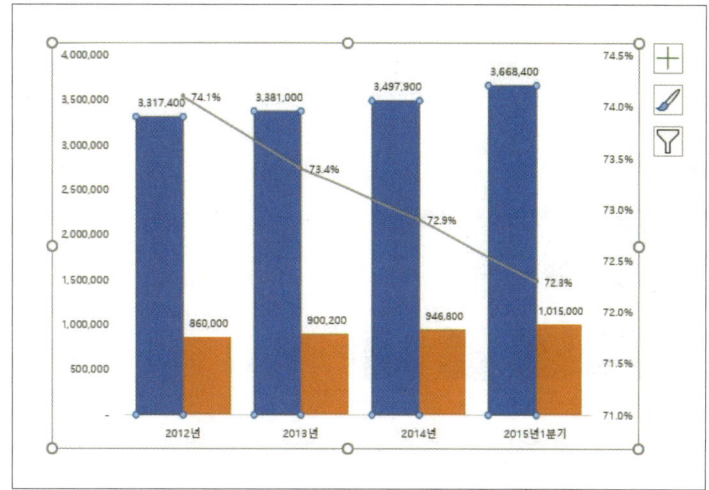

07 막대의 채우기, 선색도 원하는 형태로 지정합니다.

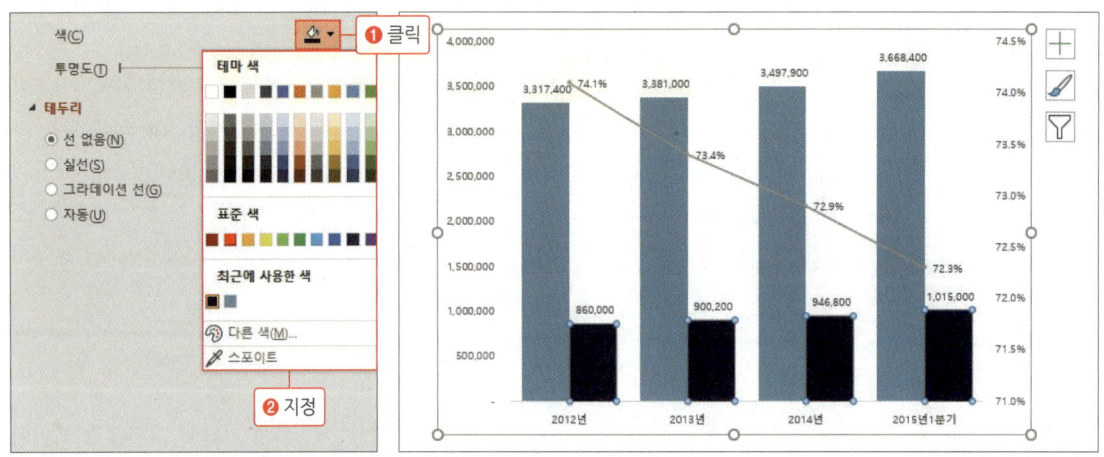

08 꺾은 선을 선택하고 [데이터 계열 서식] 작업 창에서 '선'과 '표식'의 서식을 지정합니다.

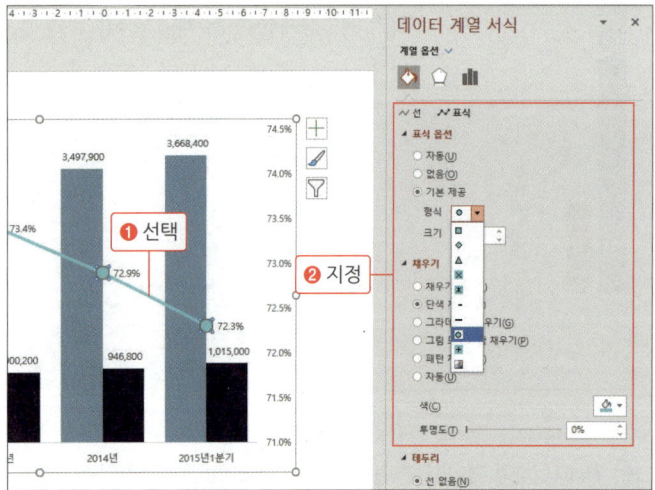

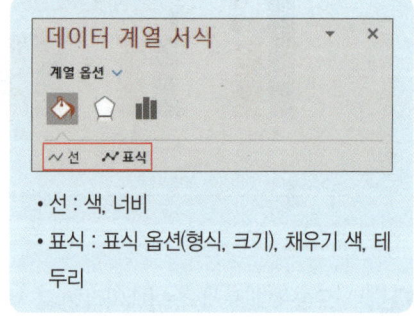

- 선 : 색, 너비
- 표식 : 표식 옵션(형식, 크기), 채우기 색, 테두리

09 데이터 레이블로 값이 표시되었기 때문에, 축 값은 표시하지 않겠습니다. 그러나 축을 제거하면 보조 축으로 사용하는 부분이 없어지면서 계열3의 값이 X축으로 붙어 보이지 않게 됩니다. 그래서 축은 사용하지만 값만 보이지 않도록 지정하면 됩니다.

'기본 세로 축'을 선택하고, 다음 값으로 지정합니다. '보조 세로 축'도 같은 방법으로 지정합니다.

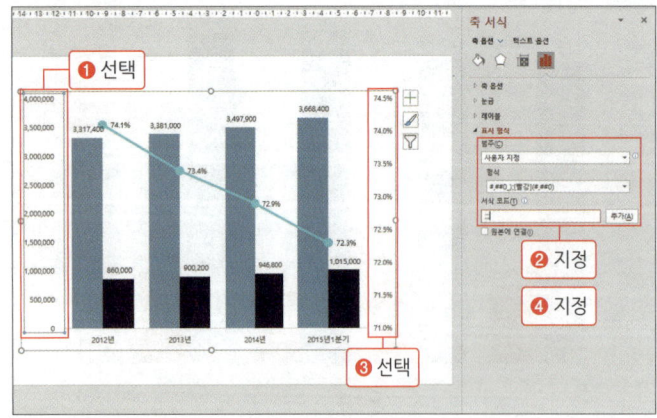

축은 사용하지만 값이 보이지 않도록 지정하는 방법

① [축 서식] 작업 창에서
② 축 옵션의 '표시 형식' 펼치기
③ 범주 – '사용자 지정' 선택
④ 서식 코드 – ;;; 입력
⑤ 〈추가〉 버튼 클릭

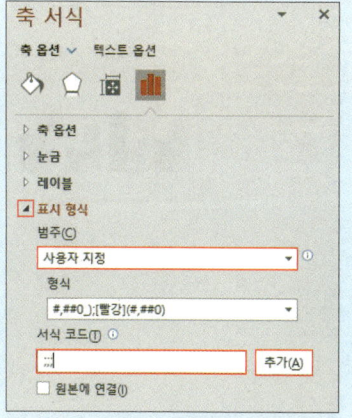

> **Tip** 표시 형식 ';;;' 서식 코드
> [양수, 음수, 0, 문자] 등 모든 데이터의 표시 형식을 지정하지 않아 데이터가 보이지 않게 하는 것입니다.

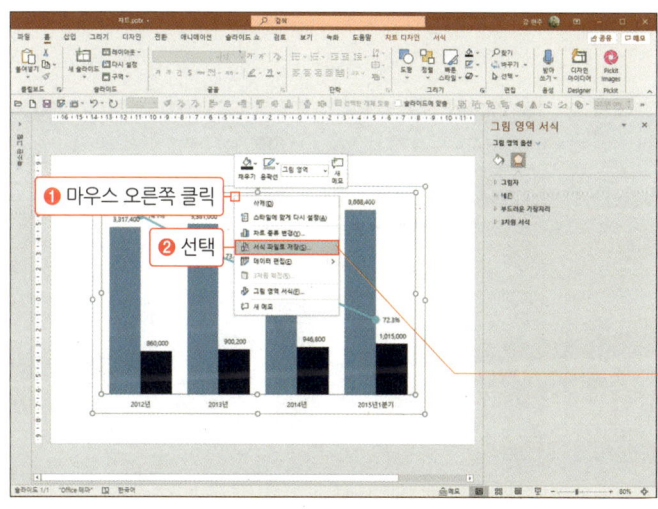

10 차트 모양이 원하는 형태로 지정되었다면, 차트 테두리 위에서 마우스 오른쪽 버튼을 클릭하고 표시되는 바로 가기 메뉴에서 [서식 파일로 저장]을 선택합니다.

> **Tip** 차트 도구 리본 메뉴에는 '서식 파일로 저장' 명령이 없으며, 이 명령을 사용하려면 차트 위에서 마우스 오른쪽 버튼을 클릭한 다음 표시되는 바로 가기 메뉴를 이용해야 합니다.

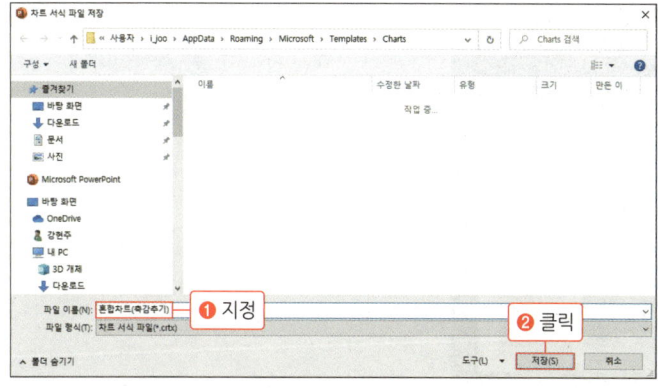

11 [차트 서식 파일 저장] 대화상자에서 파일 이름을 지정하고 〈저장〉 버튼을 클릭합니다. 경로는 변경하지 않습니다.

> **Tip** 같은 방법으로 원형이나 막대, 꺾은선 등 차트 종류별로 원하는 서식을 등록해 두면 편리하게 사용할 수 있습니다. 다른 파일에 있는 예쁜 차트도 서식으로 저장해서 사용하면 언제든 적용할 수 있습니다.

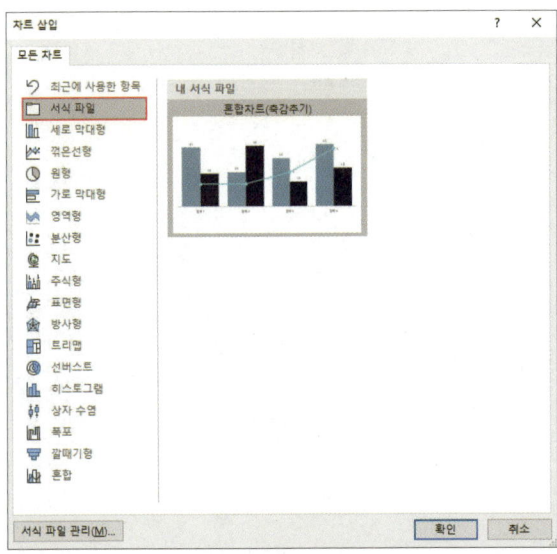

12 이제부터 보고서에 혼합 형식 차트가 필요한 경우라면, [차트 삽입] 대화상자의 [서식 파일]에서 차트 종류를 선택하면 서식이 바로 적용됩니다.

13 만일 이미 작성된 차트의 모양을 변경하고 싶다면, 차트를 선택하고 [차트 디자인] 탭-[종류] 그룹-[차트 종류 변경]을 클릭합니다. [차트 종류 변경] 대화상자의 [서식 파일]에서 차트 종류를 선택하면 서식이 바로 적용됩니다.

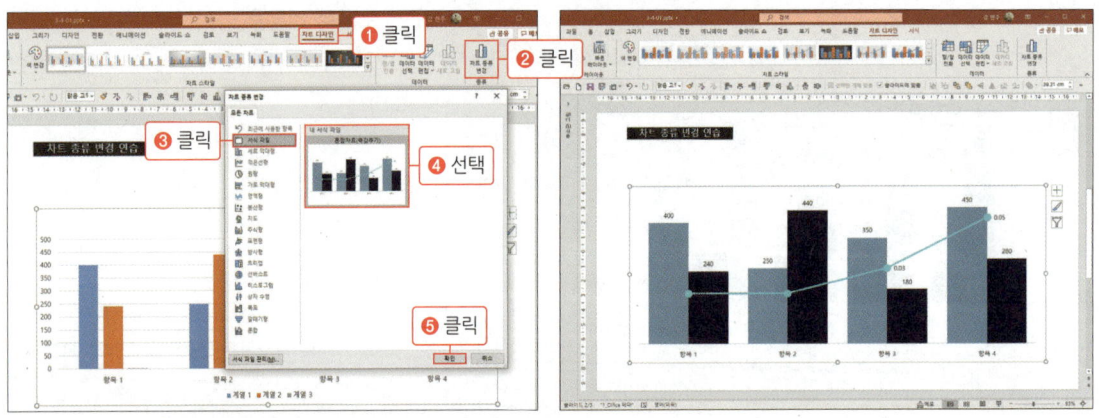

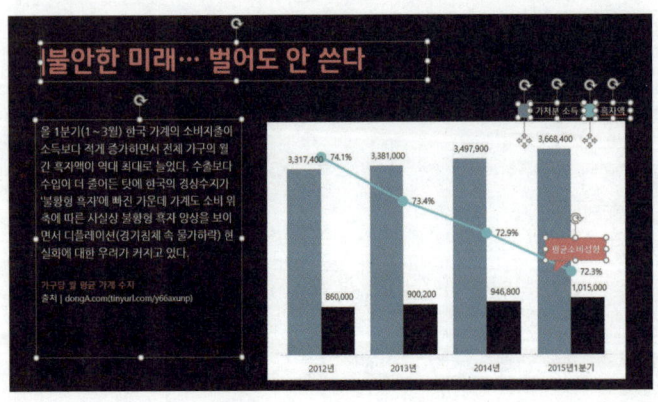

14 차트에 텍스트 상자나 도형을 추가해서 슬라이드를 제작합니다.

활용편

정확한 수치의
도형 차트 쉽게 만들어라

차트 형태 자료를 만들 때 도형으로 예쁘게 모양을 만드는 경우가 많습니다. 이런 경우 실제 데이터의 비율과 막대나 버블의 크기가 비례하지 않기 쉽습니다. 특히 원의 크기로 데이터를 표시하는 경우라면 더 주의해서 원을 그려야 합니다. 이럴 때 차트를 이용해서 데이터를 정확하게 표현하고 모양만 도형으로 바꾸는 방법을 사용하면 편리합니다.

차트를 그림으로 저장하면 '도형 차트'를 위한 크기 측정 가이드로 사용할 수 있습니다. 이렇게 만들면 막대의 크기나 버블의 면적을 왜곡하지 않고 자료의 정확한 수치를 반영하는 도형 차트를 만들 수 있습니다.

주제 : 막대 차트 모양 변경

도형으로 차트를 작성할 때 장점은 다양한 모양으로 변형할 수 있다는 것입니다. 차트 모양에 관한 아이디어를 얻고 싶다면 구글 검색으로 인포그래픽 차트의 형태를 참고할 수 있습니다.

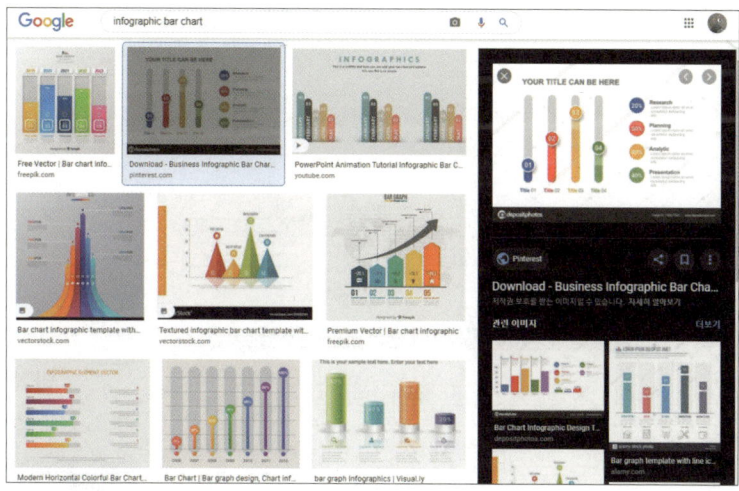

▲ 자료 출처 : www.google.co.kr

결과

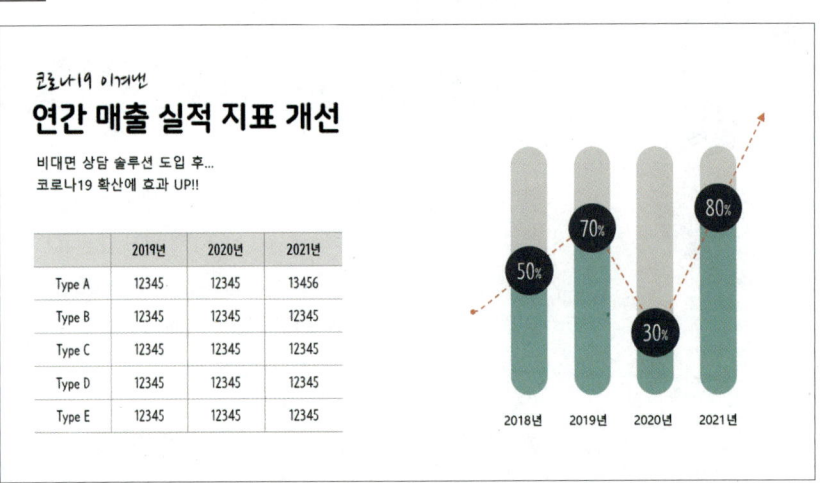

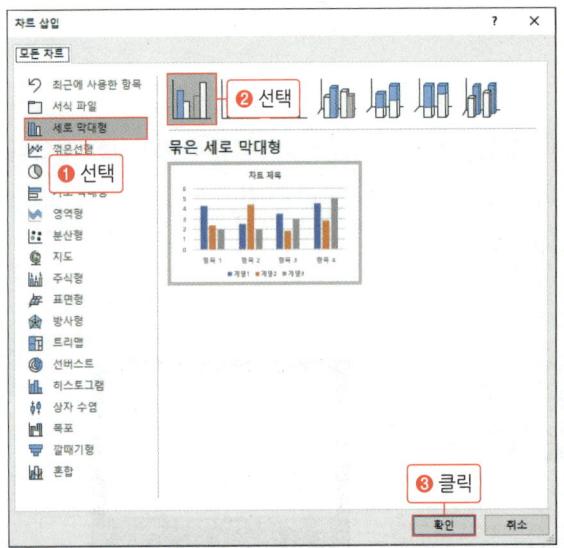

01 [삽입] 탭-[일러스트레이션] 그룹-[차트]를 클릭합니다. [차트 삽입] 대화상자가 표시되면, [세로 막대형] 중 '묶은 세로 막대형'을 선택하고 〈확인〉 버튼을 클릭합니다.

· 결과 파일 : 3-4-02.pptx

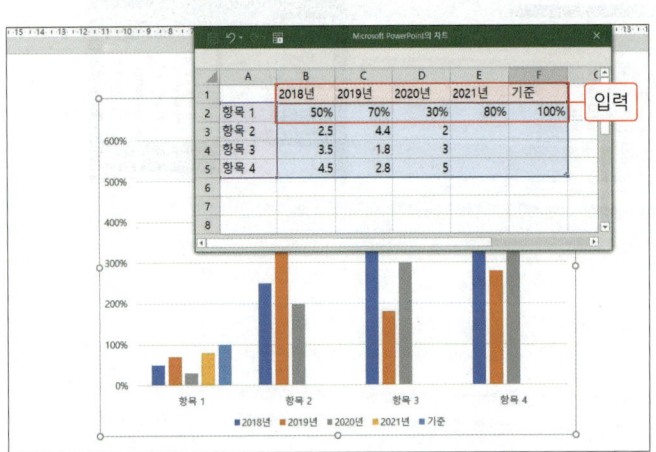

02 도형으로 사용할 막대의 데이터를 입력합니다. 배경 막대로 사용할 100% 값도 입력합니다.

	2018년	2018년	2020년	2021년	기준
항목 1	50%	70%	30%	80%	100%

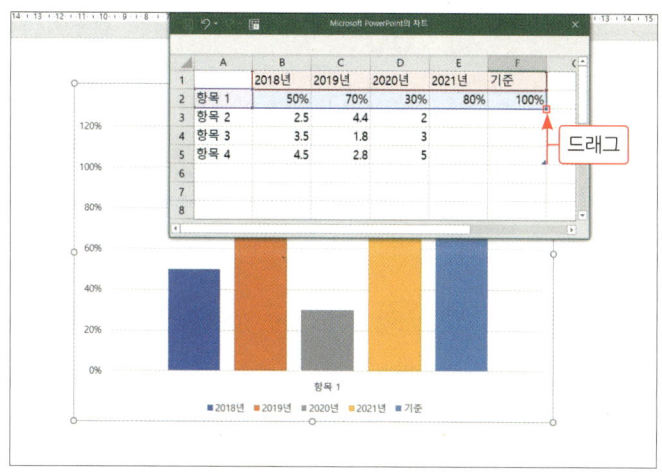

03 입력이 끝나면 실제 차트에 활용할 데이터 부분만 표시되도록 설정합니다. 차트에 포함된 데이터 영역을 변경하려면 데이터 오른쪽 아래 모서리의 조절점을 드래그하면 됩니다.

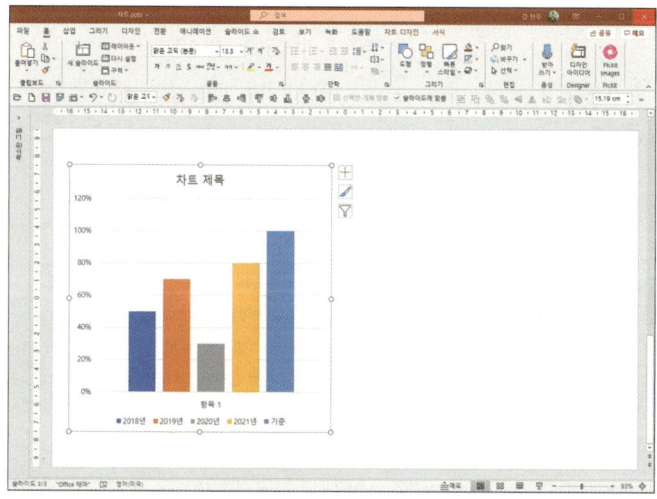

04 도형으로 사용할 막대의 가로 너비가 적절하도록 차트의 크기를 조정합니다.

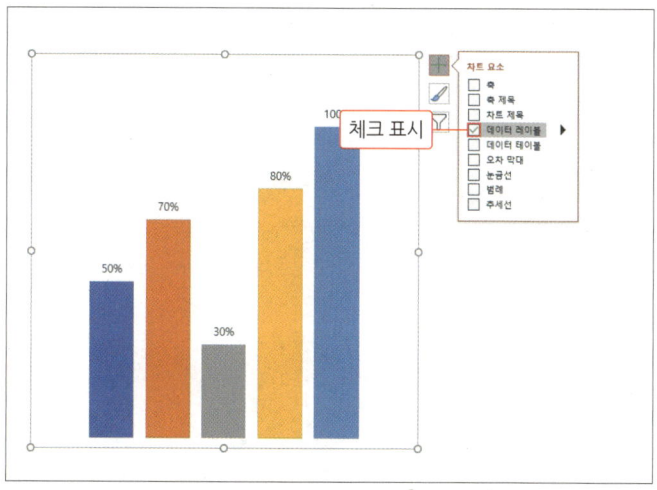

05 차트 오른쪽에 있는 [차트 요소] 도구를 이용해서 사용하지 않을 차트 요소의 체크 표시를 모두 해제하고, '데이터 레이블'은 체크 표시합니다.

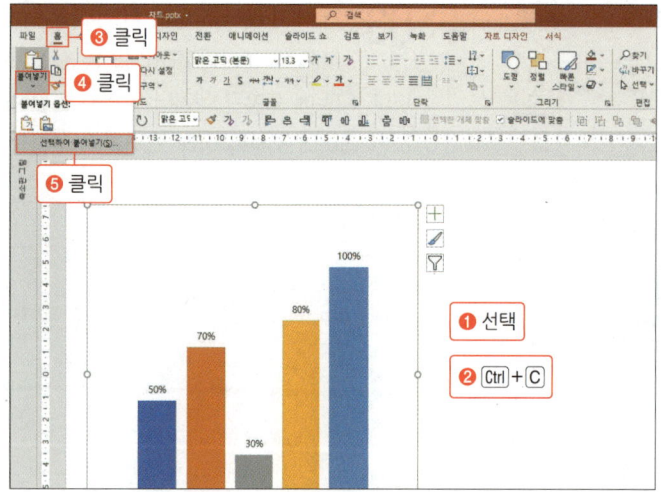

06 이 차트를 도형으로 바꾸기 위해, 차트를 선택하고 Ctrl+C 키를 눌러 복사합니다. [홈] 탭-[클립보드] 그룹-[선택하여 붙여넣기]를 클릭합니다.

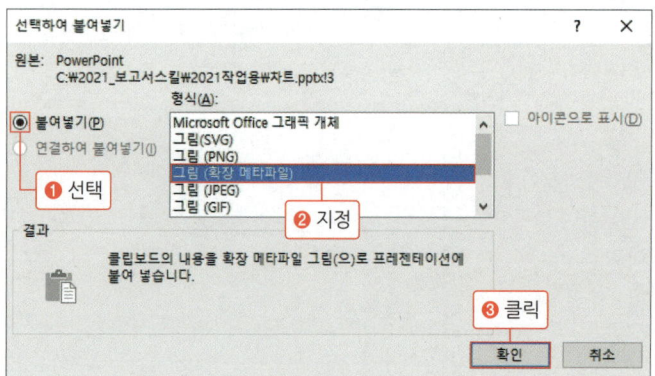

07 [선택하여 붙여넣기] 대화상자가 표시되면 '붙여넣기' 중 파일 형식을 '그림(확장 메타파일)'로 지정한 다음 〈확인〉 버튼을 클릭합니다.

> **Tip** 그룹 해제가 가능한 그림 파일 형식
>
> WMF(Windows 메타 파일) 형식 : Windows 3.x 이상에서 사용할 수 있는 16비트 그래픽입니다.
>
> EMF(확장 Windows 메타 파일) 형식 : 고급 그래픽 기능을 지원하는 32비트 그래픽입니다.

08 그림으로 붙어진 차트 이미지 위에서 마우스 오른쪽 버튼을 클릭하고 [그룹화]-[그룹 해제]를 선택합니다.

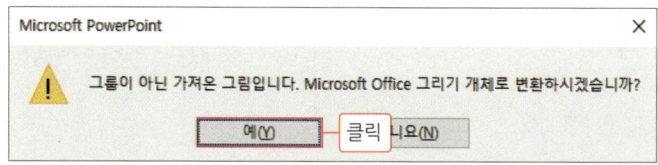

09 그리기 개체로 변환한다는 대화상자가 표시되면, 〈예〉 버튼을 클릭합니다.

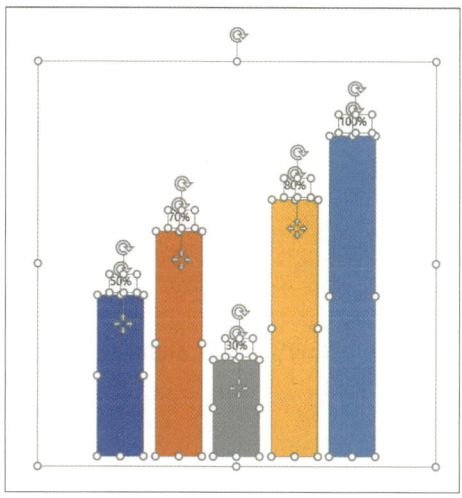

10 그리기 개체로 변환된 그룹 개체를 다시 한번, 마우스 오른쪽 버튼을 클릭하고 [그룹화]-[그룹 해제]를 선택합니다.

11 사각형 도형을 모두 선택하고, [도형 서식] 탭-[도형 삽입] 그룹-[도형 편집]-[도형 모양 변경]-[사각형:둥근 모서리]를 선택합니다.

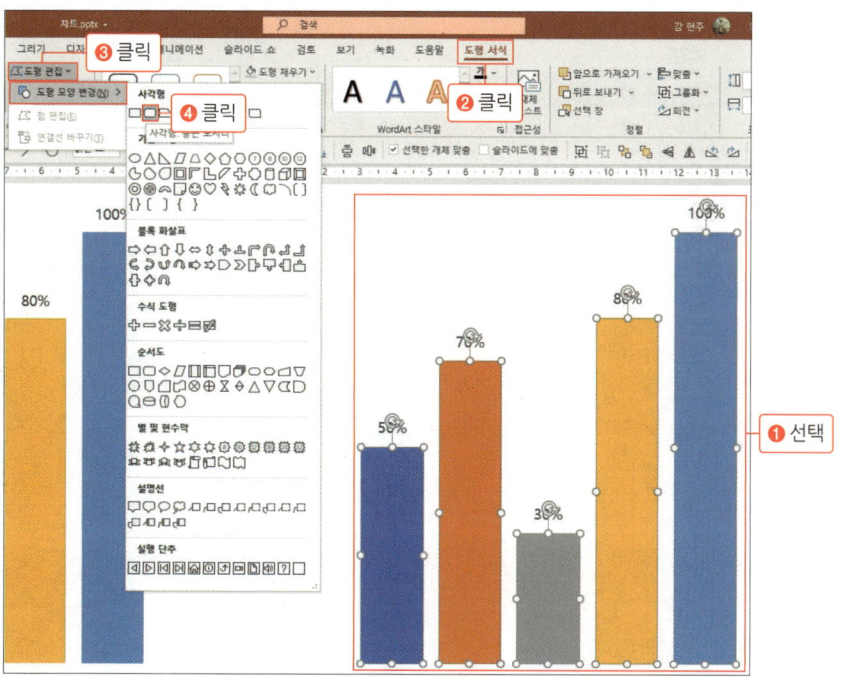

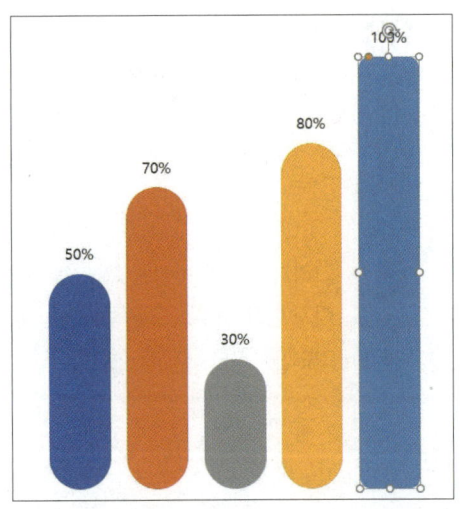

12 도형을 하나씩 선택하면서 모양 조절점을 이용해서 끝 모양을 둥글게 조절합니다.

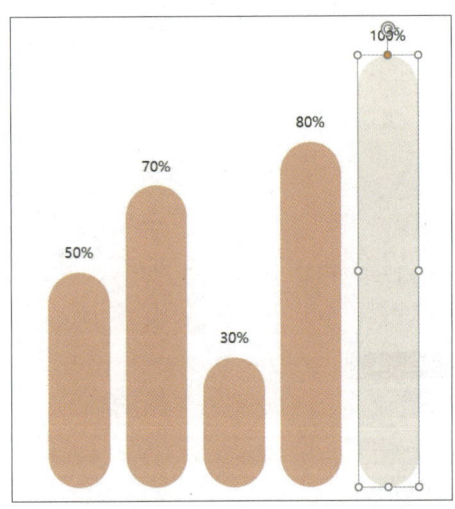

13 도형의 서식을 지정합니다.

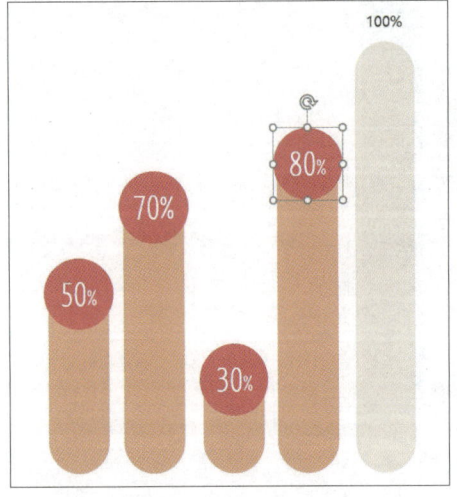

14 도형을 추가해서 데이터를 표시합니다.

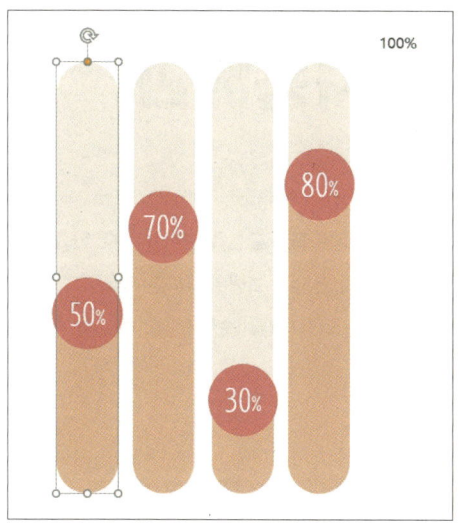

15 100% 기준 도형을 뒤쪽으로 하나씩 복사해서 원하는 차트 모양으로 만듭니다.

16 이런 방법으로 차트를 이용해서 도형을 만들고 모양을 바꾸면 막대의 크기를 왜곡하지 않고 정확한 비율의 차트를 쉽게 만들 수 있습니다. 도형이나 텍스트 상자를 추가해서 슬라이드를 작성합니다.

활용편

차트를 도형처럼 사용해라

차트가 수치를 표현하기도 하지만, 도형처럼 사용해서 디자인적인 요소를 표현할 수도 있습니다. 차트로 그린 도형의 장점은 크기나 간격을 조절하기 편리하고, 쉽게 그릴 수 있다는 것입니다. 인포그래픽을 검색해서 나오는 모양도 도형으로 직접 그리기는 어렵지만 비슷한 모양의 차트를 활용하면 간단하게 만들 수 있습니다.

데이터의 수치를 도형의 조각으로 표현하고 싶을 때, 도넛 형태라면 '원형 : 비어있음' 도형과 '선'을 삽입하고 도형 병합 기능을 이용해서 다음 예제와 같은 형태를 만들게 됩니다. 그러나 하나하나 도형으로 작업할 때는 복사나 간격 조정등 많은 단계를 거친 다음 완성하게 됩니다. 만일 비슷한 차트의 종류가 있다면 훨씬 쉽고 빠르게 만들 수 있습니다.

주제 : 조각으로 비율을 표시하는 차트

도넛형태의 차트를 활용해서 조각의 개수로 항목의 수치를 표현하려면, 먼저 몇 조각으로 나눌 것인지 결정해야 합니다. 동일한 크기의 도형 조각을 필요한 만큼 색상을 다르게 설정해서 데이터의 값을 표현합니다. 1단위 숫자를 표현 하려면 100조각, 10단위 숫자를 표현하려면 10조각, 5단위 숫자를 표현하려면 20조각으로 표현합니다.

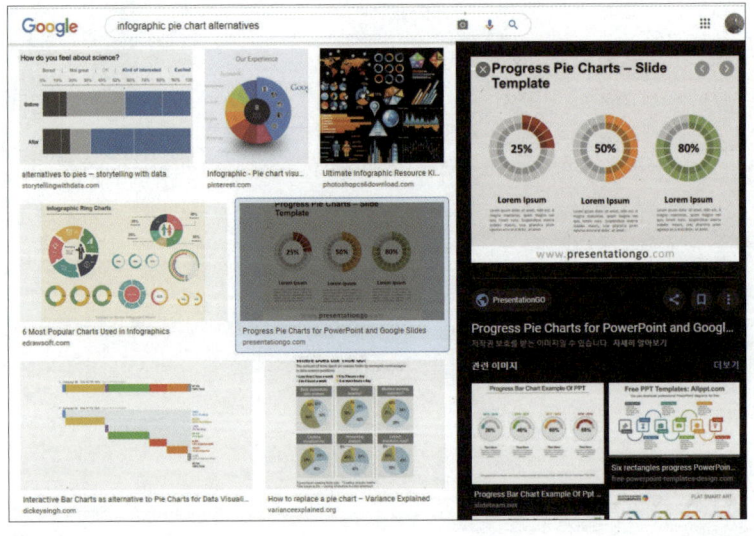

▲ 자료 출처 : www.google.co.kr

결과

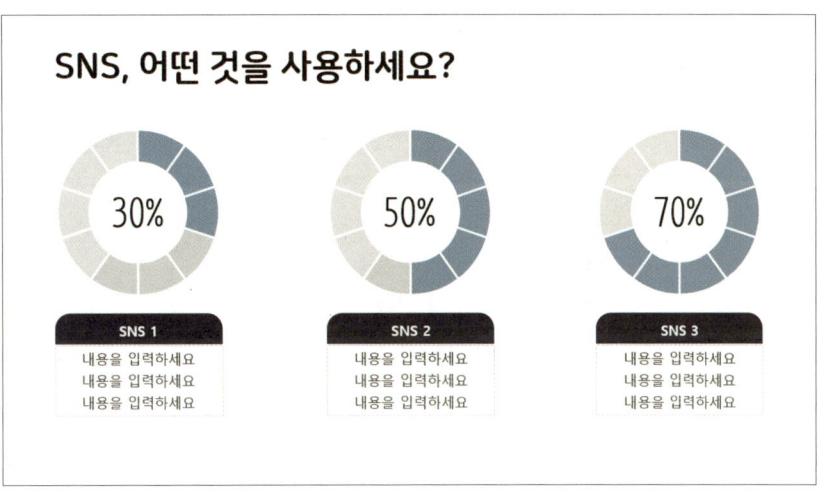

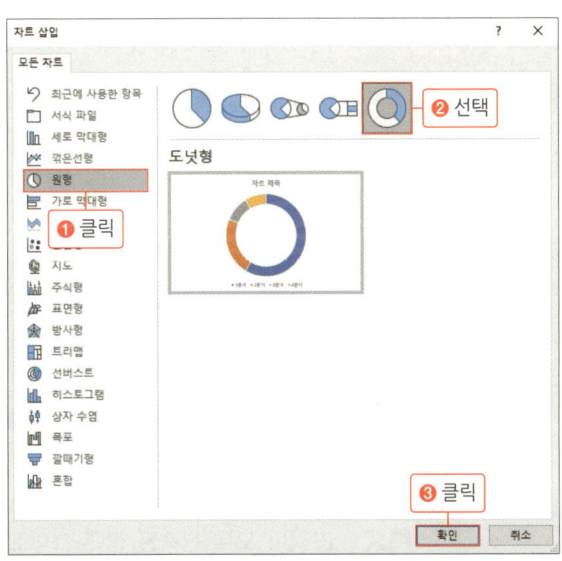

01 [삽입] 탭-[일러스트레이션] 그룹-[차트]를 클릭해 [차트 삽입] 대화상자를 표시하고 [원형]에서 '도넛형'을 선택한 다음 〈확인〉 버튼을 클릭합니다.

- 결과 파일 : 3-4-03.pptx

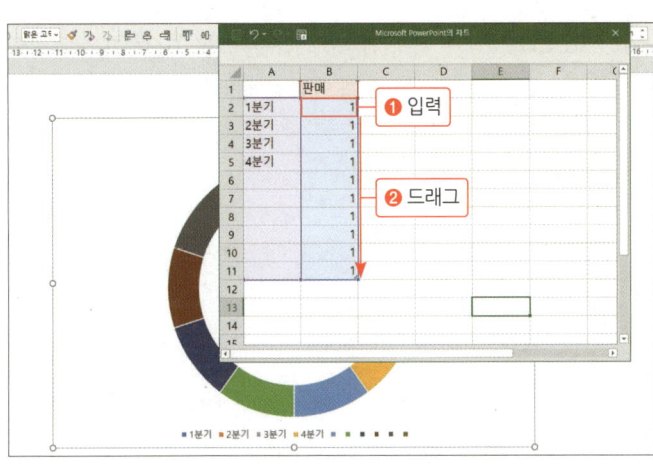

02 차트가 삽입되고 차트의 데이터를 관리하는 데이터 편집 창이 표시됩니다. 차트를 열 조각으로 나누기 위해 어떤 숫자든 같은 값을 열 개 입력합니다. 예제에서는 1을 열 번 입력하기 위해 첫 번째 셀에 '1'을 입력하고 채우기 핸들을 드래그해서 열 개를 채웁니다. 입력이 끝나면 엑셀 데이터 창을 닫습니다.

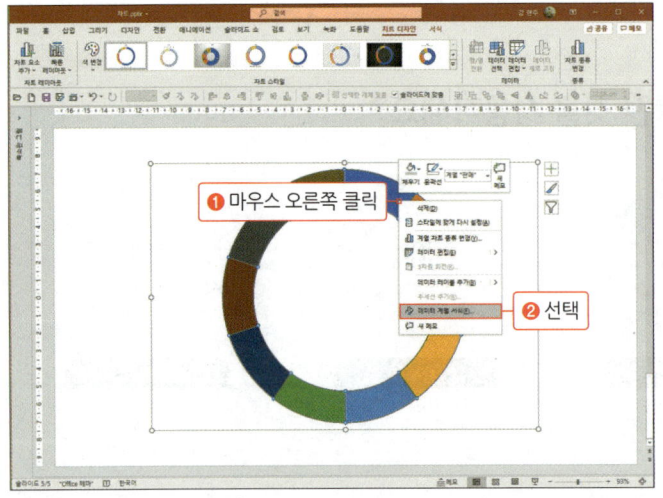

03 차트에서 불필요한 제목과 범례 개체 틀을 선택한 후 Delete 키를 눌러 삭제합니다. 차트 조각 위에서 마우스 오른쪽 버튼을 클릭하고 [데이터 계열 서식]을 선택합니다.

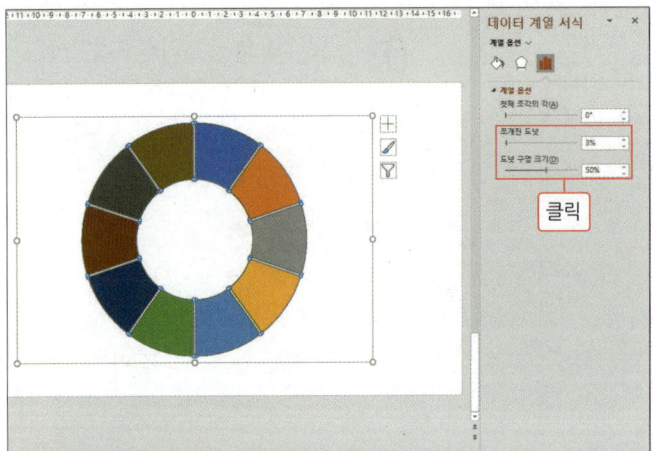

04 [데이터 계열 서식] 작업 창이 표시되면 계열 옵션 중 '쪼개진 도넛'과 '도넛 구멍 크기'의 설정 값을 조정합니다.

> 쪼개진 도넛 : 3%
> 도넛 구멍 크기 : 50%

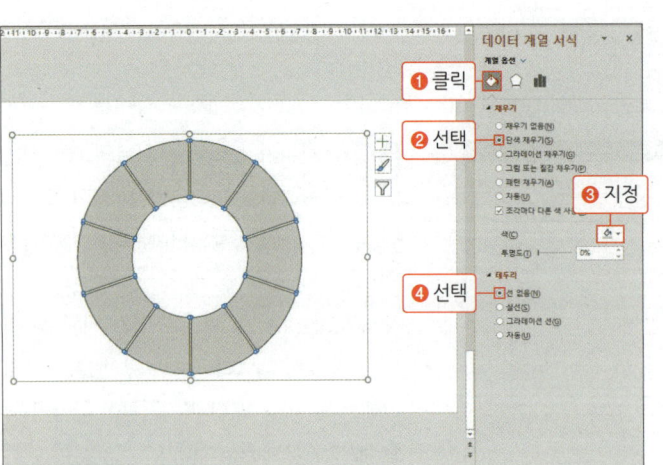

05 조각이 모두 선택된 상태 그대로 [데이터 계열 서식] 작업 창의 [채우기 및 선] 탭을 클릭합니다. 채우기를 '단색 채우기', 원하는 색을 지정하고, 테두리를 '선 없음'으로 선택합니다.

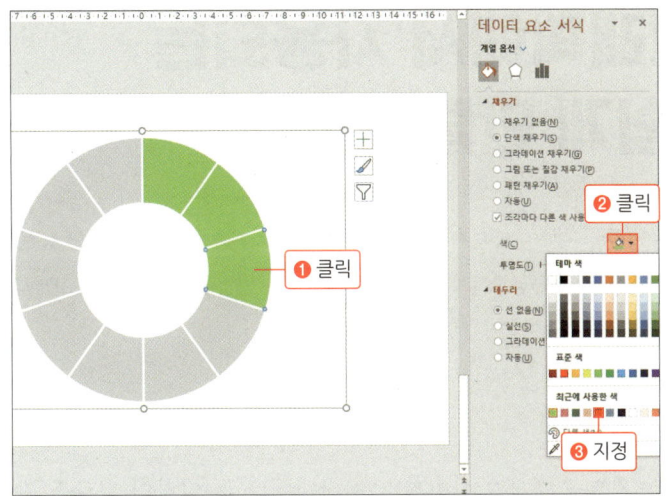

06 조각이 모두 선택된 상태에서 색상을 변경할 조각을 다시 한번 클릭합니다. [데이터 요소 서식] 작업 창으로 변경된 것을 확인할 수 있습니다.
이렇게 원하는 데이터만큼 한 조각씩 선택하면서 채우기 색을 변경합니다.

07 필요한 개수만큼 복사해서 조각의 색을 변경하고 수치를 바꿔 사용합니다.

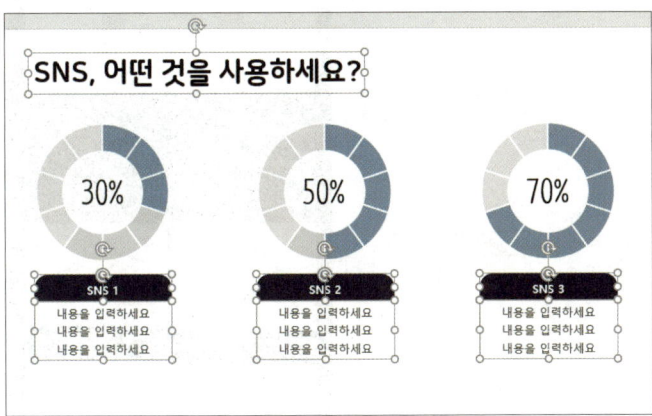

08 도형이나 텍스트 상자를 추가해서 슬라이드를 작성합니다.

인포그래픽에서 사용되는 차트, 쉽게 만들어라

도형으로 어렵게 만들어야하는 모양도 차트의 기능만 잘 알고 있다면 쉽게 활용해서 작성할 수 있습니다. 특히 차트 요소 일부분을 투명하게 처리해서 안보이게 하는 방법을 활용하면 인포그래픽에 많이 활용되는 디자인들을 쉽고 빠르게 만들 수 있습니다.

보고서를 작성할 때 인포그래픽 사이트나 인터넷에 있는 디자인 자료를 참고한 이미지를 어렵게 따라서 만드는 경우가 있습니다. 차트 원리를 알고 서식 기능을 잘 활용하면 훨씬 편하게 만들 수 있습니다.

주제 : 투명한 영역을 활용해서 차트 모양 만들기

인포그래픽을 검색하다 보면 자주 보게 되는 게이지 차트 모양이 있습니다. 도형보다는 차트 개체를 이용해서 정확한 수치를 반영하는 참고 자료 형태의 원형 차트 모양을 만들어 보겠습니다.

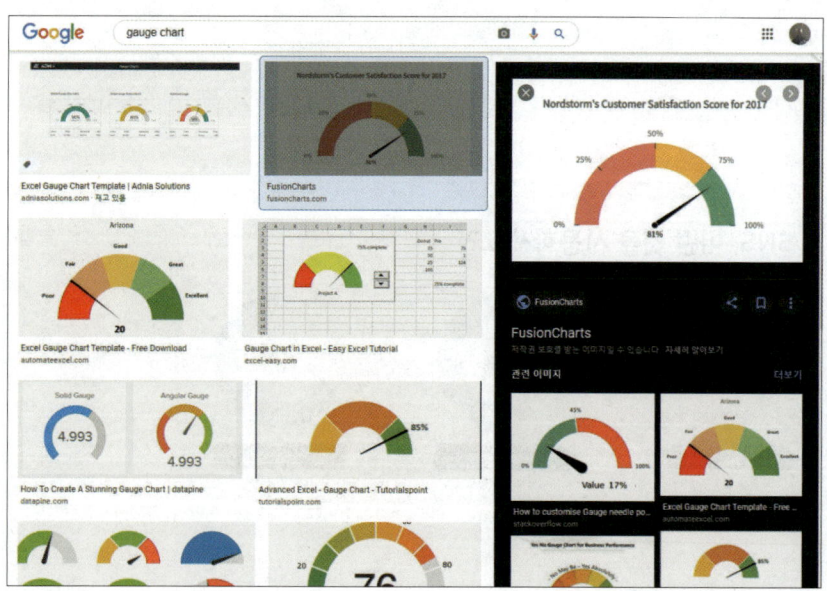

▲ 자료 출처 : www.google.co.kr

결과

▲ 자료 출처 : KOSIS 100대 지표(tinyurl.com/y2g6xjcd)

01 [삽입] 탭-[일러스트레이션] 그룹-[차트]를 클릭해 [차트 삽입] 대화상자를 표시하고 [원형]에서 '도넛형'을 선택한 다음 〈확인〉 버튼을 클릭합니다.

・결과 파일 : 3-4-04.pptx

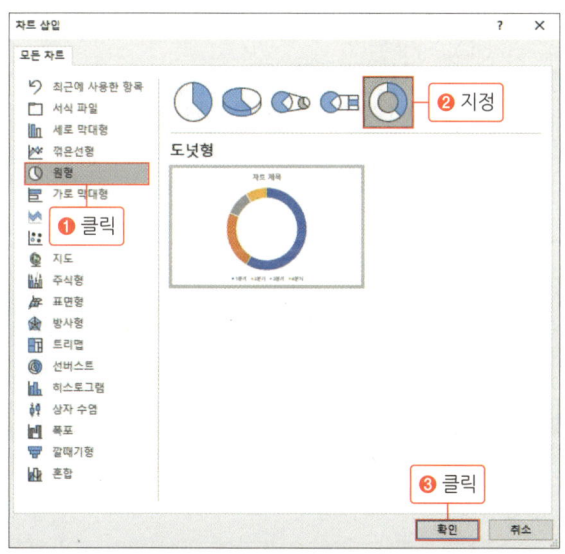

02 차트가 삽입되고 차트의 데이터를 관리하는 데이터 편집 창이 표시됩니다. 차트에 사용할 데이터를 입력하고, 마지막에 '모든 데이터의 합'을 입력합니다. 입력이 끝나면 엑셀 데이터 창을 닫습니다.

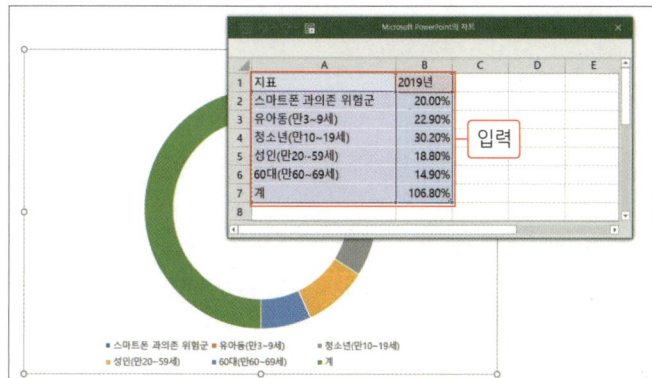

	2019년
스마트폰 과의존 위험군	20.0%
유아동(만3~9세)	22.9%
청소년(만10~19세)	30.2%
성인(만20~59세)	18.8%
60대(만60~69세)	14.9%
계	106.8%

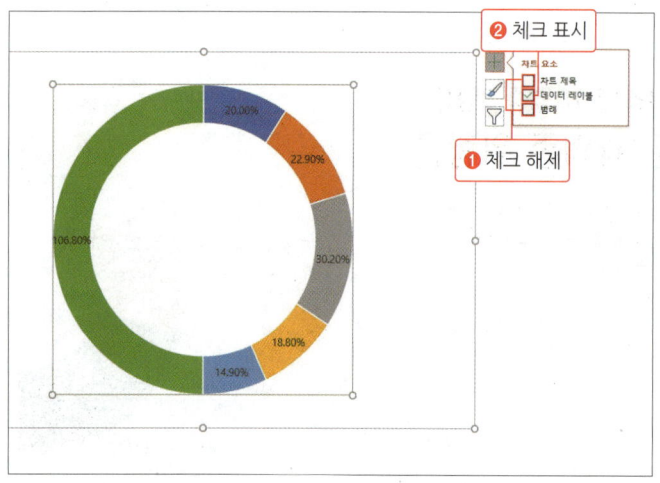

03 차트 오른쪽에 있는 [차트 요소] 도구를 이용해서, '차트 제목', '범례'의 체크 표시를 해제하고, '데이터 레이블'은 체크 표시합니다.

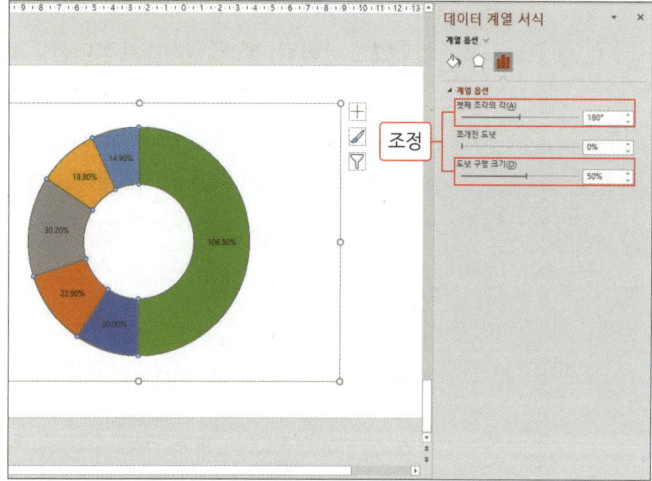

04 차트 조각 위에서 마우스 오른쪽 버튼을 클릭하고 [데이터 계열 서식]을 선택합니다.
[데이터 계열 서식] 작업 창이 표시되면 계열 옵션 중 '첫째 조각의 각'과 '도넛 구멍 크기'의 설정 값을 조정합니다.

> 첫째 조각의 각 : 180°
> 도넛 구멍 크기 : 50%

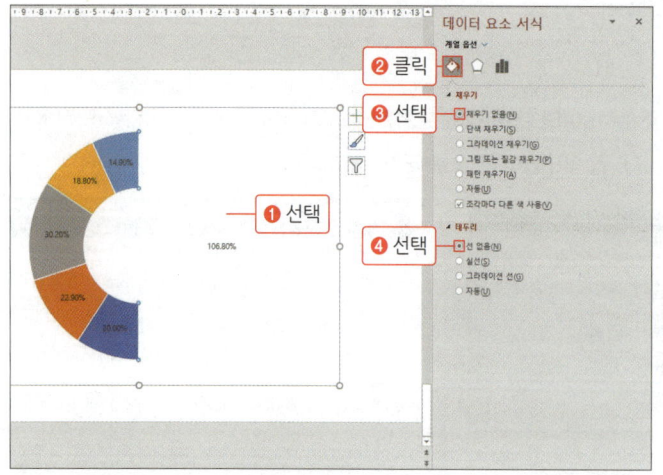

05 합계 조각만 다시 한번 클릭해서 선택하고, [데이터 계열 서식] 작업 창의 [채우기 및 선] 탭을 클릭합니다. 채우기 : '채우기 없음', 테두리 : '선 없음'으로 선택합니다.

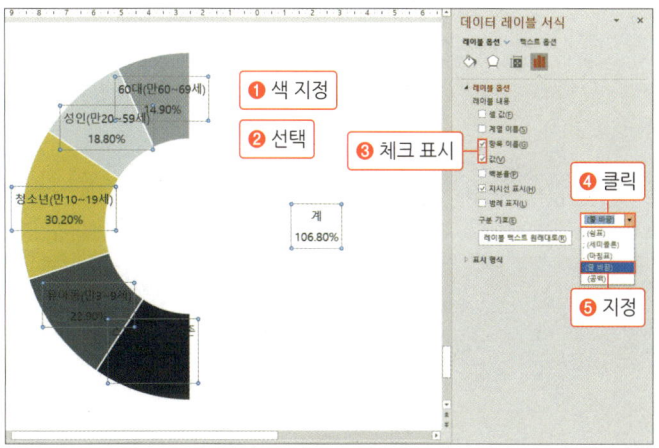

06 나머지 조각들도 하나씩 선택하면서 원하는 서식으로 채우기 색을 변경합니다.

데이터 레이블을 선택하고, [데이터 레이블 서식] 작업 창의 [레이블 옵션]에서 레이블 내용의 '항목 이름', '값'을 체크 표시하고, 구분 기호를 '줄 바꿈'으로 지정합니다.

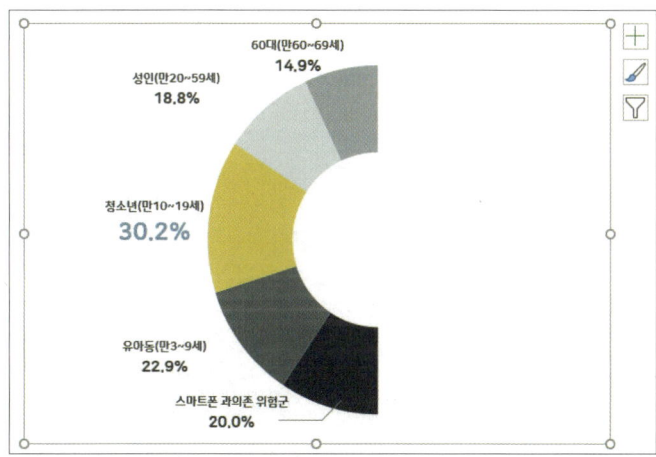

07 데이터 레이블 중 하나를 다시 한 번 클릭해서, 하나씩 선택하면서 위치를 이동하고 서식을 지정합니다.

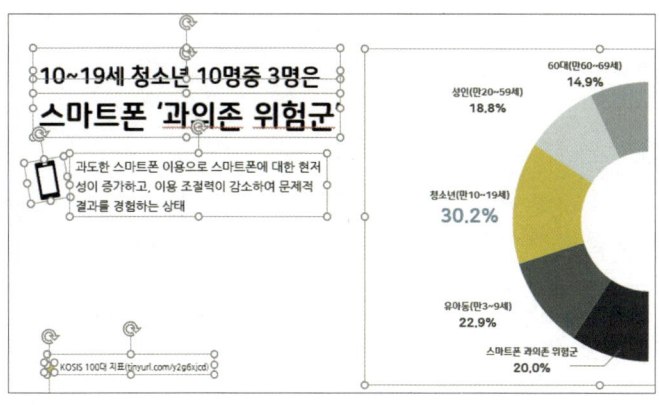

08 차트의 위치를 이동하고, 도형이나 텍스트 상자를 추가해서 슬라이드를 작성합니다.

표와 텍스트 개체를 활용하라

보고서에서 표와 텍스트 개체는 주로 많은 자료를 정리하거나 내용을 설명하기 위한 도구로 사용됩니다. 이런 표와 텍스트 개체를 그림으로 저장하거나 다른 도형과 함께 사용해서 좀 더 다양하게 활용할 수 있습니다.

특히 파워포인트에서는 엑셀이나 워드 등의 표 자료를 복사, 붙여 넣기 해서 사용할 수 있습니다. 이렇게 만들어진 표를 조금만 다듬으면 예쁘게 사용할 수 있습니다.

표를 깔끔하게 만드는 가장 쉬운 방법

- 테두리 정리
  너무 두껍 거나 진하지 않게 작업하는 것만으로도 세련된 표가 됩니다. 인포그래픽 표 이미지를 검색해 보면 대부분 왼쪽, 오른쪽 테두리는 사용하지 않습니다. 이런 간단한 지정만으로 훨씬 시원해보입니다.
- 입력 내용 정리
  칸 마다 입력된 내용의 정렬을 깔끔하면, 테두리 없이 내용의 정렬만으로 칸이 구분되어 보입니다.
- 꾸미기 : 표 개체 + 도형
  표의 모양이 너무 단순하다면 도형을 추가해서 꾸밀 수 있습니다.

활용편

1 표를 그림으로 사용하라

보고서에서 표는 차트와 함께 주로 많은 자료를 정리하거나 내용을 설명하기 위한 도구로 사용됩니다. 분량이 많은 자료는 행과 열로 정렬해서 시각적으로 쉽게 이해할 수 있도록 표 형식으로 배치해서 정보 전달력을 높입니다. 이렇게 일반적인 표 개체를 그림으로 저장하거나 다른 도형과 함께 사용해서 좀 더 다양하게 활용할 수 있습니다.

표 개체를 그림으로 저장해서 사용하면 하나의 칸을 도형으로 다룰 수 있습니다. 표 배경으로 그림을 삽입한 다음 그 그림을 조각난 느낌으로 사용할 수도 있고, 조각난 도형을 아이콘으로 이용할 수도 있습니다.

주제 : 표를 이용해서 픽셀아트 만들기

> **Tip** 인터넷에서 '픽셀아트'로 검색하면 다양한 아이디어를 얻을 수 있습니다.

픽셀을 찍어서 원하는 이미지를 만들 때, 도형을 하나씩 복사해서 옆에 정렬하는 방법보다는 표를 이용하면 간단히 만들 수 있습니다.

참고 자료 : 픽셀아드 도안, 뜨개질 패턴

▲ 자료 출처 : www.google.co.kr

결과

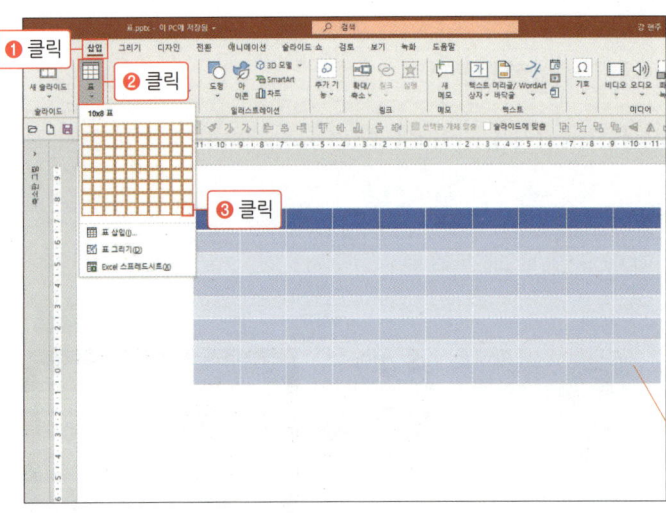

01 [삽입] 탭-[표] 그룹-[표]를 클릭합니다. 다음 방식 중 하나를 선택해서 필요한 행과 열의 개수만큼 표를 만듭니다.

- 방법 1 : 마우스를 사용하여 원하는 행 및 열 수를 선택합니다.
- 방법 2 : [표 삽입]을 선택한 다음 열 개수와 행 개수를 숫자로 입력합니다.

· 결과 파일 : 3-5-01.pptx

> **Tip** 표 끝에 새 행을 빠르게 추가하려면 마지막 행의 마지막 셀 안쪽을 클릭하고 Tab 키를 누릅니다.

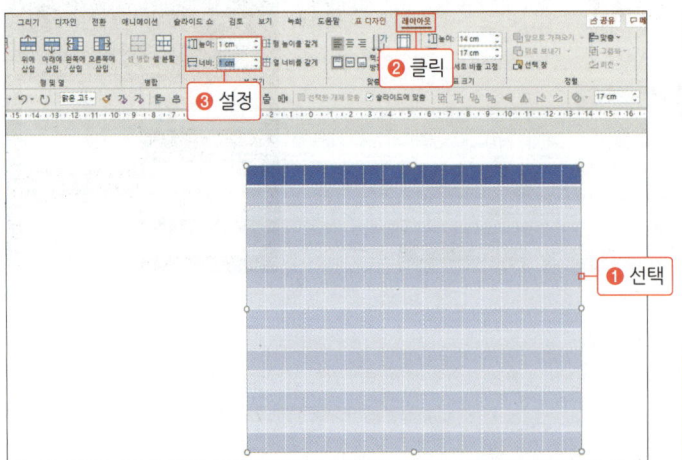

02 표의 테두리를 선택하고 [레이아웃] 탭-[셀 크기] 그룹에서 셀 1cm를 입력해서 같은 크기로 설정합니다.

> **Tip** 셀 크기 조정이 안 되는 경우는 셀 안 기본 글꼴 크기 이하로는 줄일 수 없기 때문입니다. 그런 경우는 표의 테두리가 선택된 상태에서 글꼴 크기를 작게 합니다.

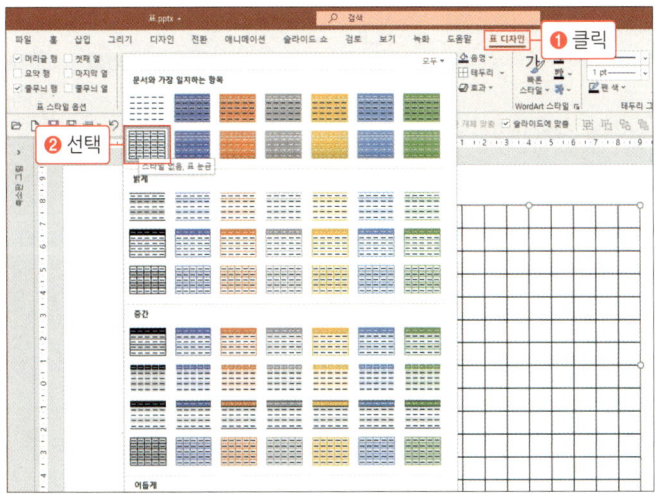

03 [표 디자인] 탭-[표 스타일] 그룹에서 '스타일 없음, 표 눈금'을 선택합니다. 또는 맨 아래에 있는 '표 지우기'를 선택해도 됩니다.

04 다음 그림을 보고 해당 칸에 [표 디자인] 탭-[표 스타일] 그룹-[음영]을 적용합니다.

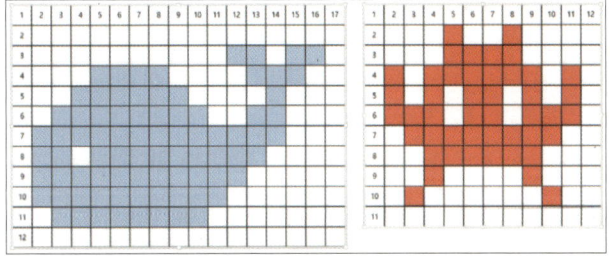

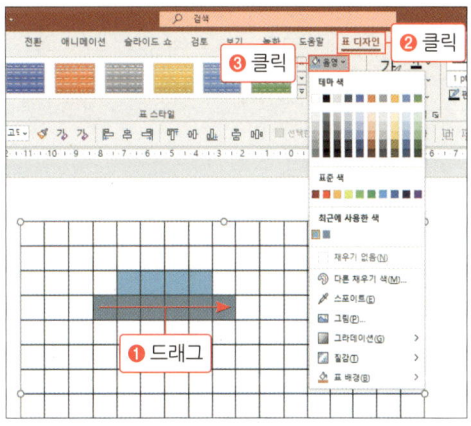

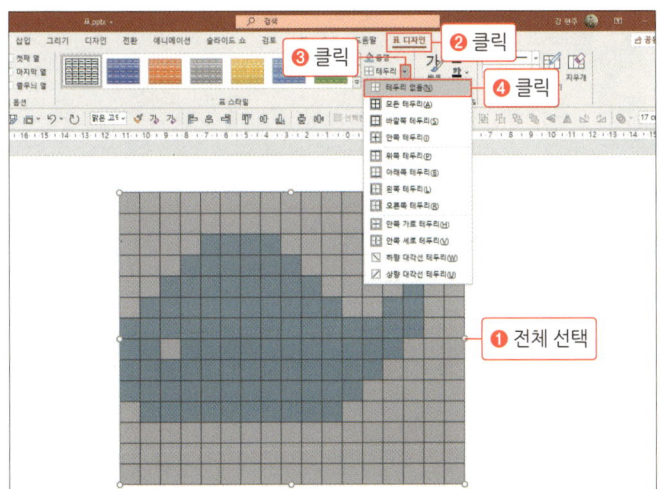

05 표를 전 선택하고 [표 디자인] 탭-[표 스타일] 그룹-[테두리 ▼]-[테두리 없음]을 클릭합니다.

> **Tip** 테두리 없음으로 하지 않고 그림으로 저장하면, 나중에 하나씩 지워 줘야 합니다.

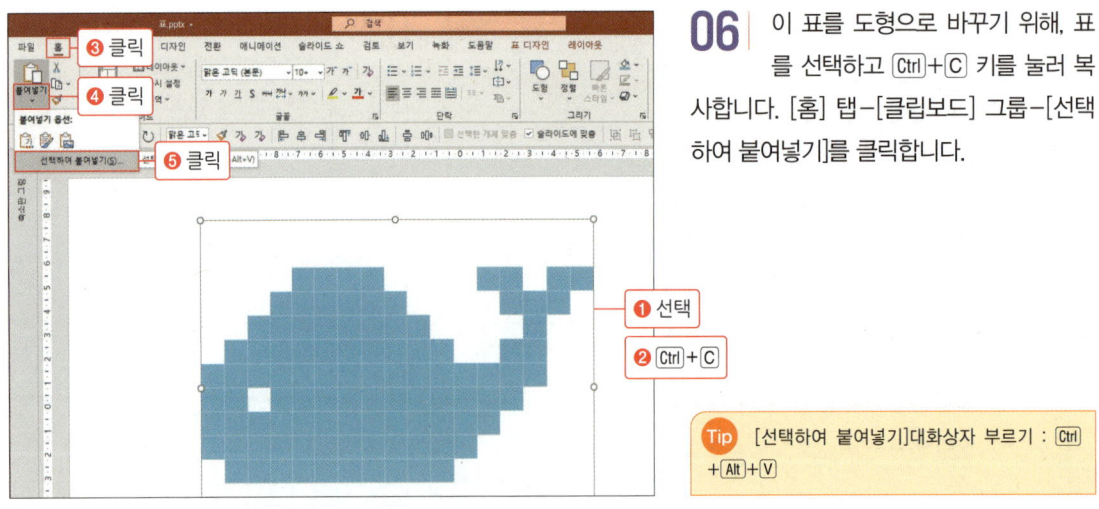

06 이 표를 도형으로 바꾸기 위해, 표를 선택하고 Ctrl+C 키를 눌러 복사합니다. [홈] 탭-[클립보드] 그룹-[선택하여 붙여넣기]를 클릭합니다.

> Tip [선택하여 붙여넣기]대화상자 부르기 : Ctrl+Alt+V

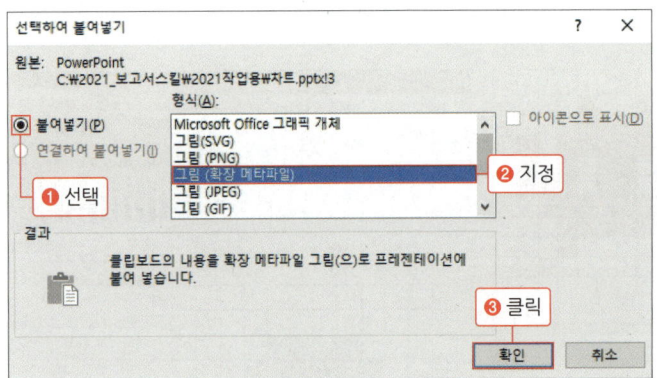

07 [선택하여 붙여넣기] 대화상자가 표시되면 '붙여넣기' 중 파일 형식을 '그림(확장 메타파일)'로 지정한 다음 〈확인〉 버튼을 클릭합니다.

> Tip 그룹 해제가 가능한 그림 파일 형식
> • WMF(Windows 메타 파일) 형식 : Windows 3.x 이상에서 사용할 수 있는 16비트 그래픽입니다.
> • EMF(확장 Windows 메타 파일) 형식 : 고급 그래픽 기능을 지원하는 32비트 그래픽입니다.

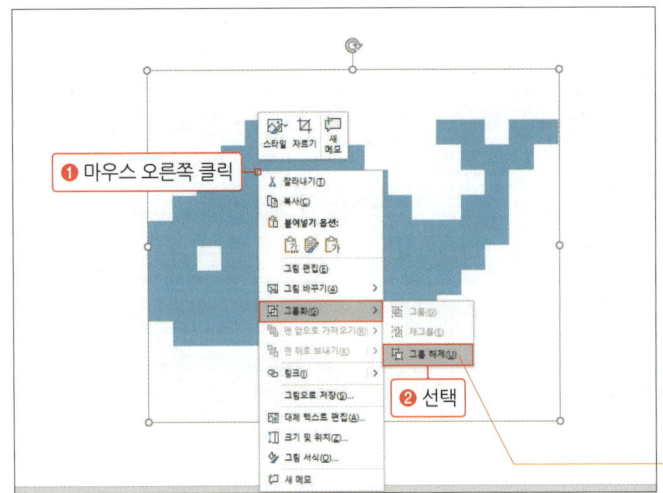

08 그림으로 붙여 표 이미지 위에서 마우스 오른쪽 버튼을 클릭하고 [그룹화]-[그룹 해제]를 선택합니다.

> Tip 그룹 해제 단축키 : Ctrl+Shift+G

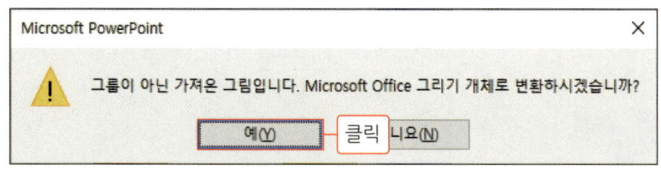

09 그리기 개체로 변환한다는 대화상자가 표시되면, 〈예〉 버튼을 클릭합니다.

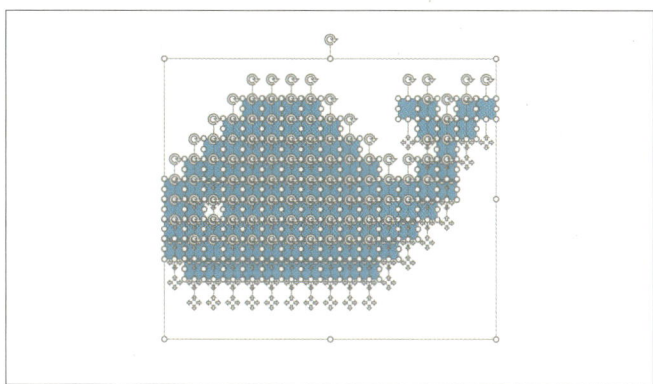

10 그리기 개체로 변환된 그룹 개체를 다시 한번, 마우스 오른쪽 버튼을 클릭하고 [그룹화]-[그룹 해제]를 선택합니다.

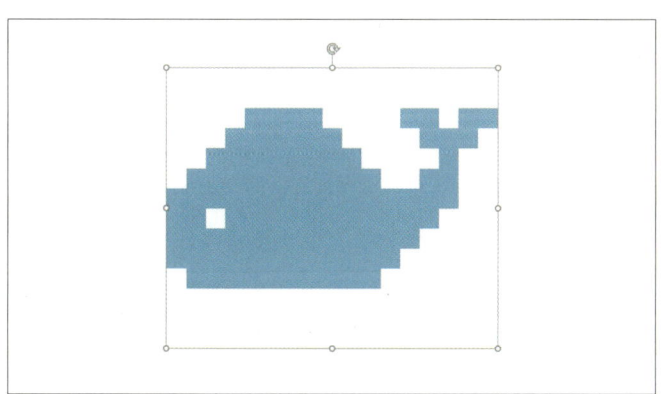

11 배경으로 있는 큰 사각형만 선택하고 Delete 키를 눌러 삭제합니다.

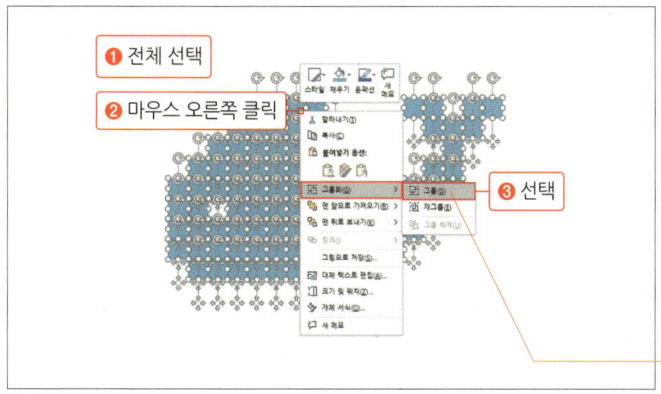

12 한꺼번에 이동하거나 색을 변경하기 편하도록 다시 전체 도형을 선택합니다. 도형 위에서 마우스 오른쪽 버튼을 클릭한 다음 표시되는 바로 가기 메뉴에서 [그룹화]-[그룹]을 선택합니다.

> **Tip** 그룹 단축키 Ctrl + G

13 크기와 색상을 조절해서 사용합니다.

14 도형이나 텍스트 상자를 추가해서 슬라이드를 작성합니다.

활용편

표를 레이아웃으로 활용하라

슬라이드에 넣는 내용들을 텍스트 상자나 선, 사각형 도형 등으로 꾸미다 보면 내용을 추가, 삭제할 때마다 개체간의 간격이나 크기 조정 작업에 시간이 많이 소요됩니다. 이런 경우 내용의 레이아웃 도구로 표를 사용하면 간단하고 편리하게 정렬하고 배치할 수 있습니다.

보고서 작업을 할 때 같은 내용을 좀 더 쉽게 만들고 수정하기 편리하게 만드는 것이 중요합니다. 표 개체를 레이아웃으로 활용하면 여러 개의 개체를 사용하는 것보다 훨씬 빠르게 작업할 수 있습니다.

주제 : 텍스트 상자와 선을 간단하게 정리하는 표

포스터나 홍보 자료에 사용되는 텍스트 내용 부분을 '표'로 활용하면 '텍스트 상자'보다 쉽고 빠르게 정렬하거나 내용을 추가할 수 있습니다.

참고 자료

▲ 기사 출처 : 중앙일보 https://news.joins.com/article/21368565

결과

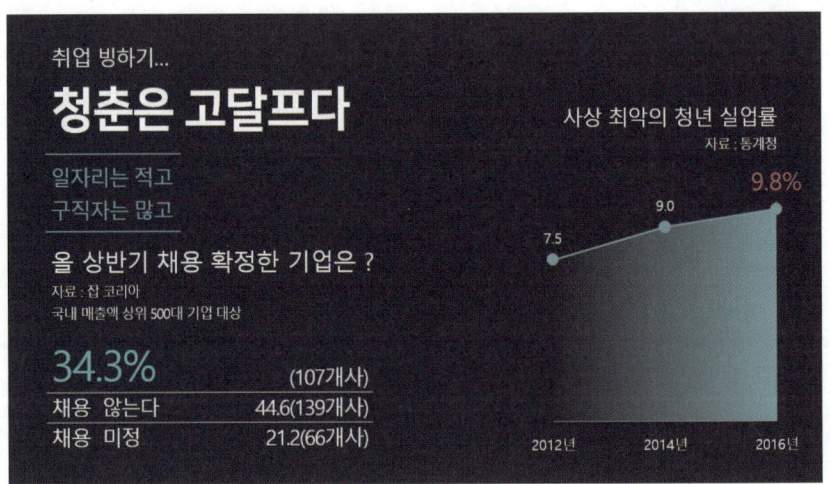

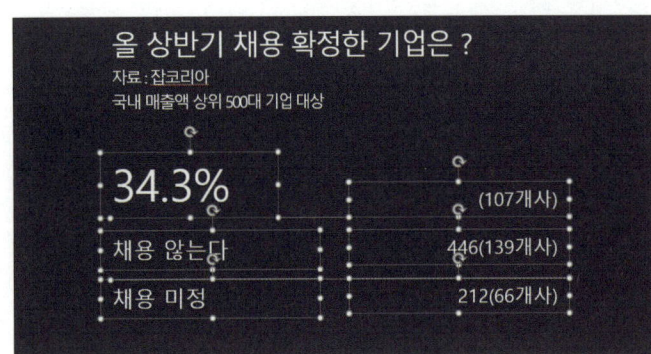

01 텍스트 상자와 선 개체(도형 등)를 사용해서 내용을 입력하면, 간격을 조정하거나 텍스트의 크기를 조정한 다음 다시 정렬하는 작업이 필요합니다. 이 부분을 편리하게 관리하기 위해 표 개체를 활용하겠습니다.

• 결과 파일 : 3-5-02.pptx

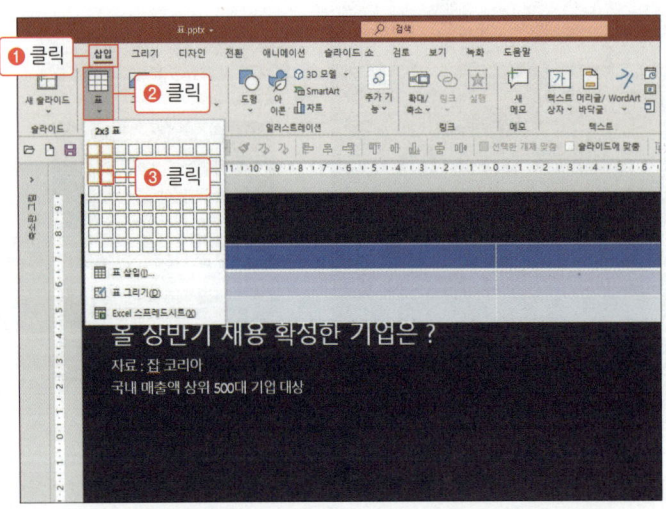

02 [삽입] 탭-[표] 그룹-[표]를 클릭합니다. 3행 2열의 표를 만듭니다.

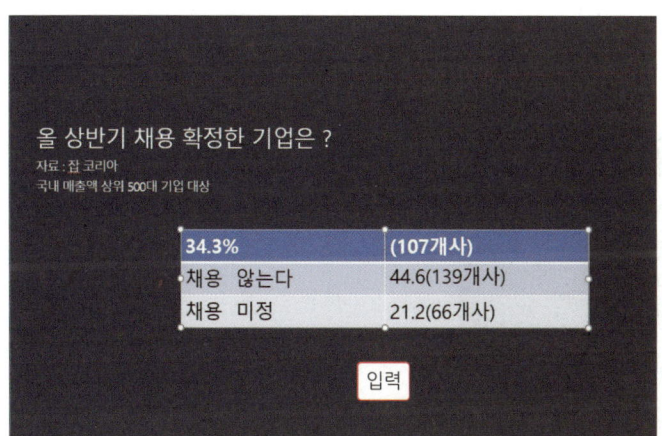

03 내용을 입력합니다.

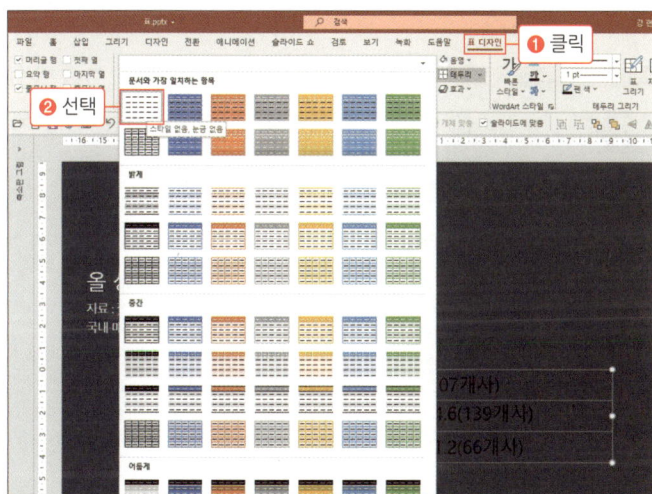

04 [표 디자인] 탭-[표 스타일] 그룹에서 '스타일 없음, 눈금 없음'을 선택합니다.

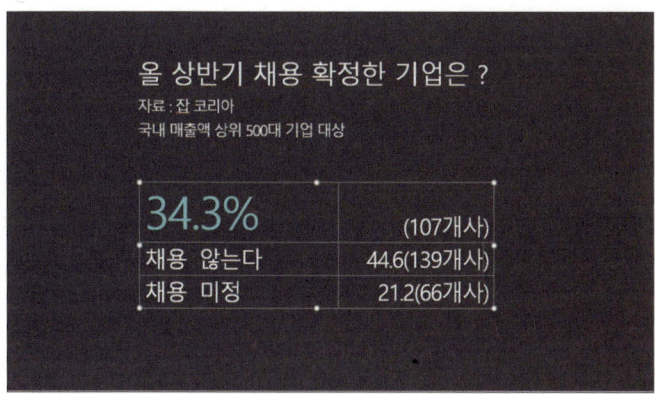

05 표 안의 텍스트 크기, 색, 정렬 등 서식을 적절히 지정합니다.

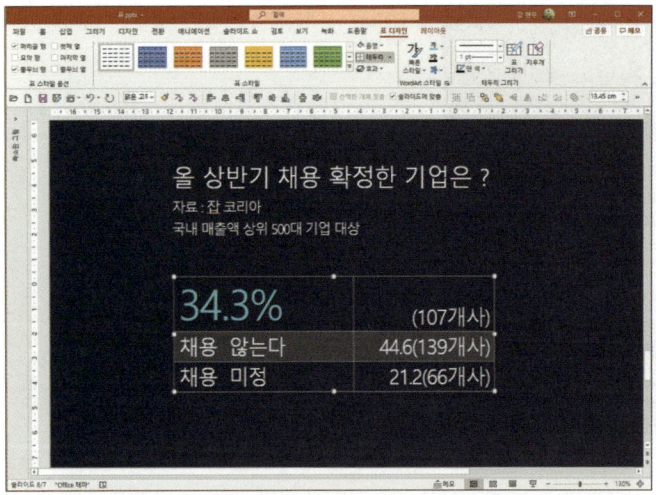

06 선 개체를 표 테두리로 대신하기 위해, 선으로 그릴 셀 위치를 블록 지정합니다.

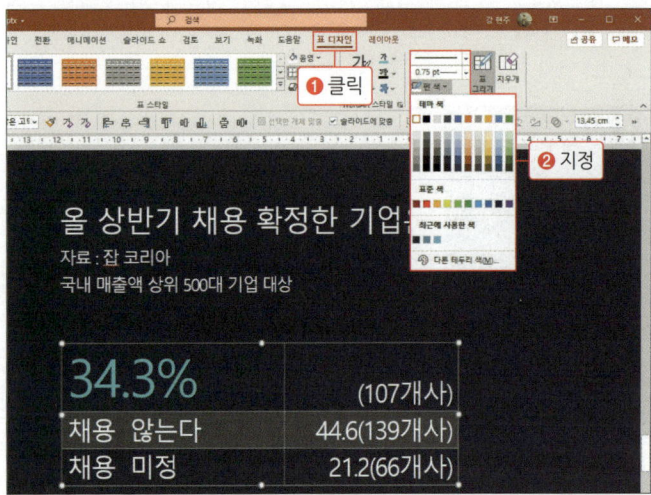

07 [표 디자인] 탭-[테두리 그리기] 그룹에서 '펜 스타일, 펜 두께, 펜 색'을 지정합니다.

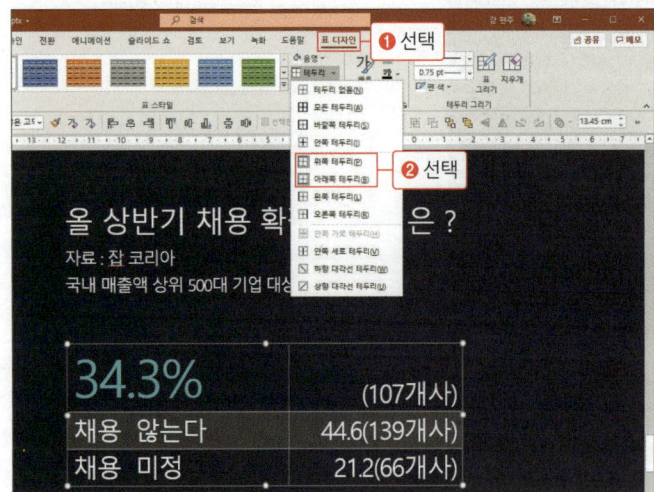

08 [표 디자인] 탭-[표 스타일] 그룹에서 '왼쪽 테두리, 아래쪽 테두리'를 한 번씩 선택합니다.

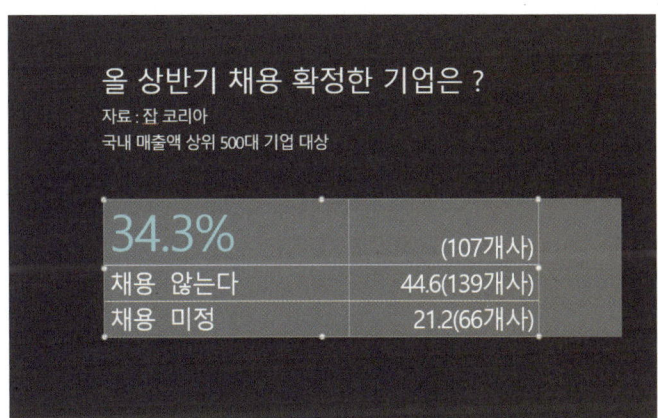

09 이렇게 표로 내용을 정리한다면, 텍스트 상자를 여러 개 사용한 것보다 크기 조절, 정렬 등 수정이 편리합니다.

10 표 개체를 슬라이드의 레이아웃 틀로 다양하게 활용할 수 있습니다. 여러 개의 개체를 각각 관리하는 것 보다는 표 개체의 테두리와 음영을 이용하는 방법을 추천합니다.

활용편

도형과 함께 텍스트를 꾸며라

텍스트는 전체 디자인의 인상을 좌우하는 중요한 요소입니다. 요즘은 예쁜 무료 글꼴이 많이 제공되기 때문에 훌륭한 디자인 효과를 만들 수 있습니다. 보고서 내용에 맞는 분위기의 무료 글꼴을 준비하고 파워포인트에서 제공하는 몇 가지 기능을 적용하면 포토샵으로 작업한 것 같은 결과물을 만들 수 있습니다.

캘리그래피가 유행이라고 할 만큼 텍스트 자체에 디자인을 적용하는 일이 많습니다. 보고서에서는 글꼴이나 크기 정도의 기본적인 변화뿐만 아니라 특정한 부분에 있어서 독특한 효과를 줄 수 있습니다. 이번에는 텍스트 개체를 다양하게 활용하는 방법을 살펴보겠습니다.

주제 : 다양한 채우기 효과를 활용한 이미지처럼 보이는 문자

텍스트를 채우는 방법도 도형을 채우는 것처럼 다양합니다. 이 기능을 활용해서 그림으로 채우거나 패턴 등으로 텍스트 일부분을 채우면 색다른 느낌을 줄 수 있습니다.

결과

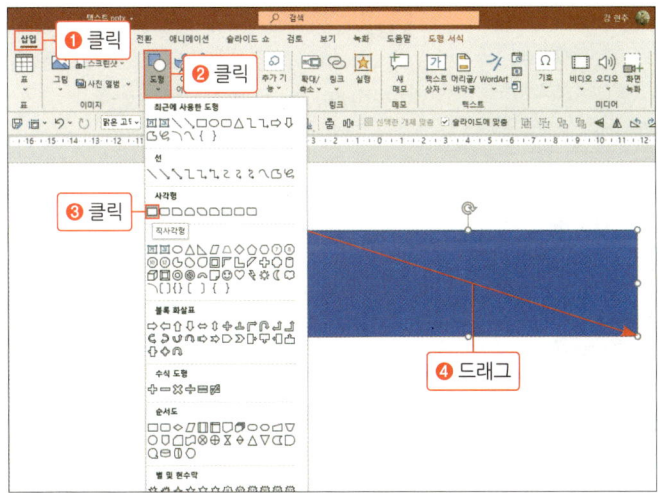

01 [삽입] 탭-[일러스트레이션] 그룹-[도형]-[직사각형]을 클릭하고 슬라이드에 삽입합니다.

· 결과 파일 : 3-5-03.pptx

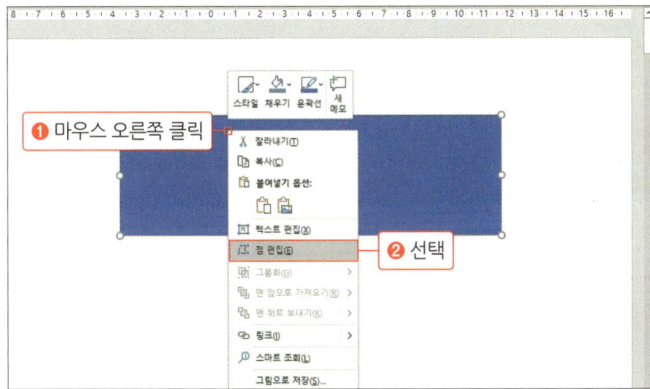

02 도형 위에서 마우스 오른쪽 버튼을 클릭한 다음 표시되는 바로 가기 메뉴에서 [점 편집]을 선택합니다.

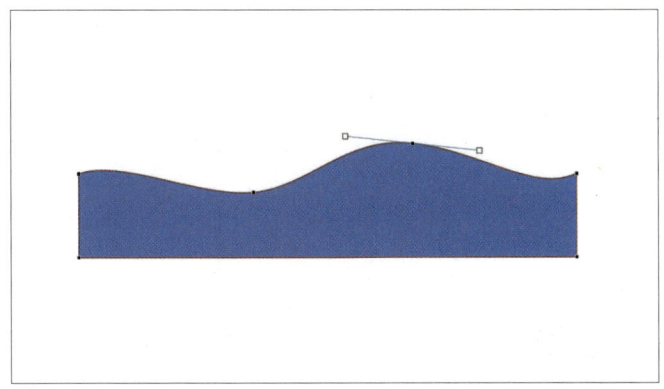

03 점을 추가하거나 위치를 이동하면서 원하는 모양으로 점 편집을 합니다.

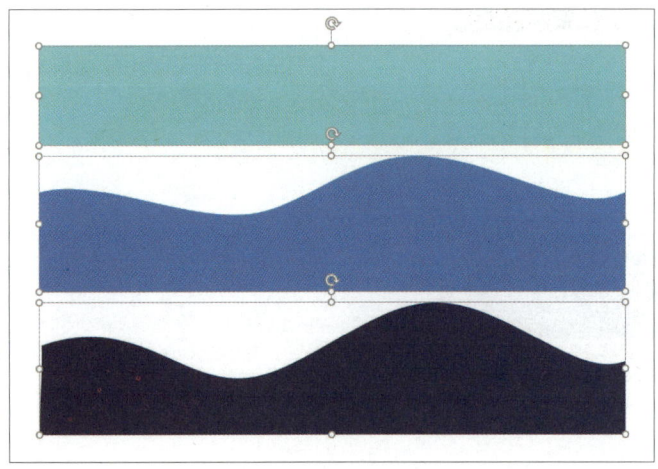

04 채우기, 테두리 등 서식을 지정하고, 같은 방법으로 몇 개의 도형을 만들어 원하는 모양을 만듭니다.

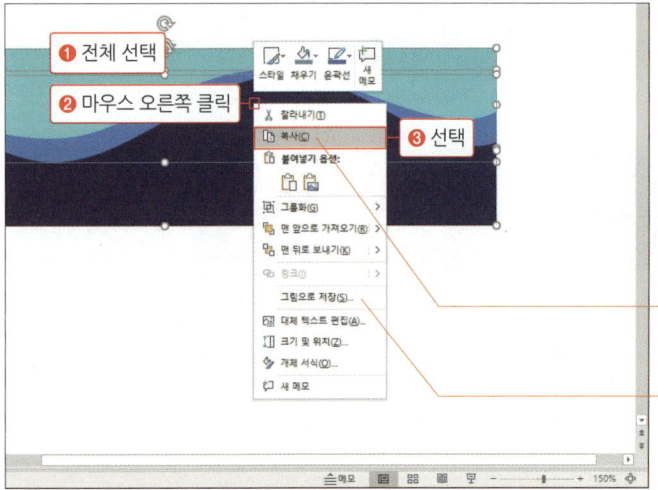

05 도형을 모두 선택하고 마우스 오른쪽 버튼을 클릭한 다음 표시되는 바로 가기 메뉴에서 [복사]를 선택합니다.

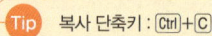

Tip 복사 단축키 : Ctrl + C

Tip 이미지를 다른 곳에서도 사용하려면 도형위에서 마우스 오른쪽 버튼을 클릭하고 표시되는 바로 가기 메뉴에서 [그림으로 저장]을 선택합니다.

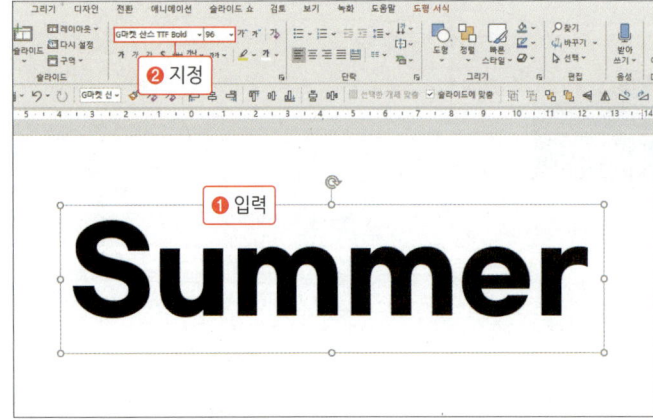

06 [삽입] 탭-[텍스트] 그룹-[텍스트 상자]를 클릭하고 슬라이드에 텍스트를 입력합니다. 모양을 만드는 텍스트는 굵은 글꼴을 사용하는 것이 좋습니다. 글꼴과 크기를 지정합니다.

07 텍스트 위에서 마우스 오른쪽 버튼을 클릭한 다음 표시되는 바로 가기 메뉴에서 [도형 서식]을 선택합니다. [도형 서식] 작업 창이 표시되면 [텍스트 옵션] 탭을 선택합니다. 텍스트 채우기를 '그림 또는 질감 채우기'로 선택하고 〈클립보드〉 버튼을 클릭합니다.

> **Tip** 파일로 가지고 있는 그림으로 채우려면 '그림 또는 질감 채우기'로 지정하고 〈삽입〉 버튼을 클릭합니다.

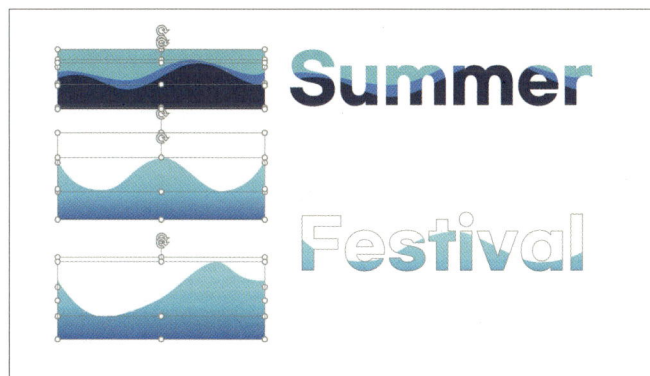

08 같은 방법으로 그림으로 사용할 배경을 만들고, 텍스트에 '그림 또는 질감 채우기'로 채우기합니다.

09 도형이나 텍스트 상자를 추가해서 슬라이드를 작성합니다.

3 도형과 함께 텍스트를 꾸며라 **351**

주제 : 텍스트를 꾸미는 도형 활용

무료 글꼴을 활용하는 것만으로도 다양한 효과를 줄 수 있지만, 몇 가지 도형을 함께 사용하면 텍스트를 재미있게 표현할 수 있습니다.

결과

01 슬라이드에 텍스트를 입력하고 글꼴, 크기, 채우기 등 서식을 지정합니다.

• 결과 파일 : 3-5-04.pptx

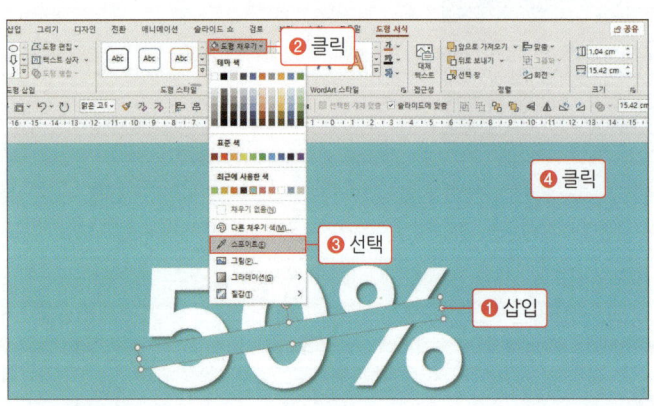

02 직 사각형 도형을 삽입하고 채우기 색을 스포이트를 이용해서 배경 색과 동일하게 지정합니다.

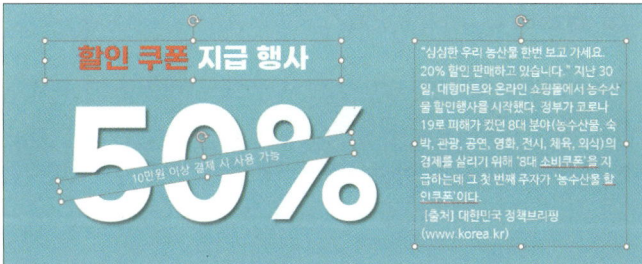

03 도형에 텍스트를 입력합니다. 더 필요한 내용이 있으면 텍스트 상자를 추가해서 꾸며 줍니다.

04 도형 하나에 한 글자씩 입력해서 장식하는 방법도 많이 사용합니다. 도형을 하나 삽입하고 텍스트를 입력한 다음 복사해서 내용만 변경합니다. 회전하거나 간격을 겹쳐서 적당히 꾸며 줍니다.

05 텍스트를 입력하고 도형이나 선을 추가해서 다양하게 활용합니다.

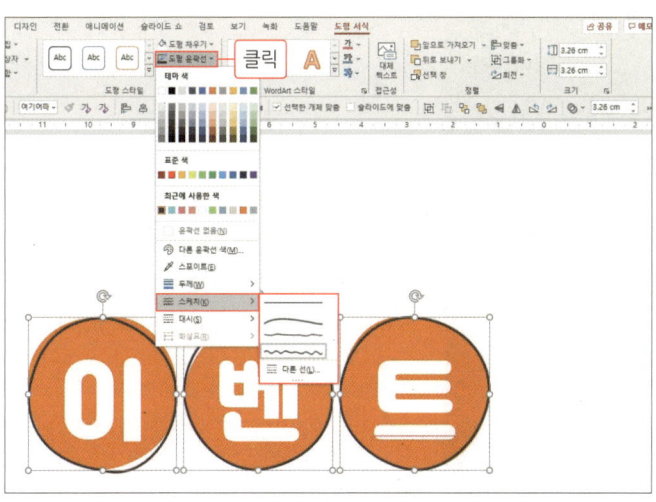

06 오피스365 버전 도형 윤곽선의 '스케치' 기능을 사용하면 손으로 그린 것처럼 독특한 느낌을 만들 수 있습니다.

주제 : 텍스트 효과를 활용한 긴 그림자 만들기

입체감이나 그림자 효과 등 텍스트에도 여러 가지 효과를 적용할 수 있습니다. 광고나 홍보 자료 등에 자주 사용되는 텍스트에 긴 그림자 효과를 만드는 것도 도형 없이 간단하게 만들 수 있습니다.

결과

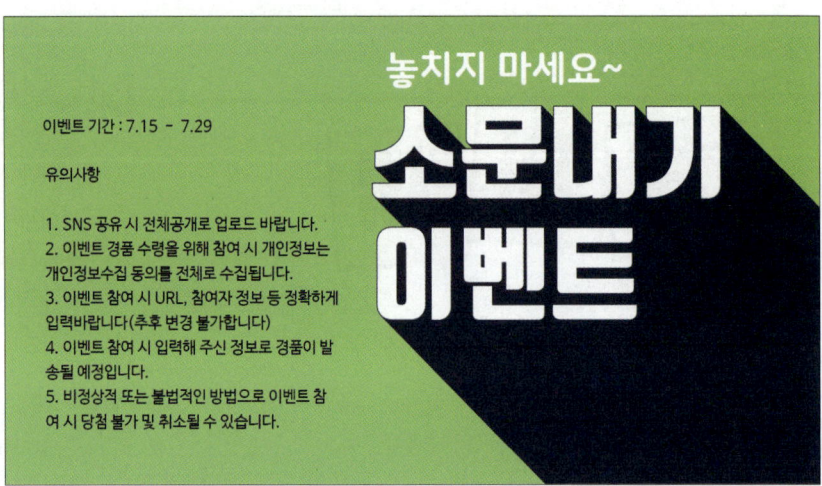

01 슬라이드에 텍스트를 입력하고 글꼴, 크기, 채우기 등 서식을 지정합니다.

· 결과 파일 : 3-5-05.pptx

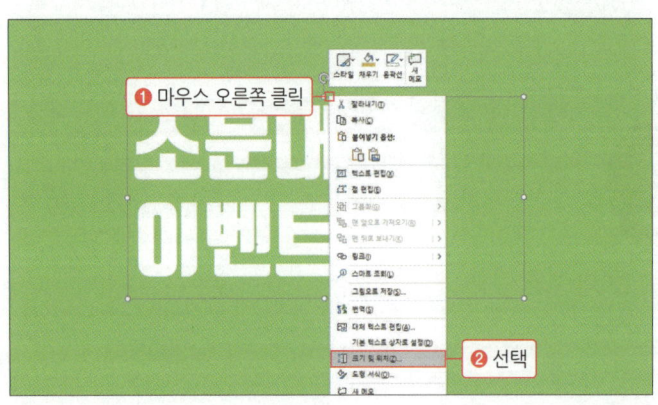

02 텍스트 위에서 마우스 오른쪽 버튼을 클릭한 다음 표시되는 바로 가기 메뉴에서 [도형 서식]을 선택합니다.

03 [도형 서식] 작업 창이 표시되면 [텍스트 옵션] 탭을 선택합니다. [텍스트 옵션]의 '3차원 서식'과 '3차원 회전'을 다음처럼 설정합니다.

- 3차원 서식
  깊이 : 색, 크기 1200pt(필요한 만큼 지정하면 됩니다)
  외형선 : 색, 크기 1pt
  재질 : 표준 → 무광택
  조명 : 기타 → 평면
- 3차원 회전
  빗각 : 오블리크 – 오른쪽 아래

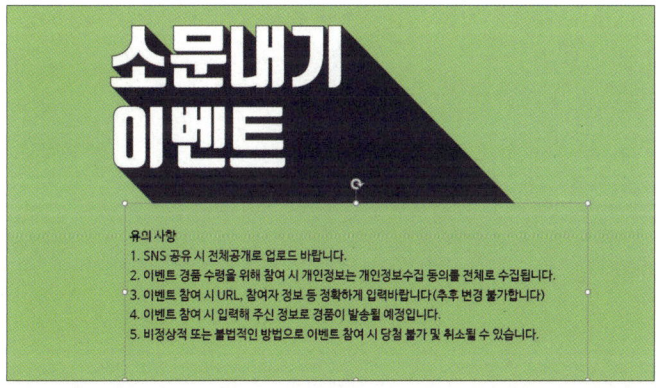

04 긴 그림자의 끝을 도형으로 가리거나, 슬라이드 밖으로 위치 시켜 사용합니다.

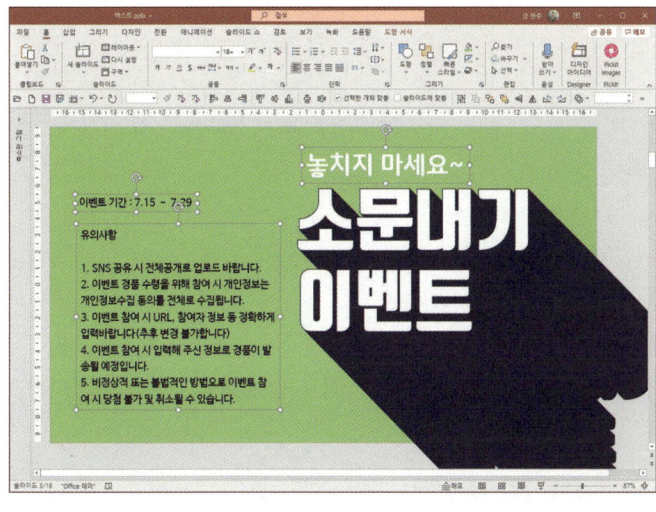

05 도형이나 선을 추가해서 다양하게 텍스트를 활용합니다.

SmartArt
그래픽을 활용하라

보고서를 작성할 때 내용을 시각화 할 때 가장 자주 사용되는 개체가 도형일 것입니다. 많이 사용하지만 파워포인트에서 도해 작업이 어려운 이유는, 도형들이 추가될 때마다 해야 하는 도형 서식 지정과 도형 사이 간격 조정, 도형 안의 텍스트 크기 조정 등이 불편하기 때문입니다. 그래서 파워포인트에서는 제공되는 레이아웃을 선택하여 도형을 만드는 SmartArt 그래픽 기능을 제공하고 있습니다.

SmartArt 그래픽의 장점

❶ 도형들의 간격과 위치를 자동으로 정렬합니다.
❷ 도형에 사용된 텍스트 크기를 자동으로 조절합니다. (파워포인트에서는 도형의 크기를 작게 해도 글꼴 크기는 따로 수정해야합니다.)
❸ 도형의 서식이 자동으로 지정되어, 항목을 추가할 때 색 지정에 관한 고민을 할 필요가 없습니다.

이런 특징들 때문에 항목의 추가, 삭제 작업이 편리합니다.

활용편

SmartArt 그래픽 어렵지 않다

메시지를 빠르고 쉽게 시각적으로 표현하는 SmartArt 그래픽을 활용하면, 간단하게 도형 작업을 할 수 있습니다. 텍스트만 입력하면 자동으로 도해화가 되기 때문에 누구나 완성도 있는 결과물을 만들 수 있습니다.

SmartArt 그래픽으로 보고서 내용을 정리하려면, 먼저 전달하려는 내용이 무엇이고 정보를 표시하고자 하는 특정한 방식이 있는지 자문해 보는 것이 좋습니다. 내용과 무관한 형태로 만들어진 SmartArt 그래픽은 오히려 내용을 이해하는 데 방해 요소가 되기 쉽습니다.

주제 : 중앙의 내용에 대한 관계를 표시하는 형태 – SmartArt 그래픽의 기본

SmartArt 그래픽은 여러 형태로 만들어진 레이아웃을 선택하여, 빠르고 쉽게 만들 수 있는 정보의 시각적 표현입니다. 그러나 SmartArt를 만들 때 기본으로 제공되는 도형과 작성하고자 하는 내용이 딱 맞아 떨어지기는 어렵습니다. SmartArt 그래픽를 만들면서 텍스트를 입력하는 방법과 내용에 맞도록 도형을 추가하고 삭제하는 방법을 알아보겠습니다.

방사 주기형은 가운데 정보 및 내용 중에서 원형 외부 링에 있는 정보를 강조하는 형태에 적합합니다.

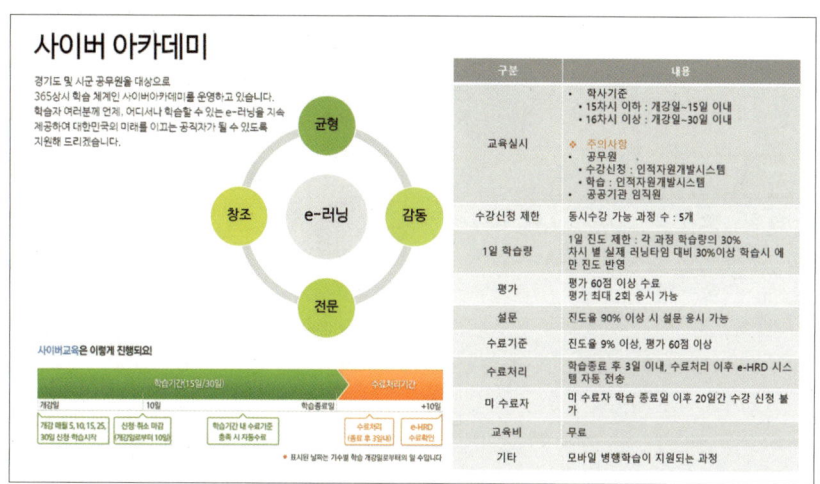

▲ 참고 사이트 : 경기도인재개발원(edu.gg.go.kr)

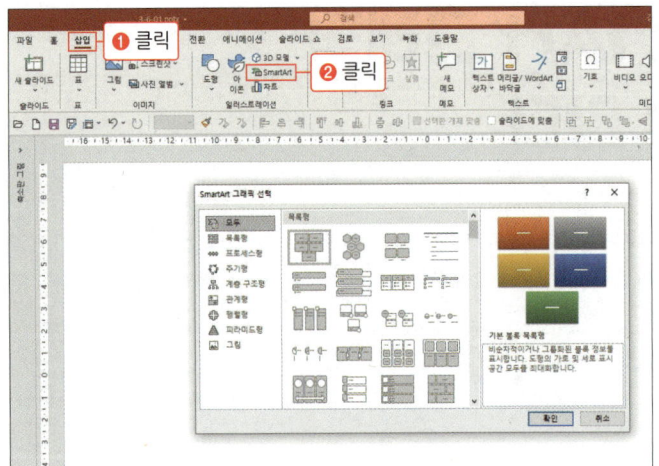

01 [삽입] 탭-[일러스트레이션] 그룹-[SmartArt]를 클릭합니다.

• 결과 파일 : 3-6-01.pptx

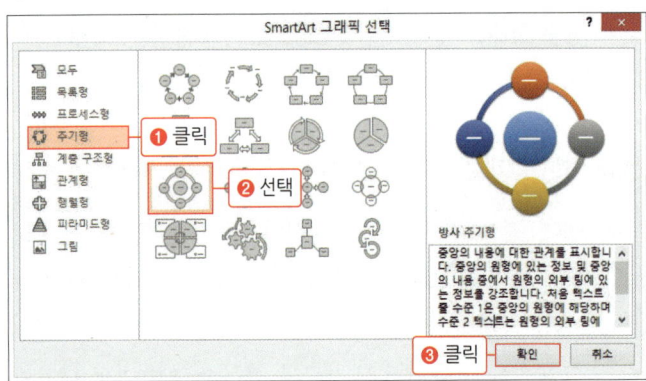

02 [SmartArt 그래픽 선택] 대화상자가 표시되면, [주기형]을 클릭하고 '방사 주기형'을 선택합니다. 〈확인〉 버튼을 클릭합니다.

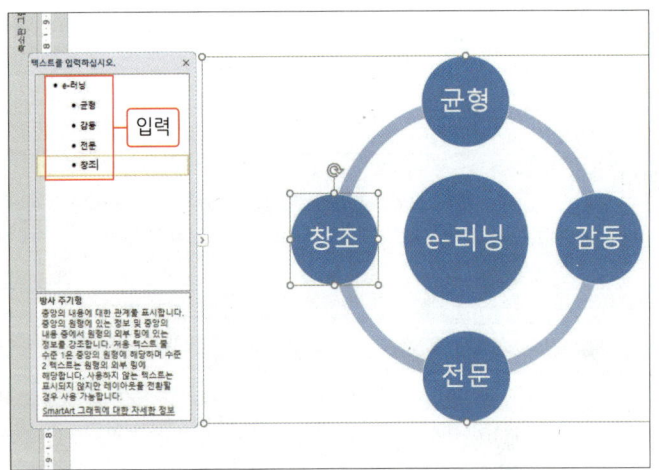

03 텍스트 입력창에 내용을 입력합니다. 처음 1수준 텍스트는 가운데 원형 내용에 해당하며, 2수준 텍스트는 외부 원형 내용에 해당합니다.

입력 내용
• e-러닝, 균형, 감동, 전문, 창조

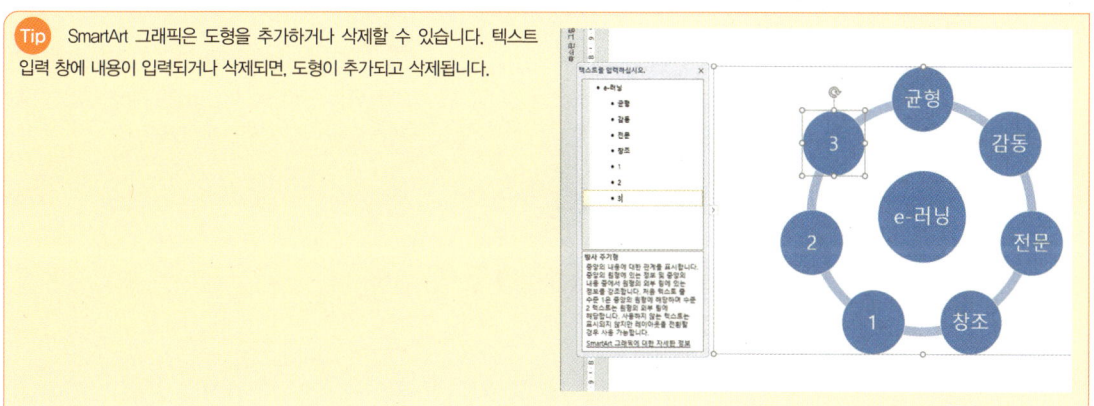

Tip SmartArt 그래픽은 도형을 추가하거나 삭제할 수 있습니다. 텍스트 입력 창에 내용이 입력되거나 삭제되면, 도형이 추가되고 삭제됩니다.

04 [SmartArt 디자인] 탭-[SmartArt 스타일] 그룹-[색 변경]을 클릭하고 원하는 색상을 선택합니다.

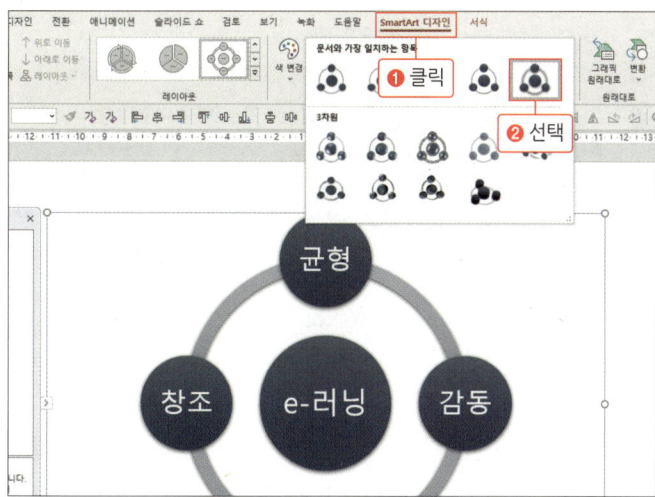

05 도형 스타일을 적용하기 위해 [SmartArt 디자인] 탭-[SmartArt 스타일] 그룹에서 〈자세히〉 버튼(▽)을 클릭하고 원하는 스타일을 선택합니다.

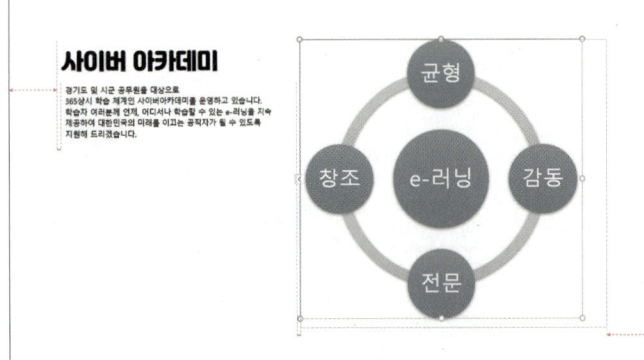

06 SmartArt 그래픽의 전체 크기 조정은 경계선 부분을 드래그하면 됩니다. 전체 크기가 조정되거나 도형이 추가 삭제될 때 텍스트 크기도 자동으로 조정됩니다.

주제 : 시간순으로 흐름이 있고, 자료 이미지가 있는 형태 – 미리 입력된 텍스트 자료를 이용해서 만들기

기존에 만들어진 자료를 SmartArt 그래픽 형태로 변환하는 방법을 알아보겠습니다. 텍스트 개체는 몇 번의 클릭으로 전달하고자 하는 메시지를 시각적으로 표현할 수 있는 SmartArt 그래픽으로 변환이 가능합니다.

내용에 관련된 그림이 있는 형태는 SmartArt 그래픽 종류 중 '그림' 카테고리에서 선택하는 것이 적합합니다.

결과

▲ 이미지 자료 출처 : Pixabay(pixabay.com), 검색어 : 사무실, 비즈니스, 텍스트 자료 출처 : 다음 백과사전

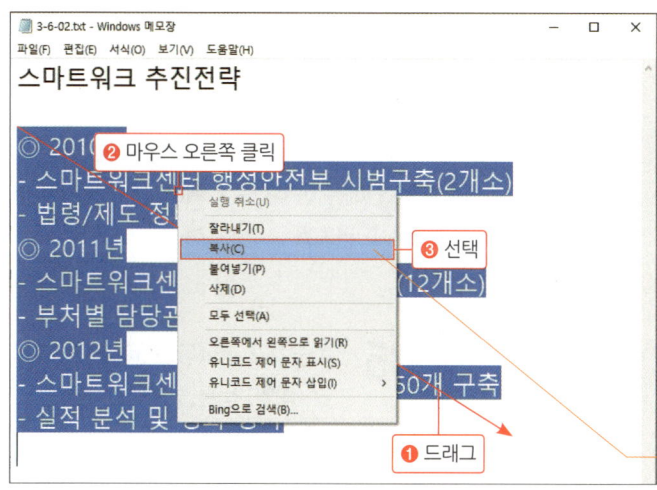

01 메모장이나 다른 워드 프로그램에 입력되어 있는 내용을 보고서에서 SmartArt 그래픽으로 작성하려고 합니다. 실습 파일(3-6-02.txt)을 열고 이미 작성된 텍스트 내용을 복사합니다.

• 실습 파일 : 3-6-02.txt
• 결과 파일 : 3-6-03.pptx

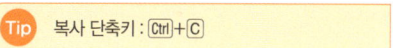

Tip 복사 단축키 : Ctrl + C

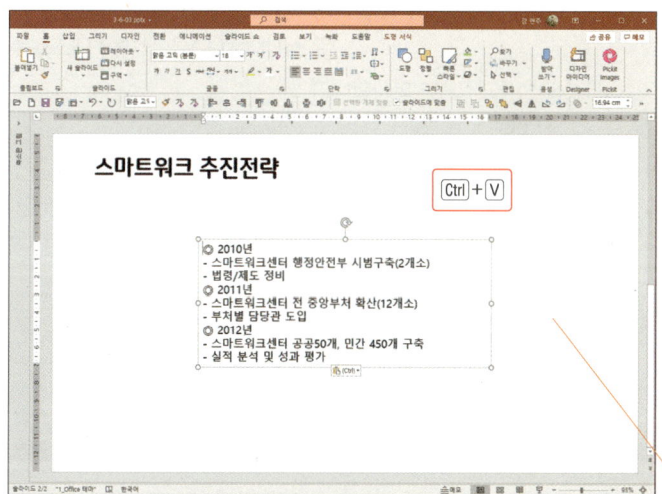

02 복사한 내용을 파워포인트에서 붙여 넣습니다.

Tip 붙여넣기 단축키 : Ctrl + V

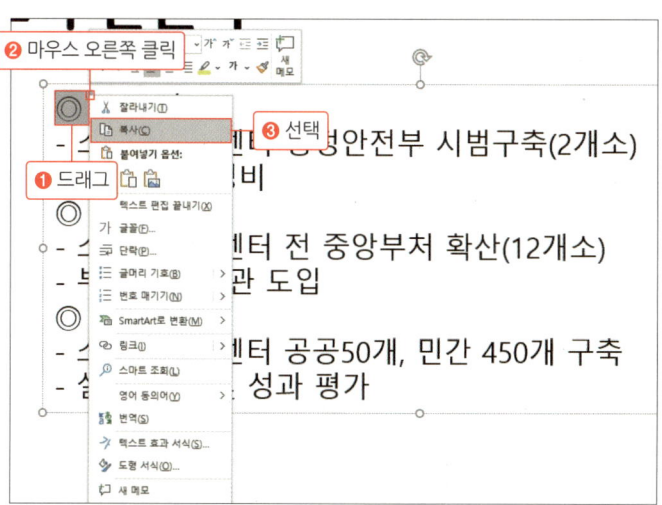

03 텍스트 자료에 입력된 필요 없는 특수 기호나 단어를 삭제해서 내용을 정리합니다.
지우려는 문자를 블록 지정하고, 마우스 오른쪽 버튼을 클릭한 다음 표시되는 바로 가기 메뉴에서 [복사]를 선택합니다.

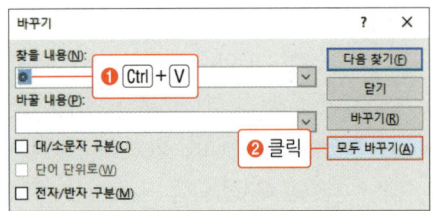

04 [홈] 탭-[편집] 그룹-[바꾸기 ▼]-[바꾸기]를 클릭합니다. [바꾸기] 대화상자가 표시되면, 찾을 내용 칸에 복사해 둔 내용을 붙여넣기합니다. 바꿀 내용 칸에는 아무것도 입력하지 않고 〈모두 바꾸기〉 버튼을 클릭합니다.

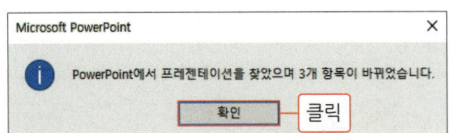

05 바꾸기가 끝났다는 표시가 나타나면 〈확인〉 버튼을 클릭합니다.

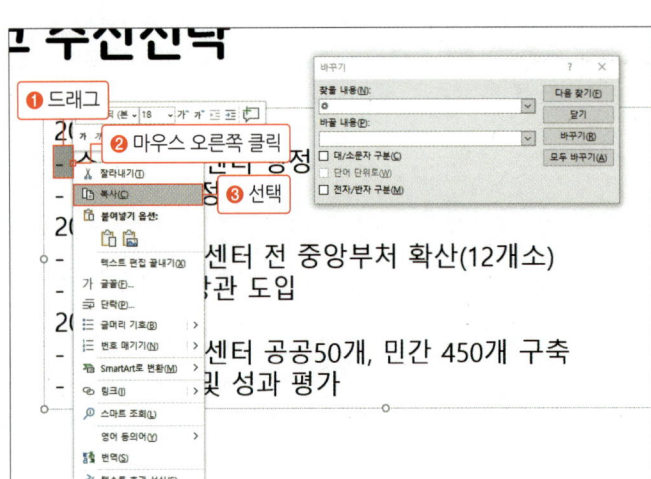

06 [바꾸기] 대화상자는 그대로 표시된 상태에서 다른 삭제할 텍스트를 복사합니다.

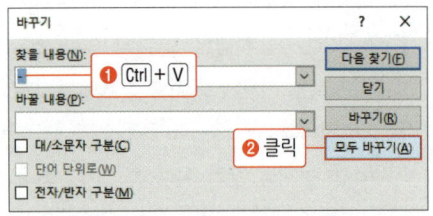

07 [바꾸기] 대화상자의 찾을 내용 칸에 복사해 둔 내용을 붙여넣습니다. 바꿀 내용 칸에는 아무것도 입력하지 않고 〈모두 바꾸기〉 버튼을 클릭합니다.

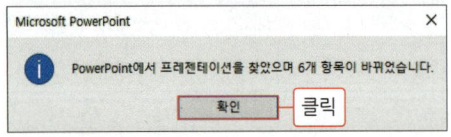

08 바꾸기가 끝났다는 표시가 나타나면 〈확인〉 버튼을 클릭합니다.

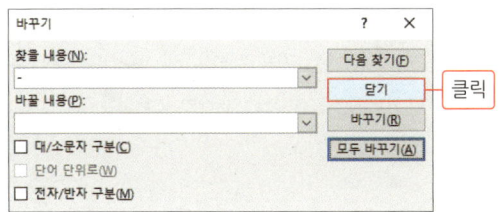

09 더 이상 삭제할 내용이 없다면 [바꾸기] 대화상자에서 〈닫기〉 버튼을 클릭하여 바꾸기 명령을 종료합니다.

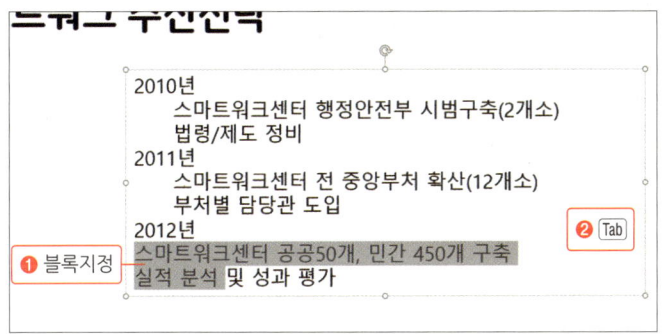

10 텍스트 수준을 정리합니다. 목록 수준을 늘리려는 단락을 블록 지정하고, Tab 키를 누르거나 [홈] 탭-[단락] 그룹-[목록 수준 늘림(≡)]을 클릭합니다.

> **Tip** 이 단계에서 꼭 글머리 기호를 표시할 필요는 없습니다. 다만 좀 더 분명하게 목록 수준을 확인하고 싶다면 먼저 글머리 기호를 지정하면 됩니다.

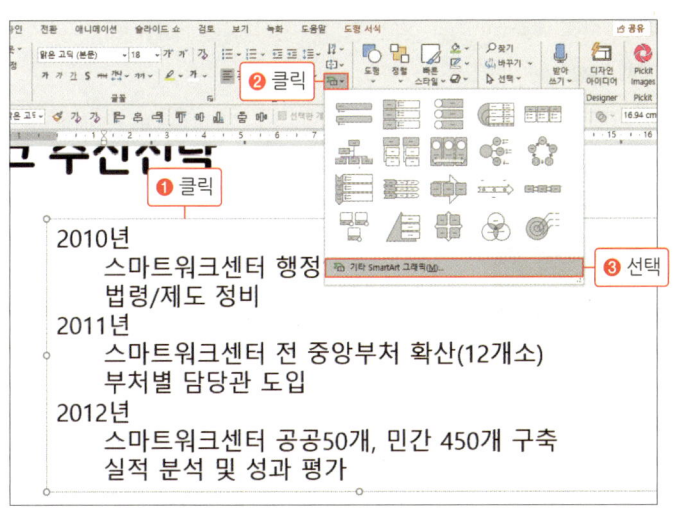

11 슬라이드에서 변환할 텍스트가 포함된 개체를 클릭하고, [홈] 탭-[단락] 그룹-[SmartArt 그래픽으로 변환]을 클릭한 다음 [기타 SmartArt 그래픽]을 선택합니다.

12 텍스트 양과 항목 수에 따라 가장 잘 어울리는 유형을 결정합니다. 예제에서는 왼쪽에서 [그림]을 선택하고 '제목 그림 라인업형'을 클릭한 다음 〈확인〉 버튼을 클릭합니다.

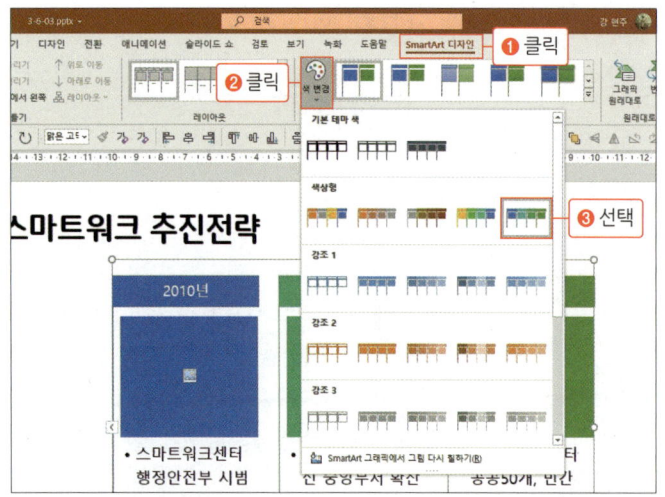

13 [SmartArt 디자인] 탭-[SmartArt 스타일] 그룹-[색 변경]을 클릭하고 원하는 색상을 선택합니다.

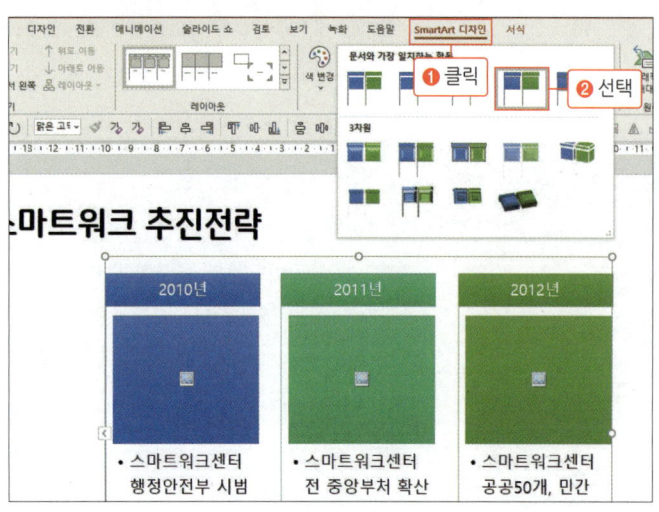

14 도형의 스타일을 적용하기 위해 [SmartArt 디자인] 탭-[SmartArt 스타일] 그룹에서 〈자세히〉 버튼(▼)을 클릭하고 원하는 스타일을 선택합니다.

15 SmartArt 그래픽의 그림 아이콘을 클릭해서 원하는 이미지를 삽입합니다.

> **Tip** 삽입된 이미지를 다른 이미지로 바꾸려면, 이미지를 선택하고 Delete 키를 눌러 삭제한 다음 다시 다른 이미지를 선택합니다.

16 SmartArt 그래픽에서 연도에 해당하는 부분의 방향성을 나타내기 위해, 연도에 해당하는 도형만 선택합니다. 첫 번째 도형은 클릭해서 선택하고 두 번째 도형부터는 Shift 키를 누른 상태에서 클릭합니다.

17 [서식] 탭-[도형] 그룹-[도형 모양 변경]-[화살표: 오각형]을 클릭합니다.

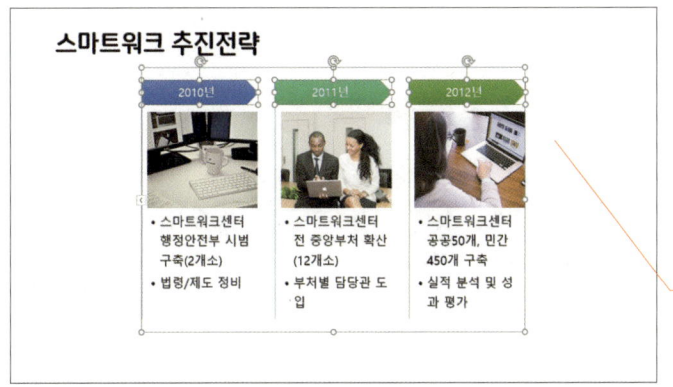

18 도형이 변경된 것을 확인할 수 있습니다. 이렇게 SmartArt 그래픽은 자동으로 만들어지지만, 수동으로 도형의 모양이나 서식을 변경할 수 있어서 활용도가 높습니다.

> **Tip** SmartArt 그래픽을 텍스트로 다시 되돌리고 싶다면 [SmartArt 디자인] 탭-[원래대로] 그룹-[변환]-[텍스트로 변환]을 클릭합니다.

1 SmartArt 그래픽 어렵지 않다 **365**

활용편

도형을 변경하고 더하여 새로운 SmartArt 그래픽을 만들어라

파워포인트의 표, 차트, 텍스트, 도형 개체들을 변형해서 사용하듯이 SmartArt 그래픽 개체도 다양하게 활용할 수 있습니다. 기본으로 제공되는 형태를 변형하는 방법은 거의 비슷합니다. 각 개체들을 원래 제공되는 형태의 목적으로만 사용하지 말고, 다양하게 활용해 보시기 바랍니다.

기본 제공 갤러리만으로 원하는 모양을 만들지 못할 경우에는 SmartArt 그래픽의 거의 모든 부분을 사용자가 지정할 수 있습니다. 단 주의할 점은 아무리 쉽고 편리하게 제공되는 기능이라도 결국 사용자가 적절하게 선택하고 사용해야 한다는 것입니다. SmartArt 그래픽을 무작정 실행하기 전에 어떤 형태로 작성할지 구상하고, 자료 내용과 분량을 잘 살펴보는 것이 중요합니다. 무엇보다 그래픽은 명확하고 쉽게 이해할 수 있도록 작성하는 것이 기본입니다.

주제 : 조직도 만들기

SmartArt 그래픽을 이용해서 복잡한 형태의 조직도를 간단하게 작성해 보겠습니다.

참고 자료 : 조직도

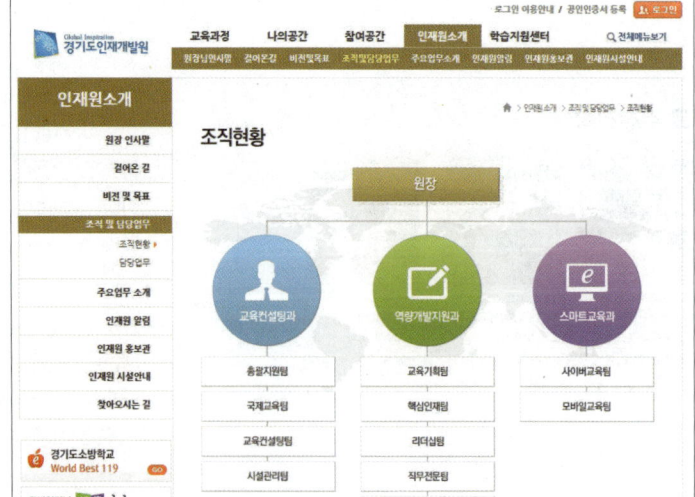

▶ 출처 : 경기도인재개발원(edu.gg.go.kr)

결과

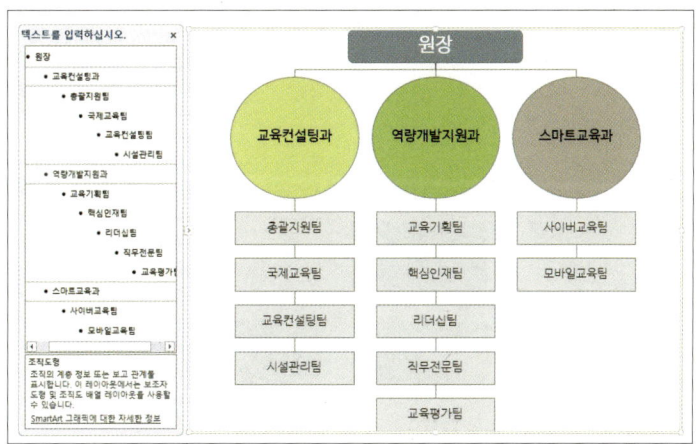

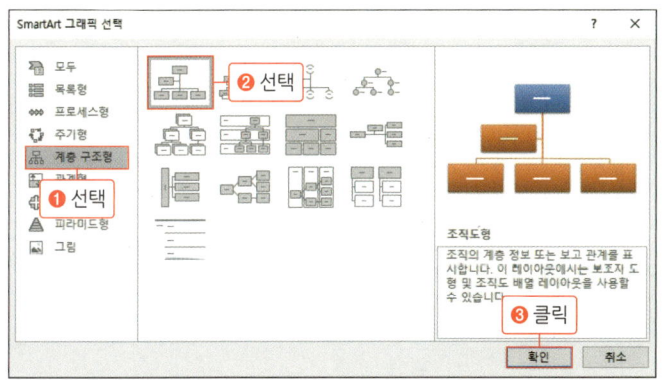

01 [삽입] 탭-[일러스트레이션] 그룹-[SmartArt]를 클릭한 다음 왼쪽에서 [계층 구조형]을 선택합니다. '조직도형'을 선택하고 〈확인〉 버튼을 클릭합니다.

• 결과 파일 : 3-6-04.pptx

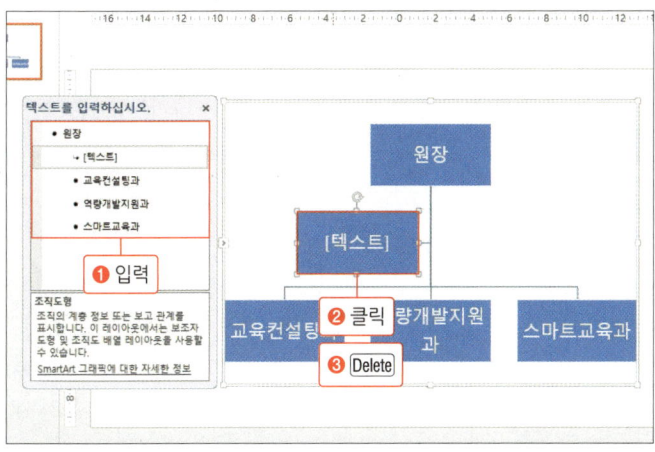

02 텍스트 창에 '원장'과 필요한 '과'를 입력합니다. 예제에서 사용하지 않는 보조자 도형은 선택한 다음 Delete 키를 눌러 삭제합니다.

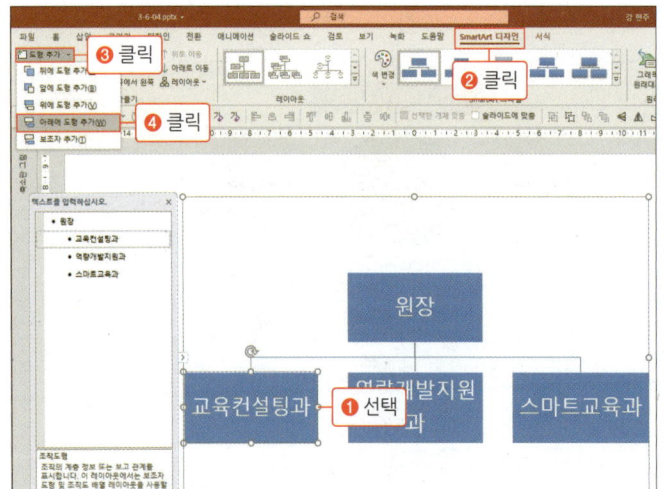

03 이제 팀을 입력하기 위해 '교육컨설팅과'를 선택한 다음 [SmartArt 디자인] 탭-[그래픽 만들기] 그룹-[도형 추가 ▼]-[아래에 도형 추가]를 클릭합니다.

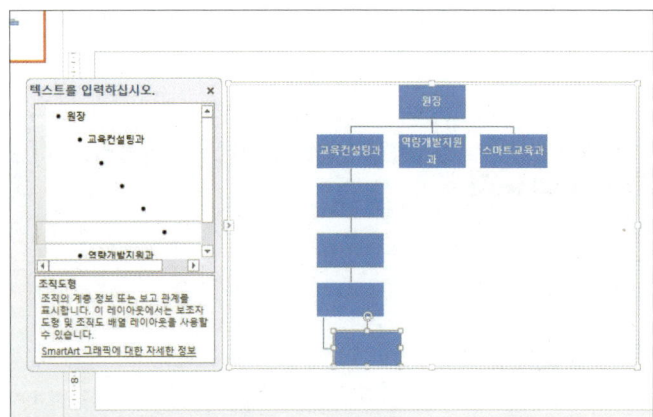

04 예제에서 원하는 형태는 아래쪽으로 부서가 표시되는 형태이니, 추가되는 도형마다 계속 [아래에 도형 추가] 명령으로 작업하면 됩니다.

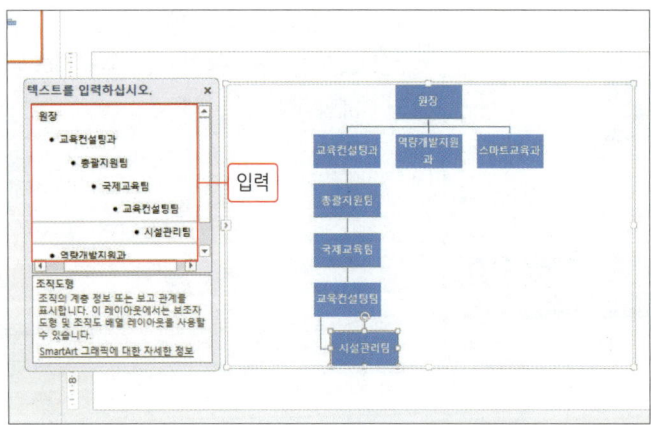

05 추가된 도형에 부서를 입력합니다.

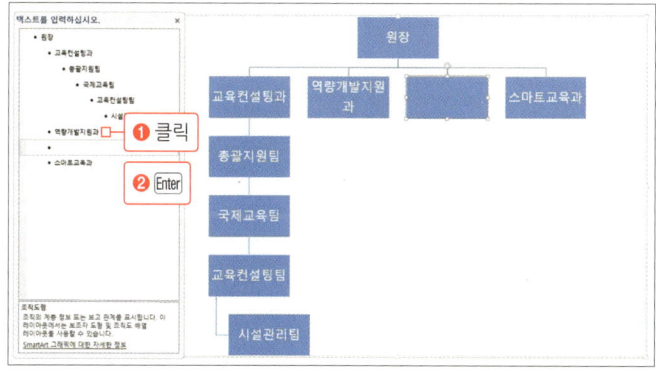

06 이번에는 텍스트 창에서 내용을 입력하면서 도형을 삽입하는 방법을 알아보겠습니다.
SmartArt 그래픽 개체 왼쪽에 보이는 텍스트 창 내용이 실제 SmartArt 그래픽 도형을 관장합니다. 그래서 이 창에서 적절하게 입력하는 것이 도형을 추가하고 삭제할 때 리본 메뉴에서 하는 것보다 편리합니다.
텍스트 창에서 '역량개발지원과' 뒤를 클릭해서 커서를 만들고 Enter 키를 누릅니다.
Enter 키를 누르면 동일한 레벨의 도형이 삽입됩니다.

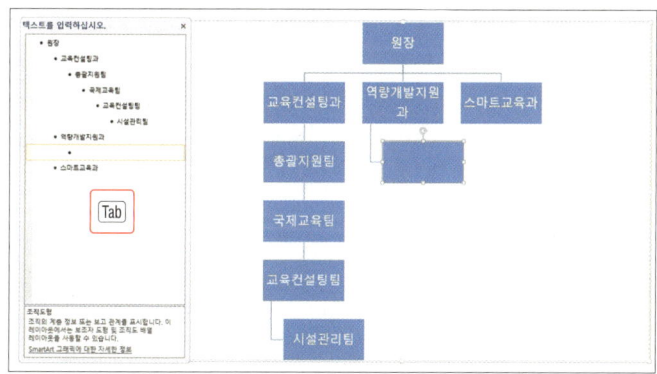

07 도형을 하위 항목으로 조정하기 위해, Tab 키를 누릅니다.

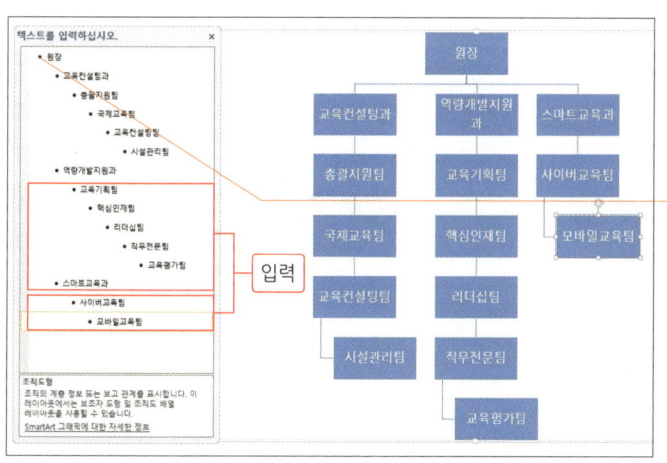

08 내용을 입력하면서 같은 방법으로 Enter 키와 Tab 키를 누르며 필요한 만큼 도형을 삽입하고 내용을 입력합니다.

> **Tip 텍스트 창의 글머리 기호와 일반 글머리 기호**
> 텍스트 창은 SmartArt 그래픽에 표시되는 텍스트를 입력하고 편집할 때 사용할 수 있는 창입니다. 텍스트 창의 내용은 SmartArt 그래픽의 도형 집합과 직접적으로 연결됩니다. 특히 텍스트 창에서 사용하는 글머리 기호는 일반적인 텍스트 개체의 글머리 기호와는 다릅니다. SmartArt 유형에 따라 텍스트 창 각 글머리 기호는 새 도형이나 도형 안 글머리 기호로 표시됩니다.

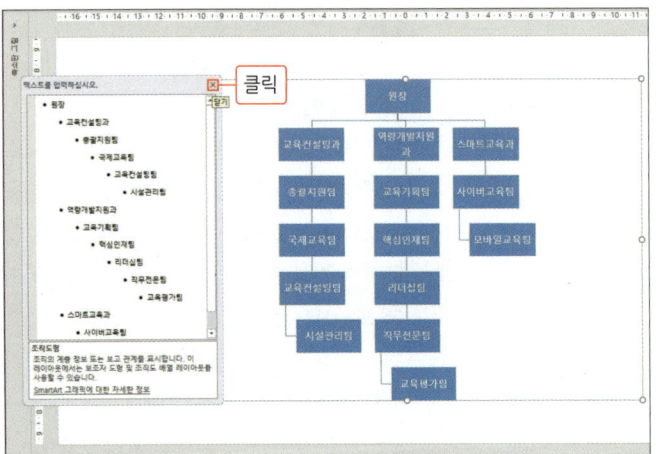

09 내용에 따른 도형이 모두 만들어졌다면 텍스트 창의 〈x〉 버튼을 클릭하여 창을 닫습니다.

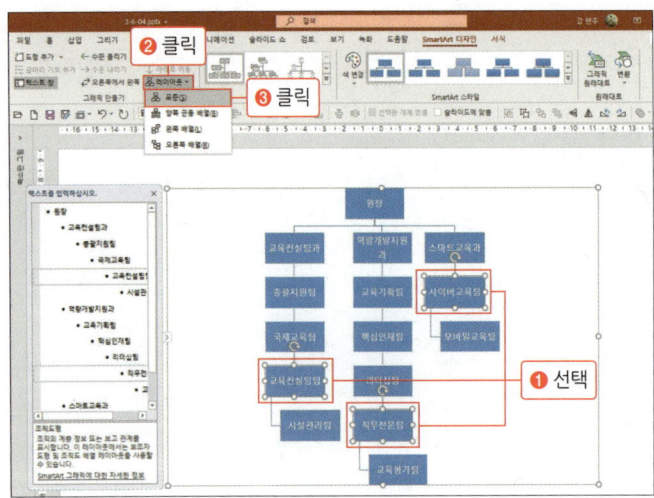

10 가장 아래쪽 팀 도형의 레이아웃을 조정하기 위해, Shift 키를 누른 채 가장 아래쪽 바로 위에 있는 도형 세 개를 모두 선택하고 [SmartArt 디자인] 탭-[그래픽 만들기] 그룹-[레이아웃]-[표준]을 클릭합니다.

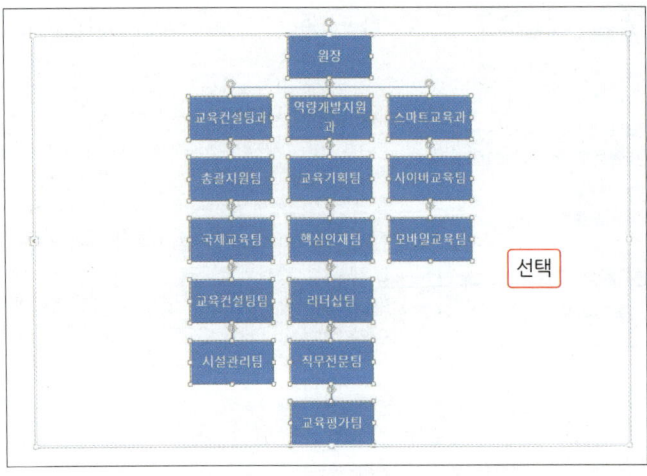

11 도형 크기를 조정하기 위해 사각형 도형을 모두 선택합니다. Shift 키를 누른 상태에서 도형을 하나씩 클릭하면서 선택해도 되고, 텍스트 창에서 Ctrl+A 키를 눌러 선택해도 됩니다.

12 선택된 도형 중 하나의 가로 크기 조절점을 드래그해서 도형 너비를 조절합니다.

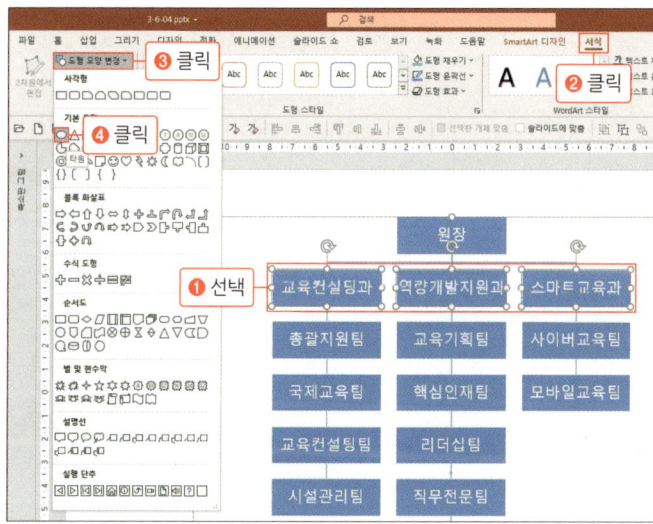

13 이번에는 세 개의 '과' 도형만 선택합니다.
[서식] 탭-[도형] 그룹-[도형 모양 변경]-[타원]을 클릭합니다.

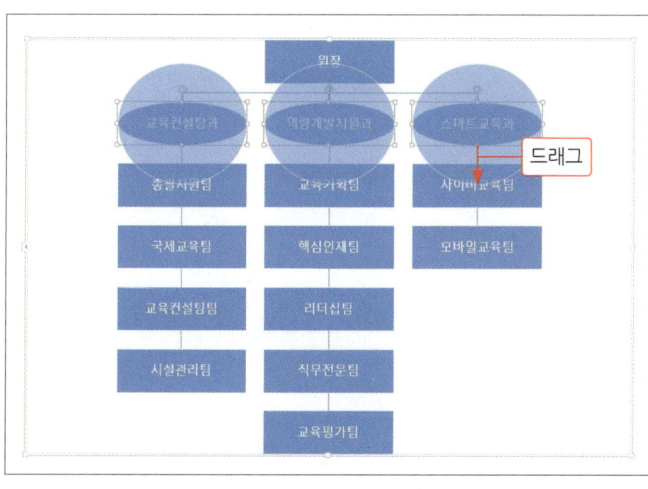

14 선택된 도형 중 하나의 세로 크기 조절점을 드래그해서 도형 세로 크기를 조절합니다.

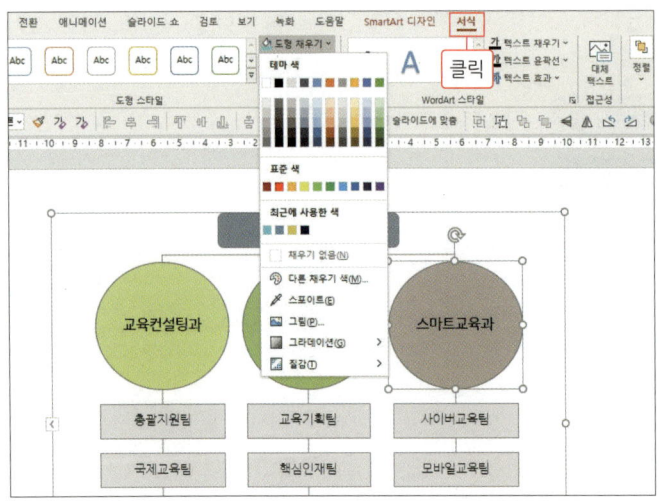

15 이제 도형을 하나씩 선택하면서 [서식] 탭-[도형 스타일] 그룹을 이용하거나 [도형 서식] 작업 창을 이용해서 서식을 지정합니다.

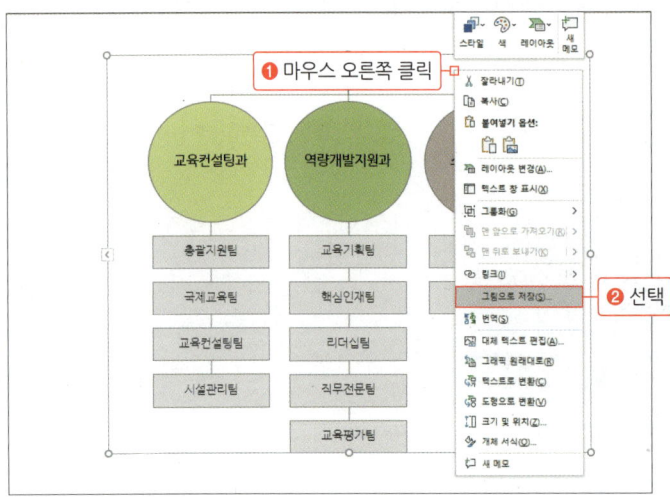

16 완성된 SmartArt 그래픽은 테두리에서 마우스 오른쪽 버튼을 클릭하면 표시되는 바로 가기 메뉴에서 [그림으로 저장]을 선택해서 저장하고 다른 프로그램 보고서, SNS, 홈페이지 등 필요한 곳에 사용합니다.

주제 : 회사 홈페이지 이미지 작업하기 – 도형으로 변환

파워포인트로 보고서를 만들 수 있을 뿐만 아니라 회사에서 사용하는 웹용 이미지도 만들 수 있습니다. 어디에든 응용해 보세요.

참고 자료 : 도형으로 사업 내용 설명

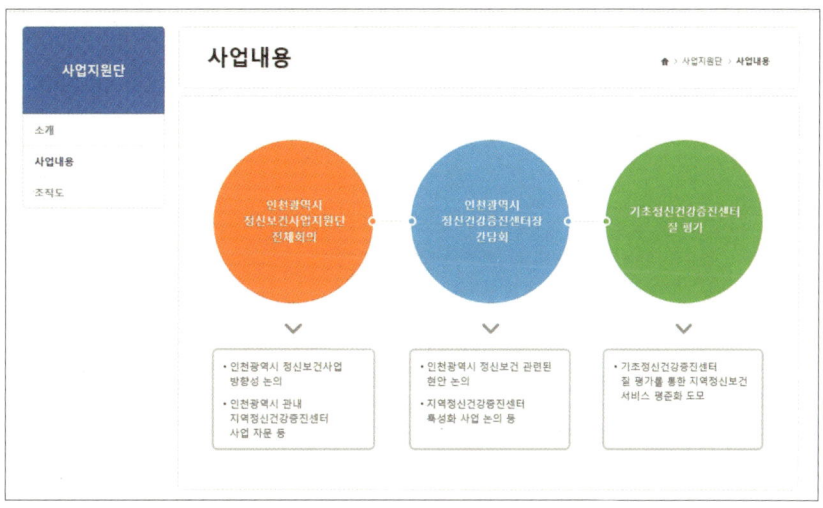

▲ 출처 : 인천광역정신건강증진센터(goo.gl/K2Q0Hu)

결과

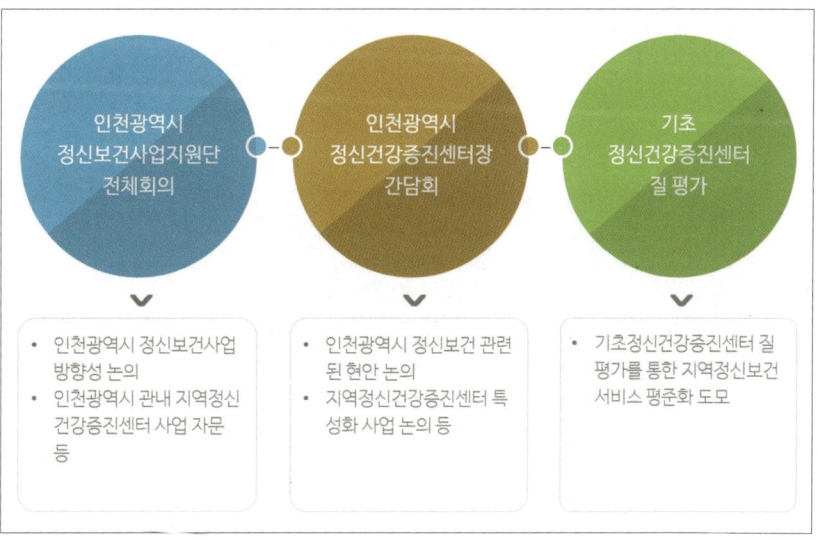

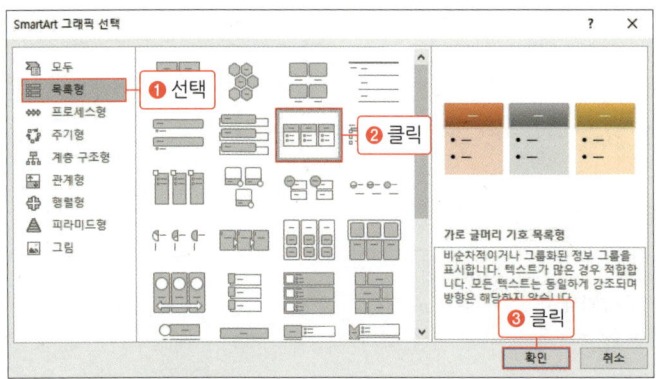

01 [삽입] 탭-[일러스트레이션] 그룹-[SmartArt]를 클릭하고 왼쪽에서 [목록형]을 선택합니다. '가로 글머리 기호 목록형'을 클릭한 다음 〈확인〉 버튼을 클릭합니다.

• 결과 파일 : 3-6-05.pptx

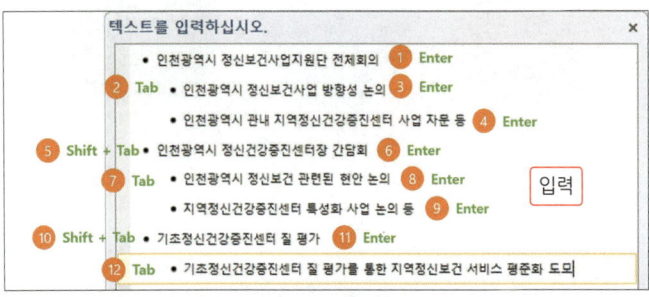

02 텍스트 창에서 Tab 키와 Shift+Tab 키를 이용해 내용을 입력합니다.

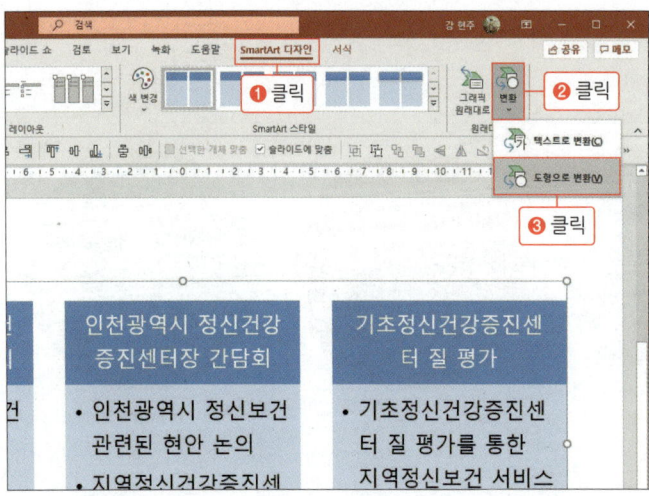

03 [SmartArt 디자인] 탭-[원래대로] 그룹-[변환]-[도형으로 변환]을 클릭합니다.

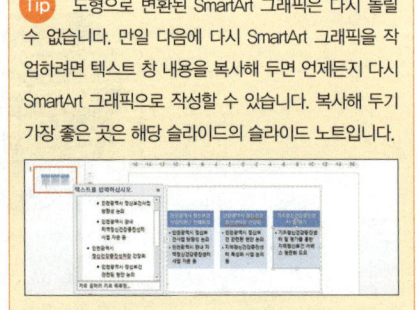

Tip 도형으로 변환된 SmartArt 그래픽은 다시 돌릴 수 없습니다. 만일 다음에 다시 SmartArt 그래픽을 작업하려면 텍스트 창 내용을 복사해 두면 언제든지 다시 SmartArt 그래픽으로 작성할 수 있습니다. 복사해 두기 가장 좋은 곳은 해당 슬라이드의 슬라이드 노트입니다.

04 도형으로 변환된 개체 위에서 마우스 오른쪽 버튼을 클릭하고 표시되는 바로 가기 메뉴에서 [그룹]-[그룹 해제]를 선택합니다.

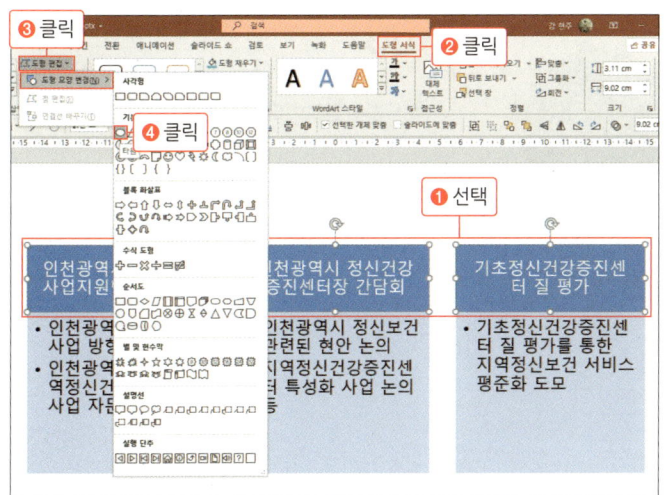

05 그룹 해제된 도형 중 위쪽 사각형 세 개만 선택하고, [도형 서식] 탭-[도형 삽입] 그룹-[도형 편집]-[도형 모양 변경]-[타원]을 클릭합니다.

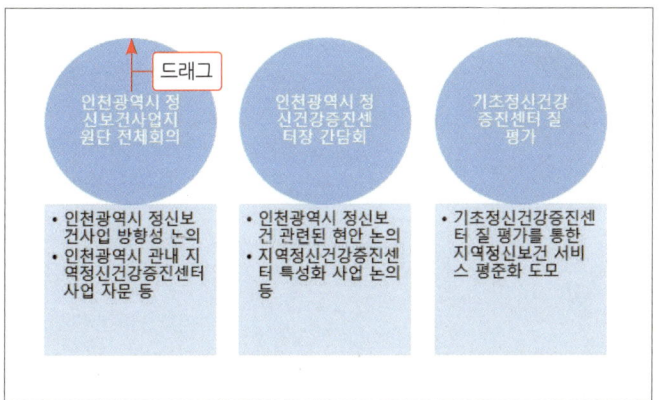

06 위쪽 도형이 계속 선택된 상태에서, 선택된 도형 중 하나의 세로 크기 조절점을 드래그해서 도형 높이를 조절합니다.

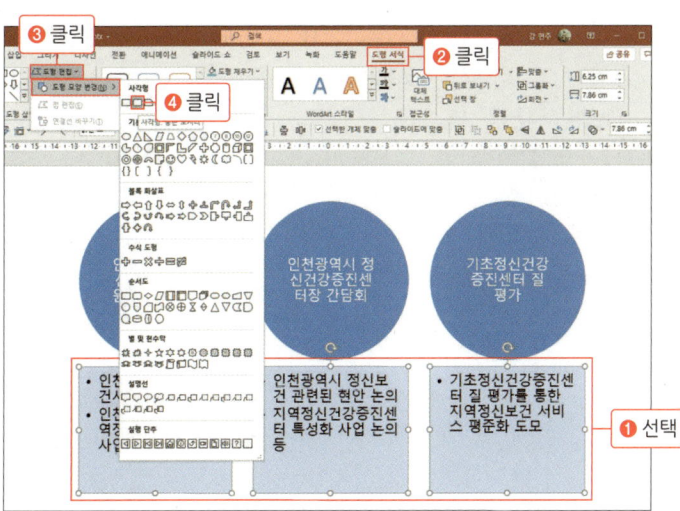

07 아래쪽의 사각형 세 개만 선택하고, [도형 서식] 탭-[도형 삽입] 그룹-[도형 편집]-[도형 모양 변경]-[모서리가 둥근 직사각형]을 클릭합니다.

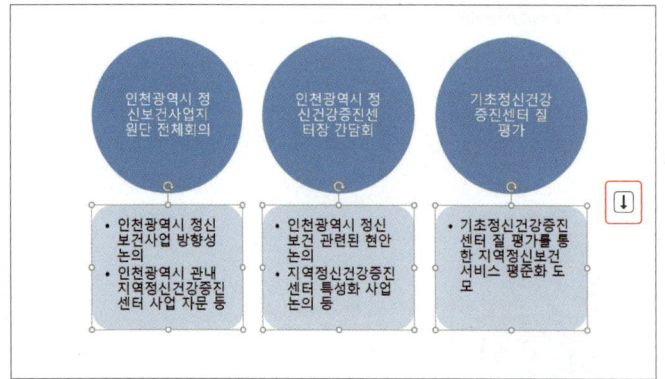

08 아래쪽 도형이 계속 선택된 상태에서, 키보드 아래 방향키를 이용해서 간격을 벌려 아래로 이동합니다.

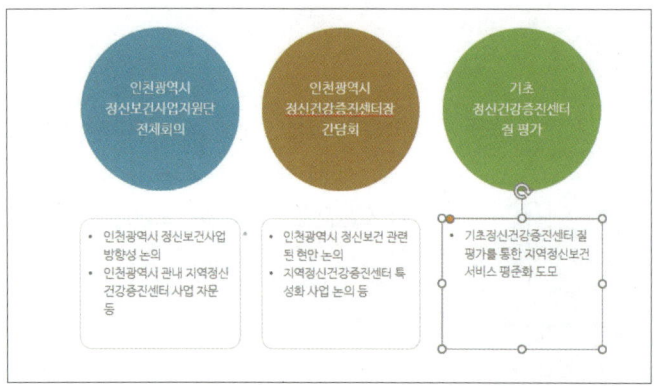

09 도형을 하나씩 선택하면서 [도형 서식] 탭-[도형 스타일] 그룹을 이용하거나 [도형 서식] 작업 창을 이용해 서식을 지정합니다.

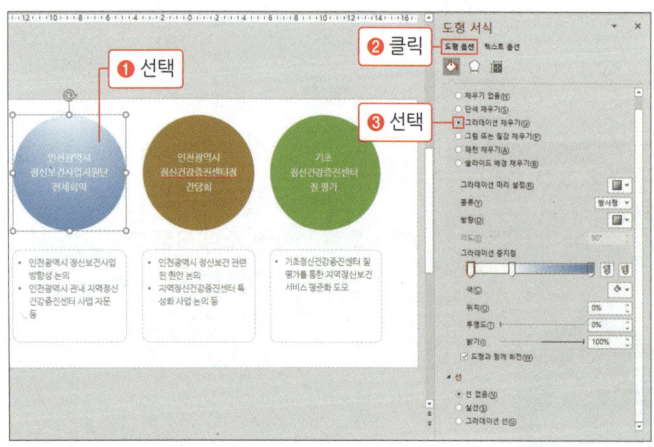

10 도형에 약간의 음영 효과를 만들어 보겠습니다. 첫 번째 도형을 선택하고, [도형 서식] 작업 창의 [도형 옵션] 중 채우기에서 '그라데이션 채우기'를 선택합니다.

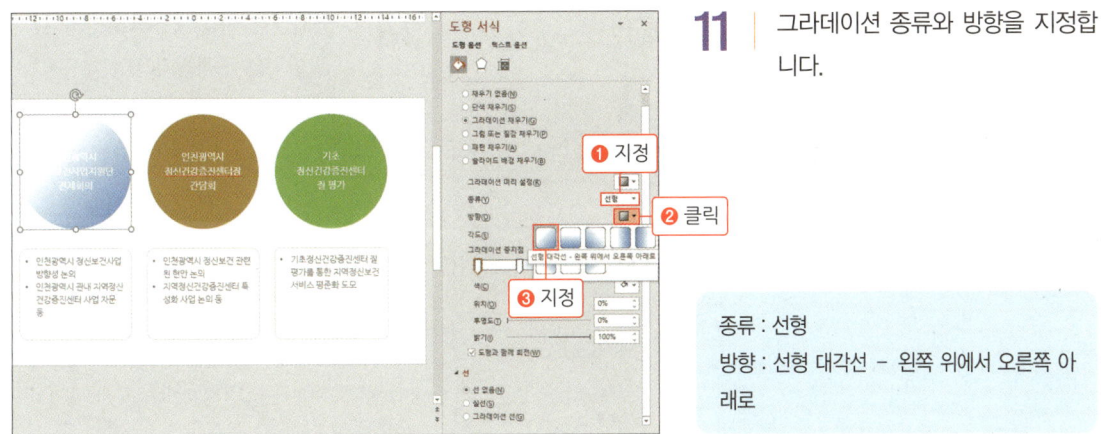

11 그라데이션 종류와 방향을 지정합니다.

> 종류 : 선형
> 방향 : 선형 대각선 – 왼쪽 위에서 오른쪽 아래로

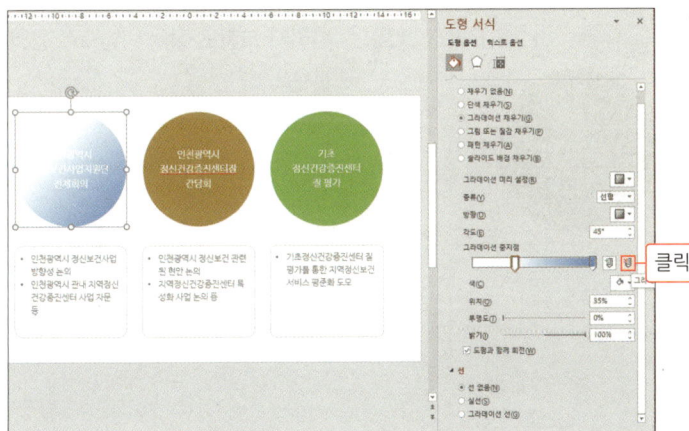

12 중지점의 개수가 2개보다 많다면 〈그라데이션 중지점 제거〉 버튼을 클릭해 두 개의 중지점만 남겨 둡니다.

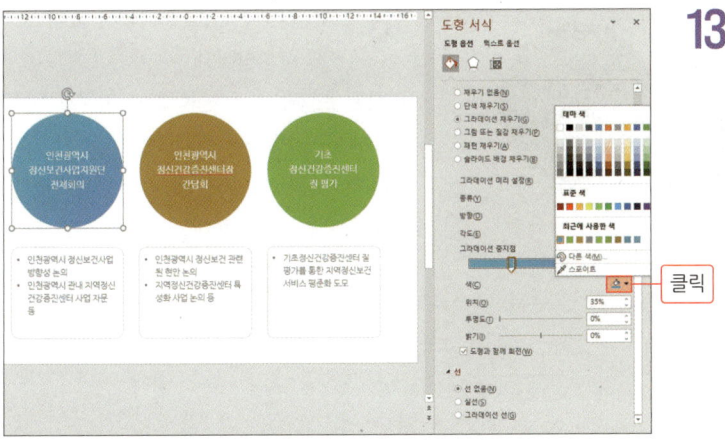

13 중지점 1과 중지점 2의 색을 같은 색으로 지정합니다.

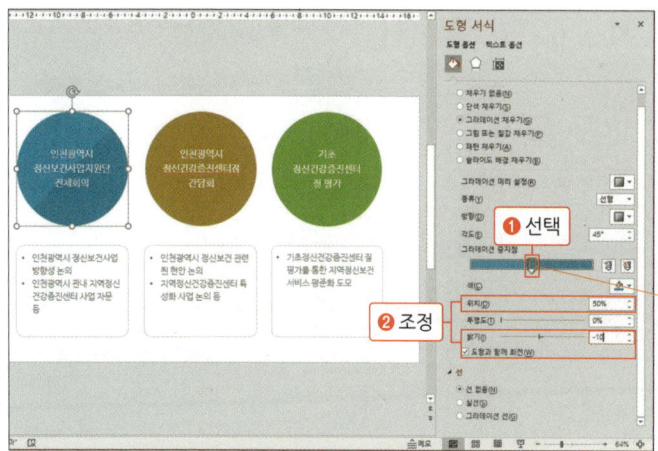

14 중지점을 하나씩 선택하면서 위치와 밝기를 조정합니다.

중지점1 : 위치 50%
중지점2 : 위치 50%, 밝기 −10%

Tip 중지점1, 2의 위치가 같기 때문에 위치부터 지정하고 색상을 지정하려면 중지점을 선택하기 어렵습니다. 중지점의 위치는 임의의 위치에 두고 다른 설정 값을 지정한 다음, 위치 입력 값을 직접 입력하는 것이 편리합니다.

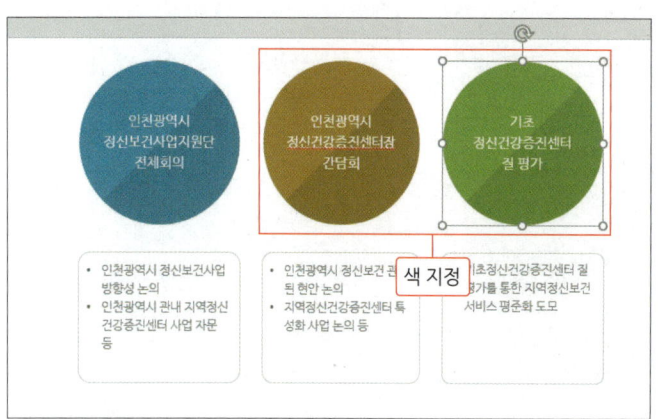

15 나머지 도형도 같은 방법으로 음영을 줍니다.

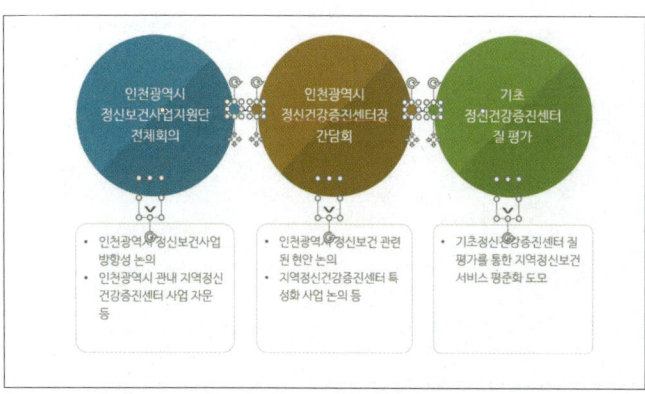

16 도형이나 선을 추가해서 슬라이드를 작성합니다.

완성된 도형을 모두 선택하고 마우스 오른쪽 버튼을 클릭하면 표시되는 바로 가기 메뉴에서 [그림으로 저장]을 선택해서 저장한 다음, SNS나 홈페이지등 필요한 곳에 사용합니다.

파워포인트의 개별 기능과 다양한 프로그램을 활용하라

프레젠테이션 문서 제작이 아니라도 파워포인트에는 업무처리에 유용하고 편리한 기능들이 많이 포함되어 있습니다. 조금 과장하면 사무실에서 일어나는 대부분의 문서작업 관련 프로그램은 파워포인트 하나로 어느 정도 해결될 것 같습니다.

파워포인트를 문서 제작이외에 개별 유틸리티로 활용할 수 있는 기능

❶ 화면 캡처 : 화면에서 필요한 내용을 캡처하고, 프레젠테이션에 직접 삽입하는 작업을 한 번에 쉽게 할 수 있습니다.
❷ 이미지 편집 : 이미지의 상태 수정, 효과 적용, 자르기, 배경 지우기 등 다양한 편집 기능이 있습니다.
❸ 이미지 드로잉 : 도형의 병합, 점편집 기능등을 활용하면 다양한 이미지를 만들 수 있습니다.
❹ 프레젠테이션 녹화 : 사운드 카드, 마이크, 스피커, 웹 캠이 있는 경우 프레젠테이션과 함께 설명을 녹화할 수 있습니다. 교육자료를 만들거나 업무 전달 사항을 발표자 얼굴과 함께 영상으로 저장할 수 있습니다.
❺ 동영상 캡처 : 화면에서의 작업을 캡처할 수 있습니다. 이 기능으로 인터넷의 동영상을 프레젠테이션에 직접 삽입하고, 그 영상을 저장 가능합니다.
❻ 동영상, 오디오 편집 : 동영상과 오디오의 필요 없는 부분을 잘라 낼 수 있습니다.

이런 기능과 다양하게 활용할 수 있는 파워포인트 개체를 사용한다면, 다른 프로그램들과 함께 보완하면서 업무를 효율적으로 처리할 수 있을 것입니다.

활용편

한글, 엑셀과 연동하라
- 메일 머지

실제 사무실에서 업무를 할 때는 다양한 프로그램을 사용하게 됩니다. 만일 행사 방문자의 이름표를 빨리 만들어야 한다고 가정하고, 명단 자료는 엑셀에 있는데, 인쇄는 한글의 메일 머지 기능을 사용하는 것이 편리하고, 이미지 작업은 파워포인트로 하는 것이 간단하다면 이 각각의 프로그램을 적절히 활용하면 됩니다.

메일 머지나 라벨지 인쇄 방법은 여러 가지가 있습니다. 이번에는 사무실에서 주로 사용하는 세 가지 프로그램을 모두 활용하는 방법을 살펴보겠습니다.

주제 : 엑셀, 한글을 연동하라

이 방법은 이름표뿐만 아니라, 문서 형태는 같은데 내용만 바뀌는 작업을 할 때 편리합니다. 방법을 익힌 다음 여러 곳에 활용하기 바랍니다.

자료

	사원명부							
사번	이름	직책	호봉	부서	전화번호	입사일	주민등록번호	
A0001	홍길동	상무	3호봉	경리부	9024	1970-10-15	640520-1000000	성북 안암5 93
A0002	최치원	과장	2호봉	구매부	9025	1974-01-03	600312-1000000	성남시 분당구
A0003	윤정모	부장	5호봉	구매부	9026	1980-05-30	581201-2000000	서울 동작구 노
A0004	한만성	대리	1호봉	기획부	9027	1990-10-15	520331-1000000	강남구 역삼동
A0005	이기백	대리	8호봉	마케팅	9028	1995-10-15	520331-1000000	서초구 잠원동
A0006	노혜정	사원	4호봉	생산부	9029	1988-10-15	520331-2000000	경기도 고양시
A0007	노연숙	사원	1호봉	연구소	9030	1987-05-20	620331-2000000	
A0008	최기영	사원	4호봉	연구소	9031	1996-12-10	720331-2000000	구리시 수택동
A0009	서영애	사원	8호봉	영업부	9032	2000-02-02	820331-1000000	서울시 송파구
A0010	손송이	사원	4호봉	영업부	9033	2001-01-15	620231-1000000	서울 구로구 가
A0011	노정일	상무	1호봉	영업부	9034	1987-02-05	820331-2000000	서울 강북구 번
A0012	이윤택	과장	2호봉	영업부	9035	1999-08-11	520331-2000000	서울 종로구 인

결과

- 실습 파일 : 3-7-데이터파일.xlsx, logo.png
- 결과 파일 : 3-7-데이터파일(97-2003버전).xls, 3-7-배경.pptx, 3-7-서식파일.hwp

한글 메일 머지 기능

한글의 메일 머지 기능을 사용하려면 '데이터 파일'과 '서식 파일'이 필요합니다. '데이터 파일'에 있는 입력 값을 하나씩 대입하면서 '서식 파일'에 있는 동일한 형태에 적용하는 것이 메일 머지의 원리입니다.

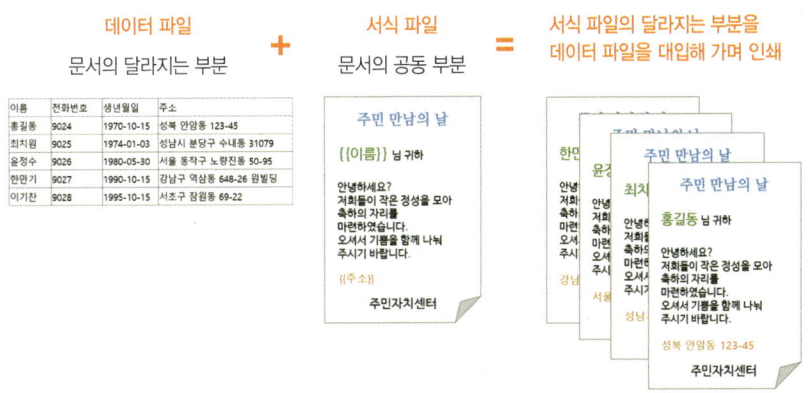

이때 사용되는 '데이터 파일'은 윈도우의 주소록과 Outlook 주소록, 한/글 파일(*.hwp), DBF 파일(*.dbf)뿐만 아니라 한/셀 파일(*.cell), 넥셀 파일(*.nxl), 엑셀 파일(*.xls) 등이 있습니다.

엑셀 파일을 직접 '데이터 파일'로 사용하려면 필드명이 있어야 하고, 97-2003 버전으로 되어 있어야 합니다.

**1단계 :
엑셀 자료 정리
- '데이터 파일' 만들기**

명단에 관한 자료가 엑셀 파일로 있는 경우라면, 엑셀 자료 대부분은 셀이 병합되거나 타이틀이 있는 경우가 많습니다. 그렇기 때문에 메일 머지를 위해 많은 내용이 있는 시트를 모두 이용하지 말고 필요한 필드만 정리해서 사용하는 것이 간편합니다.

01 '3-7-데이터파일.xlsx'를 엽니다. 이름표에 사용될 필드는 '이름'과 '부서'입니다. Ctrl 키를 이용해 엑셀 시트에서 필요한 부분만 블록 지정하고 복사합니다.

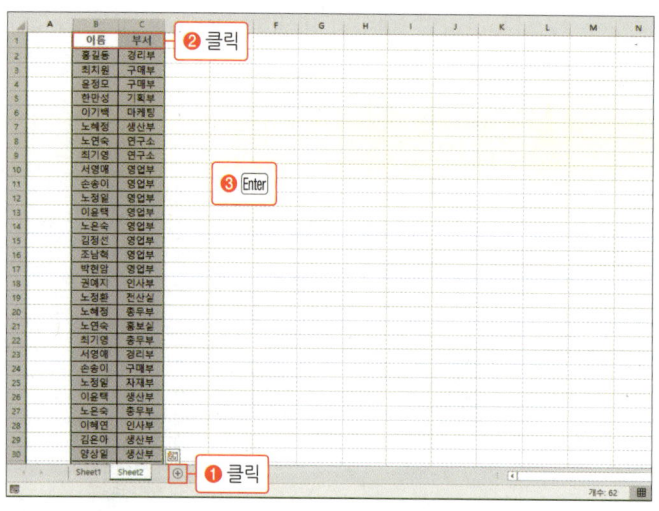

02 빈 시트를 추가하고 [B1] 셀을 클릭한 다음 Enter 키를 눌러 붙여넣기합니다.

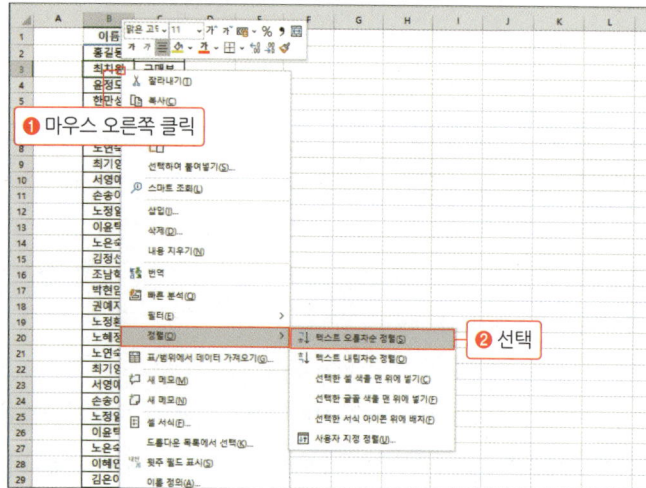

03 이름을 오름차순으로 정렬하고 번호를 지정해서 이름표를 작성할 것입니다.
이름 필드 중 한 셀을 클릭하고 마우스 오른쪽 버튼을 클릭한 다음 표시되는 바로 가기 메뉴에서 [정렬]-[텍스트 오름차순 정렬]을 선택합니다.

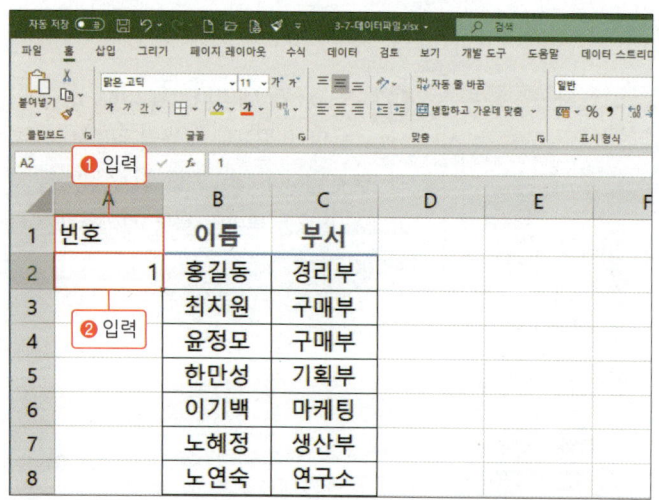

04 [A1] 셀에 '번호'를 입력하고, [A2] 셀에 '1'을 입력합니다.

05 [A2] 셀 오른쪽 아래에 있는 채우기 핸들을 더블클릭합니다.

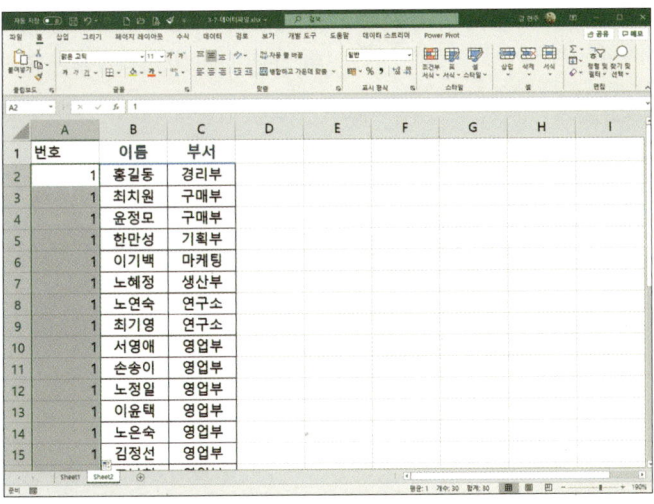

06 A열 아래쪽에 있는 '자동 채우기 옵션' 아이콘을 클릭하고 [연속 데이터 채우기]를 선택합니다.

07 이름표에 사용할 자료가 정리되었으면, 시트 이름을 '인쇄용'으로 지정합니다.

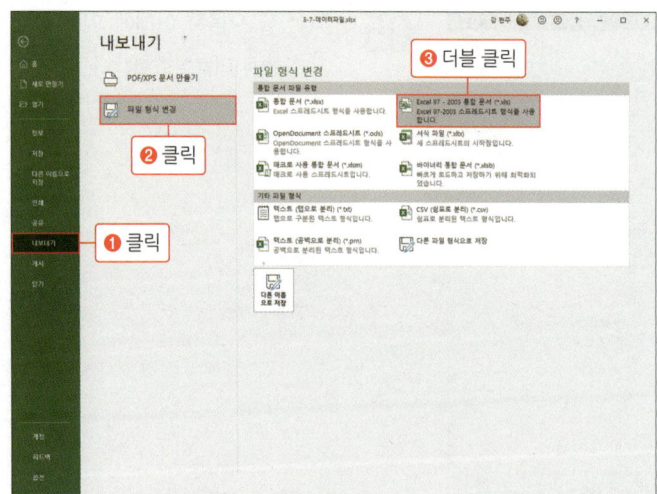

08 [파일] 탭-[내보내기]-[파일 형식 변경]-[Excel 97-2003 통합 문서 (*.xls)]를 더블클릭해서 엑셀 97-2003 버전으로 저장합니다.
[호환성 검사] 대화상자가 표시되면 〈계속〉 버튼을 클릭합니다.

2단계 : 파워포인트 - 배경 만들기

행사용 이름표를 위한 배경 파일을 도형이나 이미지 작업이 편리한 파워포인트를 활용해서 작업하겠습니다.

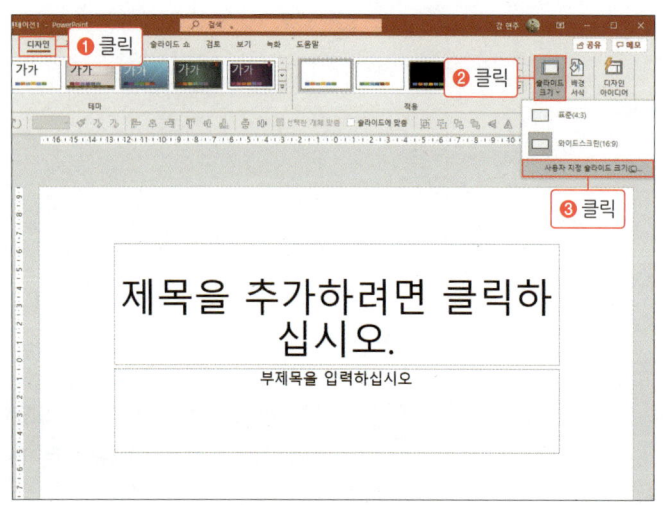

01 행사에 사용하려는 이름표 케이스를 정하고, 그 크기에 맞도록 파워포인트 슬라이드 크기를 지정하면 작업할 때 편리합니다.
[디자인] 탭-[사용자 지정] 그룹-[슬라이드 크기]-[사용자 지정 슬라이드 크기]를 클릭합니다.

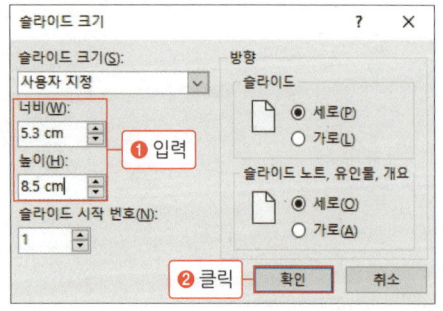

02 예제에서는 5.3cm×8.5cm 형태의 이름표를 제작할 것입니다. [슬라이드 크기] 대화상자가 표시되면 너비와 높이를 입력하고 〈확인〉 버튼을 클릭합니다.

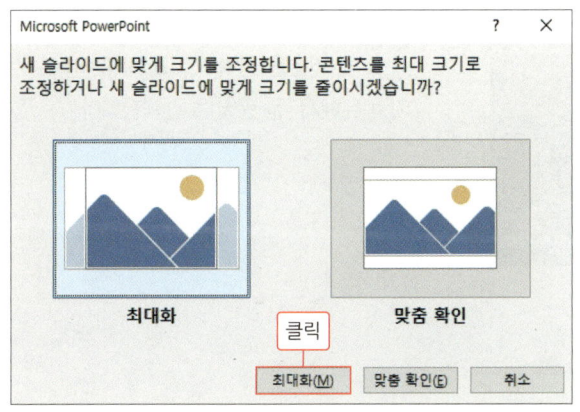

03 슬라이드 크기를 줄여도 지금 빈 문서에서 용지 크기만 사용할 것이기 때문에 '최대화'나 '맞춤 확인'의 의미는 없습니다. 〈최대화〉 버튼을 클릭합니다.

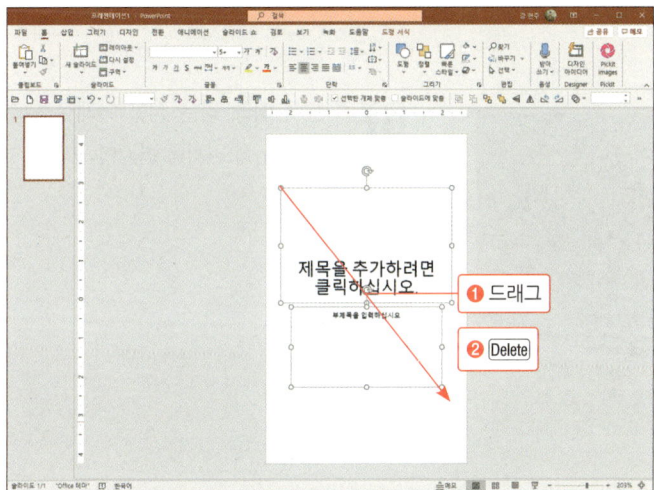

04 개체 틀을 모두 선택하고 Delete 키를 누르거나, 레이아웃을 '빈 화면'으로 지정해서 사용하지 않는 개체 틀을 삭제합니다.

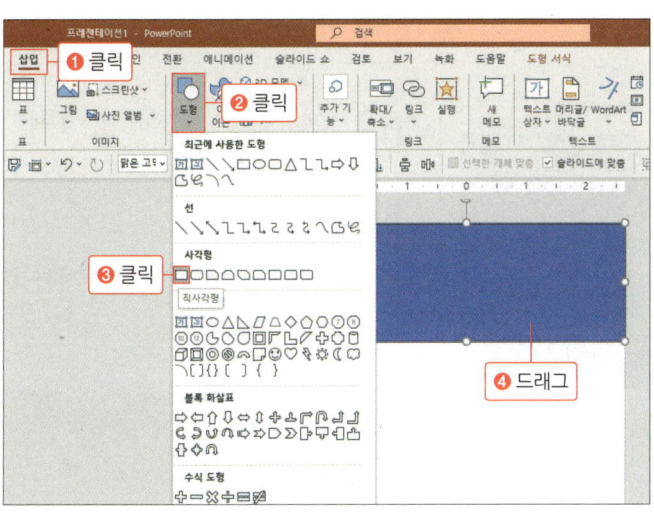

05 [삽입] 탭-[일러스트레이션] 그룹-[도형]-[직사각형]을 클릭하고 드래그해서 슬라이드 위쪽 부분에 삽입합니다.

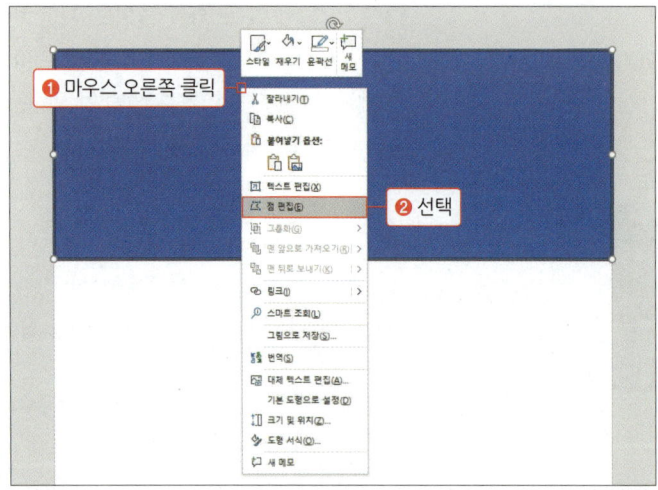

06 사각형 도형 위에서 마우스 오른쪽 버튼을 클릭하고 표시되는 바로 가기 메뉴에서 [점 편집]을 선택합니다.

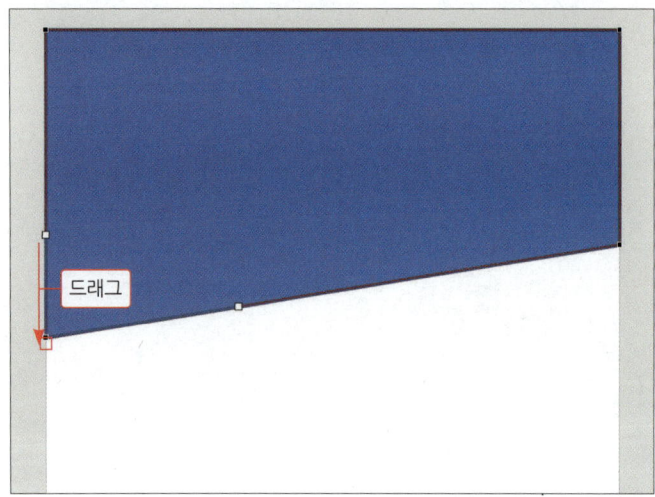

07 왼쪽 아래 검은 점을 아래로 드래그해서 점 위치를 변경합니다.

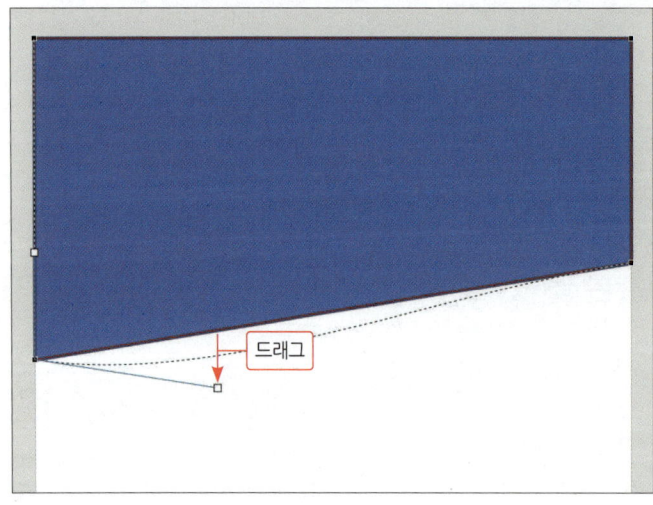

08 왼쪽 아래 검은 점에 딸린 흰색 사각형 편집 점을 사용해서 선의 곡률을 적당히 변경합니다.

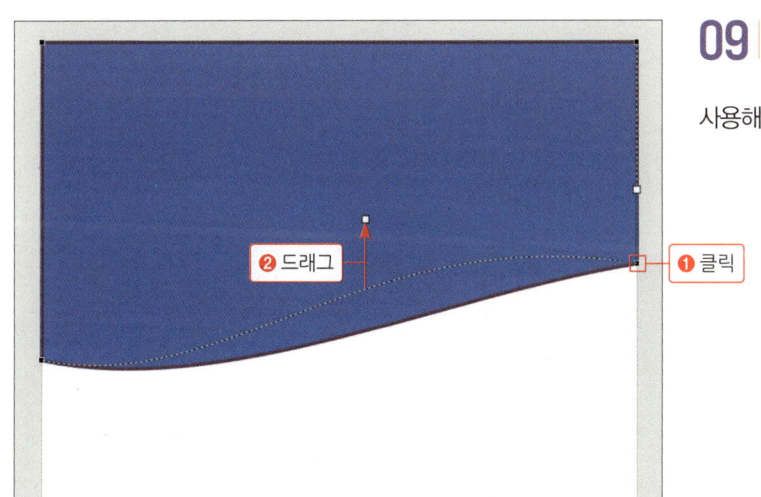

09 오른쪽 아래 검은색 점을 클릭하면 나타나는 흰색 사각형 편집 점을 사용해서 선의 곡률을 적당히 변경합니다.

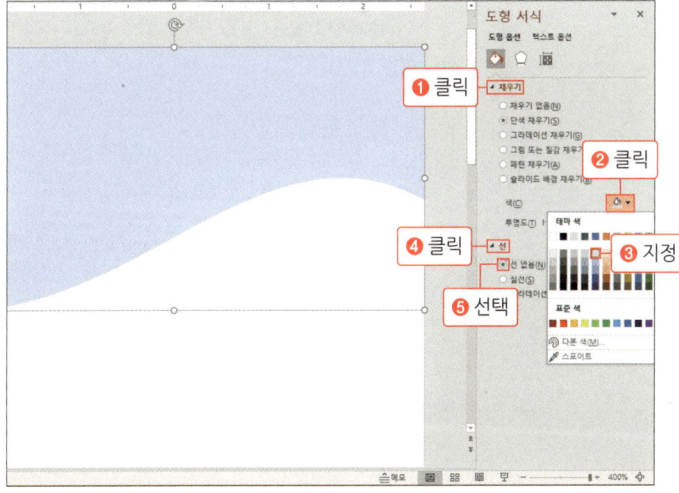

10 채우기와 선 서식을 지정합니다.

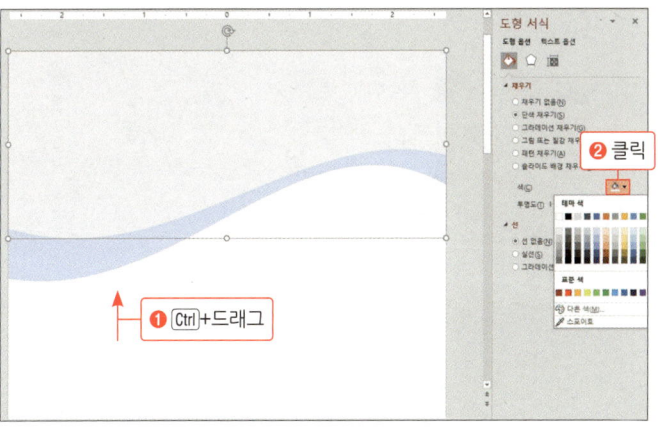

11 도형을 복사하고 높이를 조정한 다음 채우기 색상을 다르게 지정합니다.

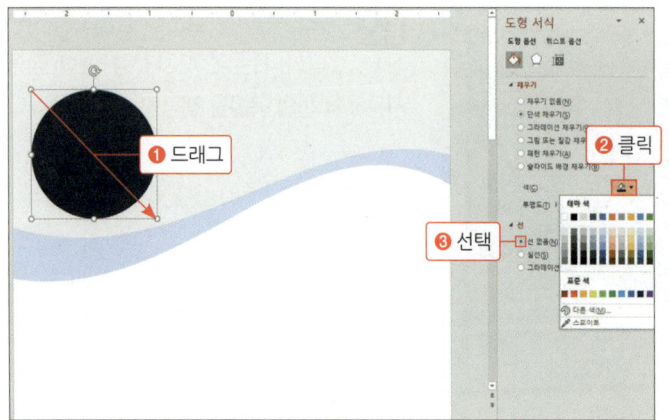

12 타원 도형을 삽입하고 채우기와 선 서식을 지정합니다.

13 [삽입] 탭-[이미지] 그룹-[그림]을 클릭하고 예제 폴더에 준비된 'logo.png'를 삽입한 다음 그림과 같이 배치합니다.

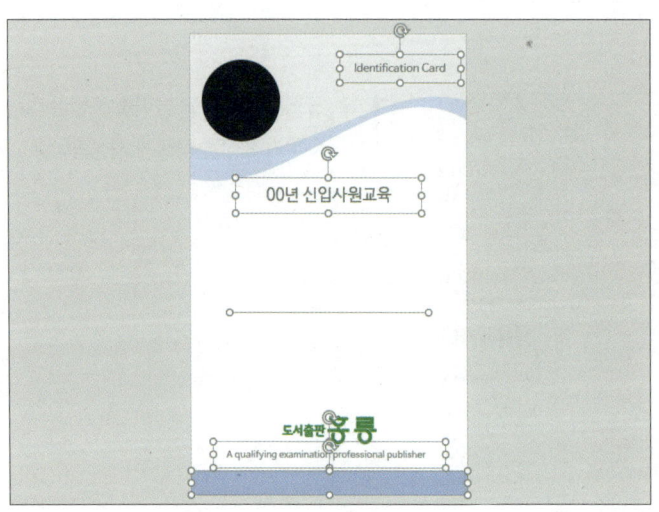

14 이름표에 들어갈 공통 문구나 도형을 삽입해서 완성합니다.

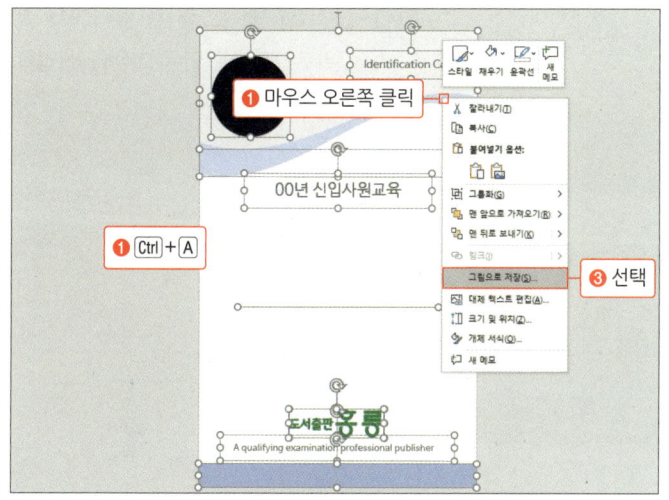

15 내용이 모두 완성되었다면, Ctrl +A 키를 눌러 모든 개체를 선택하고, 개체 위에서 마우스 오른쪽 버튼을 클릭한 다음 표시되는 바로 가기 메뉴에서 [그림으로 저장]을 선택합니다. 그림으로 저장되었습니다.

3단계 : 한글 - 이름표로 사용할 '서식 파일' 만들기

이번에는 '서식 파일'을 작성하는 단계인데, 메일 머지를 할 때 문서에 반복적으로 사용할 내용과 어느 부분에 '데이터 파일' 내용이 삽입되는지 연결해 주면 됩니다. 예제에서는 반복적으로 사용할 부분은 파워포인트에서 작성해 그림으로 저장했기 때문에 이 그림만 삽입해 주면 되고, 데이터 파일과 연결되는 것만 설정하면 됩니다.

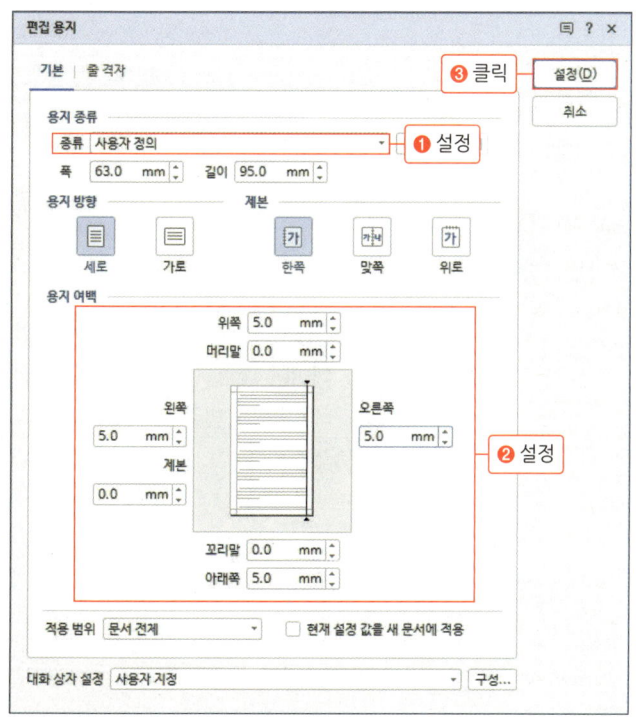

01 한글에서 F7 키를 누르고 한글 문서의 용지 크기를 사용하려는 이름표 크기로 조절합니다.

> **용지 종류**
> 폭 63mm, 길이 95mm (원래 이름표 크기에 위, 아래, 오른쪽, 왼쪽 5mm씩 여백을 더한 크기)
> **용지 여백**
> 위쪽 5mm, 아래쪽 5mm, 왼쪽 5mm, 오른쪽 5mm, 머리말 0mm, 꼬리말 0mm

> **Tip** 예제에서는 한글 2020을 사용하였습니다. 프로그램 버전에 따라 화면 구성이 달라질 수 있습니다.

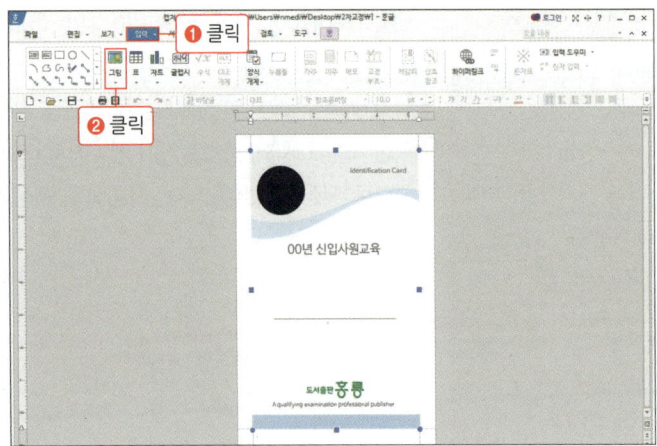

02 [입력] 탭-[그림]을 클릭해서 파워포인트에서 만든 그림을 삽입합니다.

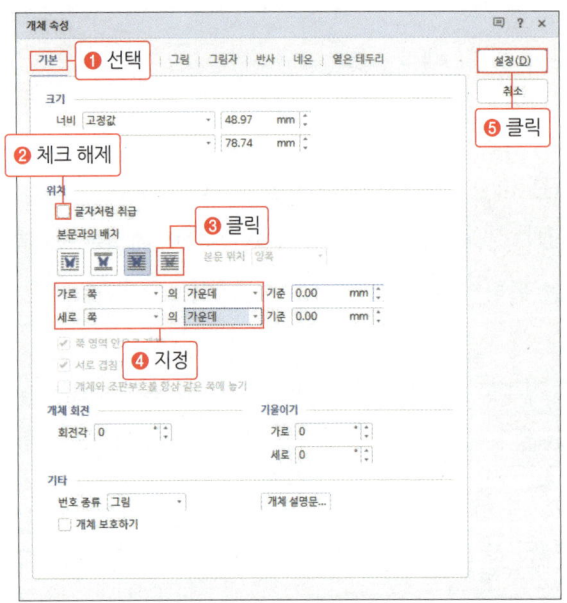

03 그림을 더블클릭해서 [개체 속성] 대화상자가 표시되면 [기본] 탭을 선택하고, 다음과 같이 지정한 다음 〈설정〉 버튼을 클릭합니다.

- '글자처럼 취급'의 체크를 해제
- 본문과의 배치는 '글 뒤로'를 선택
- 가로 '쪽'의 '가운데'
- 세로 '쪽'의 '가운데'

04 그림의 빨간색 박스 안의 내용이 '데이터 파일'에서 가져올 값의 위치입니다. 이 위치에 연결 표식을 달고 서식을 지정하겠습니다.

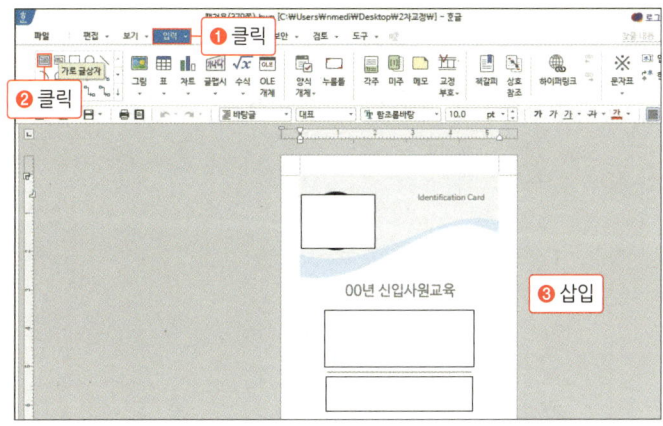

05 [입력] 탭-[가로 글상자]를 클릭해서 데이터가 입력될 세 위치에 글상자를 삽입합니다.

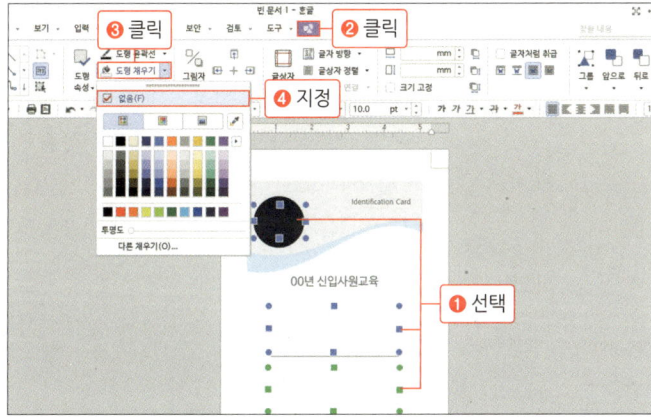

06 Shift 키를 이용해 세 개의 글상자를 선택한 다음 [도형] 탭에서 채우기를 '색 없음', 선 종류를 '선 없음'으로 지정합니다.

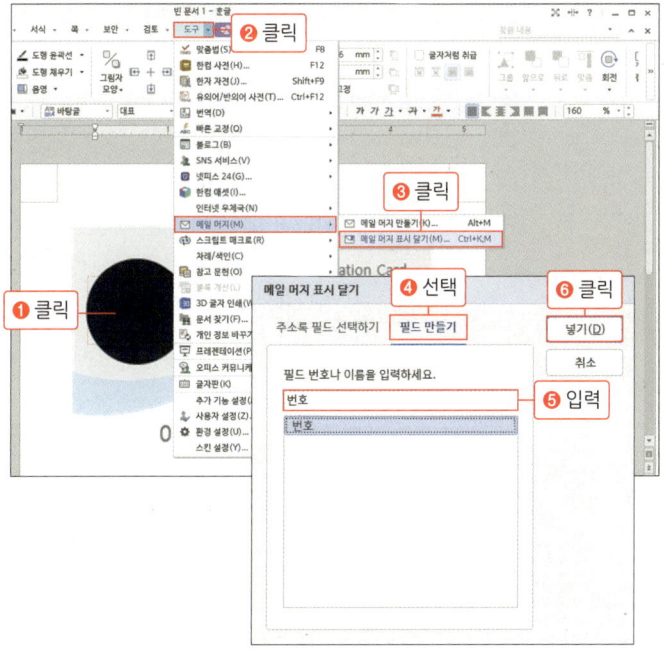

07 첫 번째 글상자에 커서를 만들고 [도구] 탭-[메일 머지]-[메일 머지 표시 달기]를 클릭합니다. [메일 머지 표시 달기] 대화상자가 표시되면 [필드 만들기] 탭을 선택하고 '번호'라고 입력한 다음 〈넣기〉 버튼을 클릭합니다.

> **Tip** 메일 머지 표시를 지정할 때 필드 이름을 '데이터 파일'의 필드 이름과 동일하게 설정하면 메일 머지 과정 중 표시와 필드를 연결하는 단계를 생략할 수 있습니다.

1 한글, 엑셀과 연동하라 - 메일 머지

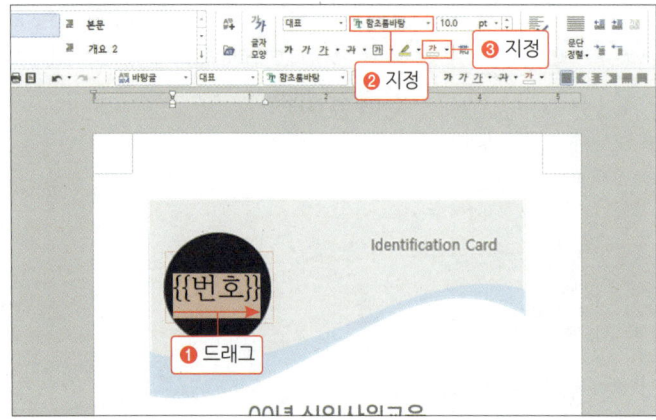

08 삽입된 메일 머지 표시 코드를 블록 지정하고 글자색이나 글꼴을 적당하게 지정합니다.

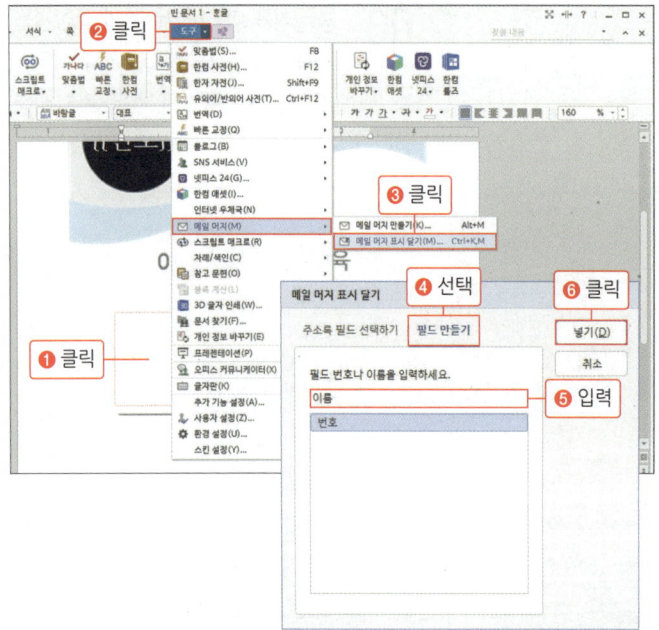

09 두 번째 글상자에 커서를 만들고 [도구] 탭-[메일 머지]-[메일 머지 표시 달기]를 클릭합니다. [메일 머지 표시 달기] 대화상자가 표시되면, [필드 만들기] 탭을 선택하고 '이름'이라고 입력한 다음 〈넣기〉 버튼을 클릭합니다.

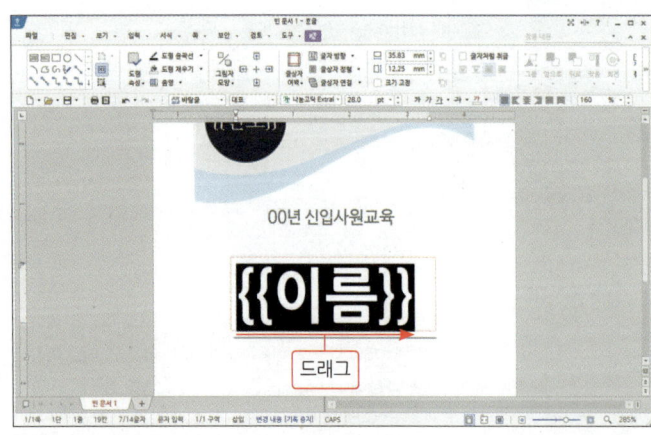

10 삽입된 메일 머지 표시 코드를 블록 지정하고 글자 색이나 글꼴을 적당하게 지정합니다.

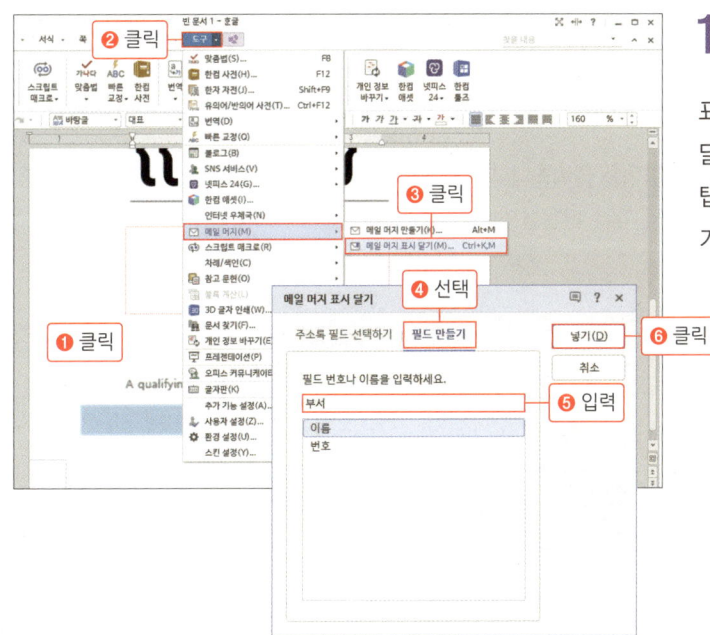

11 세 번째 글상자에 커서를 만들고 [도구] 탭-[메일 머지]-[메일 머지 표시 달기]를 클릭합니다. [메일 머지 표시 달기] 대화상자가 표시되면 [필드 만들기] 탭을 선택하고 '부서'라고 입력한 다음 〈넣기〉 버튼을 클릭합니다.

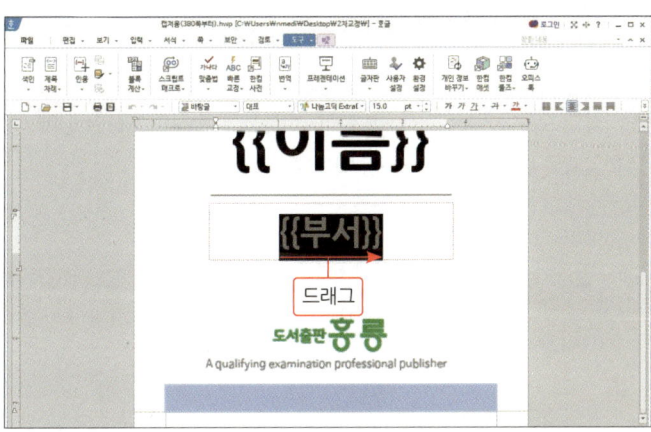

12 삽입된 메일 머지 표시 코드를 블록 지정하고 글자색이나 글꼴을 적당하게 지정합니다.

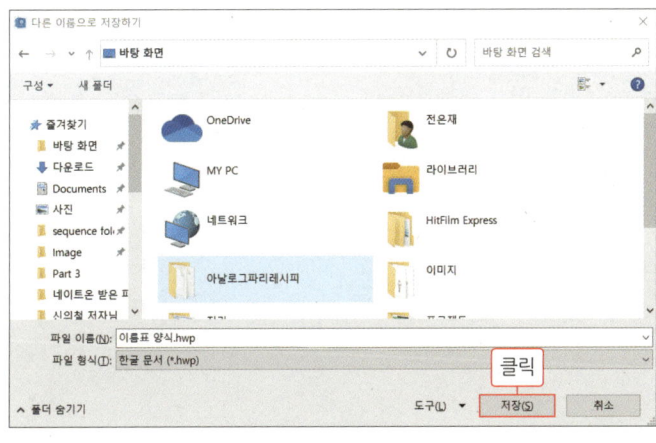

13 완성된 서식 파일을 저장합니다.

4단계 : 한글 - 메일 머지 (인쇄)

'서식 파일'이 완성되면 준비한 '데이터 파일'의 내용을 대입하면서 인쇄합니다.

01 [도구] 탭-[메일 머지]-[메일 머지 만들기]를 클릭합니다. [메일 머지 만들기] 대화상자가 표시되면 자료 종류를 '한셀/엑셀 파일'을 지정하고 '데이터 파일' 파일을 선택합니다.

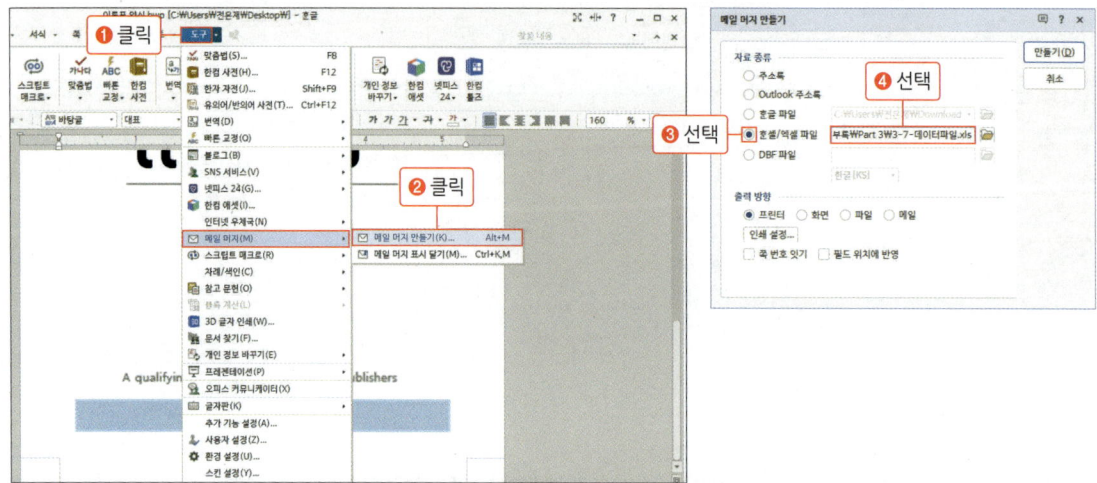

02 인쇄 전에 미리 확인하기 위해 출력 방향을 '화면'으로 선택하고 〈인쇄 설정〉 버튼을 클릭하여 A4 한 장에 여덟 장씩 모아 찍기로 지정합니다. [인쇄] 대화상자와 [메일 머지 만들기] 대화상자를 닫습니다.

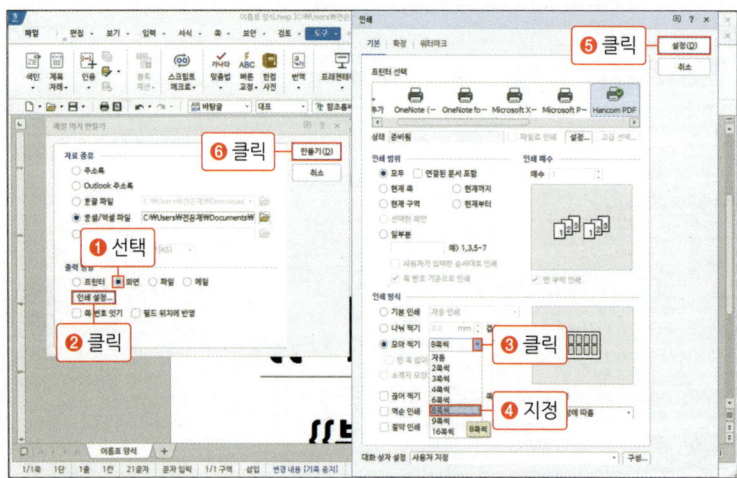

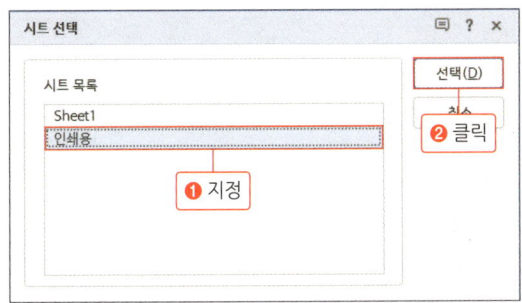

03 '데이터 파일'로 준비한 엑셀 파일의 '인쇄용' 시트를 지정합니다.

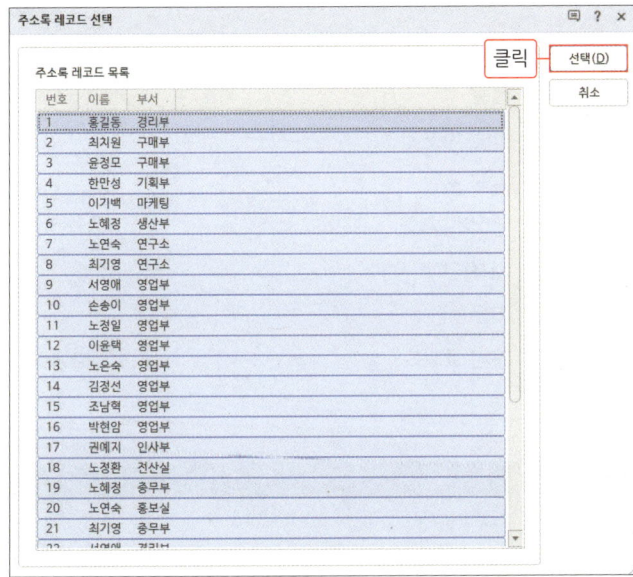

04 인쇄할 레코드를 지정하는 단계입니다. 이때 자료 전체를 선택할 수도 있고, 일부만 선택할 수도 있습니다. 지금은 전체를 인쇄할 것이니 모두 선택된 기본 상태에서 〈선택〉 버튼을 클릭합니다.

05 미리 보기로 데이터가 맞는지 확인한 다음 필요할 때 인쇄하면 됩니다.

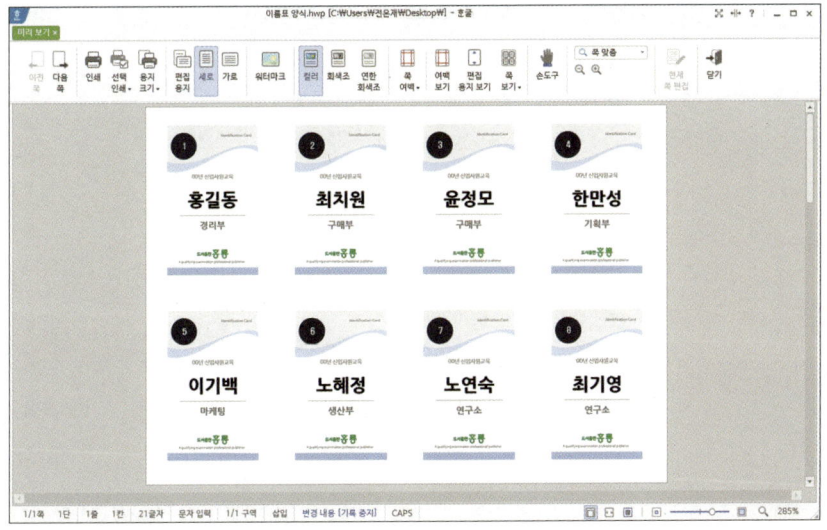

Index _찾아보기

영문

filetype	37
MECE	46
SmartArt	356

ㄱ

가로 세로 비율	208
가져오기	123
간격 기능	188
감사 보고서	17
개인 정보	66
개체 틀	134
거부감	97
검사	64
검색 설정 사항	42
검색어	41
검색엔진	24
결산 보고서	17
고급 옵션	36
고품질	68
곡선	301
관리	28
구글 계정	42
구글 알리미	41
구글 이미지	39
구양수	18
국립국어원	51, 65
그라데이션	216
그래픽 만들기	368
그룹 해제	341
그룹화	341
그림 서식	198
그림 압축	213, 214
그림자	226
그림 효과	292
근접성	92
글꼴	57, 102
글꼴 바꾸기	139
글꼴 포함	138
글머리 기호	146
기획 단계	19
꺾은선형	62
꾸밈 효과	199, 294

ㄴ - ㄹ

내보내기	123
누적 막대형	61
눈금 표시	184
다시 칠하기	199
다이어그램	74
단락 나누기	149
대비	97
대상 테마 사용	128
데이터 시각화	73
도해화	59
도형	173
도형 개체	59
도형 맞춤	184
도형 병합	125, 235

도형 삽입	176, 277
도형 서식	176, 192, 211, 277
도형 스타일	218
도형의 연결점	178
동시 대비	99
디터 람스	49
띄어쓰기	63
레이아웃	48
로고	74, 200

ㅁ

마우스 포인터 모양	231
막대형	61
맞춤법	63
맞춤법 검사	63
맥킨지식	47
머리글	247
메모 및 잉크 표시 인쇄	68
메일 머지	381
면적 대비	101
명도	172
명도 대비	100
모두 건너뛰기	64
모두 변경	64
모바일용 애플리케이션	25
모서리	176
모서리 크기 조절 핸들	177
모양 조절 핸들	177
목차	49
무료 글꼴	105

무채색	162
문서 검사	66
문자 간격 조정	142
미세 조정	202, 298

ㅂ

바닥글	247
발표	19
발표 단계	19
방사 주기형	357
배경 제거	202, 298
배분 작업	182
배치	92
변경	64
보고시	17
보고서 양식	242
보고서 작성	19
보관할 영역 표시	202
보색 대비	100
보조 세로 축	318
분량	58
비밀번호	42
빠른실행 도구모음	125

ㅅ

사각형	176
사용자 지정	67
산세리프	102

397

새 테마 글꼴 만들기	135
색	154
색 대비	99
색상 대비	99
색상 정보 사이트	162
색조	199
색 채도	199
서식 파일	389
선 개체	346
선 그리기	177
선의 흰색 원형	178
선택	44
선택한 개체 변경	72
선형	219
설정	71
세리프	102
셀 크기	338
소문자	140
소셜 네트워크 서비스	32
속성	66
수신 빈도나 출처	42
숨김	66
스마트 가이드	187
스마트 가이드 표시	184
스타일	107
스토리	83
슬라이드	58
슬라이드 노트	66
슬라이드 레이아웃	246
슬라이드 마스터	186, 246
슬라이드 배경 채우기	307
슬라이드 크기	68
슬라이드 테두리	68
실적 보고서	17

ㅇ

아래에 도형 추가	368
아래한글	46
아이콘	262
안내선	183
안심글꼴 서비스	106
압축 옵션	214
어휘	51
언어 교정	64
업무 보고서	17
에버노트	28
엑셀	57, 381
여백	57, 94
연변 대비	101
연산자	36
요약	51
용지 사이즈를	106
용지에 맞게 크기 조정	69, 70
원본 서식 유지	128
원형	62
웹 브라우저	25
유사성	92
이미지	37, 109
인쇄	68
인스타그램	88
인터넷 기사	25

인터레스트	32
인포그래픽	74
인포메이션	74
일러스트레이션	74

ㅈ

자간	142
자동 맞춤 옵션	140
자료	22
자료 수집	22, 28
자료 수집 · 분석	19
자료 요약	53
자르기	205
저작권	59
점 편집	231
정렬	92
정렬 관련 명령	125
정렬 기준	95
정보화	44
제거할 영역 표시	298
조각 간격	94
주석	66
주제 선정	19
줄 바꿈	149
중지점	217
집중	44

ㅊ

차트	60, 61
차트 삽입	320
차트 서식	315
차트 종류	61
차트 종류 변경	320
차트 형식	55
채도	172
채도 대비	100
채우기	211
추가	64
출장 보고서	17

ㅋ

카카오톡	65
카테고리	48
컬러 사진	197
콤보형	62
크기 대비	98
크롬 웹 브라우저	23
클립보드	284

ㅌ

타원	175
테마	246
테마 색	131, 167
테마 적용	257

텍스트 대비	102
텍스트 상자	192
텍스트 형식	55
통계 자료	112
통계 차트	79
통계표 1	80
투명도	218
특정 유형	39

ㅍ

파워포인트	46
패턴	281
팬톤	155
페이스북	88
페이지 번호	247
편집 점	231
평가 보고서	17
포켓	26
포토샵	274

표	337
표 디자인	339
표 스타일	339
표현 단계	19
픽셀아트	337
픽토그램	110
핀	32
핀터레스트	32

ㅎ

한글	57, 389
한난 대비	101
한 번 건너뛰기	64
해상도	213
형태 변형	54
혼합형	62
확장 메타파일	324
회색조	72
회의 보고서	17
회전 핸들	177

참고 문헌

디자인 불변의 법칙 125가지 | 윌리엄 리드웰, 크리티나 홀덴, 질 버틀러 공저 / 방수원 ,이희수 공역 | 고려문화사(고려닷컴) | 2012
디자이너가 아닌 사람들을 위한 디자인북 | 로빈 윌리엄스 저 / 윤재웅 역 | 맛있는책 | 2012
월스트리트저널 인포그래픽 가이드 | 도나 M. 윙 저 / 이현경 역 / 강규영 감수 | 인사이트 | 2014
멋진 보고서 꾸미기 | 박찬서, 박소정 공저 | 한국지역정보개발원 | 2015
한눈에 알아보는 공문서 바로 쓰기 | 국립국어원 공공언어지원단 [편] | 국립국어원 | 2009